EUGÈNE FASQUELLE, ÉDITEUR, 11, RUE DE GRENELLE

DU MÊME AUTEUR :

Discours parlementaires (1879-1889), 1 volume in-8.   7 fr. 50

Questions sociales, 1 volume in-18 . . . .   3 fr. 50
Associations et Congrégations, 1 volume in-18 . . .   3 fr. 50
La Défense républicaine, 1 volume in-18 . . . . .   3 fr. 50
Action républicaine et sociale, 1 volume in-18. . .   3 fr. 50
Politique française et étrangère, 1 volume in-18 . .   3 fr. 50
Pour la République, 1 volume in-18 . . . .   3 fr. 50
L'État et la Liberté, 2 volumes in-18, à . . . . .   3 fr. 50

EN PRÉPARATION :

Histoire du Ministère Waldeck-Rousseau.

Plaidoyers, précédés d'une notice par M⁰ BARBOUX, ancien bâtonnier.

Paris. — L. MARETHEUX, imprimeur, 1, rue Cassette. — 11900.

WALDECK-ROUSSEAU

L'ÉTAT
ET
LA LIBERTÉ

— SECONDE SÉRIE —
1883-1885

Table générale des discours de M. Waldeck-Rousseau
contenus dans les différents volumes.

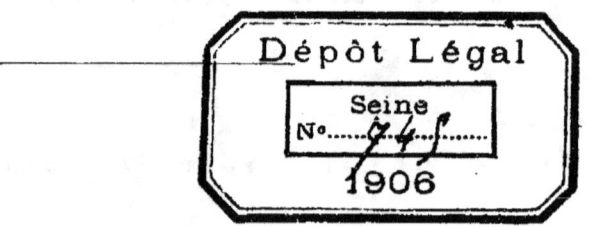

PARIS
BIBLIOTHÈQUE-CHARPENTIER
EUGÈNE FASQUELLE, ÉDITEUR
11, RUE DE GRENELLE, 11

1906

Tous droits réservés.

WALDECK-ROUSSEAU

L'ÉTAT
ET
LA LIBERTÉ

SECONDE SÉRIE
(1883-1885)

Table générale des Discours de M. Waldeck-Rousseau
contenus dans les différents volumes

PARIS
BIBLIOTHÈQUE-CHARPENTIER
EUGÈNE FASQUELLE, ÉDITEUR
11, RUE DE GRENELLE, 11

1906

L'ÉTAT
ET
LA LIBERTÉ

Il a été tiré de cet ouvrage :

5 exemplaires numérotés sur papier de Hollande.

L'ÉTAT

ET

LA LIBERTÉ

SUR LES CAISSES D'ÉPARGNE

Chambre des députés. — *Séance du 17 mai 1883.* — Les ennemis de la République firent courir le bruit dans le pays, au printemps de 1883, que les déposants des Caisses d'épargne ne pourraient être remboursés, le Trésor n'ayant plus d'argent. Une grosse émotion gagna les villes et les campagnes, et, pour l'arrêter, M. Waldeck-Rousseau dut menacer de poursuites les auteurs de ces bruits et adresser une circulaire aux préfets. C'est sur ces faits qu'il fut questionné à la séance du 17 mai 1883.

Messieurs,

L'honorable M. Desson de Saint-Aignan m'a posé une question qui a trait au sens et à la signification d'une circulaire adressée aux préfets par le ministre de l'Intérieur. Cette circulaire, qui porte la date du 4 mai 1883, a suivi cette campagne très ardente, excessive, dans laquelle aucune exagération n'a été épargnée, et dont le but m'avait paru, je le dis très sincèrement, plutôt d'alarmer les populations que de les rassurer. (*Rires approbatifs à gauche.*)

L'honorable M. Desson de Saint-Aignan manifestait tout à l'heure les alarmes que lui inspire la situation du crédit de la République.

Il affirme que l'industrie, la finance, l'épargne, les petits patrimoines, sont autant d'intérêts profondément troublés aujourd'hui, et cependant il n'a échappé à personne que si un trouble s'était produit, certainement ce ne sont pas les articles des journaux auxquels je fais allusion qui auraient contribué à le réduire. (*Très bien ! très bien !*)

Toujours est-il, Messieurs, que le Gouvernement, sans partager des alarmes que l'on exagère, a pensé qu'il n'était pas inutile d'être tenu au courant des résultats et pour ainsi dire du bilan de cette campagne. A la date que j'indiquais tout à l'heure à la Chambre, j'ai adressé aux préfets une circulaire qui a été depuis rendue publique, et dans laquelle je les invitais à mander auprès d'eux les directeurs des Caisses d'épargne et à leur demander un compte rendu absolument exact du mouvement de leurs fonds. Il était, en effet, indispensable de savoir ce qui était apporté aux Caisses d'épargne et ce qui en était retiré.

En outre, — et c'est ce qui a le plus vivement alarmé M. Desson de Saint-Aignan, — je priais les préfets d'engager les administrateurs des Caisses d'épargne à réagir de toutes leurs forces contre les propos alarmistes qui étaient répandus.

M. Martin Nadaud. — Vous avez bien fait !

M. le Ministre de l'Intérieur. — Ce qui me paraît avoir motivé la question de notre honorable collègue, c'est la crainte qu'en invitant les préfets à réagir par tous les moyens en leur pouvoir, — et non par tous les moyens « possibles », comme on l'a imprimé par erreur sans doute dans certain journal, — contre la propagande qu'on faisait à ce moment...

M. René Gautier. — Jusqu'à concurrence de leur traitement !

M. le Ministre de l'Intérieur. — ... je n'ai entendu prier les préfets d'user de contrainte, d'user de violence, pour obliger les fonctionnaires sous leurs ordres à verser leurs économies à la Caisse d'épargne.

M. Cunéo d'Ornano. — Les préfets eux-mêmes y ont versé les leurs !

M. le Ministre de l'Intérieur. — Je suis heureux de pouvoir rassurer d'un mot l'honorable M. Desson de Saint-Aignan.

Je n'ai pas entendu demander le moins du monde aux préfets de faire appel à la violence pour seconder l'épargne...

M. Martin (d'Auray). — Il ne manquerait plus que cela !

M. le Ministre de l'Intérieur. — J'ai simplement invité les préfets à faire pénétrer dans le public, par leurs communications, par des indications extrêmement élémentaires, cette notion fort simple que, lorsque d'innombrables journaux allaient criant qu'on avait vidé les Caisses d'épargne, ils étaient évidemment les premiers à ne pas croire aux dangers qu'ils signalaient. (*Très bien ! très bien !*)

Et il faut le dire, Messieurs, il y a eu une telle exagération — je ne veux pas employer d'expression plus forte — dans cette campagne, qu'un journal monarchiste conservateur autant qu'on peut être conservateur en étant monarchiste... (*Rires et applaudissements au centre et à gauche.*) le *Journal de Maine-et-Loire*, qui est sous le patronage, au moins officieux, d'un homme qui est une illustration parlementaire, publiait le 4 mai — le numéro porte la même date que la circulaire — un article dont j'extrais quelques passages. Ce sera la meilleure réponse aux attaques qui ont été dirigées contre les Caisses d'épargne par d'autres journaux de la même nuance, mais qui n'avaient peut-être pas la même sincérité :

« La loi de 1837 — est-il dit dans ce journal — statue que les fonds des Caisses d'épargne seront reçus par la Caisse des dépôts et consignations et la loi de 1853 fixe à 4 p. 100 l'intérêt bonifié aux Caisses d'épargne. Or, pour que la Caisse des dépôts et consignations puisse payer l'intérêt stipulé, il est nécessaire qu'elle fasse valoir les fonds dont elle est dépositaire. C'est ce qu'elle fait en prêtant avec garantie aux communes, aux départements, au Trésor public, et notons ici que la Caisse des dépôts n'est pas sous la direction du ministre des Finances ; elle est administrée par un directeur général, sous la surveillance d'une Commission de onze membres des plus autorisés dans le Sénat, la Chambre et le Conseil d'Etat, et lorsqu'elle traite avec le ministre, c'est de puissance à puissance. Il est donc inexact de dire que le gouvernement a mis la main sur les dépôts.

« Ce qui est vrai, le voici :

« La Caisse des dépôts a reçu plus de fonds qu'elle n'a pu en utiliser en prêts et en obligations garanties ; elle a placé le surplus libre au Trésor en compte courant.

« C'est ce compte courant qui a fourni le capital de 1 milliard 200 millions consolidé en rentes 3 p. 100 amortissables. »

Et voici la conclusion du rédacteur du *Journal de Maine-et-Loire* :

« Nous désirons que ces explications soient utiles à ceux que pourraient troubler des allégations controuvées ; quant à ceux qui font de leurs perfides conseils une arme de combat, nous leur en laissons la responsabilité morale. »

Je ne crois pouvoir mieux faire que de m'associer absolument aux conclusions du *Journal de Maine-et-Loire* en ce point. (*Très bien ! très bien ! et applaudissements à gauche et au centre.*)

LA SUPPRESSSION DES AUMONIERS
DANS LES HOPITAUX DE PARIS

Sénat. — *Séances des 29 mai et 29 juin 1883.* — Pour se conformer aux volontés du Conseil municipal de Paris, le directeur de l'Assistance publique décida d'une part que le traitement des aumôniers des hôpitaux serait supprimé à partir du 1er juillet 1883, d'autre part qu'un certain nombre d'hospices seraient laïcisés. Questionné là-dessus par M. Bérenger, M. Waldeck-Rousseau donna à entendre que des négociations étaient engagées avec l'archevêché en vue d'établir un nouveau service religieux. Ces négociations ayant échoué, M. Bérenger cette fois interpella le ministre, mais, après ses explications, le Sénat vota, par 136 voix contre 120, l'ordre du jour pur et simple demandé par le Gouvernement.

Messieurs,

C'est moins une question que l'honorable M. Bérenger a portée à cette tribune, qu'une étude très large. .

M. Mayran. — Et très bien faite !

M. le Ministre de l'Intérieur. — ... très complète, de tout ce qui intéresse le service de l'assistance publique, tant au point de vue de certains faits accomplis, qu'au point de vue de certains faits à accomplir. Si vaste soit le champ qu'il m'a ouvert, je ne désespère pas de le suivre assez exactement. Je le remercie des sentiments de confiance qu'il n'a cessé de me témoigner dans ses explications; mais qu'il me permette de lui dire qu'il a peut-être exagéré un peu sa sollicitude, lorsqu'il a voulu m'empêcher de tomber dans des pièges qui me seraient tendus par des fonctionnaires de mon administration. (*Sourires à gauche.*)

Je suis, Messieurs, responsable devant le Parlement de

tous les actes d'une administration du moment où je puis exercer sur celle-ci une action quelconque.

Si un fonctionnaire, quel qu'il fût, avait perdu ma confiance, je n'aurais pas à craindre de lui qu'il me tendît un piège : je saurais lui faire la situation qu'il aurait méritée. (*Très bien ! à gauche.*)

J'entends également exclure des explications que je vais fournir au Sénat certains points qui ne me paraissent pas intéresser d'une manière essentielle la question portée devant lui. C'est ainsi que je regrette un peu qu'on ait passionné ce débat... (*Exclamations à droite.*)

A *droite.* — Comment?

M. LE MINISTRE. — Vous allez voir que vous avez tort de protester... en y apportant l'écho de certaines diatribes violentes, de paroles prononcées dans d'autres enceintes et auxquelles j'ai, en effet, appliqué une expression que l'honorable M. Bérenger a bien voulu rapporter en disant que ce langage, cette absence de mesure et cette passion d'un autre ordre n'étaient, à mes yeux, que du fanatisme à rebours.

Cela dit, Messieurs, quels sont les points précis sur lesquels le Sénat peut attendre une explication de la part du Gouvernement? La question de l'honorable M. Bérenger porte d'une part sur une mesure qui tendrait à supprimer les aumôniers internes dans les hôpitaux et, d'autre part, sur une mesure qui tendrait à substituer dans certains hospices des infirmières laïques, plus exactement des surveillantes laïques, à des surveillantes religieuses.

L'honorable M. Bérenger vous a cité un certain nombre de faits; il vous a lu un certain nombre de documents.

Je vous demande la permission de présenter quelques explications complémentaires ou quelques rectifications absolument indispensables.

Dans quel état le Gouvernement actuel a-t-il trouvé cette question? Quels sont ses droits? Quelle est exactement la législation à cet égard? Ce sont autant de points sur lesquels, entre l'honorable M. Bérenger et moi, il existe un certain désaccord.

En fait, pour l'exercice de 1883, le Conseil municipal de Paris a pris une double détermination : d'une part, il a voté la suppression pure et simple des crédits afférents au service de l'aumônerie dans les établissements hospitaliers; d'autre part, il a subordonné à des conditions énoncées dans la délibération l'emploi des crédits qu'il accordait à l'assistance publique, et qui, je dois le faire connaître au Sénat, ne s'élèvent pas à moins de 17 millions. (*Rumeurs à droite.*)

C'est un élément qu'il est utile d'apporter immédiatement au débat. Le Sénat comprend, en effet, de quelle importance est pour le fonctionnement de l'assistance publique une subvention aussi considérable.

Un sénateur à droite. — Elle est obligatoire.

M. LE MINISTRE. — Il y avait donc là deux mesures distinctes ; et si j'y insiste, c'est parce qu'elles étaient susceptibles de solutions toutes différentes : suppression d'un crédit déterminé et subordination de l'emploi d'autres crédits à l'accomplissement de certaines conditions.

En ce qui concernait les restrictions apportées au vote de la subvention, aucune difficulté, à mon sens, ne pouvait exister. Il est manifeste, je le montrerai tout à l'heure, que le Conseil municipal, en tant qu'il s'agit d'établir son budget, peut, dans certains cas, ne pas inscrire des crédits; mais il ne me semblait pas possible d'admettre que le Conseil municipal inscrivît des crédits d'une certaine nature et mît comme condition à la dépense de ces crédits, que le Gouvernement ou que l'administration accomplirait certains actes qui ne sont pas de la compétence des Conseils municipaux.

C'était arriver par une voie détournée à une violation de la loi. J'ai fait respecter la loi, et, m'appuyant sur la loi du 10 janvier 1849, j'ai, à la date du 17 mars 1883, obtenu le décret d'annulation cité tout à l'heure par l'honorable M. Bérenger. Ainsi, les crédits votés par le Conseil municipal ont été affranchis des conditions imposées par le vote de cette assemblée. Mais il va sans dire — et c'est là ce que j'ai voulu faire comprendre, dès le début, au Sénat —

que l'annulation des conditions mises à l'emploi de certains crédits votés n'allait pas jusqu'à faire figurer à un budget des crédits qui n'y avaient pas été inscrits, et la situation se présentait ainsi : un budget voté par le Conseil municipal...

M. BUFFET. — Il n'était pas voté... (*Rumeurs à gauche.*)

M. LE MINISTRE. — ... avec cette circonstance particulière qu'il ne comprenait aucun crédit pour les dépenses de l'aumônerie dans les hospices de Paris.

Voilà un premier point de fait évident. Ce n'est qu'une constatation. Il est un autre point qui n'est pas douteux, et, pour l'affirmer, je suis heureux de rencontrer le témoignage rendu par M. Bérenger à la compétence d'un de mes prédécesseurs en cette matière.

J'affirme donc, avec l'autorité de la lettre que M. Constans a écrite en 1881, et avec une autorité que tout ministre de l'Intérieur mettra encore au-dessus de la sienne, celle de la loi, que les dépenses de cette nature, c'est-à-dire les crédits destinés à rémunérer les services de l'aumônerie des hôpitaux, ne sont pas obligatoires, que ce n'est pas une dépense que l'on puisse inscrire d'office. Quel est le but de la question de l'honorable M. Bérenger? Le Gouvernement aurait accompli un acte illégal en n'inscrivant pas ces crédits. Eh bien ! contre les actes illégaux il y a une ressource, il y a un recours possible, et permettez-moi de dire que si on ne s'est pas inscrit contre la décision qui a été prise, si l'on n'a pas demandé le rétablissement au budget de la dépense dont il s'agit, c'est évidemment que la thèse exacte était celle qu'indiquait M. Constans en 1881, celle que j'ai l'honneur d'apporter en ce moment à la tribune; cela résulte en effet du décret de 1821, de la loi de 1849, et tout particulièrement de la loi de 1837 qui énumère les dépenses qui sont obligatoires pour les Conseils municipaux.

L'article 30 de cette loi énumère, en effet, vingt et un chapitres de dépenses, et nulle part dans cette énumération ne se trouvent les dépenses afférentes au service des aumôniers dans les hôpitaux et les hospices.

Ceci dit, Messieurs, ce point de fait étant précisé, et ce qui concerne la législation étant indiqué d'un mot, on m'objecte que nous aurions très bien pu faire ce que nos prédécesseurs avaient fait; car enfin les budgets des Conseils municipaux antérieurs ne contenaient-ils pas les mêmes lacunes? Le Gouvernement ne les avait-il pas comblées ? Pourquoi ne pas faire aujourd'hui ce que l'honorable M. Constans en 1881, ce que l'honorable M. Goblet en 1882, avaient cru pouvoir faire?

Je vous demande la permission de vous parler, même après M. Bérenger, qui connaît très exactement la question, des précédents qu'on a invoqués, et de vous indiquer la situation vis-à-vis de laquelle je me suis trouvé placé, lorsque, pour la première fois, j'ai eu à l'étudier.

Il ressort de ces précédents, en premier lieu, — et c'est une déclaration qu'en vérité il me semble que nous avons à peine besoin de faire, — que, toutes les fois qu'il s'est agi de sauvegarder, dans les hospices ou ailleurs, le libre exercice d'un culte, d'une religion, et la pratique des mesures qu'elle dicte ou qu'elle impose, le Gouvernement n'a jamais hésité et que, particulièrement en ce qui concerne le service des aumôneries dans les hôpitaux, dans les conditions de fait que je vais vous dire, il n'a pas hésité à prononcer le rétablissement au budget de l'Assistance publique des crédits nécessaires à cette aumônerie.

J'ajoute que, bien qu'on ait tiré parti de certaines déclarations, de certains documents qui ont été apportés à cette tribune, l'Assistance publique, dans la pratique, a fait des déclarations également conformes à ces principes, et je montrerai tout à l'heure comment les négociations se sont engagées de sa part avec l'autorité diocésaine, et comment il est fâcheux — je ne dis rien de plus — de voir que ces négociations aient été arrêtées au seuil même par une fin de non-recevoir absolue et qui semble jusqu'à présent invincible.

Nous verrons enfin par les mêmes précédents que le Gouvernement n'a jamais confondu deux choses distinctes, dont l'une est le devoir impérieux pour lui d'assurer dans l'intérieur des établissements hospitaliers la liberté du service religieux, et dont l'autre est la question de savoir sous quelle forme et par quels moyens la liberté pleine, entière, absolue de ce service peut être obtenue.

Sans vouloir rentrer le moins du monde dans le passé, permettez-moi de me prévaloir d'un fait apporté par l'honorable M. Bérenger.

M. Bérenger vous a dit : Il y a eu des établissements laïcisés, et il y a des établissements dans lesquels l'aumônier n'a pas été maintenu dans l'intérieur de l'hospice ; il vous a dit même que, dans ces établissements, la proportion des catholiques était considérable par rapport à celle des autres. Eh bien ! je ne crois pas qu'on puisse affirmer que dans aucun de ces établissements un malade, ou un interne, ou un aliéné, ait demandé, à un moment donné, les secours d'un prêtre et ne les ait pas obtenus... (*Protestations à droite.*)

Il ne suffit pas de protester.

M. LE BARON DE LAREINTY. — Il ne suffit pas d'affirmer non plus.

M. LE PRÉSIDENT. — N'interrompez pas !

M. LE MINISTRE. — Il est bien facile, si ces refus se sont produits, d'en demander justice. Mais enfin, lorsqu'on n'en apporte pas la trace, lorsqu'on n'en apporte même pas l'affirmation, j'ai bien le droit de dire que la question dont le Sénat est saisi peut être examinée avec sang-froid, et qu'elle peut comporter des solutions peut-être moins absolues que celles qui étaient indiquées tout à l'heure. (*Très bien ! à gauche.*) Je parlais de l'esprit qui animait l'Assistance publique ; je le montrerai tout à l'heure s'affirmant dans les propositions qui ont été faites à l'archevêché de Paris.

Mais enfin, en 1882, ce directeur, qui ne peut pas répondre et auquel on a longuement fait le procès, qui ne rêve que la destruction du catholicisme, faisait, dans le Conseil municipal même, la déclaration que voici, et vous allez voir s'il est animé d'un bien grand esprit d'intolérance :

« Notez bien que je ne demanderais pas mieux que d'approuver la suppression de tous les aumôniers, mais à une condition cependant, c'est qu'une convention interviendra entre l'administration et l'archevêché, convention qui assurerait le concours des prêtres aux malades qui le réclameront. Jusque-là, quel que soit mon désir de les voir disparaître, le principe de la liberté de conscience m'oblige à vous demander de les conserver. » (*Approbation à gauche.*)

Je ne crois pas qu'on puisse se placer sur un terrain plus large... (*Murmures à droite*)... Je ne prétends pas, Messieurs, traduire l'opinion de tous mes auditeurs, je leur demande simplement, dans une question que je ne voudrais pas traiter trop longuement, de me permettre d'exprimer la mienne et d'apporter ici ce qui est ma conviction, ce qui est le résultat d'une étude que je crois consciencieuse. Quand, à chaque phrase, vous m'interromprez par des protestations que je ne distingue même pas, vous n'aurez rendu la discussion ni plus claire, ni plus facile, ni plus rapide. (*Approbation a gauche.*)

Je parlais tout à l'heure des précédents, et je viens de vous indiquer ce que j'ai la prétention d'en tirer. Un mot tout d'abord sur ce qui s'est passé en 1881, lorsque l'honorable M. Constans a écrit cette lettre dont on vous a lu une partie, et dont je vous lirai également quelques passages. En 1881, le Conseil municipal a voté la suppression pure et simple des crédits destinés aux aumôniers. Aucune proposition d'un autre genre n'est faite et la question dont M. Constans est alors saisi est celle-ci : Supprimera-t-on ou ne supprimera-t-on pas le service du culte ?

Je dis, en effet, que la question se posait bien de la sorte, car on ne venait pas proposer à M. Constans de substituer à un mode de fonctionnement déterminé une autre méthode. Dans ces conditions, l'honorable ministre de l'Intérieur a tenu le langage que je tiendrais moi-même si j'étais en présence des mêmes circonstances. Il a écrit à la date du 27 juin 1881 une lettre qui contient deux points que je vous demande la permission de signaler. Le premier est l'affirmation éclatante de ce fait qu'il ne s'agissait pas ici d'une dépense que l'autorité supérieure pouvait inscrire d'office : la dépense n'est pas obligatoire par rapport aux communes, par rapport aux Conseils municipaux, et, le Conseil municipal ne l'ayant pas inscrite dans son budget, n'ayant pas pris sur ses fonds la somme nécessaire pour y faire face, je ne me reconnais pas le droit de l'y inscrire d'office.

Le deuxième point est tout différent. Le ministre dit au directeur de l'Assistance publique : En dehors des fonds qui proviennent de la subvention, en dehors de ceux que le Conseil municipal vous donne quand il le veut, et auxquels je ne puis rien ajouter de mon autorité privée, en dehors de la dotation, — ce sont les expressions dont on se sert, — vous avez des ressources suffisantes pour rétablir le crédit. Donc, prenant acte, d'une part, de ce que la suppression de l'aumônerie aujourd'hui serait la suppression du service religieux, et d'autre part de ce que je puis exercer sur vous une sorte de contrainte, — nous verrons qu'il n'y a pas autre chose, — prenant acte de ce que j'ai la responsabilité de vos actes, et, par cela même, le droit de vous donner des injonctions et des ordres, je vous dis : Vous allez prendre, sur les ressources particulières du budget de l'Assistance publique, sur ce qui est à elle, la petite somme, très minime d'ailleurs, nécessaire pour faire face aux besoins de l'aumônerie.

Voilà comment la question se posait en 1881; voilà comment elle a été résolue. — Voici maintenant pour 1882. Je vous demande la permission de suivre l'honorable M. Bérenger dans l'exposé qu'il a fait de ces deux précédents.

En 1882, la question s'est posée sous un jour tout différent de celui où elle se posait en 1883. En effet, au budget de cette année le Conseil municipal avait voté l'inscription des dépenses nécessaires au service de l'aumônerie; mais il avait exprimé le vœu que ce crédit fût affecté au fonds de réserve.

Et alors naissait pour l'administration la question non pas de savoir si on inscrirait au budget des dépenses qui n'y figuraient pas, mais si, déférant à la volonté qui était manifestée par le Conseil municipal, on enlèverait du chapitre de l'aumônerie ce qui y avait été placé pour le faire passer au fonds de réserve.

C'est là ce qui explique la lettre qui a été écrite à cette époque par l'honorable M. Goblet. Mais cette lettre, qui est du 22 mars, formule en outre une sorte de proposition, elle jette les bases d'une entente qui va devenir la règle adoptée et par le ministère de l'Intérieur d'une part, et par la direction de l'Assistance publique de l'autre.

J'en recommande les termes à toute votre attention :

« Je vous adresse une ampliation du décret en date du 21 mars, qui a réglé, conformément à vos propositions, le budget de l'Administration générale de l'Assistance publique pour l'exercice 1882, en recettes et en dépenses, à 34.387.660 francs.

« Ce chiffre comprend les crédits relatifs au service du culte et de l'aumônerie dans les hôpitaux et hospices.

« Ces crédits devront conserver l'affectation qui leur est assignée dans le budget, attendu qu'il ne me paraît pas possible d'en autoriser le versement au fonds de réserve, en supprimant le crédit des aumôniers, sans qu'une entente préalable ait été établie avec l'autorité diocésaine pour assurer les secours religieux aux malades qui les réclament. A défaut de cet accord, j'estime, par des motifs qui ont déjà été exposés, que l'organisation actuelle du service de l'aumônerie peut seule garantir la liberté de conscience des malades du culte catholique. »

Vous voyez, Messieurs, en quoi la lettre du 22 mars diffère de celle du mois de juin 1881 : elle en diffère d'abord en ce que ce n'est pas la même question qui est posée : il ne s'agit pas de savoir si on imposera d'office des dépenses, mais si on déplacera, pour ainsi dire, des dépenses inscrites.

Mais ici en même temps se trouve la trace des pourparlers nombreux qui avaient eu lieu. Le ministre de l'Intérieur dit au directeur de l'Assistance publique : Je n'autoriserai pas ce versement au fonds de réserve, parce que, aussi longtemps qu'une entente avec l'autorité diocésaine n'aura pas assuré sous une autre forme la liberté et la sécurité complète du service religieux, je ne puis pas supprimer les dépenses de l'aumônerie sans supprimer le service religieux lui-même.

Voilà la pensée très logique, très claire, qui est exprimée dans la lettre du 22 mars 1882.

Que s'est-il produit depuis? Il est à remarquer que lorsqu'on disait au directeur de l'Assistance publique : nous allons commencer par inscrire au budget les sommes nécessaires pour rétribuer le service de l'aumônerie, et puis vous allez négocier et demander aux autorités ecclésiastiques qu'elles renoncent à l'état de choses dont le fonctionnement est assuré, on faisait à ce fonctionnaire, comme au négociateur, une situation très délicate. Il n'apparaissait pas que le directeur de l'Assistance publique, ayant dû inscrire au budget les fonds nécessaires pour que le service de l'aumônerie fût maintenu tel quel, eût chance d'obtenir qu'on substituât à la méthode présente une méthode différente. C'est l'observation qui fut faite dans la séance dont a parlé l'honorable M. Bérenger. Si l'autorité ecclésiastique allait — ce qui ne semblait guère à prévoir — jusqu'à refuser même d'ouvrir des négociations, jusqu'à refuser de rechercher en commun, sauf à porter le débat, le différend, devant les autorités qui doivent le résoudre, jusqu'à refuser d'étudier par quel moyen, par quelle méthode on pourrait faire cesser le conflit, la situation serait éternellement la même ; si, d'autre part, le système auquel on veut apporter des améliorations ne subissait pas de changement, la situation n'avait pas d'autre nom que celui de conflit permanent. Alors, M. le Directeur de l'Assistance publique exposa qu'on l'avait autorisé dans l'hypothèse où l'autorité diocésaine se refuserait à toute négociation, à ne pas faire figurer — dans le budget de l'exercice de 1883 — les fonds nécessaires au service de l'aumônerie. Tout ce passage a été lu par l'honorable M. Bérenger. Je ne crois donc pas utile de vous le relire.

Voilà, Messieurs, dans quelles conditions de fait le

budget de 1883 a été voté avec la suppression du crédit relatif au service de l'aumônerie.

Dès ma première entrevue avec M. le Directeur de l'Assistance publique, je lui ai fait connaître qu'il y avait, à mon avis, une mesure qui s'imposait, c'était d'entrer immédiatement en relation avec l'autorité diocésaine, et, sans prendre aucune espèce de parti, — il n'était pas possible d'en prendre avant même de connaître les propositions qui seraient faites, — j'ai voulu qu'avec l'autorité compétente l'Assistance publique pût ouvrir des conférences et entrer en pourparlers, qu'elle exposât son système, qu'elle vînt dire comment elle entendait assurer la liberté complète du service religieux, que l'autorité diocésaine fût mise à même de lui répondre. Un débat de cette nature a-t-il quelque chose qui puisse vous froisser? (*Interruptions à droite.*) Tous les droits n'étaient-ils pas sauvegardés par la conférence qui allait suivre? (*Rumeurs sur les mêmes bancs.*)

J'estimais qu'il fallait appeler l'autorité diocésaine à donner les raisons pour lesquelles les propositions qu'elle aurait faites n'auraient pas pu être acceptées. Je me disais qu'avant de juger, de statuer, il était bon, loyal, nécessaire, que de part et d'autre la contradiction se fît jour, et j'avais invité M. le directeur de l'Assistance publique à se mettre immédiatement en relation avec l'autorité diocésaine. Il l'a fait par sa lettre du 14 mars 1883, et rien dans cette lettre, je l'affirme, n'est de nature à expliquer aucune mauvaise volonté (*Rires ironiques à droite*), ni même aucune raideur.

« L'Administration de l'Assistance publique, écrit M. le Directeur, entend respecter et faire respecter la liberté de conscience de tous les malades, vieillards et infirmes, recueillis dans les établissements hospitaliers, et elle considère comme un devoir de ne rien négliger pour assurer à ceux qui les réclameront les secours de leur religion. »

Voilà le programme des conférences que l'on demandait à l'autorité diocésaine d'ouvrir. On ajoute :

« A cet effet, en ce qui concerne les catholiques, il y a certaines mesures à prendre qu'il est utile dans l'intérêt des malades d'arrêter à l'avance. Aussi M. le Ministre de l'Intérieur m'a-t-il autorisé à me concerter à ce sujet avec l'autorité diocésaine. »

Ce langage, Messieurs, était un langage assez large pour n'exciter aucune prévention — je ne dis pas qu'il soit assez large pour échapper aux appréciations de parti pris. (*Vives réclamations à droite. — Approbation à gauche.*)

M. LE BARON DE LAREINTY. — N'accusez pas les autres de parti pris, Monsieur le Ministre !

M. LE PRÉSIDENT. — N'interrompez pas !

M. LE MINISTRE. — Je dirai à l'honorable M. de Lareinty, en achevant ma phrase, que je pense qu'on ne devait s'attendre à aucune espèce de parti pris de la part des autorités diocésaines auxquelles nous écrivions dans les termes que je viens de faire connaître.

Voulez-vous, Messieurs, me permettre de supposer un instant que cette autorité ait fait cet énorme sacrifice de vouloir bien démontrer que les propositions qu'on avait été lui faire étaient insoutenables ? Voulez-vous admettre que, par un effort considérable, elle se soit imposé d'aller jusqu'à démontrer ce qui vous paraît l'évidence ? La situation du Gouvernement, et la situation du ministre de l'Intérieur en particulier, devenait bien simple.

Je l'ai dit au commencement de ces observations, je l'ai dit ailleurs, et je le répète, il ne se trouverait pas au ministère de l'Intérieur un homme pour consacrer de sa signature un acte qui, dans une mesure quelconque, grande ou petite, porterait atteinte à la liberté des cultes ou à la liberté de conscience. (*Interruptions à droite.*)

Mais il y a pour le ministre de l'Intérieur d'autres devoirs à remplir. Si, Messieurs, en présence d'une mesure qui n'est pas une violation de la loi, vous voulez supposer que, par impossible, — ici vous verrez que cet impossible est la réalité, — on rompe d'avance toute négociation en nous disant : Vous avez violé la loi, nous n'avons pas à raisonner, nous n'avons pas à discuter avec vous ! que, au début même de cette étude qui devait amener le triomphe de ce que je considère comme la vérité, on ne veuille pas dire une parole, qu'on se retranche derrière une sorte de *non possumus*, vous aurez la situation qui nous est faite aujourd'hui.

En effet, à la lettre en date du 14 mars de M. le Directeur de l'Assistance publique, l'archevêque de Paris a répondu par la lettre suivante :

« Je connaissais déjà, Monsieur le Directeur, la suppression du traitement des aumôniers par le Conseil municipal. Il avait déjà pris cette mesure l'année dernière et il l'a renouvelée pour 1883.

« Vous paraissez croire que M. le Ministre serait disposé à approuver cette suppression. Je ne puis partager vos prévisions à cet égard... »

Est-ce parce qu'il y a une atteinte à la liberté de conscience ? Non « ... par la raison que l'autorité supérieure ne peut sanctionner un acte tout à fait illégal. »

Le directeur de l'Assistance publique ne s'est pas découragé. Il a eu l'honneur d'être reçu une fois par l'archevêque de Paris. J'ai le compte rendu de la conversation qui a été tenue et dans laquelle — c'est un rapport de l'honorable M. Quentin, cela va sans dire, mais nous allons voir qu'il est confirmé par une pièce contradictoire — dans laquelle, après l'exposé des motifs de la proposition que M. le Directeur de l'Assistance publique avait à lui faire, M. le Cardinal répondit qu'il était sensible à la démarche de M. le Directeur de l'Assistance publique et aux instances qu'elle constate, mais qu'il persistait à penser que la suppression des aumôniers dans les hôpitaux était illégale, et que le décret présidentiel portant approbation de cette suppression lui paraissait même susceptible d'annulation.

Voilà le terrain que l'on choisit. L'acte que vous avez accompli est une illégalité ; le décret présidentiel est illégal. En un mot, il n'y a pas à rechercher quel est le *modus vivendi* le plus équitable à établir ; nous sommes des victimes, frappez-nous. Dans ces conditions, j'ai le droit de dire que si on avait voulu créer, au ministre de l'Intérieur en particulier, une situation fort difficile, on ne s'y serait pas pris autrement. (*Approbation à gauche.*)

En effet, lorsque après avoir dit que la suppression du crédit dont il s'agit est une illégalité, on vient aujourd'hui, à la tribune, me demander de le rétablir ; c'est me demander de commencer par faire amende honorable, et de reconnaître une interprétation de la loi qui en serait la violation. (*Très bien!* à *gauche.*)

Si le décret présidentiel est illégal, s'il y a là des dépenses obligatoires, qu'on a eu le tort de supprimer et de ne pas rétablir, vous avez à vous pourvoir. Si, au contraire, le décret est légal, comme je maintiens qu'il l'est, nous vous demandons d'entrer en négociations, de daigner aborder cette discussion, de vouloir bien, avec M. le Directeur de l'Assistance publique qui est le représentant de ce service, étudier les mesures à prendre, et tenter cette démonstration, si elle peut être faite, qu'en dehors de l'aumônier domicilié dans l'hospice il ne peut pas y avoir de liberté religieuse.

On a pu croire, et je souhaite vivement de me tromper, que par cette attitude l'autorité diocésaine n'était pas seulement préoccupée d'assurer la liberté du service religieux, mais qu'il lui importait, par la présence de l'aumônier dans l'hospice, d'y maintenir comme un signe de possession. (*Protestations à droite. Approbation à gauche.*)

Je serais heureux, Messieurs, que ce fût une erreur, mais permettez-moi de vous dire qu'il y a une manière bien simple de le démontrer; si je me trompe, s'il n'y a à rechercher, comme je le désirerais, comme je le voudrais, que le moyen le plus simple, le plus sûr pour qu'un malade ne puisse mourir sans qu'il soit possible à un prêtre de le venir voir, il suffit d'ouvrir ces conférences et d'y apporter ces arguments, qui, paraît-il, sont très puissants et très forts. Je ne puis dire qu'une chose, je ne puis prendre qu'un engagement : démontrez que, dans un établissement hospitalier, quel qu'il soit, la présence de l'aumônier domicilié dans l'intérieur de chaque établissement est nécessaire, et je ferai comme mes prédécesseurs, c'est-à-dire que j'userai alors de cette contrainte qu'on peut exercer sur un chef de service : je ne rétablirai pas d'office des crédits qui ne peuvent pas être inscrits obligatoirement; mais si la liberté de conscience était en jeu, s'il était à craindre que des malades ne puissent pas recevoir les secours de la religion, lorsqu'ils les auraient demandés, mon devoir serait tout tracé comme il était tout tracé antérieurement. Seulement — et c'est une chose que je tiens à dire, parce que je ne veux induire personne en erreur — la question ne me paraît pas se poser d'une façon aussi absolue.

J'entendais affirmer tout à l'heure que sans la présence dans un hospice d'un aumônier domicilié dans l'établissement hospitalier, il n'y a pas de liberté de conscience, pas de service religieux possible. C'est là, Messieurs, une affirmation qui va se heurter à des faits matériels et à des démonstrations qui n'empruntent rien à la subtilité du raisonnement. Permettez-moi de vous citer un exemple, ou plutôt une série d'exemples.

Il y a toute une catégorie d'établissements de l'Etat dans lesquels il y avait autrefois des aumôniers internes, où ne se trouvent plus aujourd'hui que des aumôniers externes : ce sont les établissements pénitentiaires, et comme ces établissements sont répartis sur des points plus éloignés de notre territoire, cette transformation s'est faite, je ne dirai pas sans aucune protestation à l'origine, mais sans protestations vives, et l'accord est aujourd'hui complètement établi. (*Protestations à droite.*)

M. LE VICOMTE DE LORGERIL. — « Ubi solitudinem faciunt, pacem appellant. »

M. MAYRAN. — Mais ces gens-là ne sont pas malades ! La comparaison n'est pas heureuse !

M. LE MINISTRE. — La comparaison n'est pas, en effet, absolument décisive, mais elle permet néanmoins d'établir déjà un rapprochement. Je voudrais arriver à vous contenter.

Dans les hospices, je crois que la liberté de conscience n'est pas une affaire de saison; s'il est nécessaire qu'il y ait un aumônier dans l'intérieur de l'hospice pour que vos scrupules s'apaisent, il faut qu'il y soit toute l'année.

Eh bien! dans tous les hospices de Paris, pendant les vacances, cet aumônier indispensable quitte l'hospice, ne s'y fait pas remplacer, et le service religieux n'est fait que par le clergé paroissial. (*Exclamations et rires à gauche. Bruit et interruptions à droite.*)

M. LAMBERT DE SAINTE-CROIX. — On a supprimé les aumôniers auxiliaires!

M. LE MINISTRE DE L'INTÉRIEUR. — Je n'ai nullement la prétention de leur refuser le droit de prendre des vacances, mais vous connaissez assez le zèle du clergé à remplir ses devoirs pour ne pas méconnaître que s'il était impossible, sans la présence d'un membre du clergé résidant, domicilié, ayant son appartement dans l'hospice, d'assurer le service religieux, ce serait à qui parmi les membres du clergé prendrait volontairement la place de l'aumônier absent, et vous ne pensez pas qu'aucun d'eux ne sacrifiât même le soin de sa santé à cette obligation bien supérieure qui consiste à être toujours présent pour que jamais la liberté du culte ne se trouve entravée.

Je sais que l'honorable M. Bérenger, tout en maintenant avec beaucoup d'énergie que, juridiquement, la dépense aurait dû être inscrite, a porté la question sur le terrain des faits; il déclare qu'il ne conçoit pas autrement l'organisation du service religieux dans les hospices.

Eh bien! Messieurs, il peut y avoir des raisons à donner en faveur de cette thèse; il peut y avoir aussi des raisons contraires à fournir. C'est précisément là ce que je voudrais voir se faire. J'ai pour l'autorité de l'honorable M. Bérenger en ces matières un très sincère respect; mais il est quelqu'un que je désire encore plus vivement voir exposer les raisons de cette nature, que je souhaite encore plus ardemment voir abandonner le terrain des fins de non-recevoir pour se rendre sur celui des négociations, c'est le représentant naturel de l'autorité diocésaine, celui auquel l'honorable M. Quentin a écrit, celui qu'il a vu, auquel, après cette visite, il a demandé un nouvel entretien sans même avoir obtenu de réponse. (*Très bien! très bien! à gauche.*)

Voilà ce que je désirais dire sur la question des aumôniers des hospices.

Toutes ces observations se résument d'une façon bien simple : Nous convenons tous que le malade a autant que qui que ce soit le droit de recevoir la visite du prêtre lorsqu'il le demande.

Est-il vrai qu'il soit impossible de donner satisfaction à ce désir légitime, et de remplir ce devoir sacré sans la présence d'un aumônier dans l'hospice?

Je crois que, dans ces termes, la proposition est beaucoup trop absolue; mais, si cette démonstration est faite par le pouvoir compétent, et, par conséquent, avec l'autorité qui accompagne cette déclaration, nous aurons à étudier, à réfléchir, à juger. Seulement, ce que je ne puis admettre, Messieurs, c'est qu'on croie devoir se soustraire à l'obligation d'un débat contradictoire en commençant par dire: Nous n'avons pas à discuter les faits, vous avez violé des droits en notre personne. (*Approbation à gauche.*)

C'est là, Messieurs, ce que nous ne voulons pas reconnaître.

M. de GAVARDIE. — Il faut abandonner ses droits! (*Exclamations à gauche.*)

M. LE MINISTRE. — Un mot maintenant sur une question qui a moins longtemps attiré l'attention de l'honorable M. Bérenger, question fort grave, je le reconnais, mais cependant d'une importance moindre; je dis d'une importance moindre, parce que la question de savoir si, dans certains hospices, les soins matériels seront donnés par des sœurs, n'intéresse pas, au même degré tout au moins, la liberté de conscience. C'est une question de faits, une question de soins, une question d'aptitude ou d'expérience.

Les infirmières laïques sont-elles en état de faire face aux obligations professionnelles que leur charge leur impose? Sont-elles assez expérimentées, et, dans les essais qui se sont faits, a-t-il surgi quelque chose qui vienne démontrer qu'elles sont au-dessous de leur mission? Question de faits, je le répète, et non de liberté de conscience.

M. LE BARON DE LAREINTY. — Et de budget!

M. LE MINISTRE. — Je m'expliquerai tout à l'heure sur ce point, monsieur le sénateur.

Ce qu'a fait l'Assistance publique les années précédentes vous est connu. L'honorable M. Bérenger, avec une pensée de critique qui n'en a pas moins amené l'indication d'un fait important, vous a révélé que l'administration de l'Assistance publique a créé des écoles d'infirmières. Elles sont au nombre de trois : leur éducation est faite à Bicêtre, à la Salpêtrière et à la Pitié par les chefs de service les plus expérimentés; par conséquent, lorsqu'ils déclarent que les infirmières ont les connaissances nécessaires, qu'elles ont acquis l'expérience voulue, il est bien certain qu'elles sortent de ces écoles avec des titres qui déjà peuvent déposer en leur faveur.

De plus, dans les hospices qu'on a cités, je le répète, aucune critique sérieuse n'a pu être élevée; et si, dans le service, il y a eu des défectuosités, croyez-moi, ce n'est le privilège de personne, ni des laïques, ni des autres. Il y a des instants de fatigue, surtout dans un métier pareil, il y a des moments d'oubli, et même des distractions. Si j'avais à en dresser la liste — je ne veux pas céder à cette tentation — nous verrions comment la répartition devrait se faire. (*Très bien! très bien! à gauche.*)

Je me borne à constater — et c'est mon devoir de le faire — que les unes et les autres remplissent leur mission avec infiniment de soin, et ce n'est pas moi qui apporterai à cette tribune une critique quelconque contre l'esprit qui anime les religieuses et contre les soins qu'elles donnent aux malades.

M. DE GAVARDIE. — Quand les ministres sont malades, ils rappellent les sœurs. (*Hilarité.*)

M. LE MINISTRE. — Comment s'est engagée cette question pour l'année 1883? Le voici : M. le Directeur de l'Assistance publique, auquel — dans une discussion à laquelle on a fait allusion — on a adressé le reproche de n'avoir pas consulté le Conseil de l'Assistance publique, a réuni ce Conseil, et, après avis conforme, il a résolu de laïciser un certain nombre d'établissements dans lesquels existent des religieuses. Je dis : « dans lesquels existent des religieuses », parce qu'il faut ramener la question à ses proportions vraies. Vous savez tous très bien, mais le public qui ne voit ces choses que par la surface ne le sait peut-être pas, quelle est l'organisation des hospices.

Là même où se trouvent des religieuses, il ne faut pas croire que ce soient les religieuses exclusivement qui fassent le service. Il s'en faut de beaucoup qu'elles le fassent même en majorité. A l'hôpital Lariboisière, par exemple, — je pourrais prendre un autre hôpital, — il y a 26 sœurs contre 120 laïques. Les 26 sœurs ont un rôle plus élevé que les 120 laïques, cela est évident ; ce sont des surveillantes. Quand il s'agit de laïciser, — j'emploie ce mot, puisqu'on l'a mis en circulation, — quand il s'agit de laïciser un hospice, cela veut dire qu'on remplacera un certain nombre de surveillantes congréganistes par un certain nombre de surveillantes laïques.

Mais la grande masse des personnes qui donnent leurs soins aux malades dans tous les hôpitaux, qu'il y ait ou non des religieuses, ce sont des laïques et non des religieuses.

Au point de vue du droit je n'éprouve aucune difficulté à préciser la situation, parce qu'elle l'a été avec une très grande netteté dans l'interpellation du mois de mai 1881, à laquelle l'honorable M. Béranger faisait allusion.

Est-il exact qu'il s'agisse ici d'une mesure qui dépende du directeur de l'Assistance publique ? et nous verrons tout à l'heure ce que j'entends par là. Je ne crois pas que cela puisse être contesté, et, en 1881, cela ne l'a pas été.

La législation est, en effet, des plus simples. L'ordonnance du 31 octobre 1821 et la loi de 1849 confient au directeur de l'Assistance publique, après avis de son conseil, les mesures à prendre en ce qui touche à l'organisation d'un hospice ou tout autre service intérieur. Cela est tellement évident que l'honorable M. Constans, dans cette discussion de 1881, le formula en ces termes :

« Le directeur de l'Assistance publique, après l'avis de son conseil, a décidé la sécularisation de plusieurs établissements hospitaliers. Il n'a violé en cela ni le texte, ni l'esprit de la loi.. » L'honorable M. de Broglie l'interrompit pour dire : « Personne ne l'a dit. »

Mais ce qu'on a dit dans cette discussion, — et je crois que le reproche était injuste, car l'honorable M. Constans avait reconnu très hautement et revendiqué sa responsabilité, — c'est que, lors même qu'il s'agit d'une mesure d'administration intérieure qu'il appartient au directeur de prendre après avis de son conseil et avec approbation du préfet, comme c'est un chef de service révocable, comme le préfet est lui-même révocable, le ministre de l'Intérieur peut toujours exiger de ces fonctionnaires qu'ils accomplissent un acte dans une certaine forme, dans une certaine intention. Mais il n'échappe certainement pas à une assemblée comme le Sénat qu'il y a une différence considérable entre les mesures que la loi permet ou commande au ministre de prendre de son initiative, dans le domaine naturel de ses attributions, et celles pour lesquelles il doit faire appel à cette sorte de menace, de violence morale qui consiste à dire au fonctionnaire compétent : il est parfaitement vrai que vous exercez une attribution qui vous est conférée par la loi ; il est parfaitement vrai que vous n'avez pas besoin de l'autorisation du ministre ; mais, si vous faites quelque chose qui me déplaît, je vous révoque.

La différence, Messieurs, — et je ne crois pas excéder la mesure des appréciations justes, — la différence est celle-ci : c'est qu'en pareil cas le ministre ne doit employer cette mesure, recourir à ce que j'appelais tout à l'heure une contrainte, une violence morale, qu'autant qu'il lui sera démontré qu'on accomplit un acte pernicieux ou pour la santé ou pour la morale publique. Par exemple, dans l'espèce, — et vous allez voir que je ne suis animé d'aucune espèce d'esprit de système, — s'agissant d'un acte que le directeur de l'Assistance publique, sous l'approbation du préfet, peut accomplir librement sans que la sanction officielle du ministre soit nécessaire, je pense que je n'aurais le droit de dire à ce chef de service : « Vous me déplaisez, vous allez partir », qu'autant que je pourrais établir par devers moi, quand ce ne serait pas devers les autres, qu'il a commis une imprudence, une action blâmable, une action qui tourne au préjudice du service dont il est le protecteur.

Eh bien! je le déclare franchement, sans méconnaître le moins du monde les services rendus par les congréganistes, en proclamant que dans certains hospices leurs soins ont été excellents, je ne puis pas venir dire — ce que je ne crois pas, ce contre quoi les faits protestent — que, du moment où l'on introduit des infirmières laïques comme surveillantes dans un hospice de Paris, après des examens, après des années d'études, on compromet la santé des malades. (*Très bien! très bien! à gauche.*)

Messieurs, il faut rendre justice à tout le monde, et j'aurais été davantage touché du témoignage qu'accordait l'honorable M. Bérenger aux soins dont je viens de parler, au dévouement que je viens de rappeler, s'il n'avait pas été si exclusif. La vérité, la voici, et peut-être trouvons nous dans cette discussion comme un écho du sentiment dont je vais parler : pendant de longues années, pendant des siècles, il s'est fait une sorte de partage entre la société laïque et la société religieuse. A celle-là les soins grossiers, égoïstes, ce qu'on a appelé « le combat pour la vie »; à celle-ci, c'est-à-dire à la société religieuse, la prévoyance, l'humanité, la charité.

Eh bien! aujourd'hui, la société civile a la prétention d'être humaine, d'être juste, d'être charitable (*Vive approbation à gauche*), et, par conséquent, quand nous voyons des infirmières qui vont passer des mois et des années dans des écoles, et qui se rendent ensuite dans les hospices où, après des examens, elles viennent subir une autre épreuve qui est, celle-ci, une épreuve pratique; quand nous n'entendons formuler contre elles aucun grief sérieux, je maintiens que ce qu'on me conseille serait un excès d'autorité dont je suis quelque peu surpris d'avoir à me défendre : non, je ne peux pas imposer, par ce que j'appelais tout à l'heure et ce que j'appelle encore la contrainte, à un service qui a agi dans la limite de ses fonctions et de ses attributions une mesure qui ne serait pas justifiée par les faits.

Messieurs, voulez-vous que je vous dise ma pensée franchement et sans aucune restriction? C'est que dans cette question, comme dans celle des aumôniers, je ne suis pas plus exclusif que le directeur de l'Assistance publique. (*Murmures ironiques à droite.*)

Il y a tel hospice où un aumônier interne peut être nécessaire, et si les conférences dont j'ai parlé avaient été engagées, l'autorité diocésaine en aurait peut-être recueilli la déclaration de la bouche même de M. le Directeur de l'Assistance publique. Il y en a d'autres où il doit suffire apparemment qu'un local approprié soit mis à la disposition de l'autorité ecclésiastique, et qu'il puisse y avoir, pendant vingt-quatre heures, un prêtre de service comme il y a un interne. (*Très bien! à gauche.*) Enfin il y en a qui, par leur minime importance, leur voisinage et, pour ainsi dire, leur mitoyenneté avec une paroisse, et en raison du petit nombre de décès qui s'y produisent, peuvent être desservis par le clergé paroissial. Ce sont des questions à étudier.

Eh bien! de même, pour ce qui est des laïques et des congréganistes en matière de service des hôpitaux, j'ai voulu examiner, une à une, les affaires à propos desquelles la question de laïcisation est engagée, et je ne fais aucune difficulté de déclarer qu'en ce qui concerne un établissement, « les Incurables », où l'on compte 2.000 malades d'une catégorie particulière, atteints d'affections qui ne laissent que peu ou point d'espérance, et où il y a un très grand nombre de sœurs ayant acquis une expérience particulière de ce service, il me paraît que dans cet établissement spécial il peut y avoir un intérêt sérieux et considérable à ne pas substituer immédiatement (*Mouvement à droite*) aux infirmières actuellement en fonctions des infirmières laïques. (*Très bien! A la bonne heure! sur les mêmes bancs!*)

Un sénateur à droite. — C'est de l'opportunisme!

M. le Ministre. — Je vous assure, Messieurs, que ce n'est point une concession que je fais pour obtenir vos suffrages ; c'est une réflexion qui m'est venue par l'étude attentive et l'examen des faits.

De même qu'il ne me répugne nullement de dire, devant ceux qui pensent qu'il faudrait jeter dès demain toutes les religieuses à la porte des hôpitaux, que je n'en ferai rien, de même je ne crains pas de déclarer devant le Sénat que, dans toutes les circonstances où il me sera possible de laisser l'Assistance publique se mouvoir librement dans l'exercice de ses droits, je n'interviendrai pas, à moins toutefois qu'il ne me soit démontré que cette liberté d'action devient dangereuse, et que, par conséquent, le chef du service a démérité. (*Approbation à gauche.*)

Voilà, Messieurs les observations que je voulais présenter au Sénat. C'est la réponse, je crois, aux questions qui m'ont été posées par l'honorable M. Bérenger.

En ce qui concerne les aumôniers, nous demandons qu'on cesse de nous opposer purement et simplement une fin de non-recevoir ; nous demandons qu'on consente à étudier la question avec nous ; mais cette concession est indispensable.

En ce qui touche la laïcisation, c'est-à-dire le remplacement des surveillantes religieuses par des surveillantes laïques, j'ai indiqué au Sénat la solution qui nous semble préférable, solution toute de prudence, toute de modération, et toute de transition. (*Très bien! et vifs applaudissements à gauche.*)

M. le baron de Lareinty. — Et la question budgétaire, Monsieur le Ministre?

M. le Ministre (*au pied de la tribune*). — Il s'agit de l'argent du Conseil municipal.

Messieurs [1],

Les explications si complètes fournies à la séance du 29 mai par l'honorable M. Bérenger m'avaient paru épuiser le débat. Celles qu'il vient d'apporter à cette tribune prouvent que ce discours n'était qu'une préface. Il reprend, en effet, la même question, il reproduit la même thèse; et si je fais le dénombrement des autorités qu'il invoque, je n'en trouve qu'une nouvelle : c'est celle de l'honorable M. Sigismond Lacroix. (*Rires à gauche, rumeurs à droite.*) Le débat dont vous êtes saisis...

Voix à gauche. — On n'a pas même lu l'article.

M. LE MINISTRE DE L'INTÉRIEUR. — Le débat dont vous êtes saisis n'est pas différent de celui que vous avez eu à juger dans la séance du 29 mai. Et je maintiens qu'il n'a rien été accompli depuis cette date qui ne fût contenu à l'état d'exposé dans les explications que j'ai moi-même apportées au Sénat. Je disais, en effet, — et j'ai le texte de mes paroles sous les yeux — que la question qui allait se poser ne pouvait pas se résoudre d'une façon uniforme, simple, qu'il y avait tel établissement où le service des aumôniers internes devrait continuer d'être autorisé, qu'il y avait d'autres établissements, au contraire, où il suffirait qu'il y eût un prêtre de garde, une aumônerie de garde, et je disais, en troisième lieu, qu'il existait des hospices à Paris comme en province — et ils sont nombreux — où la proximité avec la paroisse est telle qu'il est possible, facile, de recourir purement et simplement au clergé paroissial.

C'est là, Messieurs, ce que j'ai dit à la séance du 29 mai, et le Sénat verra bientôt qu'il n'a été fait rien de plus ni de moins que ce que j'avais exposé.

La discussion que l'honorable M. Bérenger soulève porte sur deux questions, l'une de légalité, l'autre de fait qui se résume en une question de liberté de conscience.

Ce que nous avons fait est-il légal? Ou, pour mieux dire, en ne rétablissant pas certains crédits avons-nous, comme

---

1. Séance du 29 juin 1883.

le dit l'honorable M. Bérenger, commis une illégalité?...

Je suis en effet obligé de rappeler au Sénat comment nous avons été nous-mêmes saisis de cette difficulté, comment ce qui s'est produit en 1883 n'a rien de commun — je l'ai démontré, les pièces en mains, à une autre séance — avec ce qui s'était produit sous le ministère de M. Constans.

En effet, le Conseil municipal, approuvant le budget de l'Assistance, n'a pas inscrit le crédit des aumôneries.

Pouvions-nous rétablir ce crédit? C'est se demander si ces dépenses sont obligatoires — c'est une opinion qui a été proclamée, soutenue, défendue avec habileté et avec éclat; — c'est, comme je le disais tout à l'heure, une question de pur droit, une question de légalité.

Or, Messieurs, je me demande comme je l'ai fait une première fois, pourquoi, si nous avons commis un acte illégal, c'est à la tribune d'une assemblée politique qu'on s'obstine à porter ce procès? (*Rumeurs à droite et au centre. — Très bien! à gauche.*)

M. LE PRÉSIDENT. — On n'a pas interrompu M. Bérenger; veuillez ne pas interrompre, Messieurs, vous répondrez.

M. LE MINISTRE. — Je me demande comment, si les autorités, je néglige celles de source plus récente qui ont été apportées aujourd'hui, si les autorités apportées par l'honorable M. Bérenger sont si décisives, comment on n'a pas voulu user des moyens que la loi mettait évidemment à la disposition de ceux qui auraient été lésés, et solliciter une décision effective qui aurait fait ce que nous aurions eu le tort de ne pas faire, qui aurait rétabli une dépense obligatoire que nous aurions eu le tort de ne pas inscrire? (*Interruptions à droite.*)

Je suis alors, Messieurs, amené bien naturellement à me demander si cet éloignement pour une décision judiciaire qui serait effective.....

M. BÉRENGER. — Je n'ai pas le droit de la provoquer.

M. LE MINISTRE. — Vous n'avez pas, dites-vous, le droit de la provoquer, monsieur le sénateur; c'est évident, mais pourquoi? Parce que vous n'êtes pas intéressé dans la question! Parce que vous n'êtes que l'avocat politique de l'aumônerie. (*Très bien!* et *rires à gauche.*) Mais je maintiens que si on a omis d'inscrire à un budget une dépense obligatoire, il est trop clair que la partie lésée a le droit de se pourvoir, car partout où il y a préjudice, il y a également un juge.

Mais, Messieurs, il faut bien dire la vérité, — elle finit par m'échapper, — on peut se demander si cet éloignement pour des juridictions qui rendent des arrêts ne proviendrait pas peut-être de ce que leur barre est moins retentissante que cette tribune (*Très bien! très bien! et applaudissements à gauche. — Rumeurs à droite.*), et aussi de ce qu'on fait passer avant l'avantage minime, comme je le montrerai, d'une aumônerie interne, le profit différent et peut-être plus considérable d'une politique qui se réclame sans cesse et toujours de la persécution. (*Oh! oh! — Nouvelles marques d'approbation à gauche.*)

Messieurs, sur la question de légalité, je serai extrêmement bref, parce que je m'en suis expliqué, et qu'aux mêmes arguments de l'honorable M. Bérenger j'arriverais certainement à opposer les mêmes réponses. Mais je voudrais cependant préciser un peu plus le point de fait sur lequel ses objections légales ont porté.

J'entends dire constamment, je lis dans les journaux dont je demande au Sénat la permission de ne pas apporter ici des extraits, qu'il s'agit de savoir si l'aumônerie, si le service religieux sera supprimé ou maintenu.

Eh bien! la question ne se pose pas le moins du monde dans ces termes; et quand vous auriez démontré avec la dernière rigueur que les dépenses de l'Assistance publique sont obligatoires, qu'un Conseil municipal ne peut, par conséquent, se refuser à les voter; quand vous auriez, en outre, démontré que dans ces dépenses de l'Assistance publique figurent les dépenses d'une aumônerie, d'un service religieux, il vous resterait encore à faire cette preuve qui n'a jamais été entreprise et pour laquelle il faudrait vous inscrire contre des autorités qui auront pour vous un caractère particulièrement grave, il faudrait arriver à dire et à prouver qu'il existe un texte quelconque spécifiant que l'aumônerie doit être interne, que son service doit être fait par des ecclésiastiques institués à demeure dans des établissements, et que non seulement les malades doivent recevoir les secours de la religion, mais que ces secours doivent leur être administrés par des ecclésiastiques logés dans les hospices, y ayant leur domicile, leur logement, leur chambre, leur salle à manger. (*Vives protestations à droite. — Rires et très bien! très bien! à gauche.*)

Messieurs, je ne mets dans mes paroles aucune intention offensante. Je précise ce qui différencie les deux services; c'est l'habitation dans l'hospice, ou l'habitation à côté de l'hospice; or, ce dernier système est pratiqué dans maint département, à Paris même, et vous verrez qu'au moins jusqu'à présent on n'a jamais considéré ce fait comme une violation de la loi, qu'on n'a formulé que des critiques tirées de ce que, disait-on, il y avait des établissements dont la situation et l'importance matérielles étaient telles que le service ne pourrait y être bien fait qu'à la condition que l'aumônier y resterait à demeure.

L'interprétation que je donne et qui consiste à dire que l'aumônier résidant dans les hospices n'a jamais été imposé par la loi, cette interprétation n'est pas nouvelle. Je n'invoquerai pas une circulaire émanant du ministère de l'Intérieur et qui se placerait à une date où j'en aurais la responsabilité; il y a une circulaire qui est, pour ainsi dire, fondamentale en cette matière, et à laquelle on revient très fréquemment, pour ne pas dire toujours. Elle ne date pas d'une ère de persécution comme la nôtre... (*Rires à gauche*)... elle est de 1840. Elle se recommande, par conséquent, de la monarchie constitutionnelle, tempérée.

Voici comment, dans la circulaire de 1840, en s'adressant aux préfets qui auront à surveiller l'exécution de la loi pour les dépenses de l'Assistance publique, on parle de la question des aumôniers internes ou externes.

Dans cette circulaire, publiée sous un ministère qui

comptait M. de Rémusat comme ministre de l'Intérieur, je lis ceci :

« Dans quelques établissements, les aumôniers sont logés et nourris. L'on ne saurait rien préciser de général à cet égard. »

Donc si, dans quelques établissements seulement, les aumôniers étaient des aumôniers internes ; si, en 1840, on proclamait « qu'il est impossible de prescrire des mesures générales à cet égard », on ramenait bien le débat qui nous occupe à une simple question de fait, celle de savoir si le service est matériellement possible et s'il pourra être bien organisé, étant donnés la consistance de l'hôpital ou de l'hospice, le nombre de ses pensionnaires et les ressources paroissiales dont on peut disposer.

En disant que l'aumônier interne n'est pas imposé par un texte, nous ne faisons que reproduire une déclaration antérieure contenue dans une circulaire ministérielle très complète, et qui proclame qu'il n'existe pas d'obligations en pareille matière, que c'est là une question absolument contingente.

M. BOCHER. — Ne les supprimez pas, alors !

M. LE PRÉSIDENT. — N'interrompez pas, Messieurs ; personne n'a interrompu M. Bérenger. (*Exclamations ironiques à droite.*)

M. LE BARON LE GUAY. — Au contraire !

Plusieurs sénateurs à gauche. — C'est vous qui l'avez interrompu !

M. LE PRÉSIDENT. — Personne, si ce n'est à droite quelquefois ; mais à gauche, jamais.

M. LE MINISTRE. — J'ajoute, Messieurs, que ceux qui soutiennent qu'il est tout à fait impossible de sauvegarder la liberté de conscience sans établir dans les hôpitaux un aumônier à demeure vont infiniment plus loin que l'archevêque de Paris lui-même.

M. le cardinal Guibert, dans la lettre circulaire qu'il a adressée aux curés des paroisses, reconnaît un fait que j'avais avancé et dont l'exactitude, d'ailleurs, n'est pas contestable : c'est qu'il y a des hôpitaux dans lesquels ce que vous appelez la persécution fonctionne sans qu'aucune réclamation sérieuse se soit produite. Il dit, en effet, dans cette lettre :

« On avait allégué l'exemple de quelques villes où les hôpitaux sont desservis au spirituel par le clergé paroissial. (*Interruptions à droite.*)

« Il est, en effet, constant que, dans un certain nombre de villes, les hôpitaux sont desservis par un prêtre de la paroisse, et même très souvent... »

M. Chesnelong. — Les conditions ne sont les mêmes qu'à Paris.

M. le Ministre. — ... « dans des conditions moins favorables que celles établies à Paris pour des raisons que je vais vous faire connaître, c'est-à-dire tantôt par un ecclésiastique, tantôt par un autre. »

Le cardinal ajoute :

« J'ai fait remarquer que ce service était possible dans de petits hôpitaux... mais qu'à Paris un semblable service n'était pas praticable. » (*Ah! ah! à droite.*)

Je ne nie pas qu'il y ait une contradiction complète sur la facilité du service entre M. le cardinal-archevêque de Paris et moi ; j'invoque cette argumentation contre la thèse légale absolue à laquelle je réponds.

Je demande s'il est vrai de dire que, légalement, le service de l'aumônerie doive toujours être fait par des aumôniers internes ; et après avoir montré que jamais la loi n'a été interprétée dans un sens aussi excessif... (*Interruptions sur les mêmes bancs*)... je vous montre qu'une autorité dont vous ne pouvez contester les tendances reconnaît qu'en effet ce service existe dans un certain nombre d'hôpitaux, et qu'il s'agit purement et simplement de décider si, à Paris, il serait impossible de trouver un régime pratique qui, respectueux de tous les droits, assurât parfaitement la liberté de conscience.

Question de fait, par conséquent, et non pas question de droit.

Et alors, Messieurs, permettez-moi de faire connaître très exactement où en sont les choses, ce qui a été arrêté, convenu. Il arrive, en effet, très souvent que le zèle laïque, l'apostolat parlementaire... (*Rires approbatifs et applaudissements à gauche. — Réclamations à droite*) va beaucoup plus loin que les revendications mêmes du clergé.

M. OSCAR DE VALLÉE. — Et l'apostolat jacobin !

M. LE MINISTRE. — On a dit que ce que nous proposions était inadmissible. On a dit que, particulièrement pour une paroisse, celle de Saint-François-Xavier, il serait tout à fait impossible que le service fonctionnât.

Eh bien! Messieurs, à l'heure actuelle, on est d'accord avec les curés de paroisse, et particulièrement avec le curé de Saint-François-Xavier... (*Exclamations ironiques à droite.*)

M. LE BARON DE LAREINTY. — C'est un fait de pression de votre part, pas autre chose.

M. LE PRÉSIDENT. — Attendez le silence, Monsieur le Ministre.

M. LE MINISTRE —... On est d'accord, disais-je, et sur quelles bases? Dans les conventions qui sont intervenues, il a été admis, il a été stipulé que, si l'on remplaçait un aumônier interne dans les hôpitaux, il serait adjoint comme vicaire ou comme prêtre libre — je ne sais pas au juste — au clergé de la paroisse; de sorte qu'il n'y aurait absolument que cette différence : l'ecclésiastique qui était logé dans l'établissement hier, sera logé à côté de l'établissement demain. (*Rires approbatifs à gauche.*)

M. BÉRENGER. — Il n'aura pas de traitement?

M. LE BARON DE LAREINTY. — Qui payera?

M. LE MINISTRE. — Monsieur le sénateur, je ne peux pas dire tout à la fois; c'est une qualité que peu d'orateurs possèdent, et moi moins que personne... (*Nouveaux rires à gauche.*) Nous allons voir qui payera. Le meilleur moyen de satisfaire l'impatiente curiosité de M. de Lareinty...

M. LE BARON DE LAREINTY. — Je ferai remarquer que le mot *impatient*... (*Exclamations à gauche.*)

M. LE PRÉSIDENT. — Monsieur le baron de Lareinty, si vous voulez répondre à Monsieur le Ministre, je vous donnerai la parole.

M. le Ministre. — Le meilleur moyen, dis-je, de donner prompte satisfaction au désir très légitime que vient d'exprimer M. de Lareinty d'être éclairé, c'est de mettre sous les yeux du Sénat, non seulement l'arrêté préfectoral, mais aussi les deux circulaires qui ont été adressées aux différents directeurs des établissements hospitaliers, parce que, suivant qu'il s'agissait d'un hospice ou d'un hôpital, on a pensé qu'un régime tout différent devait être adopté.

D'abord, dans l'arrêté, je lis ceci :

« Est supprimé à partir du 1er juillet 1883 le service de l'aumônier dans les établissements hospitaliers où ce service n'est pas rendu obligatoire en vertu de titres de fondations ».

Il ne pouvait, en effet, être question, là où l'établissement avait été créé par un contrat particulier, d'en méconnaître les clauses.

« Toutefois, vu l'éloignement de l'hôpital de Berck de l'église paroissiale et la situation des enfants traités dans cet établissement, un aumônier continuera à être attaché à l'hôpital de Berck. »

Cela fait déjà un certain nombre d'établissements...

Un sénateur à droite. — Deux.

M. le Ministre —... qui, pour un motif ou pour un autre, conserveront l'aumônier interne.

Article 3 : « Il sera statué par un règlement ultérieur sur les mesures spéciales que réclameront l'importance et la situation particulière des hospices de la vieillesse hommes (Bicêtre), de la vieillesse femmes (Salpêtrière), des Incurables et des Ménages.

« Ce règlement déterminera les conditions dans lesquelles se fera le service de garde et fixera les indemnités allouées pour ce service. »

Il y avait déjà dans cet article une indication bien claire. On parlait de règlements qui seraient faits pour arrêter les lignes principales d'un service de garde qui serait organisé, dans ce qu'on appelle les grands hospices, à raison de la population très considérable qui les fréquente. Mais, l'arrêté, Messieurs, a été accompagné de circulaires qui ne peuvent évidemment pas être inconnues d'un homme aussi exactement renseigné que l'honorable M. Bérenger; ces différentes circulaires ont été envoyées aux deux sortes de directeurs, c'est-à-dire les unes aux directeurs d'hospices, les autres aux directeurs d'hôpitaux.

Dans la circulaire adressée aux directeurs d'hospices, je lis ceci :

« Il y a pour un grand établissement comme le vôtre, qui renferme une population de plusieurs milliers de vieillards et d'infirmes, des mesures exceptionnelles à prendre. Sans doute nos pensionnaires, qui, autrefois enfermés, séquestrés, ne pouvaient pas franchir les portes de l'établissement (et c'est même un des motifs qui a fait créer des aumôniers résidents), ont aujourd'hui la faculté de sortir librement tous les jours. Il serait possible à la plupart d'entre eux de se rendre à la paroisse voisine; mais l'église, même la plus voisine, est déjà loin pour des vieillards. Il y aurait cruauté à leur imposer, par les mauvais temps surtout, une course pénible et toujours dangereuse. J'estime qu'il y a un devoir d'humanité à leur épargner cette fatigue.

« En conséquence, vous vous rendrez chez le curé de la paroisse et vous lui demanderez s'il peut détacher un prêtre qui resterait chaque jour quelques heures dans l'hospice à la disposition des vieillards. » (*Interruptions à droite.*)

M. LE PRÉSIDENT. — N'interrompez pas, Messieurs, vous répondrez si vous voulez; cela vaut, il me semble, la peine d'être entendu.

Un sénateur à gauche. — Ils sont tolérants !

M. LE MINISTRE. — « Il aurait pendant le temps qu'il consacrerait à ce service un local convenable à sa disposition, où il pourrait recevoir les infirmes et les vieillards s'il ne préférait pas les voir à des heures déterminées à la sacristie. C'est dans ce local ou à la sacristie qu'il attendrait qu'on vînt le chercher pour porter dans les salles, aux malades qui les réclameraient, les secours de la religion.

« Je ne verrais aucun inconvénient à ce que le prêtre désigné fût le même qui remplit aujourd'hui les fonctions d'aumônier. Vous prendrez avec ce prêtre, Monsieur le Directeur, les arrangements les plus propres à donner satisfaction aux désirs des vieillards catholiques. Le même prêtre pourrait dire la messe dans la chapelle de l'établissement les dimanches et les jours de fête. Il va sans dire qu'une indemnité sera stipulée pour le temps qu'il consacrera à nos vieillards. »

Voilà, Messieurs, la circulaire tout à fait intolérante, n'est-il pas vrai? qui a été envoyée aux directeurs des grands hospices. Vous avez des vieillards qui peuvent sortir, mais, à raison de leur grand âge, à raison de l'éloignement possible de la paroisse, il faut faire pour eux — c'est la théorie de l'honorable M. Bérenger — quelque chose de plus que ce à quoi ils auraient eu droit s'ils étaient restés à leur domicile.

Par conséquent, leur dit-on, vous vous entendrez avec le curé de la paroisse pour qu'il désigne un prêtre qui, à des heures convenues, aux heures qui paraîtront les plus favorables, viendra dans l'hospice se tenir à la disposition de tous ceux qui pourront le demander.

Que le Sénat veuille bien le remarquer, il s'agit ici d'hospices et non d'établissements où les décès se précipitent chaque jour. Il s'agit d'hospices dans lesquels se trouvent surtout des vieillards et des infirmes. Eh bien! pour cette population si digne d'intérêt, on organise un régime d'aumônerie, un service religieux pour la confession, pour les entretiens, qui est parfaitement suffisant, et dont on ne peut pas dire qu'il lèse, en vérité, les droits de la conscience!

M. Bocher — Pourquoi ce changement?

M. Oscar de Vallée. — Pour plaire au Conseil municipal.

M. le Ministre. — Voilà, Messieurs, ce qui est indiqué par la circulaire...

M. Bocher. — Cela ne donne pas les raisons du changement.

M. Mayran. — On vous l'impose!

M. le vicomte de Lorgeril. — A quelle date se place cette circulaire?

M. LE MINISTRE. — Elle a été envoyée le surlendemain de l'arrêté préfectoral.

M. BOCHER. — Indique-t-elle les causes du changement? les abus qui y ont donné lieu? (*Réclamations à gauche.*)

M. LE MINISTRE. — Je ne puis, en vérité, Messieurs, rentrer, à chaque question qui me sera posée, dans un débat qui a déjà été traité si longuement. Je prétends être en présence d'une mesure qui n'a pas été prise par moi, d'une suppression de crédits que je n'ai pas provoquée.

M. BUFFET. — On vous a dit que votre droit était de les maintenir.

M. LE MINISTRE. — Vous me dites et vous me répétez sans cesse que cette mesure est illégale. Je vous réponds que, pour les choses illégales, il y a autre chose que les interpellations : il y a des voies de recours.

En ce moment, j'entends traiter purement et simplement une question de faits: j'examine dans quelle mesure on peut véritablement parler, comme on l'a fait, de barbarie ou de persécution!

A côté de la circulaire adressée à MM. les Directeurs d'hospices, il y a eu celle qui a été adressée aux directeurs d'hôpitaux. Pour les hôpitaux, voici le système qui est proposé aux directeurs et qui sera débattu entre eux et les curés des paroisses : de même que pour les grands hospices, il ne sera apporté aucun obstacle à ce que l'ecclésiastique chargé du service religieux soit l'ancien aumônier si l'autorité diocésaine trouve avantage à lui confier ces nouvelles fonctions; chaque fois qu'un malade exprimera le désir de le voir, un agent spécial, établi dans chaque hôpital et sérieusement contrôlé, se rendra immédiatement à la paroisse chercher ou le vicaire ou l'ecclésiastique adjoint au clergé paroissial à titre de prêtre supplémentaire. Voilà ce qui a été organisé. Et en vérité... (*Bruit et interruptions à droite.*)

M. BOCHER. — Dites franchement que vous ne voulez pas d'aumôniers!

M. LE PRÉSIDENT. — Attendez le silence, Monsieur le Ministre.

M. le Ministre. — En vérité, Messieurs, lorsque j'entends dire que ce régime qui consiste à avoir un agent toujours prêt à aller frapper à la porte de la paroisse, ne permettra pas aux malades, aux mourants, de recevoir les secours de la religion ; lorsque j'entends ajouter qu'il faut nécessairement qu'un aumônier soit là, en permanence, et ne bouge pas de l'hospice...

M. le baron Le Guay. — On va payer un agent spécial, on peut bien payer un aumônier !

M. le Ministre. — ...je suis obligé de faire remarquer qu'il s'en faut de beaucoup que les recours au ministère ecclésiastique soient aussi nombreux qu'on le suppose. On a dit : Mais votre agent sera perpétuellement en état de va-et-vient, il faudra qu'à chaque heure, peut-être à chaque quart d'heure de la journée, il aille faire des courses.

Or, dans les hospices où ne se trouvent point d'aumôniers internes, et à l'encontre desquels pourtant on n'a pu apporter que des accusations générales et vagues, à l'hospice Bichat, par exemple, où il y a 200 lits, savez-vous combien de fois par mois l'on a occasion de recourir au clergé de la paroisse voisine, à la demande des malades, demande qui est constatée et que l'on ne peut pas dissimuler au contrôle ? Eh bien ! les 200 malades ont eu recours au clergé paroissial en moyenne huit fois par mois !... Et savez-vous, pour ce qui est de la nuit, combien de fois dans un hospice comme la Charité, par exemple, s'est produite la demande de recours à l'aumônier ? Deux fois seulement. A l'hospice Beaujon, le nombre des demandes de la même nature s'est élevé à huit par an ! (*Très bien ! et rires à gauche. — Bruit à droite.*)

M. Buffet. — Cela prouve que les malades meurent avant que le prêtre arrive.

M. Mayran. — On les fait appeler après l'enterrement !

M. Fresneau. — Cela prouve tout simplement l'insuffisance du service.

M. le Ministre. — Il faut donc, Messieurs, prendre les faits pour ce qu'ils sont.

Entre différents récits qui ont été apportés à cette tribune, une anecdote rapportée par l'honorable M. Bérenger me semble réfléchir et préciser admirablement l'esprit qui, de part et d'autre, préside à ce service. L'honorable M. Bérenger nous a raconté que, dans un hôpital, un prêtre qui, après avoir été régulièrement appelé, venait de donner les secours au malade qui l'avait fait venir, rencontre un père de famille qui lui dit : « Il y a urgence ; ma femme se meurt, venez auprès d'elle. »

Je m'attendais à ce qu'on affirmât — et ce fait aurait immédiatement appelé des sévérités (*Rumeurs ironiques à droite*) — que le directeur de l'établissement avait dit à l'aumônier :

« Vous allez passer au secrétariat et y faire viser une sorte de passeport en règle avant de vous transporter au chevet de la malade. »

M. FRESNEAU. — On a dû violer le règlement.

M. LE MINISTRE. — Rien de pareil, Messieurs !... Et je recommande à l'attention des esprits qui aiment à rechercher la raison d'être de certains faits, ce qui se passe en ce moment : c'est l'aumônier qui invoque de graves scrupules administratifs, la formalité de la mention sur le registre à souche lui paraît capitale et décisive, et, à ce père de famille qui lui dit : Il y a là une femme qui se meurt, l'aumônier répond : Je ne puis... nous avons un système administratif tellement vexatoire... (*Exclamations à droite. Très bien ! et applaudissements à gauche.*)

Un sénateur à droite. — C'est une infamie !

M. FRESNEAU. — Vous encouragez ceux qui vous entendent à traiter vos clients comme ils le méritent !

M. LE MINISTRE. — Nous avons, objecte l'ecclésiastique, un ensemble de mesures à observer qui rend l'administration des sacrements tout à fait impossible !

Eh bien ! je répète ici ce que j'ai déjà dit une fois : il ne suffit pas, par exemple, en parlant des hospices ou des hôpitaux où ce système fonctionne, de venir dire : j'ai entendu formuler de graves accusations ; il y a des malades qui ont demandé les secours de la religion et qui ne les ont pas obtenus. Il faut apporter des faits et des preuves !

Il me serait facile de montrer que, même avec un aumônier interne, il pourrait fort bien advenir que dans un cas de crise subite le malade pût ne pas être secouru. (*C'est vrai! sur quelques bancs.*) Et, après avoir réduit à leur juste importance les nécessités du service religieux et montré, par exemple, combien de fois dans un mois deux cents malades appellent le prêtre, je pourrais établir que l'aumônier interne n'est pas constamment à la disposition des malades; qu'il peut lui arriver, qu'il lui arrive d'être absent au moment où on le demande, et qu'à raison de ce fait le service des enterrements est moins régulièrement fait par l'aumônier interne que par le clergé de la paroisse.

Mais je n'insiste pas. Vous connaissez maintenant, Messieurs, et la nature des besoins et l'ensemble des mesures qui ont été arrêtées pour y faire face.

On disait tout à l'heure qu'elles avaient été subies. Eh bien! il y a un caractère d'affirmation plus absolu dans cette proposition que dans la lettre de M. le cardinal-archevêque de Paris et, surtout, que dans les conventions qui sont intervenues et les rapports qui se sont établis entre le clergé paroissial et les directeurs d'établissements hospitaliers.

D'un côté, on pense sans doute que le système de la présence constante de l'aumônier assure mieux le service religieux; c'est l'opinion qui est professée, qui est mise en avant par l'autorité diocésaine : mais on ne va pas jusqu'à dire que l'on ne peut, avec le concours du clergé paroissial, organiser quelque chose qui donne toutes les garanties nécessaires à la conscience, à la liberté de conscience des malades.

M. le cardinal-archevêque de Paris dit que le clergé sera assez courageux, assez dévoué pour s'imposer cette nouvelle charge. En effet, l'objection que l'on rencontrait sans cesse, au début, est celle-ci : « Le clergé paroissial, actuellement, a peine à suffire à sa tâche quotidienne, et vous allez augmenter cette tâche dans des proportions considérables ».

Or, je vous ai indiqué, Messieurs, comment on l'avait

réduite, et comment on ne demandait pas au clergé paroissial de faire, outre son service actuel, un service supplémentaire ; comment, surtout, on ne lui demandait pas de faire un service supplémentaire sans une indemnité qui vînt rémunérer ses efforts et les soins donnés par lui aux malades des hospices. (*Mouvements en sens divers.*)

Messieurs, un dernier mot. Peut-on dire bien sérieusement, en vérité, que dans ces conditions de précaution et de réglementation les pauvres qui se trouvent dans les hospices ou dans les hôpitaux se verront empêchés de satisfaire au vœu de leur conscience, et blessés dans leur liberté religieuse?... que, lorsqu'ils désireront l'assistance d'un prêtre, toutes les mesures prises seront insuffisantes?... qu'ils ne pourront obtenir les secours de la religion?

Quand on débattait ces questions à l'origine, on disait purement et simplement — et c'est ce que nous retrouvons dans toutes les publications qui ont été faites : « Il faut que le malade soit à l'hôpital dans les mêmes conditions que s'il était chez lui ; et si l'on fait quelque changement, ce doit être dans le sens de l'amélioration. » On ajoutait : « Sans doute, le malade resté chez lui ne peut pas sortir ; sans doute même, la grande masse de ceux qui vont dans les hôpitaux n'ont pas de domestiques, de serviteurs, quelquefois pas de parents pour aller chercher le prêtre : mais il y a les voisins... »

M. Lucien Brun. — Mais le prêtre peut aller chez les malades, il peut y entrer !

M. le Président. — N'interrompez pas, je vous prie ; vous répondrez.

M. le Ministre. — Dans ce milieu, disait-on, on s'entr'aide, on s'assiste ; c'est le voisin, c'est l'ami qui va chercher le prêtre de la paroisse. »

Eh bien ! quand, dans un hospice de deux cents lits, il y a en moyenne, par mois, huit courses de l'hospice à la paroisse, et qu'on met un employé spécial à la disposition de ceux qui voudraient faire demander un prêtre, je vous le demande, Messieurs, franchement est-il possible de dire que cela ressemble, de près ou de loin, à de la persécution? (*Approbation à gauche.*)

Le régime proposé par l'administration de l'Assistance publique à l'autorité ecclésiastique, et débattu entre elles, n'est point inconnu dans les départements, il n'est même pas nouveau à Paris; il a fait ses preuves; mais si l'expérience qui en sera faite révèle des défectuosités de détail, s'il y a des améliorations à y apporter, si, au lieu de proclamer que nous méconnaissons d'une façon odieuse des intérêts profondément respectables, on invoque des faits précis; si l'on vient dire, par exemple: l'employé de tel hospice a reçu un ordre écrit à raison duquel il devait aller chercher le prêtre, et il n'y est pas allé... (*Murmures ironiques à droite.*)

Messieurs, l'expérience nous apprend toujours quelque chose...

Un sénateur à droite. — Ici, elle sera faite sur des mourants!

M. Buffet. — *In anima vili!*

M. le Ministre. — S'il y a, dis-je, des améliorations à introduire dans ce régime, ces améliorations seront faites! Mais ce qu'il est impossible d'admettre c'est que, bien que dans certains grands hospices on installe un aumônier de garde, à qui l'on réserve un logement, alors que la messe sera dite tous les jours de fêtes concordataires et tous les dimanches; alors que, dans les hôpitaux de moindre importance, un employé aura pour fonction spéciale de se rendre aux désirs des malades et, sur leur indication, d'aller chercher le clergé, tout cet ensemble de précautions ne mérite que l'indignation du Sénat (*Bruit à droite*), et qu'un blâme quelconque puisse, à ce sujet, atteindre le Gouvernement, qui dans cette circonstance a fait tout ce qu'il pouvait faire devant un crédit qui n'avait pas été voté, alors qu'il n'avait pas, je le maintiens encore, la liberté d'action et l'élasticité de mouvement que lui a prêtées l'honorable M. Bérenger! (*Très bien à gauche.*)

Voilà, Messieurs, les explications que je devais au Sénat; j'ai exposé, aussi clairement et aussi brièvement que possible, ce qui a été fait par l'administration de l'Assistance publique. Le service qu'elle a organisé me paraît suffisant, et je renouvelle d'ailleurs cette déclaration, que, si le temps et l'expérience en démontraient l'insuffisance... (*Vives protestations à droite.*)

Mais, Messieurs, je n'ai pas la prétention de ne jamais me tromper ; c'est un monopole que je laisse à d'autres !... (*Très bien et rires à gauche*). Si donc on s'est trompé, des améliorations pourront être réalisées, le Gouvernement n'aura pas besoin d'être sollicité par voie d'interpellation pour introduire dans le fonctionnement du service religieux toutes les mesures propres à satisfaire tous les intérêts. (*Applaudissements à gauche.*)

DU ROLE DES MAIRES DANS LES ÉLECTIONS

Chambre des députés. — *Séance du 11 juin 1883.* — M. Waldeck-Rousseau, questionné par M. de Cassagnac à l'occasion de l'attitude de certains maires dans une élection partielle, fit connaître comme suit son avis sur le rôle des fonctionnaires municipaux dans les élections :

Messieurs,

M. de Cassagnac me demande comment j'envisage la liberté politique des maires. Des maires élus auraient signé une lettre, écrite avant l'ouverture de la période électorale à M. Briens ; ils ont fait suivre leurs noms de l'indication de leurs fonctions.

S'il s'agissait de fonctionnaires administratifs, la question ne se poserait même pas. Pour les maires, la question est plus délicate : les maires ne sont pas seulement des fonctionnaires, ils ont un mandat électif, et M. de Cassagnac reconnaît qu'il est impossible d'exiger d'un maire qu'il ne prenne jamais part dans une lutte électorale. Il serait, en effet, étrange qu'un homme élu par ses concitoyens à cause de ses opinions perdît, par son élection, le droit de les manifester.

Est-ce à dire que cette liberté doit aller jusqu'à se servir de leur fonction pour peser sur les électeurs ? Je réponds catégoriquement que non. Et c'est la jurisprudence suivie jusqu'à présent. Dans les dossiers des maires révoqués pour immixtion dans les luttes électorales, je n'ai vu aucun cas de révocation ou de suspension pour signature mise au bas d'un document électoral.

Il y a là, ce me semble, une question de mesure. Je ne

saurais admettre qu'un maire, républicain ou non, mette son mandat au service de ses passions politiques.

Mais la loi n'a pas de texte formel qui interdise aux maires de signer, même avec leur qualité, telle ou telle affiche. Il n'existe qu'un pouvoir disciplinaire dont le ministre doit user avec discrétion. Je répète qu'aucun texte n'interdit aux maires de signer une affiche.

M. DE LA BASSETIÈRE. — En énonçant leur qualité de maires ?

M. LE MINISTRE. — Je réponds à la question telle que la précise M. de La Bassetière ; je me place dans l'hypothèse où un maire a signé un manifeste en indiquant sa fonction de maire.

On ne peut pas poser à cet égard une règle absolue ; le simple fait d'avoir signé comme maire une circulaire, un manifeste, ne suffit pas pour permettre au ministre d'enlever au maire le mandat qu'il a reçu de ses concitoyens.

Voix à droite. — Nous ne demandons pas qu'on révoque les maires.

M. LE MINISTRE. — Mais il en est tout autrement quand un maire, c'est-à-dire un homme investi d'un caractère public, ne comprenant pas que ce caractère lui impose une grande réserve, signe un manifeste injurieux pour le gouvernement, un manifeste inconstitutionnel. Un maire ne peut insulter le gouvernement dont il a reçu le mandat.

La doctrine que j'expose a été mise en pratique par mes prédécesseurs et elle continuera à l'être par moi ; le maire n'est pas un simple citoyen qui peut tout dire et tout écrire, et s'il met sa signature au bas d'un manifeste inconstitutionnel, il y a là de sa part une faute professionnelle qui appelle immédiatement les sévérités du gouvernement.

LA RÉPUBLIQUE, GOUVERNEMENT NATIONAL

Le 16 juillet 1883, à l'occasion de fêtes données à Rennes M. Waldeck-Rousseau prononça le discours suivant :

Messieurs,

Permettez-moi tout d'abord de remercier les organisateurs de ce banquet, auxquels nous devons de célébrer, une fois de plus, notre Fête Nationale dans ce département d'Ille-et-Vilaine, dont on vous rappelait tout à l'heure l'histoire, et dont il m'est bien permis de dire qu'il a toujours été l'avant-garde républicaine de l'Ouest. (*Oui, oui, très bien !*)

Je m'en applaudis, Messieurs, d'abord parce qu'il est toujours bon de revenir à son point de départ : on juge mieux, de la sorte, les progrès accomplis et le chemin parcouru. Je m'en applaudis aussi et surtout parce qu'il n'est rien de plus fortifiant que de revenir dans un pays dont on a suivi tous les progrès et mesuré l'évolution constater, avec l'autorité des faits accomplis, que le Gouvernement de la République, pour lequel nous avons tant lutté, qui semblait, il y a peu d'années encore, un idéal lointain et presque chimérique, est aujourd'hui entré dans le domaine des réalités vivantes et saisissantes, et qu'il n'est plus seulement le rêve ou l'espoir de quelques esprits plus hardis. Il est devenu, comme on le disait si justement tout à l'heure, le gouvernement véritablement national, le gouvernement reconnu, voulu, acclamé par l'immense majorité des citoyens. (*Vifs applaudissements.*)

Je vous disais qu'on pouvait il y a quelques années encore traiter d'utopistes ceux qui rêvaient, après bientôt un siècle doublé, de faire revivre dans cette Bretagne les idées et les doctrines de la Révolution française. Et, en effet, combien étiez-vous à une époque dont M. Martin-Feuillée n'a pas parlé par modestie, lorsque, à l'époque du plébiscite, notre courageux ami ouvrait contre l'Empire les premières parallèles? Combien étiez-vous encore, lorsque, en mars 1871, à cette époque tragique où l'on se demandait avec anxiété ce qu'il fallait livrer de France pour sauver la patrie... (*Vive émotion*), vous avez eu à faire vos premières élections?

Et, en juin 1871, quand vous remportiez votre première victoire en envoyant à la Chambre deux républicains, en nommant Roger-Marvaise, combien étiez-vous ?... Vous n'étiez encore qu'une minorité courageuse ; mais ces efforts stériles en apparence portaient bientôt leurs fruits. Aux élections de 1876 votre succès s'affirmait, et lorsque, plus tard, pendant le 16 mai, — à une époque où nous nous sommes bien connus, — il fallut livrer la bataille décisive, il se trouva que l'idée républicaine avait partout rayonné, qu'elle avait fait le tour du département, et ce fut l'immense majorité des électeurs de toutes classes, de tous ordres, qui vint se ranger avec nous sous les plis de ce drapeau tricolore qui était devenu — passez-moi cette expression — la raison sociale de notre parti républicain. (*Oui, oui, très bien ! applaudissements prolongés.*)

Si j'évoque ces souvenirs, Messieurs, ce n'est pas seulement parce qu'on éprouve, à certaines heures, le besoin d'être juste pour le passé, c'est encore parce qu'ils emportent avec eux des leçons et des enseignements. Si nous avons pu, en si peu d'années, faire une révolution si profonde, surmonter tant de préjugés, et — ce qui est plus difficile peut-être — modifier tant d'habitudes d'esprit et d'opinion, ce n'a pas été seulement par la toute puissance des principes que nous défendions, mais encore, et surtout, par notre esprit d'union, de concorde et de mesure !

Eh bien! Messieurs, laissez-moi vous dire que cet esprit d'union, de concorde et de mesure si nécessaire dans l'opposition, est plus nécessaire et plus indispensable encore lorsqu'il s'agit non plus d'être l'opposition, c'est-à-dire de détruire, mais quand il s'agit d'être le gouvernement, c'est-à-dire de fonder. (*C'est cela. Très bien ! Applaudissements unanimes.*)

C'est là, Messieurs, la pensée dominante qui a réuni dans une entente absolue et durable les membres du cabinet du 21 février.

Nous avions vu l'instant où le faisceau des forces républicaines paraissait tout prêt à se rompre. Il semblait qu'on éprouvât je ne sais quel âpre et étrange plaisir à diviser les républicains; pour y parvenir plus sûrement, on inventait, chaque jour, les classifications les plus étranges et les adjectifs les plus barbares! A juger de l'état de l'opinion par ce qui se disait et s'écrivait, par ce qui se passait dans certaines régions politiques, il était permis de se demander si notre parti avait un but et la volonté ferme de l'atteindre, ou s'il n'était pas condamné à cette immobilité particulièrement dangereuse qui résulte des tiraillements en sens contraires?

Eh bien! ce cabinet du 21 février n'a certainement accompli, en quelques mois, qu'une œuvre bien modeste, mais nous avons eu ce mérite de déclarer hautement et franchement ce que nous étions, ce que nous voulions, sans ambages et avec cette courageuse et saine franchise qui — on me permettra bien de lui rendre cet hommage — est la caractéristique de l'homme éminent autour duquel nous sommes groupés. (*Adhésion générale et applaudissements prolongés.*)

Nous avons dit, Messieurs, comment nous comprenions notre tâche, comment nous entendions gouverner, non pour la plus grande satisfaction d'une petite galerie de politiciens de profession (*Hilarité générale et applaudissements*)... mais pour le vrai public, pour cette éminente majorité de la nation qui, elle, n'est pas aux premières places, qui n'est pas tantôt une claque et tantôt une cabale, qui ne fait pas de manifestations, qui travaille plus qu'elle ne parle, qui réfléchit plus qu'elle ne s'agite, mais qui est en définitive le véritable pays et le seul souverain. (*Oui! oui! c'est cela! Vifs applaudissements.*)

Nous nous sommes refusés à prendre pour l'opinion publique le bruit de certaines réunions dans lesquelles un personnel, toujours le même, fait une sorte de chaîne sans fin... (*Rire général*), ou même ces injonctions hautaines de quelques feuilles qui constituent cette presse dont on parlait tout à l'heure, qui vit avec les journaux réactionnaires sur le même fonds commun d'injures et de calomnies, et qui a tellement reculé les frontières de l'intransigeance que ce n'est plus qu'au titre du journal qu'on peut pronostiquer, avec quelque exactitude, si l'on est en face d'un chroniqueur de l'intransigeance ou d'un apôtre de la réaction. (*Rires et applaudissements.*)

Nous avons pensé aussi que les deux grandes assemblées qui forment le Parlement ne devaient pas être composées autrement que le pays et que, là aussi, les plus bruyants n'étaient pas les plus autorisés ; qu'il y avait dans les Chambres une énorme majorité d'hommes de bonne foi, de bonne volonté, faisant passer les intérêts généraux du pays avant leurs visées particulières, et que, rompant avec la stratégie parlementaire, avec la diplomatie de couloirs, il fallait s'adresser à elle pour lui demander le crédit moral sans lequel on ne peut rien entreprendre et cette stabilité sans laquelle on ne peut rien achever. (*Oui! oui! Bien! bien! Applaudissements et bravos répétés.*)

Je ne crois pas que nous ayons fait là un mauvais calcul, et si nous sommes parvenus à réaliser quelques œuvres utiles, à inspirer quelque crédit, nous devons ce résultat à la confiance, à la sagesse du pays, au concours résolu et dévoué du Parlement.

Cette politique qui consiste à ne s'inspirer que des volontés générales du pays ne va pas, assurément, sans quelques ennuis et sans quelques épreuves pour ceux qui ont la charge du Gouvernement.

Cette immense majorité du pays, au service de laquelle nous avons mis tous nos efforts, ne prend la parole, ne rend ses arrêts qu'à de longs intervalles. Je l'ai dit ailleurs — et je le répète ici — elle ne parle pas assez, elle n'a pas une organisation permanente, elle n'envahit pas les tri-

bunes, elle ne fait pas de polémique; la presse qui la
représente n'est ni agressive ni tapageuse, et il en résulte
que, lorsqu'on est au pouvoir, on entend plus souvent les
dénigrements et les critiques que les approbations et les
éloges; mais il faut savoir prendre son parti de cet état de
choses, ne point se laisser troubler par les diatribes, faire
son profit des critiques, et vous savez, Messieurs, si les
critiques sévères nous sont ménagées. (*On rit.*) Il faut
savoir faire son choix entre ces critiques passionnées et
l'approbation réfléchie de ce public laborieux et sage que
j'appelais tout à l'heure le vrai public, et que j'appellerai
volontiers, si vous me le permettez, le public payant!...
(*Rires approbatifs.*)

Il faut laisser les uns blâmer, critiquer, déblatérer librement, et gouverner librement aussi pour les autres! (*Oui! oui! Très bien! Applaudissements prolongés.*)

Dans les discours qui viennent d'être prononcés ici, on a
rappelé les origines de notre parti; on a parlé des angoisses
que nous avons éprouvées, des épreuves que nous avons traversées, et M. Martin-Feuillée vous disait tout à l'heure que,
malgré les difficultés passées et présentes, il fallait avoir
confiance. Oui, Messieurs, c'est là le secret de la véritable
force : il faut avoir confiance dans une démocratie qui a
donné tant de preuves de son esprit de sagesse et de résolution, il faut rester en communication directe avec elle,
savoir s'isoler des vains tumultes, écouter toujours sa voix,
parce que c'est à elle qu'il faut demander l'inspiration de
sa politique, parce que c'est d'elle qu'il faut savoir attendre
sa récompense! (*Applaudissements.*)

Messieurs, si nous avions besoin de retrouver du courage, s'il nous fallait justifier l'orgueil de ce que nous
avons fait et de ce que nous sommes devenus, il nous suffirait de comparer à nos destinées propres les destinées de
ces partis orgueilleux qui parlaient si haut autrefois, qui,
si souvent, ont pronostiqué notre perte... Combien de fois
n'ont-ils pas annoncé qu'à tel jour, à telle heure, c'en
serait fait du Gouvernement de la République!...

Eh bien! le Gouvernement de la République n'a pas

cessé de grandir et peu à peu les autres gouvernements disparaissaient. Hier, c'était le dernier représentant d'une dynastie improvisée par un coup de force qui, de l'autre côté des mers, loin de son pays, succombait dans un guet-apens... Il y a, Messieurs, des dynasties qui finissent comme elles ont commencé... (*Très bien! très bien! et applaudissements répétés.*)

Et quand le représentant d'une monarchie plusieurs fois séculaire aura, dans la dignité de l'exil, celui-là, emporté les derniers souvenirs et les dernières espérances de la monarchie, que restera-t-il de son parti? (*Mouvement.*)

Messieurs, on n'a pas toujours respecté nos morts; quant à nous, nous savons respecter tous les deuils... (*Applaudissements.*)

Mais j'ai bien le droit, peut-être, en faisant ici toucher du doigt ce qu'il y a de fragile et de périssable dans certaines fictions gouvernementales, d'acclamer avec vous ce Gouvernement qui ne passe pas, ce Gouvernement qui est éternel comme le droit, éternel comme le peuple. Messieurs, je vous propose de boire à la République! (*Adhésion générale. — Applaudissements et acclamations.*)

RATTACHEMENT AU BUDGET DE L'ÉTAT
DES DÉPENSES DE LA PRÉFECTURE DE POLICE

Chambre des députés. — *Séances des 15, 17, 18 et 19 janvier 1884.* — Le Conseil municipal de Paris avait pris pour habitude de rejeter le budget affecté aux services de la préfecture de police. Le Gouvernement était obligé de rétablir ce budget par décret spécial. M. Waldeck-Rousseau estima que, pour faire cesser cet état de choses, il fallait rattacher au budget de l'État les dépenses de la préfecture de police, et il déposa un projet en ce sens. Il fut vivement combattu à la Chambre par MM. Allain-Targé, Andrieux, Floquet, de Hérédia, Delattre, et même la majorité parut un instant indécise. Néanmoins la Chambre adopta le projet de loi sur l'énergique insistance du ministre.

Messieurs,

Je crains d'ajouter encore aux déceptions de ceux de nos honorables collègues qui paraissent particulièrement désireux que le Gouvernement ou les orateurs de la Commission répondent à leurs objections avant même qu'ils ne les aient produites. (*Très bien! très bien! à gauche et au centre. — Interruptions à droite et à l'extrême gauche.*)

L'honorable M. Floquet y a mis une insistance très courtoise. Il semble me demander de débarrasser le terrain des arguments que M. Andrieux a, suivant lui, accumulés, et qui sont, d'ailleurs, il l'a déclaré, bien que tendant au même but, d'une nature absolument différente des siens et en complète contradiction avec les objections qu'il se propose de développer.

Je ne saisis pas très bien les avantages de cette méthode oratoire. En effet, si l'honorable M. Floquet comptait abonder dans le sens de M. Andrieux, bien que le discours de M. Andrieux n'ait pas présenté, selon moi, de conclusions très précises... (*Rires ironiques à droite et à l'extrême gauche.*)

M. DE BAUDRY D'ASSON. — Nous vous avons appelé à la tribune pour répondre au discours de M. Andrieux. (*Exclamations au centre et à gauche.*)

M. LE MINISTRE, *s'adressant à la droite.* — Il me semble, Messieurs, que vous pourriez écouter l'orateur que vous avez appelé à la tribune.

Je disais, Messieurs, que si l'honorable M. Floquet était venu dire à la Chambre : « Je suis de l'opinion de M. Andrieux ; il est donc nécessaire qu'on lui réponde avant que je parle », son insistance à ne point développer son argumentation se concevrait. Mais il n'en est pas ainsi, et, chose assez bizarre, c'est par des considérations diamétralement opposées à celles qu'a fait valoir notre honorable collègue, M. Andrieux, que M. Floquet se propose de combattre le projet de loi.

Eh bien! puisque chacun parle ici de la méthode qu'il préfère et des avantages qu'il espère s'attribuer en refusant de prendre la parole, je dirai à mon tour quels avantages, légers d'ailleurs, il me paraît être de mon droit absolu de me réserver.

Je remarque que, partant des confins de l'opposition les plus éloignés, et, dans des conditions essentiellement diverses, vous arrivez à proposer l'un et l'autre une solution identique et qui serait le maintien du *statu quo* (*Très bien! très bien! au centre et sur divers bancs à gauche*), et je pense que, quand la discussion aura pris du corps, il sera intéressant et utile de placer, en face les unes des autres, les objections présentées par M. Andrieux et les objections de M. Floquet. (*C'est cela ! — Très bien à gauche et au centre.*)

Toutefois, permettez-moi, Messieurs, d'indiquer, d'une façon générale et sommaire, la nature des observations que je me propose de faire valoir en réponse aux propres déductions de M. Andrieux.

L'honorable M. Andrieux est venu dire, se conformant en cela aux exemples d'un certain nombre de fonctionnaires de la préfecture de police : « La préfecture de police est un monument d'un seul tenant, un édifice complexe et indivisible ; on ne peut pas en distraire une seule parcelle, en détacher une pierre, et, si vous aviez consulté, non pas seulement le préfet de police actuel, mais les préfets de police passés, si vous aviez consulté certains directeurs, des hommes qui, comme M. Mettetal, se recommandent par des titres sérieux, ils n'auraient pas manqué de vous dire : « Ne touchez pas à la préfecture de police ; ne lui enlevez pas le moindre de ses services ; si une réforme s'impose, ce serait de l'augmenter et de l'accroître, et non pas de la morceler et de la diminuer. »

Je voudrais, d'abord, établir d'une façon très nette quelle est la situation, dans ce débat, de ceux auprès desquels j'ai dû nécessairement me renseigner, et, particulièrement, quelle a été l'opinion du préfet de police en fonctions.

C'est d'accord avec lui qu'a été élaborée la proposition qui est soumise en ce moment à la Chambre. (*Très bien! très bien! au centre et sur divers bancs à gauche. — Exclamations ironiques à droite et à l'extrême gauche.*) Je sais qu'il peut paraître surprenant, aujourd'hui, que le ministre de l'Intérieur soit absolument d'accord avec son préfet de police... (*Très bien! très bien! et rires à gauche et au centre*)... mais rien n'est plus connu de la plupart de nos collègues, et je tiens à le répéter à la tribune en faisant connaître l'exacte vérité.

Lorsque j'ai été entendu par la Commission municipale, cette Commission a manifesté le désir d'examiner si, aux rattachements proposés par le Gouvernement, on ne pourrait pas adjoindre d'autres rattachements. Elle m'a exprimé le désir d'entendre M. le Préfet de police. J'ai prié M. le Préfet de police de se rendre dans cette Commission, d'y faire valoir ses opinions, de fournir tous les renseignements utiles qu'il avait puisés dans son service, et de le faire avec la plus grande liberté. Pour rendre cette liberté plus complète, j'ai voulu qu'il s'y rendit sans moi. Or,

M. le Préfet de police a dit deux choses à la Commission.

La première, c'est que le projet, tel qu'il avait été élaboré par le Gouvernement, pouvait parfaitement être mis en application et fonctionner.

La seconde, c'est que, à son avis, le projet serait meilleur encore si, aux rattachements proposés à la Chambre, on faisait un certain nombre d'additions qu'il a indiquées.

Ces additions, la Commission les a examinées ; elle en a accepté quelques-unes, et elle en a rejeté d'autres.

Voilà l'état exact du débat.

Eh bien ! Messieurs, quand nous en viendrons à l'article 1er, sur lequel M. Léon Renault se propose de faire valoir des objections de la même nature que celles qui ont été formulées par des partisans de l'indivisibilité totale des services, je montrerai qu'il y a indivisibilité et indivisibilité. Et, puisque je suis à cette tribune, et sans avoir l'intention d'y rester, permettez-moi de me défendre contre le reproche de contradiction que m'a adressé M. Andrieux.

Il a rappelé que, dans une autre discussion, j'avais affirmé qu'il existait entre tous les services de la préfecture de police une connexité et une liaison étroite, et qu'il était extrêmement difficile de découvrir le point d'intersection où ils pouvaient se séparer.

« Comment, a-t-il dit, pouvez-vous venir plus tard mettre en pratique ou demander de mettre en pratique une doctrine aussi évidemment contraire à celle-là ? » Eh bien ! cette apparence de contradiction, Messieurs, aurait pu être signalée dans des termes et dans des conditions encore plus pénibles pour moi. Ce n'est pas seulement dans un discours antérieur au projet que j'ai parlé en ces termes de l'indivisibilité à laquelle on a fait allusion ; je l'ai également signalée dans l'exposé même des motifs du projet de rattachement dont la Chambre est saisie. Pourquoi ? Parce que nous entendons, en parlant de l'indivisibilité des services, faire allusion à l'impossibilité reconnue par tous de créer une police judiciaire, une police municipale et une police administrative.

Toutes les fois qu'on s'est demandé si la préfecture de police pouvait ou ne pouvait pas être divisée, on n'a pas entendu rechercher si telle ou telle fraction d'un service, si minime qu'elle fût, pouvait être transportée de la préfecture de police à la préfecture de la Seine, mais bien si l'on pouvait, de cette administration unique de la police, faire trois administrations distinctes, et — c'est une conviction profonde — trois administrations rivales.

J'examinerai, lors de la discussion des articles, si le projet, tel qu'il est rédigé, est susceptible d'une application facile, et je crois pouvoir, sans peine, vous démontrer que ce qui n'a pas été laissé à la préfecture de police, ce sont des services qui peuvent être sans trouble, à l'avantage même de leur bon fonctionnement, rattachés au budget de la préfecture de la Seine.

Mais ce n'est pas dans la discussion générale, où il s'agit de justifier le principe même de la loi, que l'on peut examiner, détail par détail, chacun des articles du budget dont il est question, de ce volumineux budget de la préfecture de police dans lequel on a pris les différents chapitres dont on vous propose le rattachement.

Il y a, cependant, dans le discours de l'honorable M. Andrieux, une observation d'une portée plus générale; c'est à celle-là seulement que je répondrai. Il a dit : Mais si vous vous étiez plus pénétrés des besoins réels de l'administration et moins préoccupés de certaines visées politiques; si vous vous étiez entourés de renseignements plus précis, plus certains, vous n'auriez pas proposé le projet dont la Chambre est aujourd'hui saisie; les hommes véritablement compétents, — et à son sens, pour être compétent, il est préférable d'avoir été préfet de police et de ne plus l'être, — les hommes véritablement compétents vous auraient détournés de la voie dans laquelle vous voulez entrer.

Il n'est peut-être pas sans quelque contradiction de dire que les services fonctionnent moins bien aujourd'hui qu'autrefois, que le recrutement, notamment, se fait plus difficilement, que cette difficulté tient à l'incertitude qui pèse sur le personnel, et de demander cependant le maintien du *statu quo* ; et je crois qu'une partie des observations de M. Andrieux pourrait servir à réfuter les autres.

Mais je veux me borner à mettre sous les yeux de la Chambre un document qui, sur ce point, n'est pas sans intérêt.

On vous a parlé de divers projets qui se sont succédé et qui ont été portés devant la Chambre ; l'honorable M. Andrieux a parlé notamment du projet qui a été élaboré alors que M. Constans était ministre de l'Intérieur. Eh bien ! j'ai quelques raisons de le penser, ce projet, qui, d'ailleurs, n'entrait dans aucun détail, qui renvoyait, comme on l'a fait observer, à un règlement d'administration publique toute la désignation des services à rattacher, en un mot toute l'œuvre législative, me semble avoir eu pour préface une note adressée par la préfecture de police de cette époque au ministère de l'Intérieur, dans laquelle on relate succinctement, mais exactement, les innombrables conflits qui se sont produits, et dont je vous demande la permission d'extraire quelques passages.

Après avoir fait l'historique des différents préfets de police qui s'étaient succédé, cette note qui émanait, je ne dis pas de la main du préfet de police d'alors, je ne me permets pas de l'affirmer, mais assurément de son cabinet, s'exprimait ainsi :

« Loin de se tenir à l'écart, lors de la récente réélection des nouveaux conseillers, M. Andrieux s'est encore empressé de se rendre devant eux, en cherchant à gagner leur confiance à la suite d'explications qu'il est venu leur fournir.

« Cette attitude correcte et loyale devait faire espérer, sinon une entente parfaite, au moins la cessation de l'hostilité continuelle dont les préfets de police ont été l'objet depuis 1872. Il n'en a pas été ainsi, au contraire. »

Suit une énumération des conflits qui ont marqué l'administration de l'honorable M. Andrieux.

« Ces quelques faits recueillis sur les événements suffisent pour démontrer à quels écueils se heurte la préfecture de police, constamment mise en demeure d'effectuer des réformes irréalisables. Elle est, d'un autre côté, en butte aux attaques de la presse intransigeante, qui s'évertue à dénaturer le plus souvent ses actes et les mesures qu'elle prend uniquement en vue de la sécurité de la santé publique. Le résultat de ces manœuvres est facile à comprendre. La population parisienne, mal renseignée, sans cesse mise en garde contre l'institution de la police, s'émeut, un jour, à propos d'un fait-divers à sensation ; le Conseil mande alors le préfet de police à sa barre, revendiquant de plus en plus impérieusement, à chaque session, son droit de contrôle, exigeant des explications sur des affaires qui ne sont nullement de sa compétence, et faisant suivre sous M. Gigot, comme sous M. Andrieux, ses délibérations de votes de blâme, contrairement à la loi. Bientôt arrive la discussion du budget... »

L'honorable M. Andrieux disait il n'y a qu'un instant : Mais, enfin, à quoi se bornent les relations du préfet de police avec le Conseil ? Une fois par an, pendant quelques heures, il est en contact avec lui pour lui demander le vote du budget. Il n'y a pas d'opération plus facile, plus simple, et, d'ailleurs, il y a l'inscription obligatoire.

Eh bien ! la note continue en ces termes :

« Bientôt arrive la discussion du budget, cause permanente de conflits et d'animosité devant le parti pris du Conseil de supprimer et de réduire, quand même, les services de la préfecture de police, jusqu'à son complet démembrement. Et enfin, lorsque, lassé de cette lutte stérile, écœuré, comme M. Gigot, de subir une situation aussi compromettante pour la dignité du fonctionnaire que nuisible aux intérêts de la cité, le chef de cette administration refuse de se soumettre aux injonctions impératives, aux demandes injustes du Conseil, on réclame son changement.

« Aujourd'hui, du reste, le masque est levé ; ce n'est plus telle ou telle personnalité qui est en cause, mais l'institution de la préfecture de police elle-même, et il est vivement à souhaiter que le débat porté devant les Chambres ait pour juges non seulement les mandataires du pays, mais le pays tout entier.

« Les projets du Conseil municipal sont, aujourd'hui, dévoilés. Ils tendent, en ce sens, à la disjonction apparente de la préfecture de police ; mais, en réalité, le but du Conseil est de commander à la police municipale ou, en d'autres termes, de créer un Etat dans l'Etat et d'arriver le jour où il le voudra à tenir en échec, avec cette garde prétorienne, le Gouvernement régulier de la France. » (*Mouvements divers.*)

Voilà, Messieurs, une page plus colorée peut-être que je ne l'aurais faite, qui, par ses origines et par sa date, par l'intérêt tout spécial qu'elle leur emprunte, me paraît, quant à moi, la meilleure réponse et la plus satisfaisante à la doctrine du *statu quo*, en tant qu'on ne la justifie que par les raisons que l'honorable M. Andrieux a apportées à cette tribune. (*Applaudissements sur un grand nombre de bancs.*)

Messieurs[1],

Le projet de loi dont la Chambre est saisie rencontre deux sortes d'adversaires : il a des adversaires absolus et il a, si je puis parler ainsi, des adversaires relatifs ; les uns vous demandent, en effet, de condamner le projet en lui-même ; les autres vous demandent de le modifier ou de l'amender.

Je crois bien me rendre compte de la portée du système développé par l'honorable M. de Hérédia en classant son auteur parmi les adversaires absolus du projet. En effet, la proposition de résolution qu'il vous soumet ne consiste pas, comme on aurait pu le croire, à vous demander d'examiner avec plus de détails le projet dont vous êtes saisis, bien qu'il ait affirmé qu'il n'est pas de plus sûr moyen d'empêcher une discussion de venir à cette tribune que d'en saisir une commission, et, malgré l'empressement qu'il semble montrer à obtenir une réforme de la police,

---

1. Séance du 17 janvier 1884.

c'est par une proposition tendant à faire prononcer le renvoi à une Commission que notre honorable collègue a terminé ses observations.

Je vais m'efforcer de répondre très succinctement aux préoccupations qui doivent être celles de tous les membres de cette Chambre, et de bien expliquer, tout à la fois, la portée précise du projet de loi et les considérations par lesquelles le Gouvernement espère le justifier, considérations qui, vous le verrez, Messieurs, sont beaucoup plus de l'ordre administratif que de l'ordre politique proprement dit.

Quant à l'économie du projet, voici à quelles préoccupations nous avons obéi. Nous n'avons pas cru que le *statu quo* pût être plus longtemps maintenu, et je pense encore, malgré les affirmations qui ont été apportées ici tout à l'heure, que, pour opérer ce rattachement, il n'est pas nécessaire de se trouver en présence d'un service désorganisé, d'un budget qui aurait été refusé ; il me semble, au contraire, que la prudence la plus élémentaire commande, en présence de certains faits bien connus, de certaines circonstances qui n'ont échappé à personne, de prendre les résolutions qui sembleront s'imposer, quand on peut encore, en pleine sécurité d'esprit, statuer sur l'avenir qui sera réservé à cette institution nécessaire d'une police fortement organisée à Paris.

Dans cet ordre de recherches, il y avait un départ à faire. M. de Hérédia a formulé, tout à l'heure, à cette tribune, des critiques portant sur le détail des services. Nous avons eu, nous-mêmes, à nous demander si l'on devait proposer à la Chambre de rattacher l'intégralité des services de la préfecture de police, ou s'il n'y avait point, au contraire, quelques services particuliers qui pussent être rattachés à la préfecture de la Seine sans inconvénient pour le bon fonctionnement de la préfecture de police.

Je voudrais que la Chambre comprît bien dans quelles limites le Gouvernement a dû se tenir et pourquoi il s'y est renfermé. Je ne pense pas le moins du monde qu'en rattachant en bloc au budget de l'État la totalité des services de la préfecture de police, on fasse quelque chose d'anormal ou d'excessif; mais, quand il s'agit de demander à la Chambre, c'est-à-dire aux représentants du pays tout entier, d'entrer en contribution avec une municipalité pour des services déterminés, le Gouvernement doit se montrer aussi réservé que possible et ne comprendre, dans ces rattachements, que ce qui lui paraît strictement indispensable. Des amendements ont été déposés, qui tendent à élargir le cercle de ces rattachements; la Chambre aura à les discuter et elle prononcera souverainement sur la question de savoir quels services devront, en dernière analyse, être incorporés au budget de l'État, au budget du ministère de l'Intérieur.

Le projet tend donc uniquement à rattacher au budget de l'État ce qui, dans l'opinion du Gouvernement, y doit être nécessairement rattaché; il laisse à la discussion la marge la plus large, et cette discussion pourra vous fournir des éléments d'appréciation qui vous détermineront soit à éliminer certains services, soit, au contraire, à grouper des services nouveaux à côté de ceux dont nous avons déjà donné l'énumération.

Ceci dit sur la méthode qui a présidé à la rédaction du projet, un mot sur son esprit.

J'ai dit que le Gouvernement n'attache pas une importance excessive, qui ne serait pas justifiée, à la question de savoir quels seront précisément les services rattachés; mais, de même qu'il est absolument convaincu que le *statu quo* ne pouvait pas être maintenu plus longtemps, de même il estime qu'il serait de toute imprudence, et qu'il est de toute impossibilité, non pas de détacher quelques services qui ne tiendraient pas au rôle essentiel de la préfecture de police, mais de donner suite à ces projets que l'on a rappelés il y a un instant, et qui consisteraient dans la division des attributions fondamentales actuellement réunies entre les mains du préfet de police.

J'entends par là, Messieurs, que si, sans crainte d'apporter, quelle que soit la solution, un trouble dangereux, on peut rechercher si telle ou telle partie des halles et marchés, par exemple, doit être rattachée à la préfecture de la Seine ; si l'on peut, sans courir aucune espèce de péril, à quelque parti qu'on s'arrête, discuter sur le sort qui sera fait, par exemple, au service de la navigation et des ports ; au contraire, tenter de séparer, en trois corps distincts, ayant chacun une tête distincte, les services qui, actuellement, sont confondus entre les mains du préfet de police, ce serait, j'ai déjà eu l'occasion de le dire en passant, l'autre jour, mais je tiens à le répéter, ce serait instituer, non pas seulement trois polices distinctes qui pourraient s'ignorer entre elles, qui ne pourraient pas s'aider, mais établir trois polices rivales. Et alors de deux choses l'une : ou bien ces polices marcheraient parallèlement, en quelque sorte, sans jamais se rencontrer, sans être au courant de leurs exigences mutuelles, ou bien elles se rencontreraient, et ce ne serait pas, croyez-le bien, dans l'intérêt du service. Il se produirait des rivalités qui sont dans la nature humaine ; le jour où chacune de ces trois polices aurait son autonomie, j'ai, pour ma part, la conviction absolue, résultat d'une réflexion assez longue, qu'à ce moment, certainement, on aurait compromis l'institution de la préfecture de police. (*Très bien ! très bien !*)

Maintenant, Messieurs, j'arrive aux raisons que j'appelle des raisons d'ordre administratif, et qui me permettront peut-être de faire justice de l'exagération de certains reproches.

L'honorable M. Floquet d'abord, l'honorable M. de Hérédia ensuite ont dit, sous des formes diverses, que ce projet était une entreprise contre le suffrage universel, qu'il tendait à constituer, au détriment de Paris, la grande ville, la grande capitale, un régime d'exception ; que Paris ne pourrait plus régler l'organisation de sa police, que Paris ne serait plus maître, par son Conseil municipal discutant et votant les crédits, de modifier, d'étendre ou de restreindre les différents services de cette administration. Ainsi l'on ferait à la ville de Paris une situation anormale, exceptionnelle, et, par conséquent, c'est, dit-on, au nom du droit commun que le projet de loi doit être rejeté.

Messieurs, est-ce qu'une commune qui ne serait pas maîtresse de l'organisation de sa police, qui n'aurait pas la libre discussion et le libre vote des fonds destinés à entretenir cette police, est-ce que cette commune serait une exception, est-ce que sa situation constituerait une anomalie dans notre législation municipale? C'est ce que j'examinerai tout à l'heure. Pour le moment, je vous prie de vouloir bien concentrer votre attention sur un des aspects de ce débat qui semble véritablement avoir échappé aux honorables adversaires de ce projet.

Quelle est la situation de fait en présence de laquelle nous nous trouvons? N'est-elle pas d'une nature toute particulière et spéciale? C'est là ce qu'il faut rechercher, et c'est ce dont ni M. Floquet ni M. de Hérédia ne me paraissent s'être suffisamment préoccupés.

La situation est celle-ci, et c'est une situation unique : entre toutes les polices de France, il y en a une dont l'État fait les frais dans une proportion très importante. Le budget actuel de la préfecture de police comporte une somme de 15 millions, en chiffres ronds, pour la police municipale. Cette dépense de 15 millions, l'État en supporte la moitié; c'est-à-dire, en d'autres termes, que, chaque année, vous, Messieurs, qui représentez l'ensemble des intérêts de toutes les communes de France, vous votez une somme de 7 millions et demi qui est destinée à entrer dans la caisse de la municipalité parisienne et à alimenter pour partie le service de la police de Paris. N'est-ce pas là un fait qui pourrait bien donner lieu à une question distincte des questions qui s'agitent autour des droits des municipalités ordinaires?... Et si, contrairement à mon opinion, la solution que nous vous proposons s'écartait du droit commun, n'aurais-je pas dès maintenant, le droit de dire qu'il pourrait bien n'être pas très surprenant que l'État revendiquât des droits différents vis-à-vis d'une commune avec laquelle il entre en participation, si je puis ainsi parler? (*Très bien! très bien!*)

En effet, cette participation est sérieuse, elle est lourde : 7 millions et demi dans un budget, c'est un chiffre que l'on discute d'habitude... Et cependant, si vous donnez 7 millions et demi au Conseil municipal de Paris, si vous faites contribuer le pays tout entier, dans cette lourde mesure, au fonctionnement de la police parisienne, qui est-ce qui règle la police, en fait, sinon en droit? Qui est-ce, à l'heure actuelle, qui discute et raisonne le budget? Qui est-ce qui censure et réprimande? Qui donc fait qu'une partie importante, au moins, du personnel peut, pendant des années entières, se demander si elle sera maintenue ou supprimée? Je pourrais dire sans exagération : Qui est-ce qui fait ou défait les préfets de police? Ce n'est pas le Parlement.

Votre rôle, Messieurs, est éminemment simple : chaque année, vous votez la somme dont je parlais tout à l'heure, vous la votez généralement avant même que le Conseil municipal ait voté son budget; vous fournissez l'argent, et le Conseil municipal de Paris discute. En d'autres termes, — puisque je parlais, tout à l'heure, de participation et de communauté, — je pourrais dire que vous êtes l'actionnaire et que le Conseil municipal est le gérant...

M. CHARLES FLOQUET. — Vous le forcez de payer ! Il n'y a que votre vote qui compte !

M. LE MINISTRE. — Mon cher collègue, j'espère répondre à la plupart de vos objections; mais je ne puis les prendre toutes en bloc. Je les prendrai une à une, si vous voulez bien me le permettre. Vous faites, en ce moment, allusion à cette objection, mille fois reproduite, et tirée de ce que la dépense est obligatoire; j'essaierai de ne pas l'omettre et d'y répondre en temps et lieu.

Je disais que la situation faite à Paris était différente, à coup sûr, de celle des municipalités ordinaires, de l'universalité des communes, et, par le discours de M. Dreyfus, vous avez pu voir qu'il n'y a aucune commune de France qui présente quelque analogie avec ce qui existe à Paris. Eh bien! par ce fait même, une question se pose, qui domine toutes les autres : étant donné que l'État contribue pour moitié dans les dépenses de la police de la ville de Paris, qu'ainsi deux associés concourent à soutenir le même service, étant donné qu'une des parties doit discuter et que l'autre doit contribuer, si l'un des participants s'appelle l'État, c'est-à-dire tout le monde, et si l'autre s'appelle la commune, c'est-à-dire une unité, quel est celui qui doit avoir la discussion, qui doit débattre le budget? La préfecture de police doit-elle figurer au budget municipal, ou, au contraire, au budget de l'État?

Je crois, Messieurs, que poser la question, c'est la résoudre. Autant de fois on rencontrera l'État en participation, dans une entreprise de quelque nature qu'elle soit, avec d'autres communes ou avec des départements, autant de fois on verra que c'est l'État qui vote la dépense, l'État qui la discute, qui l'inscrit à son budget; quant à la contribution, elle est fournie par les autres intéressés, soit par la commune, soit par le département.

Je ne crois pas, Messieurs, qu'il me soit besoin de justifier du droit que nous aurions d'imposer à Paris une situation exceptionnelle, mais je vous demande, cependant, la permission d'ajouter un mot à une observation qui a été faite par l'honorable M. Dreyfus.

J'ai parlé, tout à l'heure, de ce qui est le droit commun, le droit de toutes les communes. Or, il existe deux espèces de communes au point de vue de la police : pour les unes, on juge qu'il suffit de la police générale, cette police qui est faite par la gendarmerie et par les autres agents de la police générale; vis-à-vis de ces communes, aucune intervention de l'État et aucune contribution obligatoire, cela va de soi.

Pour les autres, l'organisation d'une police particulière est jugée nécessaire, indispensable ; à l'égard de ces communes, où il est acquis *a priori*, où il est tenu pour constant, du moins, qu'une police est nécessaire, deux propositions, sur lesquelles on n'a jamais varié, ont toujours été admises : la première, c'est que l'organisation d'une bonne police n'est pas d'un intérêt purement municipal ; cette organisation est, au premier chef, je ne dis pas seulement dans le droit, mais dans le devoir de l'État. La sécurité des citoyens n'est pas un des biens particuliers de la commune.

Si l'on veut, en effet, pousser à l'extrême la doctrine de l'autonomie, on peut admettre — dans une logique, suivant moi désastreuse, mais qui peut paraître rationnelle — qu'il importe peu à tout le monde, à la collectivité qu'une commune administre mal les biens particuliers qui sont dans son patrimoine. On peut dire que, s'il lui plaît de les gaspiller, le reste du pays n'en souffrira point. Il y a là, à coup sûr, une erreur économique, parce qu'il n'est pas possible de nier la solidarité qui relie les communes les unes aux autres; mais enfin, c'est une thèse qui pourrait se présenter à certains esprits, sous un aspect de logique assez séduisant.

Mais la sécurité des personnes !... C'est là une chose que nul n'a jamais considérée comme rentrant dans le patrimoine particulier de la commune; c'est la dette primordiale de l'Etat vis-à-vis des citoyens; l'Etat a le droit et le devoir de pourvoir à l'organisation d'une bonne police, parce qu'on ne pourrait concevoir un désordre sérieux, en face d'une autorité désarmée, sans que les intérêts généraux de l'Etat soient menacés et compromis. (*Marques d'approbation sur un grand nombre de bancs.*)

Aussi les lois n'ont-elles pas varié à cet égard. Prenez la loi de 1831, la loi de 1855, la loi de 1867; prenez la loi municipale que vous venez de voter. Ce droit essentiel est inscrit dans toutes ces lois, en termes à peu près identiques, et toujours il a été décidé que l'organisation de la police, sa consistance, sa composition, sont fixées par un décret rendu après avis du Conseil d'Etat. C'est le pouvoir exécutif, après s'être entouré des lumières nécessaires, qui décide que, dans telle ou telle commune, il y aura un ou deux commissaires de police, et que tant d'agents seront employés au maintien de l'ordre.

Contre cette disposition, jamais personne ne s'est insurgé, et, lors de la discussion récente de la loi municipale, il ne m'est pas apparu qu'on l'ait trouvée arbitraire et qu'aucune contradiction, sérieuse tout au moins, se soit élevée contre elle.

Il y a une seconde proposition, qui n'a pas varié davantage et qui est, d'ailleurs, la conclusion toute logique et nécessaire de la première.

Si l'État se réserve, comme étant dans son devoir étroit, le soin d'organiser la police dans les différentes communes, il est manifeste que la dépense résultant de cette organisation sera une dépense nécessaire et obligatoire, car, autrement, on arriverait à ce résultat qu'en ne votant pas la dépense, on empêcherait l'organisation. D'où il suit encore, de par le droit commun, de par la loi même que vous avez adoptée au cours de la session précédente, que lorsque l'Etat a une fois fixé la composition du personnel d'une police communale dans une ville de 40,000 âmes, par exemple, le Conseil municipal inscrit bien matériellement, si on veut, les crédits à son budget, mais ce n'est là qu'une opération dont je dirais volontiers qu'elle est presque mécanique, en ce sens que, par l'effet même de la loi qui a été votée par le Parlement, les crédits qui correspondent à ces dépenses y sont inscrits virtuellement.

Donc, il ne faut pas exagérer la portée du projet de loi; il ne faut pas dire qu'en enlevant au Conseil municipal le soin, le droit, par des voies plus ou moins indirectes d'ailleurs, de déterminer ce que sera la police, comment il la comprend, et d'amener, par des votes ou par des refus de crédit, des améliorations ou des suppressions, on crée un régime d'exception, une sorte de régime barbare.

Je répète que l'organisation de la police est affaire d'Etat pour toutes les communes, pour tout le pays; la dépense est obligatoire, et il n'y a rien de si excessif, ni de si anormal dans la proposition qui vous est faite. (*Marques d'approbation sur un grand nombre de bancs.*)

Mais je vais plus loin; si les circonstances que j'énumérais à l'instant sont vraies pour la plupart des communes, pour toutes les villes qui ont une police, j'affirme qu'elles sont évidentes quand il s'agit de Paris. Et pourquoi? Si l'Etat ne détermine l'organisation de la police que parce qu'elle est d'un intérêt public, où donc cette vérité paraîtra-t-elle plus saisissante, plus lumineuse, que lorsqu'il s'agira de la police de Paris, de la police de la capitale?

C'est parce que la sécurité et l'intérêt de tout le monde sont en jeu, que la commune n'a jamais été laissée maîtresse de cette partie de son organisation. Eh bien ! voulez-vous admettre que Paris soit troublé, qu'il y ait une émotion, un désordre? Qui oserait affirmer que le reste de la France sera tranquille? Pensez-vous que dans ce milieu où la vie matérielle, intellectuelle, commerciale, artistique, est portée à son maximum d'intensité, le défaut de sécurité, je ne dis pas seulement matérielle, mais de sécurité dans les esprits, n'entraînerait pas immédiatement... (*Assentiment à gauche et au centre. — Exclamations à l'extrême gauche.*)

M. LE COMTE DE DOUVILLE-MAILLEFEU. — L'ordre moral! Vous y arrivez!

M. ROQUE (DE FILLOL). — La loi est jugée!

M. LE MINISTRE. — Vous m'avez fort mal compris, Messieurs; ce n'est pas la police des esprits que j'entends faire. (*Nouvelles interruptions sur les mêmes bancs à l'extrême gauche.*)

Je considère que celle-là se fait toute seule ; mais, quand je parle de sécurité des esprits au point de vue de la police, je veux dire ceci : c'est qu'il ne suffit pas qu'il reste d'une institution comme la police ce qui est matériellement nécessaire pour sauvegarder l'ordre; il faut que tout le monde soit assuré que cette organisation est ferme, certaine, qu'elle n'est pas exposée au va-et-vient qui pourrait résulter des résolutions d'une assemblée municipale. Voilà ce que j'appelle la sécurité des esprits. (*Vifs applaudissements sur divers bancs à gauche et au centre. — Réclamations à l'extrême gauche.*)

J'arrive, Messieurs, à examiner si, ainsi que paraissent le craindre quelques-uns de nos collègues, le régime qui sera institué est un régime qui supprimerait la discussion.

Sous quelle garantie fonctionne aujourd'hui la police? Sous celle du ministre de l'Intérieur. Un crédit est-il supprimé? C'est lui qui en propose le rétablissement par décret. Le pouvoir exécutif est le seul juge entre tant d'intérêts divers. Eh bien! j'espère vous démontrer que le projet de loi actuel donne, au contraire, ce résultat que tout ce qui concernera la police se trouvera, à l'avenir, absolument subordonné à l'examen et au vote réfléchi du Parlement. (*Murmures à l'extrême gauche.*)

Mais, avant d'en venir là, Messieurs, laissez-moi insister brièvement sur les circonstances assez peu connues qui ont amené la situation actuelle, laquelle peut se résumer ainsi : l'Etat, contribuant à la police de Paris par voie d'abonnement, et le Conseil municipal de Paris discutant et rattachant à son propre budget la dépense de la police. Comment cela s'est-il fait?

Par une progression très simple. Jusqu'à une certaine époque, jusqu'en 1854, les dépenses étaient exclusivement à la charge de la Ville de Paris. A cette époque, les dépenses de police deviennent plus considérables; elles sont augmentées dans la proportion des deux tiers; on pense qu'il est nécessaire de venir en aide dans une certaine mesure à la capitale, et l'Etat inscrit dans son budget à lui une contribution des deux cinquièmes. Cet état de choses fonctionne pendant quelques années.

Un peu plus tard, en 1860, lorsqu'on a fait entrer dans la ceinture de Paris toute une agglomération nouvelle, lorsqu'on est arrivé, par cela même, à rendre les dépenses infiniment plus fortes encore, ce n'est plus une contribution des deux cinquièmes, mais une contribution de moitié que l'Etat porte à son budget. C'était là quelque chose de nouveau, quelque chose qui établissait, entre Paris et les autres communes, une différence saisissante.

Qu'allait-on faire? Comment procéderait-on? A quel budget rattacherait-on les dépenses de la police de Paris? Eh bien! Messieurs, il y avait un précédent; je fais allusion à cette loi relative à Lyon qui avait décidé que les dépenses de police seraient supportées par les communes composant l'agglomération lyonnaise, dans une mesure qu'une ordonnance fixerait, mais que ces dépenses pour leur totalité seraient inscrites au budget de l'Etat et votées, non par les représentants de ces communes, mais par les représentants du pays. Cet état de choses a dû depuis subir des modifications de détail, mais l'économie qui préside depuis l'époque dont je parle à l'établissement du budget de la police de Lyon n'a pas varié. C'est vous qui fixez le contingent, le *quantum* des dépenses de police pour l'agglomération lyonnaise, et c'est la commune qui vote les dépenses obligatoires, l'abonnement, la subvention, la contribution, pour mieux dire, fixée à l'avance par l'Etat.

Voilà ce qui se passe, Messieurs, pour l'agglomération lyonnaise depuis des années, depuis une époque antérieure, je le répète, à la contribution de l'Etat dans les dépenses de la police de Paris. Pourquoi n'a-t-on pas fait pour Paris exactement ce qu'on a fait pour Lyon? Pourquoi, à cette époque, ne s'est-on pas posé la question qui nous préoccupe aujourd'hui? Pourquoi ne s'est-on même pas demandé à quel budget figureraient les dépenses dans lesquelles allaient entrer en participation un Etat et une commune? La raison en a été fournie par l'honorable rapporteur; cette raison, extrêmement simple, c'est qu'à l'époque où l'Etat aurait eu à se poser cette question, elle perdait, on me permettra de le dire, son utilité et son intérêt, comme le reconnaissait tout à l'heure l'honorable M. Floquet.

En effet, le budget de la préfecture de police, soi-disant rattaché à la Ville de Paris, était préparé par le préfet de la Seine, qui opérait à peu près comme opère aujourd'hui le directeur de l'Assistance publique. Puis, lorsque le préfet de la Seine, représentant naturel, et au premier chef, de l'Etat, avait établi, article par article, le budget de la Ville de Paris, que faisait-il? Se rendait-il devant un Conseil qui exerçât sérieusement un droit de contrôle, qui eût, vis-à-vis de l'Etat, une situation indépendante? Nullement! mais bien devant un Conseil qui n'était qu'une Commission administrative, qui enregistrait le budget préparé par le préfet de la Seine.

Voilà un fait que tout le monde connaît, et, par conséquent, on s'explique à merveille qu'alors qu'il n'y avait pas deux assemblées délibérantes, qu'alors qu'il n'y avait pas de conflits sérieux possibles, l'intérêt de la question ne soit pas apparu comme aujourd'hui. (*Interruptions à l'extrême gauche.*) Aujourd'hui, quelle est la situation, et pourquoi vous commande-t-elle, suivant moi, suivant le Gouvernement, d'opérer le rattachement qui vous est demandé?

Je vais vous le dire très simplement, et de façon, je l'espère, à ne blesser aucune susceptibilité. C'est par cette raison que, lorsqu'un intérêt d'Etat est engagé, — et c'est le point de départ, la base même de cette discussion, — lorsqu'il s'agit d'un intérêt public qui peut être, pour un motif quelconque, mêlé à un intérêt privé, lorsqu'il y a deux parties présentes intéressées, ainsi que je le disais au début de ces observations, il m'est impossible de comprendre que ce soit la moindre, que ce soit la parcelle qui discute, qui censure, qui réduise ou qui augmente, et que ce soit l'Etat qui contribue dans des conditions qui ne permettent pas véritablement une discussion fructueuse et réellement utile. (*Réclamations et interruptions à l'extrême gauche.*)

M. CHARLES FLOQUET. — C'est incroyable! Il s'agit des intérêts de Paris!

M. CAMILLE PELLETAN. — On pourrait supprimer tout le Conseil municipal!

M. LE MINISTRE. — Le Conseil municipal de Paris étant maintenant élu... (*Nouvelles interruptions à l'extrême gauche.*)

M. LE COMTE DE DOUVILLE-MAILLEFEU. — Voilà le crime!

M. CAMILLE PELLETAN. — Voilà l'aveu!

M. LE MINISTRE. — J'avoue ne pas vous comprendre du tout. J'essaye de reproduire les objections qui ont été faites, et, si je les formule mal, on les redressera.

On a dit : le Conseil municipal de Paris étant aujourd'hui élu, on ne peut lui retirer aucune attribution sans méconnaître les droits du suffrage universel.

Eh bien! je ne le pense pas du tout, et pourquoi? Parce que toutes les fois que vous aurez à mesurer quel sera le périmètre d'action de corps élus représentant des intérêts différents, la question sera toujours de savoir si c'est l'Etat qui est le principal intéressé, ou si c'est le département, ou si c'est la commune. Si vous établissez que l'organisation de la police à Paris est une affaire purement municipale, qui ne concerne que l'intérêt de la ville, il est manifeste qu'on ne peut pas en enlever la discussion et le contrôle au Conseil municipal élu, sans méconnaître les droits du suffrage universel. Mais si, au contraire, la préfecture de police met en jeu un intérêt d'Etat, un intérêt public, je dis que c'est le respect de ce même suffrage universel qui veut que cet intérêt public soit discuté et débattu par ceux qui sont les défenseurs naturels et les représentants accrédités de l'universalité du pays. (*Très bien! très bien! et vifs applaudissements à gauche et au centre.*)

On a fait cette autre objection : Si vous rattachez le budget de la préfecture de police au budget de l'Etat, il n'y aura plus de contrôle, ou bien ce sera un contrôle qui portera sur des détails véritablement affligeants et peu dignes d'une grande Assemblée. D'abord, est-il vrai qu'il n'y aura plus de contrôle? La théorie contraire a été apportée à cette tribune; elle a été l'objet des polémiques, des discussions et des débats de la presse, qu'il faut, Messieurs, toujours consulter en ces matières, parce qu'on la consulte avec fruit. Cette théorie a trouvé des apôtres qui l'ont exprimée en termes plus ou moins saisissants. Il a été dit notamment, — je crois qu'il y a peut-être exagération dans la forme, mais enfin ces paroles me paraissent de nature à faire disparaître la crainte que vous avez de voir s'évanouir le contrôle sur la préfecture de police, — il a été dit ceci :

« La conséquence forcée de ce rattachement va être que la Chambre, qui ne sera pas toujours ce qu'elle est aujourd'hui, pénétrera par l'organe de sa Commission du budget dans les arcanes de la préfecture; que les dépenses affectées à ses services, despotiquement organisés, devront être motivées, expliquées en détail; que les investigations de la Commission parlementaire porteront sur les bas-fonds de cette institution consulaire si soigneusement dérobée jusqu'ici aux yeux du public, et ainsi la lumière sera faite sur toutes les illégalités, sur toutes les infamies qui se commettent sous le pavillon de la police, et l'on verra alors s'il se trouvera un seul républicain, un seul honnête homme, à quelque parti qu'il appartienne, pour défendre encore l'organisation actuelle. »

Il me semble que voilà le tableau le plus complet du contrôle le plus vigilant qui puisse être exercé par une Assemblée sur un service, de quelque nature qu'il soit. (*Interruptions.*)

Je ne comprends pas votre indifférence, Messieurs, — je ne dis pas plus, — pour l'emprunt que je fais à un organe parfaitement accrédité dans la presse. Il nous semble que c'est là un élément de jugement et d'appréciation qui peut être examiné très sérieusement.

Un grand nombre de voix. — On demande quel est le journal qui a écrit cela.

M. LE MINISTRE. — C'est le journal *la France*. (*Hilarité au centre et à gauche.*)

Puis, on a fait une objection toute différente, toute contraire. On a dit : « Mais ce contrôle ne devrait pas être exercé par le Parlement; il y a dans le budget de la préfecture de police des détails infinis. Est-ce que vous amènerez la Chambre, par exemple, à discuter sur le nombre de menus objets qu'il faut dans un poste de police? »

Nous ne faisons pas autre chose, Messieurs, que de voter des articles de cette nature quand nous établissons le budget de l'Etat, quand vous statuez sur les crédits demandés pour les ponts et chaussées ou pour tout autre service public; derrière ces gros chiffres, il y a de très petits détails qui sont, cependant, absolument dignes de l'attention des Commissions du budget et du Parlement. (*Très bien! très bien! au centre et à gauche.*)

Ce n'est pas seulement à ce point de vue qu'on a manifesté des craintes ; on a avancé qu'il pourrait résulter de cette situation des débats véritablement irritants. L'honorable M. de Hérédia a bien voulu me plaindre d'avance, à raison des questions innombrables qui me seront adressées, et des interpellations auxquelles j'aurai à répondre à propos du moindre abus, de la moindre irrégularité qui seront signalés dans Paris. Pensez-vous que cela nous changera beaucoup? (*On rit.*) En ce moment, la Chambre est saisie, elle le sait, par l'insistance très légitime de l'honorable M. Delattre, d'une question sur un commissaire de police de Saint-Denis.

A une époque plus lointaine, alors que je n'avais pas la responsabilité du pouvoir, cette question de la préfecture de police ayant été agitée dans la presse, comme elle s'agitait dans le Parlement, un journal parfaitement sérieux, parfaitement autorisé, disait : « N'est-il pas à craindre que, si on donne suite à ce projet, des affaires dans le genre de celles de Mme E... — on donnait un nom — ne soient portées à la tribune du Parlement ! »

Eh bien ! le rattachement n'a pas été fait, mais huit jours après, le ministre de l'Intérieur était interpellé, et précisément sur l'affaire dont on parlait. (*Rires approbatifs à gauche et au centre.*)

Je crois que ce n'est pas par la crainte de voir le ministre de l'Intérieur trop souvent questionné ou de voir sa responsabilité devenir trop pénible, que les adversaires du projet de loi vous demandent de ne pas y donner suite. (*Nouveaux rires sur les mêmes bancs.*)

Aux considérations que j'ai fait valoir, je ne veux plus, Messieurs, en ajouter que de très sommaires, et répondre à cette objection : Pourquoi rattacher la préfecture de police au ministère de l'Intérieur, puisque les dépenses sont obligatoires et que vous pouvez les inscrire d'office?

C'est là, en effet, une réflexion qui vient naturellement à l'esprit.

Eh bien! je considère que l'inscription d'office répétée est mauvaise, et que c'est très certainement, comme mécanisme devenu habituel, un des plus fâcheux que l'on puisse concevoir.

Pendant que j'entendais formuler cette objection : Puisque vous avez l'inscription d'office, que vous faut-il de plus? je me demandais si quelques-uns de ceux qui combattent le projet étaient bien logiques.

Vous dites : Il faut absolument que le Conseil municipal ait le droit de discuter le budget de la préfecture de police.

C'est votre première objection ; et la seconde consiste à dire : Cela ne lui sert, d'ailleurs, absolument de rien, parce que vous avez le droit d'inscrire d'office les crédits refusés.

Cela n'est pas exact, Messieurs ; cela ne sert pas de rien.

En premier lieu, l'inscription d'office n'est même pas suffisante pour maintenir toujours l'état de choses tel qu'il existe au moment où le Conseil municipal refuse de voter les crédits.

L'honorable M. Floquet sait très bien qu'en effet, pour la plupart des dépenses obligatoires, elles ne peuvent être inscrites que jusqu'à concurrence de la moyenne des trois dernières années, et, alors, il pourrait arriver, par exemple, qu'une dépense qui était d'un million pour 1884 ne puisse être rétablie à la suite d'un refus de vote, et d'après la moyenne, que pour 600.000 francs.

De plus, l'inscription d'office ne permet pas le moindre développement, la moindre augmentation de crédit, de telle sorte que, par l'inscription d'office, le crédit peut bien descendre, mais il ne peut jamais augmenter.

M. LE COMTE DE DOUVILLE-MAILLEFEU. — Tant mieux.

M. HAENTJENS. — Vous les augmenteriez joliment.

M. LE MINISTRE. — Il ne faut pas dire : tant mieux, parce qu'il peut arriver qu'il y ait un intérêt reconnu par tout le monde, et par vous-même tout le premier, à augmenter un crédit. Il peut y avoir utilité à faire, pour certains services, des dépenses nouvelles plus considérables qu'elles ne l'avaient été jusque-là.

Il y a une autre raison dont j'ai dit un mot tout à l'heure. Si le droit de l'État d'inscrire une dépense en cas de refus, — et ces refus ne se produisent pas toujours dans les mêmes circonstances, — est parfaitement légitime, au point de n'avoir pas été sérieusement critiqué, si l'exercice de ce droit, à de rares intervalles, peut être absolument admis comme nécessaire, je prétends que l'élever à la hauteur d'un système permanent et dire : il n'y a pas besoin de se préoccuper du vote des crédits indispensables à la préfecture de police, puisque, tous les ans, vous pouvez les insérer d'office, c'est proposer une méthode qui n'est digne ni du Gouvernement, ni du préfet de police, ni du Conseil municipal.

Enfin, et c'est mon dernier mot, quand vous aurez rétabli d'office, chaque année, des crédits qui auront été supprimés, quand, après qu'un service aura été diminué ou compromis, vous aurez invariablement et à certaines époques inscrit d'office au budget les dépenses qui y faisaient défaut, il y a quelque chose que l'on ne rétablira pas d'office, c'est l'autorité nécessaire, c'est le prestige nécessaire à une institution comme la préfecture de police. (*Mouvements divers.* — *Rumeurs à l'extrême gauche.*)

Comment! vous pensez donc qu'il ne faut pas que la préfecture de police ait de l'autorité? Ce peut être votre opinion, mais ce n'est pas la mienne, et ce n'est pas assurément celle de M. de Hérédia à qui je réponds et qui a dit qu'il fallait faire une police honorée et aussi respectée que possible.

Eh bien! lorsqu'une institution est sous une menace perpétuelle, je prétends qu'on ne lui donne ni force, ni dignité, mais qu'on risque fort au contraire de la compromettre.

Vous voyez que je n'ai rien dit au point de vue politique, que je me suis attaché seulement à donner des raisons tirées du bon ordre administratif, de l'intérêt qu'il y a à régler les relations existantes, au point de vue budgétaire, entre l'État et la ville de Paris.

Mais, sans porter la discussion sur le domaine des faits, — car je ne trouve pas bon que, dans une assemblée, on discute les actes d'une autre assemblée, quelle qu'elle soit, — sans porter la moindre atteinte aux égards dus à tous les représentants du suffrage universel, je puis dire que la façon dont le Conseil municipal de Paris a pris position vis-à-vis de la préfecture de police n'est pas de nature à engager ceux qui croient cette institution indispensable à s'en remettre absolument aux soins de ce Conseil.

M. CHARLES FLOQUET. — Pourquoi donc?

M. LE MINISTRE. — C'est ce que je crois. Je sais parfaitement que vous croyez le contraire; si vous étiez de mon avis, vous n'auriez pas évidemment soutenu la thèse que vous avez apportée ici. Mais quant à moi, c'est mon opinion très formelle, et je vais essayer de la justifier brièvement.

Quand on disait que les dépenses, parce qu'elles étaient obligatoires, n'étaient susceptibles d'aucun changement, d'aucune suppression, je me rappelais les modifications successives qui ont été apportées au budget de la préfecture de police depuis l'origine du conflit. Et, quand vous affirmiez que du moment où les dépenses étaient obligatoires nous ne devions avoir aucune préoccupation, je me disais, en me reportant aux discours tenus par les orateurs les plus sages du Conseil municipal, qu'il me serait facile de vous montrer comment, même en présence de dépenses obligatoires, on arrive peu à peu à faire disparaître successivement celles qui déplaisent.

Comment cela se fait-il? Cela se produit par une raison bien simple : Messieurs, quand il faut qu'un fonctionnaire, si obligatoires que soient les dépenses de son budget, vienne périodiquement, dans des conditions qui sont connues d'avance, le défendre pied à pied; lorsqu'il faut toute l'année, à chaque séance, qu'il soit en butte, — j'emploie l'expression, sans y mettre plus de gravité qu'elle n'en a, — à des interpellations, à des reproches, à des réclamations... (*Exclamations à l'extrême gauche.*)... comment soutenir qu'il pourrait indéfiniment résister et se défendre?

Il est bien manifeste, et l'on ne peut pas le contester, qu'en fait, sinon en droit, le préfet est subordonné, pour la gestion de ses services, au Conseil municipal, et que, si porté qu'il puisse être à la résistance, tôt ou tard il cédera, qu'une première concession sera bientôt suivie d'une autre. Et si je vous faisais l'histoire des budgets du Conseil municipal depuis 1872 jusques et y compris 1884, vous verriez que chaque année, pour ainsi dire, a emporté un lambeau des dépenses obligatoires.

Est-ce à dire, Messieurs, que le Conseil municipal soit accusé par nous, — on nous a prêté ce langage, et il faut bien que je m'en défende, — de vouloir supprimer toute police, de vouloir faire de Paris une ville inhabitable?... Je ne l'ai jamais pensé; je crois que le Conseil municipal poursuit un autre but, et cet autre but, que j'ai déjà indiqué dans de précédentes observations, je tiens à le signaler avec plus de clarté.

Non, le Conseil municipal ne veut pas faire de Paris une ville dangereuse, où la sécurité dans les rues pour les promeneurs, les étrangers et les voyageurs n'existerait plus.

Il est convenu qu'à Paris on dit beaucoup de mal de la police; nous passons pour aimer à voir battre le commissaire : c'est une proposition beaucoup moins exacte qu'on ne le croit. Il est possible que dans la conversation on aime à en médire, mais la vérité est que nous tenons beaucoup à ce qu'il reste à la police assez de vitalité et assez de force pour venir au secours des intérêts — fût-ce des moins graves — qui seraient menacés.

Et, quand j'entendais tout à l'heure parler de l'initiative individuelle, je me disais que cette théorie absolument juste dans la plupart des cas ne l'est guère en matière de police, si on entend qu'il faut laisser à chacun le souci d'avoir à se défendre... (*Protestations à l'extrême gauche.*)

J'abonde dans votre sens, Messieurs, et il faut pour que vous m'interrompiez de la sorte que vous ayez vraiment le désir bien prononcé de protester, puisque je reconnais avec vous que le Conseil ne veut rien de tout cela.

Nous pouvons nous tromper sur ses aspirations, mais nous sommes absolument persuadés que le but poursuivi par le Conseil municipal est bien moins de supprimer la préfecture de police que de lui faire une telle situation qu'il devienne nécessaire, indispensable, de remettre cette police entre ses mains.

Je crois que c'est la revendication qui est au fond de tous ces débats. Et je voudrais que quelque membre de cette Assemblée, autorisé par un long séjour au Conseil municipal, vînt nous affirmer que l'objectif, l'ambition du Conseil municipal n'est pas d'avoir sa police à lui. On a imaginé pour cela bien des moyens, proposé bien des formules.

M. Charles Floquet — La police municipale.

M. le Ministre. — C'est l'ambition certaine du Conseil municipal. Si cette ambition est légitime, si le droit du Conseil municipal est certain, il faut lui remettre la direction des services de police.

Si, véritablement, c'est un intérêt purement communal qui est en jeu, et si vous pensez que la commune soit le meilleur gérant qu'on puisse donner à la police de Paris, il faut dire au Conseil municipal : Vous aurez sur la police toute l'autorité que comporte la direction, vous voterez le budget, vous l'augmenterez, vous le réduirez, en un mot vous en serez le maître; ainsi vous serez logiques.

Mais, si vous pensez, comme le Gouvernement, que la police à Paris n'est pas seulement une affaire municipale et locale, mais qu'elle intéresse, au contraire, le pays tout entier, qu'elle est, ainsi que je l'ai dit et répété, une affaire d'État, il faut que ce soit l'État qui ait le dernier mot, et qui inscrive à son budget les dépenses qu'il jugera utiles ou nécessaires pour son bon fonctionnement.

Sous le bénéfice de ces observations, je demande à la Chambre de vouloir bien voter la loi. (*Vifs applaudissements.*)

Messieurs [1]

Je n'ai que de très courtes réflexions à soumettre à la Chambre en réponse aux développements que l'honorable M. Léon Renault a donnés à la discussion de son amendement. Généralement, il nous arrive de demander, contre les auteurs d'amendements, le maintien d'un crédit ou le maintien d'une proposition que nous avons déposée dans son étendue primitive. Telle n'est pas la situation qui m'est faite aujourd'hui. L'honorable M. Léon Renault et avec lui un grand nombre de nos collègues nous disent : Puisque vous opérez le rattachement des services de la

---

1. Séance du 18 Janvier 1884.

préfecture de police au ministère de l'Intérieur, il nous paraît plus logique, il nous paraît préférable d'en rattacher l'ensemble, au lieu d'en disjoindre quelques-uns pour les remettre à la préfecture de la Seine. Et ils insistent sur les avantages de ce rattachement complet, qui ont été merveilleusement mis en relief par l'honorable M. Léon Renault.

Je ne disconviens nullement qu'un grand service réunissant entre ses mains, non seulement ce qui est dans sa compétence directe, mais encore tous les services accessoires et latéraux qu'il rencontre sur sa route, peut, en effet, donner aux uns et aux autres une impulsion plus vive, en tout cas éviter certains détails, certains atermoiements, certaines lenteurs. Je pense, en effet, que si la préfecture de police, avant le décret de 1859, avait entre ses mains, non seulement ce qui touchait à la sécurité publique, mais encore des attributions qui lui permettaient de prendre certaines mesures d'hygiène, même des mesures d'un caractère presque fiscal, il en résultait, au point de vue de ces attributions diverses, plus de facilité, plus de brièveté dans les résolutions prises et dans l'exécution qui les suit.

Je ne disconviens donc d'aucun des avantages qui ont été signalés par l'honorable M. Léon Renault. Mais nous devions, et c'est une réflexion que j'ai déjà soumise à la Chambre en vous invitant à rattacher au budget de l'Etat certaines dépenses de la préfecture de police, nous demander si, dans l'ensemble de ces attributions, résolus comme nous le sommes à conserver à la préfecture de police tous les services de police proprement dite, il ne se rencontrait pas des services accessoires qui ne rentraient pas dans cette définition.

Je suis, en effet, tout à fait d'accord avec M. Léon Renault sur la ligne de démarcation qui doit séparer les deux préfectures. Il disait avec une très grande énergie : Si je reconnaissais aux dépenses dont je suis obligé de faire l'examen minutieux un caractère qui ne fût pas de police, je proclamerais, comme le Gouvernement et la Commission, qu'elles doivent figurer non au budget de la préfecture de police, mais au budget de la préfecture de la Seine.

C'est donc une question d'appréciation qui est soumise à la Chambre et qui se présente à son examen dans des conditions de précision parfaite.

Vous ferez votre profit des explications qui ont été données avec une si grande compétence par notre honorable collègue. Vous apprécierez si le Gouvernement a été retenu par un scrupule excessif, et si vous pensez que, dans les dépenses que nous proposons de rattacher à la préfecture de la Seine, il en est qui soient des dépenses d'intérêt général, d'intérêt d'Etat, si vous n'en trouvez point qui soient d'un intérêt exclusivement administratif et municipal, vous donnerez raison à l'honorable M. Renault. (*Très bien! très bien! au centre. — Mouvement divers.*)

M. CHARLES FLOQUET. — Comment! Monsieur le ministre, vous qui nous présentez le projet de loi, vous n'avez pas d'opinion sur ce point?

M. LE MINISTRE. — Je vous demande pardon; j'avais précisément l'honneur de dire à la Chambre qu'en parfait accord sur le principe, nous avions, dans l'application, dans le jugement à rendre sur quelques-uns des services spéciaux, été retenus par des scrupules particuliers.

Et quand je dis que ce sont des questions de fait et d'appréciation que la Chambre a à résoudre, et que, si elle pense que l'honorable M. Léon Renault a fait la démonstration que les services dont il a parlé sont véritablement des services de police, de par le principe même que nous avons posé et qui préside à la rédaction de cette loi il est certain qu'elle devra les rattacher au budget de l'Etat. (*Mouvements divers. — Très bien! très bien! à gauche et au centre.*)

M. CHARLES FLOQUET. — Quelle est donc votre opinion?

M. LE MINISTRE. — Je vais vous la faire connaître, si vous voulez bien témoigner un peu moins d'impatience. Il me semble que l'opinion du Gouvernement est suffisamment établie par le projet même qui est soumis à la Chambre et que l'opinion de la Commission est assez nettement formulée par le rapport qu'elle a déposé. Ce que je voulais dire, c'est que, dans les divergences qui nous séparent, il y a des appréciations de circonstances, de faits, mais il n'était pas inutile de constater que, sur le principe fondamental de la loi, il y a, au contraire, un accord absolu.

Eh bien ! disons un mot, à notre tour, des quelques services dont l'honorable M. Léon Renault a parlé, et d'abord des halles et marchés.

La Commission, d'accord en cela avec le Gouvernement, a maintenu une partie du service des halles et marchés à la préfecture de police et laissé le surplus à la préfecture de la Seine. Vous savez quelle est la méthode qui a présidé à cette répartition. La Commission a pensé que, pour tout ce qui concerne le service des halles centrales, il y avait une telle connexité entre les intérêts locaux et les intérêts généraux, entre les représentants plus particuliers de l'intérêt parisien et les représentants de la force publique, entre les intérêts administratifs et les intérêts de la sécurité, qu'il était de toute impossibilité de disjoindre les services correspondant à ces divers intérêts ; et cette opinion de la Commission, je l'ai partagée ; laissez-moi, en effet, Messieurs, vous dire un mot du fonctionnement de ces divers services aux halles centrales. Vous y verrez, je crois, d'une façon très nette les raisons de distinguer les halles centrales des autres établissements de même nature.

Le personnel de la préfecture de police qui fonctionne aux halles centrales comprend d'abord le service de la police municipale et un commissaire de police qui y est spécialement attaché ; il comprend ensuite, d'une part un service d'inspection qui compte cinq inspecteurs principaux et vingt-huit inspecteurs ordinaires ; d'autre part un personnel subalterne sur les attributions duquel il n'est pas, je crois, nécessaire de m'étendre.

Les inspecteurs dont je viens de parler ont, non pas, à proprement parler, des attributions d'ordre, mais des fonctions de police administrative.

Ils ne sont pas, à la vérité, chargés de la répression des

délits et des infractions de droit commun qui peuvent se commettre sur le marché des halles, mais c'est à eux qu'incombe la surveillance très minutieuse qu'il est nécessaire d'apporter à l'exécution des règlements particuliers qui régissent cette enceinte considérable formée par les halles et par leurs prolongements.

Au-dessous d'eux fonctionne un personnel fort intéressant, celui des forts de la halle, qui ont, au même point de vue, une sorte de police spéciale à exercer, dont la mission est de veiller au débarquement des marchandises, de les suivre jusque sur le carreau de la halle, d'assister aux vérifications, d'assurer la livraison, une fois la vente opérée.

Or, Messieurs, quand on songe — sans même avoir eu besoin de se rendre aux halles centrales — à ce qu'il faut d'activité, de ponctualité, d'ordre, pour que l'approvisionnement immense d'une ville comme Paris ne souffre ni retard, ni interruption ; quand on pense que ce phénomène de l'approvisionnement et du désapprovisionnement de cet énorme marché s'opère en quelques heures, on éprouve un véritable étonnement.

Eh bien ! la préfecture de police a fait valoir et la Commission a reconnu qu'à raison même de cette extrême célérité des opérations, qu'à raison des contacts qui se produisent dans une rapidité si grande d'évolutions, tous les agents dont je viens de parler et dont l'action concourt au même but étaient dans la nécessité de se prêter main-forte, de s'assister, de s'entr'aider, qu'il était impossible d'exiger que chacun d'eux restât exactement dans sa spécialisation.

C'est pour ce motif, Messieurs, que la Commission — et je crois qu'elle a eu raison — a estimé qu'à l'intérieur des halles centrales une séparation entre ces différents personnels serait de toute impossibilité. Pour que l'harmonie règne entre les différents agents qui collaborent à une même tâche, il faut un même chef hiérarchique, une même discipline, une absence absolue d'intérêts rivaux.

Si, au contraire, vous considérez les marchés de détail,

si vous considérez le marché de la Villette, et si vous en examinez le fonctionnement, vous comprendrez qu'il ne nous ait pas paru qu'on rencontrât les mêmes raisons pressantes, les mêmes arguments démonstratifs ; les fonctions des inspecteurs que l'on vous demande de conserver à la préfecture de police ne diffèrent point des fonctions de même nature exercées dans toutes les grandes villes où le service de l'inspection est organisé. Pour faire ressortir toute la différence qui sépare ce personnel de celui que nous venons de voir opérer aux halles centrales, vous n'avez qu'à comparer le nombre des agents qui les composent.

Aux divers marchés de détail de Paris, qui sont, si je ne me trompe, au nombre de 52, correspondent en tout six des inspecteurs dont nous nous occupons en ce moment. Ce sont ces six agents que M. Léon Renault trouverait mieux à leur place dans le budget de la préfecture de police, et qui nous paraissent pouvoir parfaitement figurer au budget municipal.

Il n'en est pas autrement des quatre inspecteurs spéciaux du marché de la Villette. Là, ne s'opère, en aucune façon, cette pénétration de tous instants entre les agents de services en apparence différents que nous avons constatée aux halles centrales. La vérification de la qualité des marchandises apportées sur le marché constitue, à coup sûr, une opération fort intéressante, fort importante, indispensable même au point de vue de la salubrité des viandes, mais qui ne nous a semblé affecter en aucune façon, ni par aucun côté, le caractère de service d'ordre général et de sécurité.

Ce sont ces diverses raisons, Messieurs, qui nous ont amené à penser que la distinction, que la Commission vous proposait au chapitre des halles et marchés, se trouvait justifiée en fait.

Pour le service de la navigation et des ports, M. Léon Renault nous a dit : qu'en raison du mouvement énorme de marchandises qui s'y trouve intéressé, en raison de l'intérêt considérable qui s'y trouve engagé, il y aurait lieu de le maintenir à la préfecture de police. Je reconnais volontiers cet intérêt, Messieurs, mais comment s'effectue le service dont il s'agit? Est-il exact de dire — je ne fais en ce moment que traduire mes impressions, sans avoir la prétention de les imposer à personne — est-il exact de dire qu'il ne puisse être fait que par la préfecture de police, et qu'il dépérirait entre les mains du préfet de la Seine? Pour en juger, il est nécessaire de se mettre bien en face de ses exigences et de ses nécessités.

Le service de la navigation, à Paris, obéit aux mêmes règles que partout ailleurs. C'est l'arrêté consulaire du 8 prairial an XI qui en détermine l'organisation. Cette organisation est assurée par un personnel réparti entre diverses sections, ayant chacune à leur tête un ingénieur en chef, des ingénieurs ordinaires, des conducteurs et d'autres agents. C'est à côté de ce service général des ponts et chaussées que fonctionne le service fait par le personnel dépendant de la préfecture de police.

Comment est composé ce personnel? Il comporte, pour la traversée de la Seine, depuis Auteuil jusqu'à Bercy, dix-huit inspecteurs; or, ainsi que l'a dit avec tant de raison l'honorable M. Léon Renault, Paris étant le premier des ports de France, puisqu'il y a un mouvement de marchandises qui dépasse de bien des milliers de tonnes le trafic d'un port comme Marseille, il est évident *a priori* que ce ne sont pas les dix-huit inspecteurs qui, dans une traversée aussi longue, et pour un port qui a un tel mouvement de marchandises, peuvent assurer le bon fonctionnement des services de la navigation et le bon ordre sur les berges. (*Marques d'assentiment.*)

Comment y contribuent-ils? M. Léon Renault vous l'a dit lui-même : s'ils remarquent des marchandises déposées sur la berge, à un endroit où elles ne devraient pas se trouver, si un bateau auquel on a indiqué une place à quai refuse de la prendre, ils mettent en réquisition la police proprement dite. Eux ne sont que des agents d'information, des agents de distribution d'ordres.

Je ne méconnais pas, Messieurs, l'importance ni l'utilité

de ce service, mais je me demande si, véritablement, étant donné que les inspecteurs de la navigation ne peuvent rendre des services utiles qu'en faisant appel à la police municipale, il y aurait un trouble sérieux — dans ce cas, il faudrait reculer sans hésitation — apporté au fonctionnement de ce service, s'il était confié à la préfecture de la Seine. L'énumération même des fonctions conférées aux dix-huit inspecteurs en question m'a fait incliner vers cette solution.

Ils doivent, par exemple, veiller à l'enlèvement des marchandises débarquées; ils surveillent les bateaux de commerce en cours de navigation, et s'assurent que les manœuvres sont exécutées conformément aux règlements. Ils font garer les bateaux en lieu convenable, et délivrent les permis de mise à port. Ils surveillent les bateaux à lessive, les établissements de bains froids, ils prescrivent les mesures nécessaires pour le sauvetage des bateaux naufragés, ils inspectent les bateaux à vapeur, notamment les chaudières et machines, ils examinent les pilotes et donnent leur avis sur leurs aptitudes.

Ce sont là, j'en conviens parfaitement, des attributions importantes, mais que vous retrouveriez, si vous sortiez de l'enceinte de Paris, dans le domaine des ponts et chaussées, du service des mines, bien plus, de la marine. C'est à proprement parler, en effet, affaire de voirie, affaire de ponts et chaussées. Si la mise à sa place d'un bateau intéresse le bon ordre de la navigation, ce n'est pas un fait qui relève immédiatement de la police; dans les autres ports, il ressortit à une administration qui n'est ni la préfecture de police ni la police locale.

Voilà, Messieurs, à quels scrupules nous avons obéi en ne vous demandant pas de rattacher la dépense de ce service spécial au budget de la police.

Je passe au service des poids et mesures.

L'honorable M. Léon Renault vous a dit : « Les agents dont je demande le maintien à la préfecture de police dressent des procès-verbaux; par conséquent, leur place essentielle est à la préfecture de police. »

Je répondrai à notre honorable collègue que, dans toutes les branches des services, il y a des fonctionnaires dressant des procès-verbaux, sans qu'ils soient par là même, *ipso facto*, des agents de la police. Les contraventions que constatent les agents particuliers de la préfecture de police sont relevées, en dehors de la ville de Paris, dans tous les départements, par des agents particuliers, qui existent également à Paris même pour ce service ; peut-être pourrait-on se demander si, dans une certaine mesure, les huit agents qui le composent, — car il faudrait conclure de la doctrine de M. Léon Renault que, sans ces huit agents, la sincérité des ventes serait compromise à Paris, — ne forment pas une sorte de double emploi avec d'autres agents absolument étrangers aux cadres de la préfecture de police.

Un mot des stations de voitures. Vous savez, Messieurs, que la Commission a rattaché au budget du ministère de l'Intérieur tout ce qui lui a paru, du chef des services des voitures, par la surveillance qu'il est nécessaire d'exercer sur les cochers et sur les fourrières, constituer une affaire de police. Elle en a détaché, au contraire, le traitement des cantonniers ; c'est que ces agents tout à fait subalternes n'exercent pas des fonctions de police à proprement parler. Ils veillent à la propreté des stations, à ce qu'il y ait toujours de l'eau pour les chevaux ; ils sont chargés du balayage, et, s'ils ont à prendre des mesures d'ordre, c'est à condition de donner à ce dernier mot le sens qu'il a dans l'économie domestique. Mais ils ne dressent pas de procès-verbaux ; ils n'interviennent pas dans les contestations. Ce sont purement et simplement des serviteurs à gages.

Pour nous, nous avons cru que ce personnel, auquel correspond une dépense de 141.000 francs, n'était, à aucun titre, un personnel de police, et ne devait pas rentrer dans le cadre que nous vous proposons.

Une question, plus délicate peut-être, est celle du conseil d'hygiène.

M. Léon Renault demande que le conseil d'hygiène soit rattaché à la préfecture de police, ou plutôt qu'il n'en soit pas détaché, qu'il figure au budget du ministère de l'Intérieur. Il a fait valoir qu'en manière d'épidémies, de mesures de salubrité, ce conseil d'hygiène pouvait émettre des avis tout à fait intéressants pour la préfecture de police, et essentiels pour que les mesures qu'elle prend soient rationnelles et justes.

Il me paraît évident, Messieurs, que le conseil d'hygiène, pour fonctionner à la préfecture de la Seine, n'en donnerait pas moins à la préfecture de police tous les avis qu'il doit donner, et ne lui fournirait pas moins les indications qui lui sont nécessaires.

Je remarque ensuite que, si l'on passe à l'énumération des affaires sur lesquelles le conseil d'hygiène doit statuer, on trouve, notamment, les établissements classés.

L'honorable M. Léon Renault disait avec raison qu'il importe grandement de savoir si un établissement industriel est salubre ou non, s'il peut être autorisé ou non, s'il est de nature à nuire à son voisinage.

Mais veuillez remarquer, Messieurs, qu'il y a, dès à présent, à la préfecture de la Seine, un service qui, dans le même ordre d'idées, n'a pas moins d'importance : celui des logements insalubres.

Là encore, là surtout, il y a une question d'hygiène engagée ; cependant, ce service a été rattaché à la préfecture de la Seine, et il y fonctionne parfaitement.

La vérité, je le répète, bien que cette observation tende à devenir de ma part une redite, la vérité, c'est que la préfecture de police peut bien faire le service dont nous parlons, et on peut lui rendre ce témoignage qu'elle s'en acquitte à merveille. Mais ce n'est pas là le point précis qu'il faut résoudre pour trancher la question du rattachement, il faut que vous disiez : Il s'agit d'une dépense de police qui doit absolument entrer dans le budget de l'Etat.

Or, c'est là ce qui ne nous a pas apparu au premier abord, et nous éprouvons encore sur ce point des hésitations ; d'autant plus que, si la Commission n'a pas rattaché au budget de l'Etat le chapitre intitulé : « Hygiène et salu-

8.

brité », elle y a, par contre, rattaché un autre chapitre qui a pour titre : « Police de la voie publique; sûreté et salubrité »; c'est dans ce chapitre que vous trouverez précisément le service à l'importance duquel on rendait un très juste hommage, j'entends parler du service de l'inspection des garnis, au point de vue de la salubrité. A ce point de vue, l'honorable M. Léon Renault a tout à fait satisfaction, et il n'a, en effet, jamais été question, ni dans le projet du Gouvernement, ni dans le projet de la Commission, d'enlever à la préfecture de police cette attribution de l'inspection des garnis.

Voilà, Messieurs, les observations que j'avais à présenter à la Chambre. Je devais lui faire connaître les raisons qui avaient déterminé notre projet, comment nous avions cru devoir nous arrêter à certaines limites.

La Chambre mettra en balance les considérations qui nous avaient déterminé et celles qui ont motivé l'intervention de l'honorable M. Léon Renault, et elle dira quelle doit être, en définitive, en ce qui touche les services spéciaux, l'étendue des rattachements qu'elle entend opérer. (*Applaudissements sur divers bancs. — Aux voix!*)

Messieurs[1],

Je demande à la Chambre la permission d'ajouter quelques observations à celles qu'a présentées l'honorable M. Léon Renault, parce qu'il me semble utile, même après ses explications très décisives, suivant moi, d'insister quelque peu sur ce qui est l'objectif vrai, la raison d'être exacte, et j'emploie le mot sans y rien mettre de malveillant, le secret de l'amendement qui nous est proposé.

Je ne désespère pas d'établir que cet amendement, qui, en apparence, a pour objet d'introduire à nouveau, et par double emploi, dans une loi spéciale, ce qui est déjà dans le Code d'instruction criminelle, a réellement pour but de

---

1. Séance du 19 janvier 1884.

faire voter par la Chambre une réforme qui consiste à modifier, non pas le Code d'instruction criminelle, — qui reçoit satisfaction, je le dirai tout à l'heure, — mais la procédure qui a été suivie, d'accord entre les deux départements, pour l'exécution même des dispositions des articles 29, 48 et 53 de ce Code.

Si l'on consulte sur la raison d'être de l'amendement ceux qui l'ont soutenu, ici et ailleurs, avec infiniment d'habileté et d'énergie, ils semblent n'être inspirés que par le souci absolument légitime d'un des intérêts les plus graves qui puissent nous émouvoir, j'entends parler de la liberté individuelle et des garanties qui sont dues aux personnes.

On prétend, en effet, et on affirme que par une violation des dispositions du Code d'instruction criminelle, par une série d'abus dont la préfecture de police se rendrait coupable, les détentions arbitraires se multiplient et que les injonctions de la justice ne sont pas obéies.

La préfecture de police, comme le parquet, comme l'instruction, comme toute espèce d'institutions et toute classe de fonctionnaires, a pu commettre des fautes, je n'aurai pas la témérité de la déclarer infaillible ; mais il ne faut pas, Messieurs, quand on examine une disposition de cette importance, rester sous cette impression qu'en vérité la préfecture de police, au vu et au su de tout le monde, continuellement pour ainsi dire, violerait les lois les plus essentielles qui sont la garantie des citoyens.

Depuis que je suis au ministère de l'Intérieur, — je n'ose pas dire qu'il y a bien longtemps, — je n'ai été saisi que d'une seule plainte, que d'un seul fait, qui a eu dans la presse un grand retentissement ; et s'il faut tenir à la liberté de la presse, quelles que soient, Messieurs, les inexactitudes que puissent renfermer certaines informations, s'il y a un bienfait produit par la loi que vous avez votée, c'est que l'abus le plus léger est immédiatement répercuté par un nombre considérable de journaux ; de sorte qu'aujourd'hui, on peut l'affirmer, il est véritablement impossible que la loi soit violée en France, sans qu'immédiatement la presse ne prenne sa défense, quelque peu grave, quelque imaginaire même que soit la violation.

Qu'est-il arrivé? Il est arrivé une fois depuis le 21 février 1883 que, dans des circonstances où très certainement il y a eu faute commise, une personne a été arrêtée, que le procès-verbal d'arrestation n'a été transmis au parquet qu'avec des lenteurs regrettables, et que la personne arrêtée qu'on nommait tout à l'heure, Mme Génin, a été retenue en prison pendant de longs jours, alors qu'elle n'aurait dû y rester que quelques heures ; voilà le fait.

Eh bien ! Messieurs, savez-vous combien cette préfecture de police, ou, pour mieux dire, ces agents, ces officiers de police judiciaire, ces officiers auxiliaires de police dressent de procès-verbaux par jour? Ils en dressent cent soixante-dix.

M. LE COMTE DE DOUVILLE-MAILLEFEU. — Ce n'est pas beaucoup pour 2 millions et demi d'habitants : cela prouve en faveur de Paris.

M. DELATTRE. — Cela fait à peine deux procès-verbaux pour chacun des 80 commissaires de police.

M. LE MINISTRE. — Ce n'est pas beaucoup, dites-vous? Ma démonstration n'a pas pour but de faire voir qu'à Paris il se commet plus de délits qu'ailleurs. Elle a pour but unique, et il me semble que la plupart de mes collègues l'ont déjà compris, de montrer que, lorsqu'avec la liberté que nous avons, en l'espace de onze mois on ne signale qu'un fait, celui de Mme Génin, alors que, chaque jour, les commissaires de police dressent 170 procès-verbaux, il n'est pas permis de dire que la préfecture de police soit une institution qui fonctionne si mal.

Et, si j'avais le droit de prendre l'offensive vis-à-vis de services que je respecte absolument, de rechercher dans quelles conditions le parquet de la Seine, les juges d'intruction chargés d'un service si lourd et pour lequel ils ne sont pas assez nombreux, exécutent eux-mêmes des prescriptions qui exigent une grande célérité d'exécution, je ne sais pas si je ne serais pas amené à constater que, là comme ailleurs, comme dans toutes les institutions humaines, il y a des fautes et des erreurs commises, et des faits qui ne devraient pas se produire.

On me dit que 170 procès-verbaux, ce n'est rien. Sous un régime comme le nôtre, quand on vit sous l'œil impitoyable de la critique, — je ne dis pas de la critique philosophique, qui ne se réjouit pas des défaillances inhérentes à la condition des hommes et qui les constate avec tristesse, mais de la critique politique, qui se plait à les rechercher, et se plaint parfois de ne pas les rencontrer, — je dis que c'est quelque chose de ne constater sur plus de 60.000 affaires qu'un fait de détention que je regrette, que je ne cherche point à justifier; je prétends que, pour être juste, il faut se contenter de dire qu'il y a là une erreur infiniment regrettable, qu'il faut rechercher, dans une amélioration des services, tous les moyens de l'empêcher de se renouveler, mais que ce n'est pas une raison de conclure que le service est condamné en lui-même ou qu'il se fait dans des conditions qui ne sont pas acceptables. (*Très bien! très bien!*)

Messieurs, d'où vient donc alors que cette question d'une révolution, inoffensive en apparence, mais, vous le verrez, très grosse dans les résultats, dans les relations entre les commissaires de police et le parquet de la Seine, a tant passionné les esprits, puisque ce n'est ni la gravité, ni la multiplicité des faits qui peuvent expliquer cette animation? Je l'explique, non par les actes dont on a parlé, et dont il n'y a eu que de rares exemples, mais par la gravité des conséquences qu'aurait l'adoption de la disposition qui vous est soumise, conséquences que je vais m'efforcer de mettre sous les yeux de la Chambre.

Prenez l'amendement de M. Goblet; il a deux parties : dans la première, il est dit : « A Paris, les commissaires de police devront transmettre les procès-verbaux au parquet. » Cela est inscrit tout au long dans le Code d'instruction criminelle. Ce ne sont pas M. Goblet et M. Léon Renault seulement qui le disent; c'est la loi qui le proclame.

Vous ne pouvez pas dire que, dans cette proposition, quand on ne va pas au fond des choses, il soit possible de rien découvrir qui ne soit dans le Code d'instruction criminelle. Non! à le prendre, mon cher collègue, pour ce que vous l'avez fait dans vos explications, votre article n'ajoute pas une ligne, ne modifie pas un iota à la législation telle qu'elle est formulée par le Code d'instruction criminelle, dans les articles que vous avez cités.

Est-ce donc dans la seconde partie de votre amendement que se trouve l'innovation? Pas davantage. Vous déclarez qu'à Paris les commissaires de police seront tenus d'exécuter les mandats, commissions rogatoires, demandes d'enquête ou de renseignements, qui leur sont donnés ou adressés par le procureur de la République ou par le juge d'instruction. Cette obligation existe-t-elle dans la loi? Oui, elle y est en toutes lettres; et, sur le second point, pas plus que sur le premier, dans l'apparence des choses, vous n'apportez l'ombre d'une modification aux dispositions du Code d'instruction criminelle. (*Interruptions à l'extrême gauche.*)

Vous pensez bien, cependant, Messieurs, que M. René Goblet n'a pas soumis cet amendement à la Chambre sans avoir une raison de le lui soumettre. Il est évident que, s'il doit être entendu en ce sens qu'il ne touche en rien au Code d'instruction criminelle tel qu'il existe aujourd'hui, si l'on m'affirme que l'on ne demande pas quelque chose de plus et qu'on ne veut pas arriver à modifier profondément l'institution de la préfecture de police, sous couleur de copier simplement à l'usage du préfet de police le Code d'instruction criminelle, je n'ai absolument qu'une chose à faire : c'est de descendre de cette tribune.

Mais il y a quelque chose de plus, sinon dans l'amendement, du moins derrière l'amendement, et je dois l'indiquer.

Comme je le disais tout à l'heure, l'amendement, pris dans son apparence, est d'une simplicité absolue : c'est une redite, c'est une répétition, c'est un rappel à la loi.

Pour le justifier, l'honorable M. Goblet a dit non seulement que les commissaires de police n'envoyaient pas leurs procès-verbaux au parquet, que tous les procès-verbaux ne lui arrivaient pas, mais qu'encore il serait advenu, — et il affirme que des faits de cette nature se sont produits à certaines époques, — que des commissaires de police auraient refusé d'obéir à des injonctions régulières, données par des juges d'instruction, d'exécuter des commissions rogatoires, des mandats d'amener.

Eh bien! étant donné, — ce qui est l'évidence pour tout le monde, et il n'y a pas un membre de cette Chambre qui me contredira, — que le Code d'instruction criminelle prescrit formellement à tous les commissaires de police d'obéir aux injonctions qui leur sont transmises par le juge d'instruction ou par le parquet, je dis que, si ces faits se sont produits, il y a eu des coupables.

Le premier coupable, c'est le commissaire de police qui aurait refusé d'obéir à ces injonctions, et le second coupable ce serait le juge d'instruction ou le procureur de la République qui, ayant, dans les limites de ses pouvoirs, décerné un mandat d'amener, et voyant ce mandat confisqué par la préfecture de police, n'aurait pas immédiatement porté plainte à son chef hiérarchique, c'est-à-dire au Garde des sceaux.

Donc, si vous n'avez pas d'autre but, la loi suffit; elle existe, elle prescrit la transmission des procès-verbaux par le commissaire de police, et l'exécution des mandats d'amener ou des commissions rogatoires qui peuvent leur être adressés.

Mais comment, par quelle procédure, par quelle méthode, les procès-verbaux des commissaires de police sont-ils, aujourd'hui, transmis au parquet, comme le veut la loi, et comment les injonctions du parquet arrivent-elles au commissaire de police ? C'est là un autre point de vue de la question. L'honorable M. Léon Renault l'a traité de façon, je crois, à permettre à la Chambre de se rendre un compte exact de son importance.

On est toujours enclin à admettre que ce qui se fait à Paris n'existe nulle part ailleurs, à se figurer Paris comme une capitale où tout se passerait au rebours de ce qui se fait en province, dans les départements. Mais, si on veut bien y réfléchir, on reconnaît que la plupart des institutions parisiennes ne sont guère qu'un calque agrandi des institutions des autres villes. Il n'est donc jamais inutile, quand on parle de ce qui se passe à Paris, de se demander ce qui se fait dans le reste de la France. Les textes qui régissent les rapports des officiers de police avec le parquet, pour tous les départements, — y compris le département de la Seine, — ne sont pas très nombreux ; je vous demande la permission de les faire passer sous vos yeux.

C'est d'abord l'article 29 du Code d'instruction criminelle, qui, je le remarque en passant, n'est pas un article spécial aux commissaires de police ; cet article fait une obligation stricte, non seulement à toutes les autorités constituées, mais à tous les fonctionnaires et même à tous les citoyens, de dénoncer au parquet toutes les infractions, crimes et délits qui viendraient à leur connaissance. Si c'est un particulier ou un fonctionnaire qui ne soit pas officier de police judiciaire, c'est un avis qu'il transmet, un avertissement, une information ; si c'est un officier de police judiciaire, c'est un procès-verbal.

Mais arrivons au titre qui nous concerne plus particulièrement, c'est-à-dire au chapitre 5, qui est intitulé : « Des officiers de police auxiliaires du procureur du roi ». Cette fois, nous sommes bien dans notre sujet : ce chapitre 5 énumère à la fois les fonctionnaires qui sont officiers de police auxiliaires et les devoirs de ces fonctionnaires par rapport au procureur.

« Art. 48. — Les juges de paix, les officiers de gendarmerie, les commissaires généraux de police recevront les dénonciations du crime, ou délit, commis dans les lieux où ils exercent leurs fonctions habituelles. »

Les officiers de police, auxiliaires du procureur de la République, sont donc les juges de paix, les officiers de gendarmerie et les commissaires généraux de police, institution qui a été modifiée quant à son titre et quant à son rayon d'action, mais qui, dans un très grand nombre de villes, subsiste encore avec la dénomination de commissaires centraux.

Les juges de paix, les officiers de gendarmerie, les commissaires centraux, voilà les officiers auxiliaires de la justice.

Eh bien! qui transmettra les procès-verbaux au parquet? Il est manifeste que, là où il n'y a qu'un commissaire, ce sera ce commissaire, mais je prétends que partout où il y a une organisation de police, des agents subordonnés à un chef hiérarchique, ce sera le chef hiérarchique qui recevra les témoignages et les informations de ces agents et qui les fera parvenir à la justice. En effet, c'est ce qui se passe notamment pour la gendarmerie.

Est-ce qu'un simple gendarme envoie directement au parquet le procès-verbal de police dressé par lui? Non, il le remet à son brigadier, qui le fait parvenir, à la fois, à la justice et à son chef hiérarchique.

Pourquoi, d'ailleurs, les choses se passent-elles avec cette simplicité, avec cette unité, dans les départements, c'est-à-dire dans les villes où il n'y a pas une organisation complexe? C'est que, lorsqu'on amène à un commissaire de police central par exemple, s'il y a plusieurs commissaires, ou au commissaire unique, un prévenu qu'un de ses agents aura rencontré sur la voie publique, ce commissaire central ou ce commissaire unique, ayant dans son ressort, et, pour ainsi dire, dans sa connaissance, la région tout entière dans laquelle s'est opérée l'arrestation, se trouve posséder en même temps tous les renseignements, tous les documents qui peuvent lui permettre de dresser un procès-verbal ayant un corps, c'est-à-dire renfermant autre chose qu'une indication sommaire constatant qu'on a amené devant lui telle personne prévenue de tel délit; après avoir entendu le prévenu, il rend dans son for intérieur une sorte de jugement préliminaire; il dresse ou ne dresse pas procès-verbal, suivant que la contravention ou le délit lui paraît constant ou non.

Mais, à Paris, l'organisation de la police est beaucoup moins simple, et vous comprenez qu'il en doit être ainsi. Il y a 70 commissaires de police, ayant la compétence légale dans toute la ville de Paris, mais ayant, bien entendu, la compétence matérielle, c'est-à-dire la connaissance des personnes et des faits, exclusivement dans le rayon qu'ils sont chargés de surveiller. A côté d'eux il y a 20 officiers de paix, un par arrondissement, ayant chacun sous ses ordres 3 brigadiers, 24 sous-brigadiers et un nombre variable de gardiens. Or, il y a la brigade des recherches, et il y a des brigades spéciales, comme celle des halles et marchés, que je néglige pour le moment. Voilà, si je puis ainsi parler, toute la foule d'agents chargés les uns de rechercher les délinquants, les autres de constater officiellement, par un procès-verbal, le délit ou la contravention qui a été commise.

Remarquez tout d'abord, ainsi qu'on le disait tout à l'heure, que le commissaire d'un des quartiers de Paris auquel on amènera un des échantillons, une des épaves de ce flot énorme d'individus dont on ne sait pas le nom, dont on ne connaît pas les origines, qui excellent à dissimuler tout ce qui peut les rappeler à l'attention de la justice, n'est pas dans une situation qui lui permette de faire un procès-verbal pouvant fournir des indications à la justice, et que 99 fois sur 100 il serait réduit à se borner à dire que les agents lui ont amené telle personne, qui a donné tel nom et qui est sous la prévention de tel délit ou de telle contravention. Aussi, tout en proclamant, — car non seulement je n'hésite pas à le reconnaître, mais je le proclame, — que tout procès-verbal de commissaire de police doit être transmis au parquet, la thèse que je soutiens, c'est qu'on ne peut pas, non seulement sans une désorganisation profonde de la préfecture de police, mais encore et surtout sans un inconvénient énorme pour l'administration de la justice, faire que le procès-verbal, ainsi dépouillé de ce qui peut le rendre sérieux, passe par-dessus la tête du chef hiérarchique qui est le préfet de police, aux termes de l'arrêté de messidor an VIII, et soit transmis directement au parquet.

Et, en effet, il arriverait inévitablement que le parquet, — et l'on sait dans quelles conditions il est réduit à opérer par suite de la multiplicité des affaires et du petit nombre de ses membres, — aurait à faire le travail préliminaire, non pas de mise en liberté ou d'incarcération, mais d'informations sur l'identité, l'individualité, les antécédents, la valeur morale du prévenu, travail qui occupe non pas quelques employés, mais trois bureaux à la préfecture de police.

M. René Goblet. — Ils le font pour le parquet.

M. le Ministre. — Évidemment, ils le font pour le parquet; mais j'en étais arrivé précisément à vous dire en quoi la méthode qui existe actuellement donne satisfaction aux prescriptions du Code d'instruction criminelle, en quoi, au contraire, le système que vous défendez est absolument étranger à l'économie de ce Code, et comment il n'est qu'un premier pas vers la dislocation de la préfecture de police, sur la base du morcellement en police judiciaire et police municipale.

De deux choses l'une : ou bien le commissaire de police opérera comme dans le système actuel, ou il sera, comme le demande en réalité l'amendement de M. Goblet, obligé de correspondre directement avec le parquet, par-dessus la tête du préfet de police, ce préfet de police n'étant plus l'agent de transmission entre son subordonné et le parquet.

Et alors il est manifeste que vous créez dans la police un service ayant son autonomie, une indépendance propre, et relevant, dans la majorité et même dans la presque totalité des cas, d'un chef particulier qui sera le chef du parquet ou un de ses substituts.

Pensez-vous, Messieurs, que cet état de choses tourne à l'utilité de la justice? Je prends d'abord ce point de vue, et, en le traitant, je ne puis pas être suspect de préoccupations individuelles.

Pensez-vous, dis-je, que cette méthode tournera à l'avantage de l'administration de la justice ou à celui des prévenus?

D'abord, tourne-t-il à l'avantage de l'administration de la justice?

Savez-vous pourquoi il y a intérêt — à Paris comme partout, mais à Paris surtout — à ce que tous les services de la police, quels qu'ils soient, aboutissent à un centre commun? parce que, dans la plupart des cas, l'agent qui découvre un criminel qu'on recherche, ou un délinquant sur lequel on n'avait pu mettre la main, n'est pas le même qui avait dressé le procès-verbal ou qui était saisi de l'affaire.

Je pourrais vous citer à profusion des exemples à l'appui de ce que je viens de dire. Ainsi, un crime a été commis dans un quartier de Paris, un commerçant a été assassiné ou volé, on va trouver le commissaire de police, on lui signale le fait, et on lui donne les quelques renseignements qu'on a. Le commissaire dresse procès-verbal, contre qui? contre un inconnu qu'on n'a pas sous la main. Mais il est arrivé que, dans la même journée, il y a eu une rixe, qu'un peu plus loin il y avait des buveurs qui faisaient trop de bruit dans un cabaret, ce qui a motivé l'intervention d'un autre service et donné lieu à procès-verbal contre les tapageurs. Cet autre procès-verbal est transmis comme le premier à la préfecture de police, et leur rapprochement fait découvrir l'individu qu'on cherchait comme inculpé d'un crime ou d'un délit. (*C'est cela! — Très bien! très bien!*)

J'affirme que cela se produit dans le plus grand nombre des cas ; je ne pense pas que cela puisse être nié par personne.

Je sais bien que je vais rencontrer de nouveau cette objection à laquelle, d'ailleurs, j'ai promis de répondre : que ce n'est pas une raison pour empêcher qu'on ne commence par transmettre le procès-verbal au parquet, par éclairer la justice ; mais je tiens à bien mettre la Chambre en possession d'un élément de discussion qui pour moi est décisif, à savoir qu'il faut tenir compte de l'indivisibilité des services, et qu'on ne pourrait pas sans désorganiser l'institution faire une police à part, avec un chef distinct, une police sans communauté d'intérêts avec tous les autres services, n'ayant pas avec eux une communication permanente.

Il est évident que cette communauté d'intérêts ne peut exister que s'il y a unité de direction et unité de chef, au grand profit de la justice. J'entends par là dans l'intérêt de la découverte des coupables et en même temps, je l'affirme, au profit de ceux qui sont poursuivis et arrêtés.

Si vous vous bornez, en effet, à dire que les commissaires de police, après avoir fait des procès-verbaux, les enverront au parquet, vous aurez, rien que pour la Ville de Paris — si j'en crois les chiffres d'une statistique que j'ai consultée — plusieurs milliers de personnes qui, à l'heure actuelle, ne font pas de prison préventive et qui seront fatalement condamnées à attendre, pendant de longs jours, en prison, que le parquet ait reconnu que les faits dont ils sont prévenus ne comportent pas de poursuites ; — tandis qu'aujourd'hui, dans des conditions qui, au point de vue légal, sont irréprochables, le premier examen du fait par le préfet de police comme celui du commissaire d'une ville de province, ainsi que je l'ai indiqué tout à l'heure, permet de relaxer des gens qui n'ont pas sur la conscience un crime ou un délit suffisant pour nécessiter des poursuites.

46.457 arrestations ont été opérées, du 1er janvier au 31 décembre 1882, par la préfecture de police, dont 40.274 dans Paris même, et 5.683 dans la banlieue.

A la suite de ces arrestations, 2.357 individus ont été relaxés immédiatement; 452 ont été renvoyés avec passeport; 707 admis dans les hôpitaux ; 324 placés en hospitalisés à Saint-Denis; 441 à Villers-Cotterets ; 162 à la maison des jeunes détenus; 2 remis à l'autorité militaire ; 40.921 traduits devant l'autorité judiciaire du département de la Seine; 286 devant l'autorité judiciaire des autres départements ; 805 ont été expulsés après condamnation ou pour rapatriement.

Qu'est-ce que ces personnes? Ce sont des personnes dont l'état de vagabondage varie d'intensité; ce sont des enfants de treize ou quatorze ans trouvés sur la voie publique, où ils commettaient des contraventions ou des délits légers, et pour lesquels il fallait dresser des procès-verbaux. Ce sont des étrangers pour lesquels il faut prendre d'autres mesures, par exemple l'expulsion, et la préfecture de police provoque chaque année un certain nombre d'expulsions contre les étrangers.

Eh bien! si les commissaires de police doivent transmettre leurs procès-verbaux au parquet, cet examen qui permet de relaxer les individus sans leur avoir fait faire de prison sera subordonné à l'instruction que le juge pourra faire. Or, quand on sait l'état du parquet, les nécessités de l'instruction, on constate que ce n'est pas vingt-quatre heures, que ce n'est pas quarante-huit heures de prison que les prévenus subiront; je serais téméraire, Messieurs, en fixant un délai.

Il y a en tout, au tribunal de la Seine, 28 substituts et 18 juges d'instruction. Vous savez comment on supplée à cette insuffisance ; ce sont des juges suppléants qui sont chargés de remplir les services de l'instruction judiciaire, ce sont des magistrats qui ont peut-être une moindre maturité. (*Rumeurs sur plusieurs bancs.*) Il peut arriver, Messieurs, qu'ils ne comptent pas assez d'années de service pour être titulaires, — il y a, à coup sûr, des exceptions, — mais, enfin, mettons-les sur le même plan; je crois les uns et les autres des magistrats parfaitement consciencieux, mais il ne faut pas oublier qu'il y a 170 procès-verbaux de commissaires de police par jour, ce qui fait qu'on saisit le parquet de la Seine d'environ 62.500 affaires par an. Ces affaires arrivent dans l'état où les commissaires de police les remettent, ne contiennent souvent avec le nom de l'inculpé, quand on le connaît, que l'indication sommaire de l'inculpation.

Je prétends que l'examen matériel de ces procès-verbaux, la formation d'un dossier, même le plus élémentaire, pour chacune de ces infractions, serait pour le parquet, si laborieux qu'il soit, une tâche impossible ; il faudrait que les intéressés attendissent en prison qu'elle pût être accomplie et je ne crains pas de dire que, loin d'avoir pour résultat la mise en liberté d'individus poursuivis, loin d'abréger leur détention, l'adoption de la mesure que l'on propose aurait pour effet de la prolonger.

M. Jolibois. — L'interrogatoire dans les vingt-quatre heures, qu'est-ce que vous en faites ?

M. le Ministre. — Pouvez-vous affirmer, mon cher collègue, — quant à moi, je ne le pourrais pas, — que les interrogatoires se font dans les vingt-quatre heures régulièrement, quel que soit le zèle des magistrats?

M. Jolibois. — Oui, si les procès-verbaux, les pièces et le prévenu lui-même étaient remis aussitôt au parquet ; mais il n'en peut être ainsi si la préfecture de police les retient.

M. le Ministre. — Je ne veux pas chercher si d'autres services n'ont pas commis des fautes ; mais vous voudrez bien me croire, quand je vous affirmerai qu'il est arrivé plusieurs fois, — le fait a été constaté par moi, par mes prédécesseurs, — qu'après de longs jours des prévenus n'avaient pas été interrogés ; et il n'est pas possible qu'il en soit autrement, puisque le nombre des interrogateurs n'est pas en proportion avec celui des prévenus.

Laissons de côté cet aspect de la question : les fautes qui ont pu être commises par la justice n'excuseraient pas les fautes de la préfecture de police.

Ce que je disais tendait seulement à montrer à la Chambre que, si l'on voulait pratiquer une réforme consistant, non pas à dire que les commissaires de police enverront leurs procès-verbaux au parquet, — cela est écrit dans le Code, — mais qu'ils les lui enverront directement, sans que ces procès-verbaux aient été centralisés et complétés par la préfecture de police, ce mécanisme serait tout à fait insuffisant, et que le personnel judiciaire ne serait pas en harmonie avec les nécessités auxquelles il aurait à faire face.

Cela est tellement vrai que la doctrine qui est au fond de l'amendement de l'honorable M. Goblet a déjà trouvé des auteurs qui l'ont produite avec toutes ses conséquences.

J'ai dit, au début de ces observations, et l'honorable M. Léon Renault avait dit avant moi, qu'en somme, derrière la mesure proposée, il y avait le détachement de la préfecture de police, d'une portion de la police, une, indivisible qui s'y confond. Si, en effet, j'ai démontré que le personnel judiciaire ne serait pas en état d'agir, selon les conditions de l'amendement, il ne me reste plus qu'à vous indiquer ce qui arriverait huit jours après le vote du projet qui vous est soumis par l'honorable M. Goblet. En votant son amendement, vous ne vous seriez pas aperçus que vous auriez voté la proposition de M. Yves Guyot. (*Exclamations à l'extrême gauche.*)

J'entends dire par là que la Chambre s'apercevrait qu'elle a été bien plus loin peut-être que le point auquel elle avait entendu s'arrêter dans la réforme de la police.

L'honorable M. Yves Guyot a fait sur cette matière des travaux très importants et très obstinés ; dans son dernier rapport, il déclare très hautement, — ce qui n'est pas tout à fait en harmonie avec le langage qu'on fait tenir à cette tribune au Conseil municipal, que le Conseil municipal finirait, malgré le Gouvernement, par avoir un jour la police entre ses mains. M. Yves Guyot s'est préoccupé de mettre cette police aux mains du Conseil municipal, et l'un des moyens qu'il a présentés, à plusieurs reprises, à cette assemblée, — je ne serai pas démenti par les anciens conseillers municipaux qui siègent, aujourd'hui, dans cette Chambre, — consiste précisément dans la séparation en trois corps distincts de ce qui, aujourd'hui, n'en fait qu'un : dans la création d'une police municipale abandonnée au maire, d'une police de sûreté rattachée à l'État, et d'une police judiciaire rattachée au parquet.

Dans le projet qu'il a soumis aux dernières délibérations du Conseil municipal figure une disposition qui est exactement ou à peu près exactement la proposition même que l'honorable M. Goblet vous soumet ; il demande, comme lui, qu'il soit décidé que les commissaires de police transmettront leurs rapports directement au parquet. Mais il ne se borne pas à rappeler l'article 29 du Code d'instruction criminelle : il déclare qu'il ne faut pas seulement que les commissaires de police soient tenus d'envoyer leurs rapports au parquet, — ils le sont, — mais qu'il faut que ces procès-verbaux soient envoyés sans passer par la préfecture de police.

M. RENÉ GOBLET. — J'ai dit tout le contraire !

M. le Ministre. — Je sais bien que, dans l'apparence, vous ne venez pas demander à la Chambre...

M. René Goblet. — Ni dans l'apparence, ni dans la réalité! J'ai dit loyalement toute ma pensée.

M. le Ministre. — Dans la réalité, telle que vous la comprenez, mon cher collègue, c'est évident. Vous dites que les commissaires de police transmettront directement au parquet les procès-verbaux qu'ils font. Mais, du jour où vous aurez établi cette communication directe, vous serez obligé aussi de transformer le parquet et de mettre dans ses mains les moyens d'élaboration et de recherches, qui sont, aujourd'hui, à la disposition du préfet de police.

J'appuie cette démonstration d'un fait : l'honorable M. Yves Guyot, plus logique, demande que les premier, deuxième et troisième bureau, c'est-à-dire à peu près toute la première division de la préfecture de police, soient transportés au parquet.

Je sais bien que, trouvant qu'il y aurait un inconvénient à créer une police judiciaire, à donner aux commissaires de police le chef du parquet comme chef hiérarchique, vous indiquez un moyen simple d'éviter cet inconvénient : c'est de leur donner deux chefs, en plaçant les commissaires de police à la fois sous l'autorité du préfet de police et du parquet. Mais, quand une police comme celle des commissaires de police relèvera directement du parquet, quand vous aurez ainsi constitué deux polices, — une police municipale relevant du préfet et une police relevant de la magistrature, — tenez pour assuré, car il ne faut pas méconnaître les infirmités humaines, ni surtout la logique inéluctable de certains faits, que vous aurez fait ce que vous repoussez dans le fond de votre pensée, de votre volonté : vous aurez fait deux polices rivales.

Comment, en effet, en serait-il autrement? L'amendement ne demande pas seulement que les procès-verbaux soient transmis directement au parquet; il veut que le parquet puisse directement adresser des injonctions aux commissaires de police, non pas seulement d'exécuter les mandats d'amener, mais de se livrer à toutes les recherches propres à éclairer la justice. Eh bien ! je vous affirme que, si vous en décidez ainsi, vous aurez deux polices lancées sur les mêmes pistes, deux polices se faisant concurrence. Et cela est bien connu, Messieurs : à de certaines époques, quand la direction de la Sûreté générale était un service beaucoup plus important, bien que le directeur de la Sûreté générale et le préfet de police fussent sous les ordres du même ministre, il est advenu plus d'une fois que les deux polices, s'ignorant ou n'ayant pas des instructions identiques, sont arrivées, — sans le vouloir, bien entendu, c'est la supposition la plus favorable, — à se gêner, à se contrecarrer dans leurs recherches, au point de les rendre complètement infructueuses.

Ma conclusion est donc celle-ci : ou bien, en organisant pour la police dont nous nous occupons la dualité des services, vous créerez une concurrence qui nuira à leur bon fonctionnement ; ou bien, poussant la réforme jusqu'à sa conséquence naturelle, vous direz que c'est le chef du parquet qui, avec tous les auxiliaires et tous les rouages nécessaires, sera le chef de cette police.

Si l'amendement de M. Goblet signifie simplement que les commissaires de police doivent exécuter le Code d'instruction criminelle à Paris, comme en province, cet amendement est inutile ; s'il signifie simplement que les commissaires de police doivent exécuter les mandats du juge d'instruction à Paris, comme en province, aux termes du Code d'instruction criminelle, cet amendement est encore inutile.

S'il a pour but, — je ne dis pas que ce soit là l'intention de son auteur, puisqu'il la réprouve, — s'il a pour résultat d'enlever à la police un service important, j'estime qu'il produirait des conséquences singulièrement fâcheuses, et que, après avoir voulu la fortifier en la rattachant au ministère de l'Intérieur, vous auriez rattaché au ministère de l'Intérieur une police aussi affaiblie, aussi énervée, aussi impuissante que l'ont jamais rêvée ceux qui ne se défendent pas de vouloir sa destruction. (*Vifs applaudissements au centre et sur plusieurs bancs à gauche.*)

LES MANIFESTATIONS SÉDITIEUSES

Chambre des Députés. — *Séances des* 11 *et* 12 *février* 1884. — Le Cabinet Jules Ferry avait inscrit dans son programme un projet de loi sur les manifestations séditieuses, inspiré par le manifeste du prince Napoléon (janvier 1883). Ce projet vint en discussion en février 1884. Déjà profondément remanié par la Commission, il subit encore d'importantes modifications au cours des débats, où il fut passionnément combattu par MM. Camille Pelletan, Jullien, Goblet, etc... soutenus par une partie même de la majorité ministérielle. Néanmoins, après un discours de M. Waldeck-Rousseau, le passage à la discussion des articles fut voté, et, malgré la ténacité de l'opposition, la loi fut adoptée.

Messieurs,

A notre dernière séance, l'un des orateurs qui ont pris part aux débats, l'honorable M. Léon Renault, répondant à M. Jullien et à M. Bovier-Lapierre, faisait ressortir combien leur discussion s'était plutôt attaquée à la rédaction des articles qu'au principe même qui a dicté au Gouvernement le projet de loi qu'il vous demande de vouloir bien voter.

Je ne m'arrêterai que quelques minutes à cet aspect particulier de la discussion que vous avez entendue à la précédente séance ; et si j'ai éprouvé quelque hésitation à prendre la parole après les deux orateurs dont je viens de rappeler les noms, c'est qu'il ne m'a pas semblé que les observations qu'ils avaient présentées eussent véritablement, ou tout ou moins suffisamment, ouvert la discussion générale.

En effet, Messieurs, il y a dans le projet de loi dont

vous êtes saisis trois articles sur lesquels je fournirai tout à l'heure à la Chambre les explications les plus claires que je pourrai.

Il y a un article dont MM. Jullien et Buvier-Lapierre reconnaissent et proclament l'absolue nécessité : c'est l'article 3, qui est relatif aux formes de publicité, aux formes extérieures que peut revêtir l'annonce, sur la voie publique, des différents papiers qui s'impriment ou des différents journaux qui sont mis en vente.

Ils n'ont adressé qu'un reproche à cet article : celui de n'avoir été proposé à la Chambre que le jour où l'expérience avait démontré qu'il était indispensable. Ils pensent qu'il eût été bien plus méritoire de demander à des législateurs de prendre des mesures de cette portée avant même que des faits dont tout le monde a souffert, directement ou indirectement, fussent venus attester que c'étaient là véritablement des dispositions indispensables ; c'est-à-dire que le reproche est en réalité une justification, car j'estime que, si on peut venir ici avec quelque sécurité, quand il s'agit d'objets aussi graves, demander à la Chambre des mesures législatives, c'est alors que l'expérience a prouvé qu'elles sont justifiées et qu'elles sont nécessaires.

Je passe à l'article 2 du projet de loi. Cet article tend à empêcher que l'on puisse outrager les signes du Gouvernement républicain, à interdire qu'on puisse arborer publiquement, à titre de manifestation, un autre drapeau que le drapeau national.

Les deux mêmes orateurs sont tombés d'accord avec nous pour trouver que ces faits devaient être réprimés, poursuivis ; mais ils sont d'avis, en ce qui concerne la dégradation des signes du Gouvernement républicain, qu'en appliquant avec une extrême rigueur certain article du Code pénal, l'article 257, on arriverait aux mêmes fins qu'en votant le projet.

Quant à l'article concernant les manifestations qui peuvent se produire sous la forme de réunions sur la voie publique, ils pensent, comme nous, que cette façon d'obtenir des progrès, qui consiste à se déployer dans les rues en masses plus ou moins tumultueuses, doit être interdite, doit être réprimée. Mais ils estiment qu'en appliquant dans toute leur sévérité les dispositions de la loi de 1848, on trouverait encore le moyen d'empêcher ces tumultes et ces désordres.

Eh bien! sans insister plus longuement sur ces différentes critiques, il me paraît évident qu'elles sont de celles auxquelles il faudra répondre lorsque nous prendrons les articles un à un, mais qu'elles laissent entièrement de côté ce qui est le principe fondamental des dispositions législatives que nous vous demandons d'édicter.

Il en a été tout autrement du discours qu'a prononcé l'honorable M. Pelletan.

Notre honorable collègue a été beaucoup plus loin. Les manifestations dynastiques de toute sorte, qui se traduisent ou par des outrages au drapeau national, ou par l'exhibition de certains emblèmes, lui paraissent ridicules et puériles. D'après lui, il suffit amplement, pour en faire justice, de les évoquer devant ce que j'appellerais volontiers le tribunal de la raillerie, tribunal où l'honorable M. Pelletan pourrait occuper, avec une très grande compétence, les fonctions de grand juge. (*Sourires.*)

Il pense, en effet, qu'on peut arborer le drapeau blanc ou le drapeau rouge sur n'importe quel point du territoire sans qu'il soit besoin de recourir à des pénalités, et que l'épigramme suffit.

Pour ce qui concerne un autre ordre de faits que le projet de loi prévoit et qu'il vous demande de réprimer, pour ce qui est relatif aux attroupements, aux réunions sur la voie publique, l'honorable M. Pelletan va plus loin encore : il estime que ce sont là des manifestations dont il faut s'applaudir et qu'on n'a pas le droit de réprimer.

Ces hommes, en plus ou moins grand nombre, qui, longtemps à l'avance, se donnent rendez-vous ou sur la place de la Bourse, ou sur l'esplanade des Invalides, qui, à un signal donné, sur un appel, qui n'est pas parti, que je sache, d'une bouche républicaine, se transportent devant l'Elysée, pour M. Pelletan ces hommes sont l'avant-garde de la démocratie ; il n'y a là rien qu'une manifestation absolument légitime et qu'aucun gouvernement libre ne saurait entraver.

Messieurs, nous avons une autre manière de voir à cet égard, nous avons une autre politique et je m'efforcerai, tout à l'heure, de la justifier devant vous.

J'ai hâte, d'ailleurs, de dire que je n'entends ainsi résumer que la première partie du discours de l'honorable M. Pelletan. Dans la seconde, il a posé la question qui m'amène à cette tribune, celle qui m'y retiendra le plus longtemps. Il a demandé de quelle pensée gouvernementale découlaient les dispositions que vous avez à discuter ; il a demandé si c'était une loi de réaction, une loi de recul, à quel esprit, en un mot, le Gouvernement tout entier avait obéi, en élaborant les dispositions qu'il vous demande aujourd'hui de voter.

Je voudrais répondre à toutes les critiques qu'il a formulées, et, tout d'abord, mettre de côté, pour arriver à ce qui est la question fondamentale dans ce débat, ce que j'appellerai les critiques de détail, sans entendre par là le moins du monde en réduire l'importance ou la valeur.

L'honorable M. Pelletan nous a fait un premier grief ; il a dit : Votre loi n'est qu'une loi de circonstance ; si, au mois de janvier de l'année dernière, un prétendant n'avait pas fait un manifeste, s'il n'y avait pas eu l'affaire de l'esplanade des Invalides, celle de l'Hôtel-de-Ville ou celle de la place de la Bourse, si des manifestations de toutes sortes ne s'étaient pas produites, vous ne demanderiez pas à la Chambre de voter la proposition de loi dont elle est aujourd'hui saisie.

Il faut s'entendre sur ce qu'on a appelé une loi de circonstance. Si l'on entend dire que les dispositions que le Gouvernement vous apporte n'ont, dans sa pensée, qu'une portée éphémère, qu'il vous propose de proclamer autre chose que des vérités fondamentales et permanentes, il est clair que la loi méritera ces critiques. Mais nous n'avons pas seulement la prétention de faire une loi pour une circonstance donnée, une loi d'un jour, et je rechercherai, tout à l'heure, avec vous, si l'énoncé même de cette proposition ne consiste pas à dégager, à mettre en relief les véritables principes, les véritables lois d'une démocratie qui veut, à tout prix, conserver des libertés chèrement obtenues, mais qui, à mon sens et dans ma conviction profonde, ne peut les conserver qu'à cette condition fondamentale qu'en même temps qu'elle assurera la liberté de penser, d'écrire, de se réunir, elle assurera aussi la liberté de la voie publique ! (*Applaudissements au centre et à gauche.*)

Je crois bien, pour répondre à ce reproche de l'honorable M. Pelletan, que la première fois qu'on a fait une loi pénale, cette loi pénale a dû intervenir à la suite d'un fait, d'une circonstance qui l'avaient rendue nécessaire, que la première communauté d'hommes qui s'est formée a dû, un jour venant, reconnaître qu'il fallait édicter certaines prohibitions et que certains actes devaient être frappés de certaines peines. Pour ma part, je ne suis pas sensible au reproche formulé par notre honorable collègue venant dire ici : Cette loi n'est pas une de ces lois élaborées dans une sphère sereine, en dehors de toutes ces circonstances misérables qui s'appellent les hommes, les choses et les temps, parce que je crois que, s'il y a des principes supérieurs auxquels nous ne vous demandons point de toucher, il n'en est pas moins vrai que tel événement, telle circonstance, tel fait peuvent démontrer qu'il y a dans la loi des lacunes qu'on n'avait pu prévoir.

Un deuxième reproche est celui-ci : Non seulement vous faites une loi de circonstance, mais à la suite de quelles circonstances la faites-vous ? A la suite d'un manifeste qui n'a ému et qui n'a troublé personne. Vous avez pris peur d'un prétendant : ce prétendant qui vient, — ce sont, je crois, les propres expressions de M. Camille Pelletan, — non pas l'épée à la main, mais avec un pinceau d'afficheur.

Sans ce ridicule manifeste du prince Napoléon, dont personne, suivant M. Pelletan, n'a pris d'alarme, qui ne justifie aucune disposition ni aucune prévoyance, la loi actuelle n'aurait pas été proposée.

On m'oblige de rappeler ce qui s'est produit à la suite de l'événement auquel je fais allusion.

Vous prétendez qu'il n'y a eu là qu'un épisode ridicule. Je prétends que, beaucoup moins à cause du danger réel, immédiat, sur l'étendue duquel nous nous mettrons aisément d'accord, qu'à cause de la portée politique qu'un événement de même genre, suscité par tout autre, eût pu prendre, il s'est produit, et dans le pays et dans le Parlement, une émotion profonde. Au lendemain de ce manifeste, on ne tenait pas le langage qu'on a tenu à la tribune samedi dernier. Au lendemain de ce manifeste, un de nos honorables collègues, et non des moins éloquents, montait à cette tribune et déposait une proposition qui ne tendait pas à soumettre le prince Napoléon, comme la proposition actuelle, à un régime de droit commun, à lui infliger la juste pénitence de quelques mois de prison; il ne s'agissait de rien moins que de proscrire du territoire français, non pas seulement le prince Napoléon, mais encore toute personne appartenant à une famille ayant régné en France. (*Mouvements divers.*)

Et ce n'est pas, Messieurs, seulement à cette tribune que des propositions de cette nature étaient apportées. Je pourrais montrer que, dans la presse, les publicistes qui ont le plus de sang-froid s'appliquaient à démontrer combien un pareil état de choses, si véritablement la loi devait le tolérer, était inadmissible. Et, entre tout ce qui a été écrit à cette époque, je n'aurais assurément, Messieurs, que l'embarras du choix; qu'on me permette de citer un seul extrait; je l'emprunte à un publiciste qui ne sera certainement pas, de la part de M. Camille Pelletan, l'objet d'une accusation d'exagération.

« Ils conspirent encore, — dit-on dans cet article en parlant des princes, — ils pratiquent l'embauchage. Rappelez-vous l'affaire Chanzy. Toujours équivoques, entre un stathoudérat et les marches d'un trône, prêts à tout prendre selon l'occasion (c'est l'instinct de la famille), princes royalistes et soldats de la République, ils croient l'heure propice... Elle est propice, en effet, pour leur faire prendre le chemin de l'Angleterre. Qu'ils ne se plaignent pas ; qu'ils ne disent point que tout n'est pas rose dans le métier de prétendant ! Ils sont encore privilégiés ! D'autres ont voyagé en Nouvelle-Calédonie pour moins que cela ! »

C'était l'honorable M. Camille Pelletan lui-même qui écrivait ces lignes !

On ne parlait pas alors de « misérable incident ». Je me trompe, il se trouva à cette époque un orateur qui tint ce même langage, mais ce n'était pas M. Camille Pelletan.

J'ai cherché vainement dans les comptes rendus de la Chambre une trace de l'intervention de M. Pelletan déclarant à cette époque, au moment où il aurait fallu le dire : « Ne vous échauffez pas de la sorte, il y a dans cet état de choses matière tout au plus pour un bon article, bien vif, bien enlevé, et tel, en un mot, que je m'entends à les faire. »

Loin de là ! ce n'était pas M. Camille Pelletan qui tenait ce langage : c'était un autre de nos honorables collègues, M. Ribot, qui disait, mot pour mot, ce qu'a dit M. Pelletan à cette tribune, et voici en quels termes :

« Que s'est-il passé ? Il y a quinze jours, un incident a éclaté, incident qui paraissait à tous mériter à peine l'attention, et tout à coup, cet incident, insignifiant en apparence, a pris les proportions d'un grave et considérable événement. Pourquoi cela ? que s'est-il passé qui ait pu transformer à ce point ce misérable incident ? »

Et alors, tous les signes dont la sténographie dispose pour montrer que de ce côté de la Chambre (la gauche) il s'élève de vives protestations ont été épuisés, attendu qu'à ce langage de M. Ribot on opposait les dangers, la gravité des circonstances et le péril imminent en face duquel on se trouvait. (*Mouvements divers.*)

L'honorable M. Pelletan me permettra une comparaison dont son esprit très orné ne pourra pas se trouver blessé.

Quand il vient aujourd'hui nous dire que, dans ces diverses manifestations, dans l'apposition sur les murs de la capitale et de la France du manifeste d'un prince, il n'y a rien qui puisse troubler, qui puisse alarmer, qui puisse justifier certaines craintes, il me rappelle quelqu'un dont a beaucoup parlé un maître en l'art d'écrire qui s'appelait Rabelais : Panurge après la tempête. (*Rires.*)

Il a ajouté dans le même ordre d'idées : Si encore un incident du même genre s'était reproduit, si nous étions dans cet état d'esprit qu'avait fait naître l'événement que je viens de rappeler, alors peut-être la proposition du Gouvernement se comprendrait-elle ?

J'estime, Messieurs, pour ma part, tout en déclarant qu'il eût été désirable que la somme de vos travaux parlementaires permît d'aborder plus vite cette discussion, que le dernier reproche qu'on doive faire à une loi de ce genre, c'est d'intervenir précisément à une heure où l'on est assez loin des faits pour ne pas en exagérer la portée... (*Très bien ! sur divers bancs.*) ; où, par conséquent, on est assez maître de son jugement pour ne tomber dans aucun excès, et l'évidence de cette proposition apparaît, si j'indique quel avantage on trouve toujours à délibérer, non pas sous le coup d'une émotion de la veille, mais avec le souvenir d'événements dont on a suffisamment gardé la mémoire pour leur donner une sanction sans que cette sanction risque d'être excessive. (*Très bien ! très bien !*)

Ce reproche, Messieurs, n'est donc pas plus justifié que ceux dont j'ai antérieurement parlé.

Il en est un autre, dans cet ordre d'idées, dont je ne dirai qu'un mot.

« Ces manifestations, a dit M. Pelletan, je ne méconnais pas qu'elles prêtent à la critique... Mais en quoi sont-elles si graves ? En résulte-t-il un péril immense qui mette la patrie, la République en danger ? »

Messieurs, j'ai été amené à relire la discussion à laquelle je faisais allusion tout à l'heure, par les similitudes qui existent entre les préoccupations que la Chambre a éprouvées et celles qu'elles a pu conserver. Je demande la permission, pour répondre à ce reproche, de laisser parler M. Madier de Montjau.

Il répondait en ces termes ;

« Eh quoi ! Messieurs, parce que la République ne sera

pas perdue du premier coup, parce qu'elle ne sera pas en péril de mort du soir au lendemain, vous serez satisfaits ? Le pays ne sera pas, à vos yeux, gravement malade si perpétuellement on fait impunément des tentatives pour troubler la paix ? Chaque jour, on pourra se demander dans les campagnes et dans les villes : « La République va-t-elle être attaquée par une intrigue ou par les armes ? Si elle l'est, pourra-t-elle se défendre, ou ne le pourra-t-elle pas ? Mais on l'appelle la gueuse, la coquine de R. F. dans la presse ; mais les princes pourront à l'aise rassembler à Paris leurs partisans pour préparer sa ruine plus commodément, plus activement qu'on ne peut le faire à Frohsdorff ; et la République sait, voit tout cela sans les expulser, sans se défendre ! C'est donc qu'elle est sans force ? »

« On le dit, on le dira, et par là sera de plus en plus compromise, chaque jour, à toute heure, la force de la République. (*Très bien ! très bien ! sur divers bancs à gauche.*) Le Gouvernement ne peut pas rester dans une pareille situation sans qu'on doute de son existence ; et, son existence ne fût-elle pas en péril, la paix des citoyens, leur sécurité qu'on nous affirme et que je nie en présence de ces timidités, ne sauraient être livrées au hasard des fantaisies des prétendants. » (*Très bien ! sur divers bancs à gauche.*)

On ne pouvait en effet, Messieurs, mieux dire.

Je crois donc qu'il n'est pas nécessaire, pour justifier les dispositions de la loi que nous vous proposons d'édicter, de pouvoir apporter ici cette affirmation que si vous ne les votez pas sur l'heure, dans toute leur étendue et dans toute leur rigueur, c'en est fait à courte échéance de la République.

Je le répète, — et ici j'entre dans ce qui est le véritable débat, — nous avons une conviction toute différente. Nous croyons qu'il s'agit, non pas de sauver les institutions républicaines pour demain, mais de fixer un point important de doctrine et de principe. Et alors, répondant à l'interrogation de M. Pelletan : « Quelle est votre loi ? De quelle idée s'inspire-t-elle ? Est-ce une pensée de réaction qui a présidé à son élaboration ? » je vais m'efforcer de lui donner satisfaction, en faisant connaître l'économie de cette loi et en en précisant bien l'esprit.

Messieurs, la pensée maîtresse de la loi que vous avez à discuter, que nous vous demandons de voter, n'est ni une pensée de recul, ni une pensée de réaction. Nous vous demandons de rechercher avec nous si, après avoir fait la liberté de la presse, si, après avoir proclamé la liberté de réunion, si, étant résolus, commes nous le sommes, à édicter la liberté d'association, il n'y a pas dans l'exercice de ces libertés, dans leur mise en action, quelque chose à préciser, à définir Nous vous demandons si, étant admise — pour parler du journal et de la presse — la liberté absolue de manifester sa pensée sous quelque forme que ce soit, on peut avoir le droit de l'imposer à quelqu'un, de l'imposer à la voie publique. Nous vous demandons enfin si, dans le sens où ce mot peut être entendu, il n'y a point, dans le domaine des libertés, une liberté qui s'appellerait la liberté de la voie publique, la liberté de la rue ?

Quand nous examinerons les différents objets que la loi prévoit et précise, vous verrez, Messieurs, qu'elle répond elle-même à un reproche qui a été formulé, celui de manquer d'unité. Vous verrez que tous les objets sur lesquels elle porte se rattachent à une idée commune : que si nous parlons des réunions, si nous parlons des emblèmes, si nous parlons des journaux ou des placards, ce n'est qu'autant que les uns ou les autres se produisent sur la voie publique, et qu'au lieu de solliciter la curiosité ou de s'offrir, ils viendraient s'imposer, sous une forme ou sous une autre, plus ou moins bruyante, plus ou moins violente, à ceux qui, livrés à eux-mêmes et ayant l'option, n'auraient peut-être pas voulu connaître ni cet écrit, ni cette image.

Je dois convenir que, dès le premier jour, avant peut-être de s'être bien rendu compte de ce que la loi renfermait, on a élevé contre elle un de ces griefs qui dispensent malheureusement quelquefois d'un plus ample examen ; on a dit : cette loi fait main-basse sur la loi de 1881 relative à la liberté de la presse !

Si nous demandons, par exemple, que l'on ne puisse pas

impunément, — ce qui est aujourd'hui absolument licite, — arborer ou le drapeau blanc ou le drapeau rouge, on nous dit : Vous méconnaissez la liberté de la presse ! Si, dans un autre article, nous voulons que l'on ne puisse pas, sur la voie publique, au moyen de certains cris, de certaines manifestations, porter une véritable atteinte à la liberté individuelle de chacun des citoyens, on nous répond : Que devient la carrière de l'écrivain ?

Eh bien ! Messieurs, je vous montrerai article par article que nous avons, au contraire, avec le soin le plus jaloux, réservé à quiconque voudra écrire ou se réunir sa liberté pleine et entière. Nous ne vous demandons, à l'heure actuelle, qu'une chose : c'est de réserver à ceux qui ne voudront pas vous entendre et qui sont cependant condamnés par l'état de notre civilisation à se servir de nos boulevards, de nos rues et de nos places publiques, nous ne vous demandons, dis-je, que de leur réserver le droit de ne lire et de ne connaître que ce qu'ils auront voulu lire ou connaître, et de ne pas subir, du fait des placards, des cris ou des réunions sur la voie publique, de véritables atteintes à leur liberté. (*Vifs applaudissements au centre et à gauche. Exclamations ironiques à droite.*)

Le projet de loi, Messieurs, vous pose cinq questions très précises. Quelle que soit l'exagération des critiques que je viens de rappeler, je ne me tiens pas le moins du monde pour dispensé d'entrer dans leur discussion la plus minutieuse, parce qu'il s'agit d'une question de liberté et qu'en pareil cas il ne suffit point de n'y pas porter atteinte, il faut encore qu'il soit évident, et manifestement évident, qu'on n'y porte pas atteinte.

Pour faire cette démonstration, je vous demande la permission de préciser les questions très simples, très nettes, qui sont posées par les articles du projet de loi dont vous êtes saisis.

La première question est celle de savoir si, sous couleur de réunion sur la voie publique, on pourra, moyennant une peine de simple police, 1 franc d'amende par exemple, organiser de véritables attroupements.

Je pose les questions dans la forme que leur donne ma propre conception ; nous les discuterons tout à l'heure.

Une seconde question consiste à rechercher s'il peut être permis, et s'il est, aujourd'hui, suffisamment défendu, de détruire ou de mutiler les signes publics de l'autorité du Gouvernement républicain.

Il y a une troisième question : celle de savoir si l'on peut arborer, non pas à ses manchettes, mais avec un caractère tout particulier, allant jusqu'à la manifestation, certains emblèmes en un mot que les partis hostiles peuvent exhiber, et exhiber, je le répète, non pas dans un intérêt d'art ou dans un instinct de coquetterie, mais comme un appel immédiat à une action.

Il en est une quatrième : pourra-t-on, non pas par la discussion, non pas en faisant appel au suffrage universel, mais en faisant appel à la force, pourra-t-on poursuivre, sous certaines formes, le renversement des institutions républicaines ?

Je me suis efforcé de bien préciser ce point particulier ; j'aurai l'occasion, au cours de la discussion, de répéter que, seul entre tous les gouvernements qui se sont succédé, le Gouvernement républicain admet que, publiquement, ostensiblement, on fasse appel au suffrage universel, à l'opinion, pour obtenir des institutions différentes. Il s'agit donc de rechercher, non pas si, par la discussion, par le libre jeu du suffrage universel, on peut poursuivre de pareils changements, mais si l'on peut y provoquer par l'intervention immédiate de la force, de la révolte ou de l'émeute.

Enfin, une dernière question se pose : c'est celle de savoir si l'on peut faire de la place publique, si l'on peut faire de nos rues, de nos boulevards, une voirie, dans le sens antique du mot, où l'honneur des particuliers, comme des hommes publics, puisse être, sous couleur de colportage, sous couleur d'un appel à la curiosité, livré à l'avidité des passants. (*Très bien!* et *applaudissements.*)

Voilà les cinq questions très précises qui, suivant moi, sont posées par le projet de loi. Il me semble qu'un premier point se dégage de cette seule énumération : c'est qu'il n'est pas un des actes prévus par le projet qui ne s'accomplisse sur le domaine public, c'est-à-dire là où tout le monde est obligé de se rendre, là où tout le monde doit se rendre, et j'arrive ainsi à préciser ce qui est la question fondamentale de ce débat.

S'il est vrai que tout le monde ait le droit de publier sa pensée sous la forme d'écrits, d'imprimés ou d'images; s'il est vrai que tout le monde ait le droit de provoquer à une réunion où des discussions plus ou moins tumultueuses pourront s'engager, a-t-on le droit, sur la voie publique, par l'image qui s'impose aux yeux, par le cri qui s'impose aux oreilles, de faire que non seulement la pensée sera publiée, mais encore qu'elle sera imposée à qui ne voudrait pas la connaître? Je prétends que c'est là, en effet, la conséquence directe de l'absence de toute réglementation, de toute législation, sur ce qui sera désormais le régime légal de la voie publique.

Par conséquent, lorsque je disais tout à l'heure qu'à côté des libertés que nous avons votées, auxquelles il faudra encore en ajouter d'autres, il y a peut-être à examiner si la liberté de la voie publique ne réclame pas aussi quelques garanties, je ne crois pas avoir posé la question d'une façon inexacte ; c'est bien ainsi, au contraire, qu'elle me semble devoir être envisagée.

Je voudrais, par des exemples, rendre cette pensée moins abstraite et plus sensible.

La loi de 1881 a proclamé la liberté de la presse, et je tiens à dire immédiatement — je crois même l'avoir un peu prouvé dans la pratique — que je ne suis pas du tout de ceux qui ont pu être alarmés ou effrayés des quelques exagérations, des quelques excès qui ont marqué nos premiers pas dans l'apprentissage de cette liberté. Je pense que nous allons, comme par un mouvement d'oscillation, d'autant plus loin dans l'usage des libertés lorsqu'elles nous ont été restituées, que nous avons été entraînés plus violemment vers la servitude.

Ce qui me paraît se dégager de l'expérience que nous

avons faite de la liberté de la presse, c'est qu'au premier moment il ne nous suffit même pas de prendre de la liberté ce qu'il nous en faudrait, nous voulons nous assurer du maximum que nous pouvons en prendre; nous ne nous croyons véritablement libres et affranchis que lorsque nous avons été si loin qu'il demeure évident à nos yeux que la chaîne n'est pas seulement allongée, mais qu'elle est bien définitivement rompue. (*Très bien! très bien!*)

Voilà ce qu'a fait la loi sur la presse. Elle a dit : « Il n'y aura plus d'autorisation préalable, il n'y aura plus de censure »; elle a dit — et c'était là la grande conquête : — « Il n'y aura plus de délits spéciaux de presse; on ne sera pas plus coupable, la plume à la main, qu'on ne le serait si l'on n'était pas écrivain. » C'était presque une révolution ; j'ai même le droit de dire que c'était une grande révolution, si l'on considère l'état de choses légal qu'avait connu la presse pendant de longues années, et qui était encore son régime au moment du vote de la loi de 1881.

Eh bien! comment cela a-t-il pu se faire? Comment, dans un pays comme le nôtre, si impressionnable, cette liberté est-elle entrée si vite, si facilement dans les mœurs? Il y en a, au moins, une raison pour moi. C'est qu'en même temps que vous autorisiez chacun à publier sa pensée, quelle qu'elle fût, vous réserviez à tous le droit de ne pas la connaître.

Et c'est bien, en effet, ce qui se passe pour la presse. Nous allons voir quelle différence profonde sépare le journal, dont vous avez créé la liberté par la loi de 1881, des objets dont s'occupe la loi actuelle.

Voilà un journal, dans un kiosque ou à la vitrine d'un marchand, entre tous les autres, dans la très nombreuse, très multicolore famille de ses alliés ou de ses adversaires; il cherche, sans nul doute, à se faire remarquer par un titre meilleur, plus plein de promesses; il fait appel à tout le monde; il ne fait violence à personne; s'il contient quelque chose qui outrage un de vos sentiments, je ne parle pas de vos droits, s'il blesse une de vos convictions, vous n'en serez blessé et outragé qu'autant que vous aurez donné votre libre consentement ; pour que le journal porte attteinte à cet ensemble de droits, il faut deux choses : d'abord qu'on l'achète, puis qu'on le lise. (*Interruptions à l'extrême gauche.*)

J'ajoute, Messieurs, que ce consentement est non seulement nécessaire, mais encore qu'il est généralement très librement donné, que l'on sait ordinairement ce qu'on achète et ce qu'on prend, et qu'il se fait très vite, autour d'un journal, une sorte de réputation, une sorte de célébrité petite ou grande. On sait à merveille, selon le journal qu'on achète, qu'on y trouvera une chose ou une autre, qu'on y lira son procès ou son apologie; et si le droit d'écrire a pu être proclamé dans des limites aussi larges, c'est encore une fois parce que ce droit d'écrire suppose le consentement réciproque de la part de celui à qui l'on s'adresse, à qui l'on ne fait, par là-même, aucune violence.

Laissons maintenant le journal, descendons sur la voie publique : prenons le placard et l'image. Eh bien ! tandis que le journal est dans le kiosque, chez le marchand, et que pour savoir ce qu'il contient il faut nécessairement avoir la curiosité de l'acheter et de l'ouvrir, il me semble que je ne fais que proclamer une vérité élémentaire et presque enfantine en disant que le placard s'impose à vos regards, comme le cri proféré sur la voie publique s'impose à vos oreilles; et comme, encore une fois, il ne dépend pas de vous de passer ou de ne pas passer sur la voie publique, je dis, Messieurs, qu'il est de toute nécessité de proclamer que la rue est à tout le monde, qu'elle doit être fréquentée par tout le monde, librement et sans entrave, et que son usage cesse d'être libre du moment où l'on ne peut plus y passer qu'à la condition d'aller au-devant d'un affront, d'un trouble, si ce n'est d'une injure.

Je dis que la liberté de la rue cessera d'exister et d'être intacte, — et je ne parle ici que des images qui se présentent aux yeux, ou des cris qui peuvent frapper les oreilles, — du moment que pour passer sur la voie publique il faudra sacrifier quelque chose de cet honneur particulier qui fait que l'on n'est véritablement pas à l'aise, que l'on se sent diminué dans sa personne et dans sa dignité, lorsqu'on est obligé de subir certains spectacles et d'entendre certains propos. (*Applaudissements sur divers bancs à gauche. — Rumeurs à droite.*)

Ce que je viens de dire du placard, du cri public dans la rue par rapport au journal, est de la même évidence, — je ne dis pas d'une évidence plus forte encore, — s'il s'agit de réunions sur la voie publique. Ici, la preuve est toute faite.

Quand vous discuterez l'article 1er, vous verrez que, dès 1881, une controverse très importante s'est élevée, et que la théorie qui a triomphé lors du vote de la loi, dont on ne peut pas dire qu'elle n'a pas été une loi de liberté, c'est que, s'il peut être loisible à chacun d'organiser une réunion dans un local quelconque, où tout le monde sera libre d'aller, mais où tout le monde sera libre aussi de ne pas se rendre, il est inadmissible que la voie publique soit confisquée par un artisan en manifestations extérieures, occupée par un meeting quelconque. Je ne discute pas du tout telle ou telle théorie qui sera émise ; je me place au point de vue de ce seul fait : l'usurpation de la voie publique par un groupe quelconque pour y tenir des assises, sans même qu'il soit besoin de se préoccuper du sujet qui y sera traité. (*Mouvements divers.*)

M. BOVIER-LAPIERRE. — Cela est entendu ; la loi le défend.

M. LE MINISTRE. — C'est un point que j'examinerai tout à l'heure.

Il y a donc entre ceux qui disent : Il ne faut pas voter la loi, et le Gouvernement qui au contraire vous demande de la voter, d'en voter le principe, une différence fondamentale qui touche à un système politique, à une méthode gouvernementale, et qu'il faut que la Chambre juge.

Il y a, d'une part, ceux qui pensent qu'une des lois naturelles d'une démocratie libre, c'est que la voie publique puisse offrir quotidiennement des spectacles comme ceux que nous avons eus sous les yeux, à titre heureusement accidentel ; ceux qui pensent que la rue doit être aux plus bruyants; ceux qui professent, comme l'a dit M. Pelletan, que ce sont les républicains les plus ardents qui se répandent dans la rue.

Il y a une autre doctrine, Messieurs, qui est celle du Gouvernement. Nous pensons, comme je le disais il y a une minute, que la rue appartient au commerçant, à l'ouvrier, à l'industriel, aux promeneurs, et que le négociant qui a pris la charge d'un loyer le plus souvent écrasant n'a pas sa porte ouverte sur la voie publique pour qu'on vienne y faire ou le vide, ou l'émeute, ou la panique. (*Très bien! très bien! sur divers bancs à gauche et au centre.*) Et quand je me souviens de ce qui s'est passé dans ces quelques journées que je suis obligé de rappeler, quand je cherche et que je mesure le résultat immédiat qui est sorti de ces légers désordres, je prétends qu'un gouvernement résolu à conserver les institutions républicaines, à ne pas les laisser entamer, à ne pas permettre d'inaugurer une série d'actes, d'excès, qui les conduiraient à leur ruine, doit affirmer hautement et demander aux Chambres de consacrer avec fermeté ce principe, qu'à côté de la liberté de la presse, avec cette liberté, et avec la liberté de réunion, on assurera, en même temps, la sécurité et la tranquillité absolues de la voie publique. (*Très bien! très bien! et vifs applaudissements à gauche et au centre.*)

Il y a, Messieurs, dans le projet de loi, un article dont je ne veux dire qu'un mot, parce que j'aurai l'occasion de m'en expliquer plus amplement, lorsque la Chambre discutera un des contre-projets qui lui sont soumis. Dans la loi de 1881 sur la presse, se trouve une disposition relative à une question qui, ni de près, ni de loin, ne touche à la liberté de la presse ni même au journalisme : je veux parler des cris séditieux. Le projet de loi vous propose de faire ressortir de la loi sur la presse, pour l'incorporer à la loi contre les manifestations sur la voie publique, une disposition qui véritablement n'est pas à sa place. Ce n'est là qu'une question de méthode et ce n'est pas un de ces points sur lesquels, dans une discussion générale, il soit permis de s'appesantir.

Mais il est d'autres dispositions qui ont été dictées au Gouvernement par une pensée que je me suis efforcé déjà de traduire et que je voudrais rendre avec plus de clarté encore. Je fais allusion à l'ensemble des dispositions contenues dans les articles 2, 3 et 4, c'est-à-dire à celles qui visent, non pas seulement le cri séditieux que la loi pénale prévoit et punit dès aujourd'hui, mais un ensemble de manifestations à l'égard desquelles il n'existe pas, dans la législation, de prévisions, ni de peines édictées. Quand on nous dit que le drapeau blanc arboré dans l'Ouest, que le drapeau rouge arboré à Bessèges, par exemple, que les emblèmes séditieux étalés aux regards, qu'un manifeste affiché sur les murs de Paris et sur les murs de la France, ne sont que des incidents de minime importance, qu'il ne faut pas leur attribuer une portée exagérée, je crois qu'on fait trop bon marché des impressions directes qui ont été produites par ces actes : je crois surtout qu'on se fait sur l'intérêt du Gouvernement républicain de très grandes illusions, si même on ne tombe pas dans de très graves erreurs.

J'ai, pour ma part, cette conviction que, si nous voulons conserver intact ce domaine de libertés considérables que nous avons déjà conquis, si nous voulons surtout achever cette œuvre primordiale qui est l'œuvre des premières années de la République, la consolidation définitive de ses institutions, il faut qu'on sache bien, et qu'on sache non par des mots, mais par des lois, que le Gouvernement républicain est à même de donner à ce pays la même somme de sécurité, de repos, que tout autre Gouvernement. (*Vifs applaudissements à gauche et au centre.*) Il faut aussi qu'il soit bien acquis, — car en France il y a un honneur pour le Gouvernement, comme il y a un honneur pour les individus, — que le Gouvernement a la force d'imposer la somme de respect nécessaire.

Il me semble qu'en disant tout à l'heure que toutes les discussions seraient admises, et que nous n'avions nullement entendu interdire les appels faits au suffrage universel par les voies de liberté qui ont été créées dans la loi de 1881, j'empêchais qu'on pût se méprendre sur l'étendue et la portée de la pensée que je viens d'énoncer. Mais je veux me demander avec vous, ayant moins perdu de vue les événements dont la loi a pour but d'empêcher le retour, si cette somme de garantie, d'ordre et de respect est compatible avec les différentes espèces de manifestations que la loi actuelle prévoit, et qui, je le répète, — j'aurai à le démontrer, — sont aujourd'hui sans aucune espèce de sanction. A tel point que lorsqu'une émotion très vive a pu éclater sur un point du territoire, il est advenu qu'on a essayé de mettre l'action de la justice en mouvement, et que la justice a répondu que toute poursuite était impossible, parce qu'aucun texte ne la permettait.

Je fais allusion, d'abord, à des manifestations que l'honorable M. Pelletan a traitées avec un grand dédain, qui ont été l'œuvre d'un certain parti que M. Pelletan déclare condamné et qui n'a peut-être pas désarmé autant qu'il lui a plu de le dire à cette tribune. (*Très bien! très bien! sur divers bancs au centre et à gauche.*)

Je crois qu'en effet, dans le milieu où nous vivons, où se meuvent les hommes politiques d'une grande ville comme Paris, le drapeau blanc exhibé dans la rue pourrait bien ne pas occasionner grand tumulte. Je n'affirmerais pas que l'affaire se passât, en certaines contrées, sans des explications très vives. (*Bruits et interruptions à l'extrême gauche.*) Mais nous ne faisons pas ici une législation pour une petite partie des citoyens, si digne d'intérêt qu'elle puisse être ; nous ne faisons pas des lois pour les esprits très affermis sur lesquels aucun événement ne peut produire d'impression ; nous faisons des lois pour l'ensemble du pays, pour la France, et non pour un groupe, pour une collectivité particulière.

Je vais rappeler plusieurs faits qui ont produit quelque émotion en leur temps.

On dit : si le drapeau blanc est arboré, il faudra montrer de la philosophie, ou avoir l'esprit de M. Pelletan, ce qui n'est pas donné à tout le monde. (*Sourires.*)

Eh bien! voici, entre cent, l'un des faits qui se trouvent

aujourd'hui tout à fait en dehors des prévisions de la loi, et que l'on peut citer comme étant absolument inadmissibles.

Dans le département de la Loire-Inférieure, par exemple, les conscrits d'un canton tirent au sort ; ils arborent le drapeau blanc et se promènent pendant une partie de la journée avec le drapeau blanc en guise d'étendard national. Le brigadier de gendarmerie fait des observations qui ne sont pas accueillies. Le sous-préfet informé donne l'ordre d'enlever le drapeau blanc, qui est enlevé. Le tribunal est saisi de l'affaire. C'était le tribunal d'Ancenis, et le procureur de la République répond qu'il est absolument impossible de poursuivre qui que ce soit pour avoir porté, même publiquement, même dans une circonstance comme celle-là, le drapeau blanc, c'est-à-dire le drapeau de la monarchie.

Un peu plus, ce n'était pas les conscrits qui étaient poursuivis, c'était le sous-préfet. (*On rit.*) Les conscrits s'étaient, en effet, organisés en syndicat, et il a été question, pendant un certain temps, d'actionner le sous-préfet en dommages-intérêts pour avoir commis un acte qui n'était pas justifié par la loi. (*Nouveaux rires.*)

Dans une autre commune, — c'était la commune de Hosdic, — les conscrits ont arboré le drapeau blanc sur le clocher de l'église, et, dans sa dépêche, le préfet qui m'informait de cet événement terminait sa dépêche en ces termes : le parquet a répondu qu'il ne pouvait intervenir.

Je pourrais multiplier les exemples. A Angers, ce sont des drapeaux noirs arborés sans qu'on puisse légalement les faire disparaître.

A Montpellier, ce sont de véritables désordres occasionnés par une promenade de jeunes gens portant la cocarde blanche à la boutonnière.

Je veux dire un mot plus particulier d'un incident qui s'est passé dans les Bouches-du-Rhône ; et si j'en parle, c'est parce que vous verrez qu'il y a des populations républicaines, dans un pays très républicain, qui n'envisagent pas avec la même philosophie, avec la même sérénité, des manifestations qui sont considérées par tout le pays comme des manifestations séditieuses. (*C'est cela! — Très bien! très bien! au centre et à gauche.*)

A l'issue d'un banquet, j'allais dire d'une conjuration, de 500 couverts, on organise une manifestation publique. Je ne voudrais pas en emprunter le récit à des journaux, qu'on pourrait accuser de l'avoir écrit avec passion, mais voici un rapport très froid, très net, sur cette manifestation, dans lequel je lis ceci :

« La manifestation avait débuté par l'apposition clandestine, pendant la nuit du samedi au dimanche, d'un drapeau blanc sur le balcon de la sous-préfecture. Cette manœuvre insolente avait produit une vive irritation dans la population républicaine de la ville d'Arles. Pendant la journée, des groupes nombreux circulaient dans les rues et commentaient en termes indignés l'audace des agitateurs légitimistes. Une collision semblait devoir se produire au moment où ces manifestants rentreraient à Arles pour prendre le train. Mais M. le sous-préfet Tardy avait eu soin de prescrire les mesures nécessaires pour éviter les rixes et les scènes tumultueuses.

« Vers six heures du soir, plusieurs organisateurs du banquet, à la tête desquels se trouvait M. X..., s'étaient rendus sur la place du Forum, où ils se promenaient avec ostentation, en arborant des fleurs blanches à leur boutonnières. » (*Rumeurs et interruptions à l'extrême gauche.*)

Prenez garde, Messieurs, ce sont les républicains d'Arles dont vous allez faire le procès! (*Nouvelles interruptions sur les mêmes bancs.*)

« Les républicains formèrent bientôt sur la place des groupes hostiles... (*Nouvelles interruptions à l'extrême gauche.*) et il a fallu toute l'énergie de la gendarmerie et de la police pour prévenir des conflits. Malgré les conseils de M. le commissaire central, M. X... et ses amis s'étaient attablés sur la terrasse du café Brusque et, par leur attitude provocante, excitaient les huées de la foule que les agents de la force publique avaient beaucoup de peine à contenir. Enfin, à onze heures et demie, les meneurs légitimistes se dirigèrent à pied vers la gare, protégés par la gendarmerie et la police contre un groupe de cinq ou six cents personnes qui leur prodiguait les quolibets et les railleries. Quelques bousculades eurent même lieu pendant le trajet, et, à l'entrée de la gare, une personne fut atteinte à la tête d'un coup de pierre qui lui fit une blessure heureusement sans gravité. Arrivés à la gare, les manifestants ont pu sans difficulté pénétrer dans les trains qui les ont emportés dans des directions différentes.

« A minuit, le calme était rétabli dans la ville d'Arles. Mais les renseignements qui me sont parvenus hier et aujourd'hui, et les rapports de M. le sous-préfet d'Arles, dénotent une surexcitation violente chez les républicains de cette ville, qui accusent le Gouvernement de faiblesse et réclament instamment des mesures de répression contre les meneurs légitimistes. » (*Vifs applaudissements à gauche et au centre. — Interruptions à l'extrême gauche.*)

Ce que je veux retenir de ce fait, entre cent autres tous semblables, c'est que, dans l'état de notre législation, si quelqu'un arbore un drapeau séditieux, arbore le drapeau blanc, et qu'on s'adresse à la justice pour demander des poursuites, la justice répond, les textes en main, qu'il n'y a absolument rien à faire, que les poursuites ne sont pas possibles.

Mais, en revanche, lorsque des agitateurs, quels qu'ils soient, se livrent sous les yeux des populations à des manifestations comme celle-ci, il faut pour prévenir de plus graves désordres que la gendarmerie fasse cortège à deux cents jeunes gens se rendant à une gare avec la cocarde blanche à leur boutonnière. (*Rumeurs à l'extrême gauche. — Rires ironiques à droite.*)

Je ne veux, dans cet ordre d'idées, ajouter qu'une lecture. Je voudrais montrer à la Chambre que, pas plus dans l'esprit de ceux qui les subissent que dans l'esprit de ceux qui les font, ces manifestations ne sont inoffensives et ne sont tout au plus dignes que de sourires ou de railleries.

Voici, à l'occasion d'événements qui se sont produits

dans la Sarthe, une correspondance qui est adressée à un journal dit *le Conservateur de la Sarthe*, et dans lequel, outre le récit des événements, je lis ceci :

« Ajoutons quelques renseignements particuliers.

« Ce matin, à quatre heures, six ou huit agents de police sont allés décrocher l'étendard fleurdelisé qui flottait au-dessus du pont Napoléon, accroché au fil télégraphique. N'ayant pu y réussir, ils ont vite couru du côté de la place des Halles chercher du renfort, des instruments... et peut-être le crocheteur Mercereuil.

« A six heures et demie, les agents renouvelaient leurs efforts pour décrocher un étendard blanc qui flottait au-dessus de la place des Jacobins, accroché au fil télégraphique. La foule s'amassait et riait fort de l'émoi de la police ; elle se moquait davantage encore de la République, bernée, jouée, moquée et méprisée. »

Je crois que ce journal traduit fidèlement les aspirations et le but de ceux qui se sont livrés, dans ce département, à des manifestations de cette nature, et, si je suis assez heureux pour vous démontrer qu'aujourd'hui, sur la voie publique, il n'est pas une de ces choses qui ne puisse se produire impunément, je dis qu'il n'est personne qui puisse méconnaître qu'il y a là un état de choses intolérable et dont personne ici ne peut demander le maintien. (*Très bien! très bien! et vifs applaudissements au centre et à gauche.*)

Des placards, je ne veux, non plus, dire qu'un mot. Je parlerai très simplement de cet incident, dont j'ai déjà dit quelque chose, et qui a été rappelé par l'honorable M. Camille Pelletan. Je veux parler du manifeste signé Napoléon. Ici, ma démonstration au point de vue de l'absence d'une loi est bien simple. Un manifeste est apposé dans les conditions que vous savez : il provoque une émotion absolument légitime dans le pays comme dans la Chambre. Une instruction a été ouverte, et des magistrats — il faut croire que l'appétit de l'avancement ne les domine pas avec autant de facilité qu'on voulait le dire — des magistrats, consultés sur la question de savoir si des poursuites étaient possibles ou n'étaient pas possibles, répondent par un arrêt que chacun connaît, dans lequel ils déclarent qu'en présence de la législation actuelle aucune poursuite ne peut être intentée, et font immédiatement mettre en liberté l'auteur du manifeste. Et il est résulté, Messieurs, de cet arrêt ceci : pendant le cours de l'instruction, on avait empêché naturellement l'affichage, dans Paris et dans les départements, du manifeste. Les préfets ont demandé des instructions, et il a fallu leur répondre qu'en présence de cet arrêt, qui reposait sur un texte de loi, ils ne pouvaient plus s'opposer à ce que le manifeste fût affiché, sauf sur les monuments publics. Eh bien ! Messieurs, voulez-vous supposer qu'un fait de cette nature se renouvelle? Voulez-vous vous souvenir de la stupéfaction que le pays a éprouvée, en pensant qu'un pareil acte pouvait se reproduire et se perpétuer? Et alors vous arriverez à cette conviction, qui est la nôtre, à savoir qu'il faut bien prendre des mesures, non pas pour empêcher qu'on discute la République, non pas pour empêcher qu'on fasse même des articles de la dernière violence, mais pour empêcher qu'un manifeste puisse paraître, signé d'un nom de prétendant quelconque, s'imposer à tous les regards, sur toutes les murailles, et se maintenir sur la voie publique avec la consécration de la loi. (*Très bien! très bien! à gauche et au centre.* — *Interruptions diverses.*)

Je n'examine, Messieurs, en ce moment qu'un point : celui de savoir si de pareils faits peuvent, il ne faut pas dire être tolérés, mais être sanctionnés par une législation républicaine. Nous verrons ensuite si la loi que nous proposons répond bien aux exigences que je formule en ce moment; mais je n'ai d'autre prétention, actuellement, que de démontrer que de pareils faits, en se perpétuant et en se renouvelant, sont absolument incompatibles avec cette notion fondamentale qu'il n'est pas plus permis de faire du désordre sous le régime démocratique que sous un gouvernement quel qu'il soit. (*Applaudissements sur les mêmes bancs.*)

Ce que je viens dire des insignes, des emblèmes et des

placards, je crois pouvoir également l'affirmer à l'égard des réunions qui se tiendraient sur la voie publique; et, de ce chef — puisque des observations ont été nettement formulées — je voudrais, dès à présent, y répondre.

Nous vous avons saisis, Messieurs, d'un article 1er qui est la reproduction, à une différence de pénalité, la pénalité étant moindre, des préventions qui ont trouvé leur place dans la loi de 1848; nous demandons à la Chambre, en d'autres termes, d'empêcher qu'on puisse faire dans la rue, dans des réunions sur la voie publique, ce qui a été absolument prohibé et défendu par la loi de 1848 sur les attroupements.

Croyez-vous vraiment que l'état de choses actuel, qu'il faut conserver et fortifier, pourrait s'accommoder aisément d'agglomérations, de tumultes, colorés d'un nom ou d'un autre, qu'on appellerait, suivant le besoin, réunion ou attroupement, et qui, à des intervalles plus ou moins rapprochés, viendraient semer dans la rue l'agitation ou l'inquiétude? Personne ne le pense, personne, je vais peut-être un peu loin, mais je parle de ceux qui ont critiqué la loi et qui ont formulé des amendements.

Ils reconnaissent, comme moi, qu'un pareil état de choses doit être prévenu et réprimé; mais ils disent : « Vous avez la loi de 1848, et vous traiterez les réunions publiques comme on peut traiter les attroupements! » Et ils arrivent à faire application aux réunions sur la voie publique, sur les boulevards ou sur les places, des dispositions que la loi de 1848 a édictées. Sur ce point, quand viendra la discussion de l'article 1er, je crois véritablement qu'étant donné l'accord des pensées et des volontés, il ne peut y avoir absolument qu'une question : se rendre bien compte de l'intérêt que peut présenter une rédaction au lieu d'une autre.

Et c'est, Messieurs, ce que je voudrais essayer de faire saisir dès à présent, cet article 1er étant, cependant, de ceux qui ont soulevé le plus de critiques, et dominant dès lors, dans une certaine mesure, la discussion générale. Vous savez quels sont les termes de la loi de 1848 contre les attroupements. Elle prohibe et punit, non seulement l'attroupement, mais encore les provocations à l'attroupement. C'est ainsi, par exemple, que dans une circonstance relativement récente, des rendez-vous ayant été donnés publiquement, par écrit, dans des réunions particulières, par des journaux, on a poursuivi, comme ayant provoqué à un attroupement sur la voie publique, les auteurs de ces appels, de ces provocations.

Si la loi de 1881 n'avait édicté aucune disposition en ce qui touche les réunions sur la voie publique, je comprendrais à merveille toutes les objections qui m'ont été faites, notamment celle-ci, qui n'est pas la moins forte : puisqu'une loi précise punit les attroupements, toute réunion publique — bien entendu, si l'intérêt social y est engagé — pourra être traitée comme un attroupement. Mais à cela je fais plusieurs réponses, une d'abord : je dis que la loi de 1881, par cela même qu'à la loi de 1848 elle est venue faire quelques additions, et qu'elle a prévu que, sur la voie publique, il pourrait y avoir des réunions publiques, a sanctionné, dans une certaine mesure, sous des peines de simple police, un fait qui doit être un fait nécessairement différent de l'attroupement.

En effet, de deux choses l'une : ou la réunion sur la voie publique, c'est l'attroupement, et alors pourquoi a-t-on introduit dans la loi de 1881 une disposition spéciale à la réunion publique, ou la réunion publique est autre chose, et je me demande comment on peut arriver à cette conséquence, de punir ces choses différentes, comme si elles ne l'étaient pas, et comment on peut appliquer à la réunion sur la voie publique la peine de l'attroupement.

Il y a plus, et sur ce point, au moins, je serai d'accord avec ceux que cette partie de mon argumentation pourrait ne pas toucher ; ce qu'il y a de dangereux, de funeste dans l'attroupement, ce n'est pas seulement que des hommes réunis, surexcités, puissent se mettre en marche sur un point ou sur un autre, et qu'ils puissent sur leur passage semer l'anxiété et la panique. La loi de 1848, dont vous recommandez l'application, a puni quelque chose de plus, c'est-à-dire la provocation à former des attroupements, et c'est là, peut-être, une des dispositions qui sont les plus essentielles à maintenir ; je voudrais vous en convaincre, comme j'en suis moi-même convaincu.

Je prends le dernier fait qui s'est produit.

Trois semaines à l'avance, on déclare, dans des termes qui n'étaient pas exempts de violence, — et c'est ce qui explique la jurisprudence qui s'est formée, — que, pour organiser un meeting dit des travailleurs, on choisira un quartier déterminé de Paris, et qu'à telle heure on se réunira au nombre de vingt ou trente mille personnes sur la place de la Bourse. Et on en donne les raisons que vous avez pu voir dans les appels auxquels je fais allusion.

Eh bien ! si une provocation à l'attroupement est formulée dans ces termes, si les organisateurs lui ont donné cette forme violente, s'ils ont pris eux-mêmes le soin de crier : « Ce n'est pas une réunion sur la voie publique que nous voulons faire, c'est d'action qu'il s'agit, c'est d'un attroupement, je comprends qu'alors la magistrature puisse dire : il n'y a pas provocation à une réunion sur la voie publique, mais provocation à un attroupement. »

Mais voulez-vous admettre, — ce qui se produira de toute nécessité, — que, plus prudemment dans les termes, dans les mêmes circonstances, les mêmes organisateurs viennent dire : dans trois semaines d'ici, dans un quartier déterminé, nous ferons une réunion sur la voie publique, et qu'avec une apparence de légalité ils poussent le scrupule jusqu'à faire une déclaration ; dans l'état actuel de la législation, vous serez bien obligés de constater qu'il est impossible de poursuivre ; qu'il y a là une contravention qui échappe à toute espèce de répression.

M. Bovier-Lapierre. — Il y aura une provocation, si la réunion devient un attroupement.

M. le Ministre. — Je me place dans l'hypothèse d'un appel à une réunion publique, et dans cette hypothèse il est indéniable, et on ne pourra pas me le contester, que la loi de 1881 sur les réunions publiques ne permet pas de punir la provocation à un acte qu'elle considère comme une simple contravention.

On peut être partisan de l'un ou de l'autre des systèmes que j'indiquais tout à l'heure ; on peut être partisan de ce mode de manifestation, on peut réclamer pour ceux qui veulent en faire usage la liberté de ces processions révolutionnaires dans la rue. Mais, si on prend le texte de la loi et qu'on ne soit pas le partisan de cette doctrine que j'indique, si on croit que ces manifestations doivent être prévenues, doivent être empêchées, qu'elles sont funestes, je dis que, dans la loi de 1881 sur les réunions, il n'y a rien qui permette d'y couper court.

Et alors, qu'arrivera-t-il ? Pendant quinze jours, pendant trois semaines, on laissera peser sur l'endroit où le rendez-vous aura été pris la menace d'une réunion, dont on pourra discuter le caractère, dont on pourra dire qu'elle sera peut-être absolument pacifique, mais dont la loi de 1881 ne permettra pas d'empêcher la formation.

Et je me demande si les intérêts que la loi de 1848 a voulu protéger seront moins lésés parce qu'on aura dit : « Nous ne ferons pas une réunion ayant les caractères légaux de l'attroupement », — on y arrivera peut-être plus tard, — mais parce qu'on aura pris la précaution de dire : « Nous organisons quelque chose qui s'appelle dans la loi une réunion publique. »

Eh bien ! je le répète, qu'on se sépare au point de vue des principes, que l'on considère que ces manifestations sont bonnes, je ne dis pas qu'on veuille en faire, mais qu'on les admette, ce n'est pas notre doctrine, mais enfin c'est une doctrine.

Mais si on croit que les réunions sur la voie publique doivent être interdites parce qu'elles sont une cause de troubles et de désordres, je dis qu'il n'est pas possible d'y laisser provoquer, pas plus que la loi de 1848 ne permet de provoquer à un attroupement.

Voilà ce que nous vous demanderons de juger lorsque nous arriverons à l'article 1er du projet de loi.

Je crois, en ce qui concerne les réunions sur la voie

publique, avoir démontré non seulement qu'elles ne peuvent pas être empêchées en application de la loi de 1881, mais encore qu'à l'heure actuelle elle ne peuvent pas être réprimées, à moins que, dégénérant par la violence en attroupements, elles ne permettent l'emploi de moyens infiniment plus rigoureux que ceux dont l'article 1er demande l'application, de peines beaucoup plus sévères que celles qui sont contenues dans le projet dont la Chambre est saisie.

Ainsi, voici des actes que presque tout le monde est unanime à réprouver et à vouloir interdire, et cependant, dans la loi actuelle, il n'y a rien qui permette de les poursuivre et de les réprimer.

Après ce que je viens de dire à la Chambre sur la question des réunions publiques, il ne me reste plus qu'à lui donner quelques explications très brèves sur les autres dispositions du projet.

Et d'abord, est-il vrai que les manifestations par emblèmes soient aujourd'hui licites ?

Je l'affirmais tout à l'heure, elles sont licites en ce sens qu il n'y a pas de texte de loi qui les interdise ; et j'en trouve la première preuve dans cette circonstance que tous les auteurs d'amendements, dont quelques-uns portent sur l'ensemble de la loi, ont reconnu qu'il y avait quelque chose à faire sur ce chef.

Je prends, par exemple, l'amendement de l'honorable M. Rivière, qui est tout un contre-projet ; il ne modifie pas l'article 1er, il le supprime, parce qu'il estime que la loi de 1848 est suffisante ; il modifie l'article 2 en ces termes :

« Art. 2. — Seront punis d'un emprisonnement de six jours à six mois et d'une amende de cent francs à quatre mille francs, ou de l'une de ces deux peines seulement :

« 1° Le port et l'exposition publics de drapeaux autres que le drapeau tricolore ;

« L'affichage ou la distribution dans les lieux et réunions publics de placards destinés à provoquer des attroupements et à appeler les citoyens à substituer illégalement et inconstitutionnellement la monarchie à la République. »

Ainsi, ce contre-projet punit, en d'autres termes, sous une autre forme, mais comme le projet du Gouvernement, les emblèmes et les placards séditeux. Si l'honorable M. Rivière a modifié la rédaction, c'est parce que la loi est à faire, et que, d'accord sur sa nécessité, il préfère la forme qu'il a donnée à sa pensée à celle que nous avions donnée à la nôtre.

Il y a un autre amendement signé de MM. Jules Maigne, Mathé et Hérisson (Nièvre). Il est ainsi conçu :

« Art. 2, § 3. — Rédiger ce paragraphe comme suit :

« 2° Toute manifestation séditieuse faite publiquement.

« Est séditieuse la manifestation qui, par des cris ou des chants, des symboles ou des emblèmes, des placards ou des affiches, provoque, soit au rétablissement de la monarchie, soit au renversement de la République ou des pouvoirs institués par elle. »

M. RIVIÈRE. — Voulez-vous me permettre un mot, monsieur le Ministre?... Je m'associe à l'amendement de M. Goblet, en ce sens que je demande aussi que tout cela soit renvoyé devant le jury.

M. LE MINISTRE. — Parfaitement, c'est un point que je n'ai pas encore commencé à discuter. A l'heure actuelle, je me place en face de certaines incriminations qui se sont produites, d'une idée qui s'est répandue, je ne dis pas dans la Chambre, mais dans certaine partie de l'opinion où, malgré l'adage, on n'est pas absolument forcé de connaître la loi. Aujourd'hui, en effet, beaucoup d'esprits et même infiniment judicieux sont convaincus que si l'on n'a pas poursuivi des faits évidemment condamnables, il faut s'en prendre à l'inertie gouvernementale et à la faiblesse des parquets.

Eh bien ! quand j'ai été interrompu, je montrais que c'est là une erreur; qu'aujourd'hui, avec les lois en vigueur, la répression de ces actes délictueux est impossible et que les membres de la minorité eux-mêmes reconnaissent que de nouveaux textes doivent être rédigés, que la loi sur ces points est en réalité tout entière à refaire. J'en étais à l'amendement de M. Maigne.

Je le relis...

« 2° Toute manifestation séditieuse faite publiquement.

« Est séditieuse la manifestation qui, par des cris ou des chants, des symboles ou des emblèmes, des placards ou des affiches, provoque, soit au rétablissement de la monarchie, soit au renversement de la République ou des pouvoirs institués par elle. »

C'est toujours la même pensée.

Et l'amendement présente une définition des placards et des emblèmes séditieux, sur le mérite de laquelle nous nous expliquerons plus tard.

Mais, enfin, l'honorable M. Goblet, qui, pour punir un certain nombre des mêmes faits, emploie une autre méthode, et qui propose non pas de faire passer dans une nouvelle loi les dispositions qui ne sont pas dans la loi de 1881, mais de faire passer dans cette loi de 1881 toutes les dispositions nouvelles qui doivent être édictées, l'honorable M. Goblet s'exprime ainsi :

« Ajouter au second paragraphe de l'article 24 de la loi du 29 juillet 1881 la disposition suivante : sera punie des même peines toute manifestation séditieuse faite publiquement par emblèmes ou par affiches. »

C'est toujours la même idée, le même fait, sauf des différences de rédaction et de méthode.

J'avais donc raison, Messieurs, de dire que, si l'on considère ces faits comme licites, il faut le proclamer hautement, mais que, si on les considère comme blâmables, si l'on croit qu'ils ne peuvent pas être tolérés, il est de toute nécessité de faire une loi.

Nous sommes, en effet, dans cette singulière situation qu'en vertu de l'article 24 de la loi sur la presse il est interdit de pousser des cris séditieux, de crier et de chanter : Vive le roi ! mais qu'il est absolument permis d'arborer le drapeau blanc : c'est la conséquence de l'abrogation du décret du 11 août 1848.

L'enlèvement ou la dégradation des signes publics de l'autorité ne peuvent plus être punis, et nous verrons que, s'ils l'ont été, ce n'est que par un article du Code pénal qui avait surtout, à l'origine, visé les dégradations de monuments publics.

On ne peut pas crier : Vive le roi! c'est chose convenue, mais on peut absolument l'écrire, le mettre sur un placard, l'afficher. On ne peut pas crier : Vive l'empereur! mais on peut faire un manifeste comme celui que nous avons vu déférer aux tribunaux et qui a été déclaré irréprochable, au point de vue de la loi de 1881, par la Chambre des mises en accusation.

Je crois donc avoir justifié, je ne dis pas dans tous leurs détails, mais certainement dans leurs principales prévisions, les articles fondamentaux — en tant qu'ils définissent les délits et en indiquent la répression — du projet de loi dont la Chambre est saisie. Nous ne croyons pas qu'il soit possible de ne pas punir la provocation à cette forme d'attroupement qu'on appelle réunion sur la voie publique, de tolérer le port et l'exhibition de certaine emblèmes, ni les insultes qui sont faites au Gouvernement républicain, ni certains placards séditeux.

Nous vous demandons, en conséquence, de vouloir bien examiner quelle devra être la répression, quelles garanties on pourra donner à la société, quelles garanties on donnera aux inculpés.

Ceci m'amène à dire un mot du système de juridiction qui a été proposé par la Commission et qui consistait à faire juger, comme flagrant délit, le port du drapeau blanc, par exemple, l'exhibition d'insignes séditieux, système qui tendait évidemment à ceci : faire que, lorsqu'un de ces actes s'accomplit, il puisse y avoir un jugement immédiat, une répression immédiate.

En ce qui concerne le port du drapeau blanc, en ce qui concerne l'insulte aux signes de l'autorité du Gouvernement républicain ou leur dégradation, ce qui constitue des faits purement matériels, et, j'ose le dire, de véritables voies de fait, il ne me parait pas qu'en disant : « Ces actes seront jugés le plus tôt possible, et il n'y a qu'une juridiction qui puisse statuer immédiatement, c'est la police correctionnelle », il ne me parait pas que nous ayons rien enlevé à la liberté de la presse et de la pensée. Nous faisons ainsi, nous le croyons du moins, une très juste distinction entre les manifestations de la pensée qui appellent l'examen, le jugement, qui, comme l'œuvre de l'écrivain, demandent à être pesées, pour qu'on sache si elles sont ou si elles ne sont pas délictueuses, et ce que je viens d'appeler, tout à l'heure, de leur vrai nom, des voies de fait matérielles.

On nous a fait observer que, dans ce cercle et dans cette définition, nous aurions eu tort de comprendre les placards séditieux, ou, pour employer une définition que je trouve dans un des amendements qui ont été présentés, les appels au renversement des institutions républicaines par la force, par la violence. Et on en a donné la raison que voici, et qui est très grave : lorsqu'un placard aura été collé le long d'une maison, et que dans ce placard il s'agira de rechercher si l'on a fait appel au changement dans la forme du Gouvernement, ou par la force ou par la discussion, il y a évidemment là une opération intellectuelle, et l'on est amené à donner à celui qui aura rédigé le placard, ou à celui qui l'aura apposé, la même garantie qu'à l'écrivain.

Nous nous sommes inclinés devant cette raison. Je pense, en effet, que, lorsqu'il s'agira de saisir dans l'expression de la pensée humaine ce qu'il peut y avoir de délictueux, ou, au contraire, ce qui peut être inoffensif, il y a là une opération intellectuelle qui doit être confiée au jury, par la même raison que vous avez réservé au jury, dans la loi de 1881, la connaissance des délits de presse. Il y aura seulement une question à examiner — je l'indique sans prétendre la vider dès l'heure présente ; ce n'est pas, dans une discussion générale, qu'on peut justifier d'une façon complète toutes ces propositions — c'est que, de par l'article 48 de la loi sur la presse, lors même que la justice, régulièrement saisie, a décidé qu'une instruction doit être ouverte, cet article ne permet pas que l'on procède immédiatement à la saisie ; c'est une garantie, une immunité de plus qui a été donnée à la liberté de l'écrivain. J'ai relu la discussion qui a eu lieu à cette époque : on y a fait valoir qu'il n'était pas possible de supprimer un journal, même pour un jour, avant qu'il eût été statué sur la question de savoir s'il contenait un délit et s'il méritait une peine.

Mais, quand au lieu d'un journal, qu'on achète ou qu'on n'achète pas, il s'agira d'un placard séditieux excitant au renversement des institutions républicaines en faisant appel à la force ; quand il s'agira, par exemple, du placard ou du manifeste d'un prétendant, je demanderai à la Chambre, lorsque nous en viendrons à cet article, s'il est possible de déclarer qu'un tel placard restera sur les murs pendant les deux ou trois mois qui séparent l'intervention de la justice de la décision de la Cour d'assises, c'est-à-dire si l'on ne pourra réprimer la manifestation matérielle elle-même que le jour où cela sera devenu inutile.

C'est là une question digne de toute votre attention, et qui, aux yeux du Gouvernement, a une importance considérable. Nous n'imaginerons pas, en effet, qu'il puisse être responsable de l'ordre dans certaines conditions, s'il faut admettre qu'un placard dynastique, qu'un placard signé d'un prétendant pourra rester sur la voie publique, sur les murs, à Paris ou en province, exposé aux regards de tous les passants qui le verront, qu'ils le veuillent ou non, sans qu'aucune mesure préventive puisse être prise, sans qu'on puisse aviser d'une façon utile, la question étant alors forcée de subir bien des lenteurs, et la répression ne pouvant quelquefois — dans les départements tout au moins — venir que trois mois après le délit lui-même.

Messieurs, je crois avoir démontré par ces observations que l'esprit qui nous a guidés était tout différent de celui qu'on nous avait prêté ; que nous ne voulions en rien revenir sur la législation qui régit la presse ; que nous entendions laisser dans la loi de 1881 tout ce qui s'y trouvait à sa place ; que, à la liberté de l'écrivain nous ne voulions apporter ni entrave, ni limite, et, puisque ce mot de liberté revient si souvent dans cette discussion, qu'il me soit permis de protester contre des intentions que nous n'avons jamais eues, et dont je tiens à me défendre, parce que, à tort ou à raison, mais avec une entière bonne foi, je crois être allé aussi loin dans la voie de la liberté que qui ce soit... (*Protestations sur divers bancs à gauche et à droite. — Applaudissements au centre.*), et parce que j'ai le droit de dire, Messieurs, notamment en ce qui concerne la liberté de la presse, que j'ai mieux fait que de la demander, mais que je l'ai défendue à une époque où il y avait quelque mérite à le faire. (*Très bien!*)

Ce n'est pas, encore une fois, la liberté de l'écrivain que nous voulons entraver, nous ne voulons empêcher personne de déposer dans un journal, dans une brochure, dans un imprimé quelconque, l'expression de sa pensée, de sa doctrine; je crois qu'il y a des droits naturels qu'on n'aliène pas, et je suis prêt à reconnaître et à proclamer que, parmi ces droits que l'homme n'aliène pas, qu'il n'abandonne pas à la société, se trouve précisément ce droit de publier sa pensée, comme celui de se réunir, de s'associer.

Mais quand on fait partie d'une communauté, d'une société, serait-il possible, non pas, encore une fois, de faire appel au public, de lui offrir ce qui est l'expression de sa pensée, mais de l'imposer sous une forme quelconque, serait-il licite, confisquant dans une certaine mesure la voie publique à son profit, de faire ce que nous avons vu... (*Mouvements divers.*), d'imposer à ceux qui passent, et qui ont le droit de passer, qui sont condamnés à passer dans la rue, la vue de placards, d'images blessantes, insultantes peut-être, dont leurs oreilles ou leurs regards peuvent souffrir?

Je crois, Messieurs, qu'on ne définit pas suffisamment les libertés, quand on dit la liberté de se réunir. Les Romains avaient une autre habitude... — c'est un souvenir qui me reste de l'Ecole de droit — ils ne pensaient avoir bien défini un contrat que lorsqu'ils l'avaient présenté sous sa double forme. Ainsi, quand on a dit la liberté d'écrire, cela ne suffit pas, il faut ajouter : « pour ceux qui voudront vous lire »; quand on a dit : « la liberté de se réunir », il faut ajouter : « la liberté de former une réunion avec le consentement de ceux qui pourront vouloir y assister ». (*Très bien! très bien! au centre. — Interruptions à droite.*)

Et si, méconnaissant les droits de tous, du public, on va plus loin, j'affirme qu'on aura bien, pour un temps peut-être, proclamé la liberté de la presse ; j'affirme qu'on aura bien, pour un temps aussi, obtenu le droit de réunion ; mais vous ne pouvez être certains de les conserver le jour où cette population française, qui n'est pas sans une certaine mobilité, si elle a un grand et profond attachement pour les institutions républicaines, se trouvera exposée non pas à lire dans certains journaux, à entendre dans certaines réunions où elle se rend volontiers les thèses les plus extrêmes, les plus opposées à ses propres opinions, mais obligée de les subir partout, de les rencontrer là où elle ne les cherche pas ; le jour où, ayant établi la liberté de la presse et la liberté de réunion, vous n'aurez pas garanti la liberté de la voie publique !

Voilà en quoi se résume tout le projet de loi que le Gouvernement a l'honneur de vous présenter.

Nous ne voulons, en aucune sorte, revenir sur la loi libérale que nous avons votée, mais nous disons qu'à ce moment il y avait un motif trop naturel pour ne pas se préoccuper de la question qui nous préoccupe aujourd'hui.

Il n'y avait pas à régler les conséquences de l'exercice du droit de penser, du droit de se réunir sur la voie publique, par cette excellente raison que ces droits eux-mêmes étaient méconnus.

J'aurai peut-être occasion de montrer, au cours de ces débats, ce que la liberté de la presse a eu à souffrir d'avoir été perpétuellement associée aux agitations de la rue, et comment, si tant de fois elle a sombré, si tant de fois elle a été évincée de conquêtes péniblement acquises, la faute en a été à des agitations dont elle n'était pas responsable.

Lorsque, dans une loi qui enveloppe toutes sortes d'objets étrangers les uns aux autres, on n'a qu'un seul texte pour ce qui regarde la presse et pour ce qui regarde les mani-

festations sur la voie publique, pour ce qu'on a le droit
d'écrire et pour ce qu'on a le droit d'imposer aux passants,
on peut craindre, à de certaines heures, des retours
offensifs absolument désastreux pour les intérêts qui vous
sont le plus chers, ceux de la liberté de la presse. (*Très
bien! très bien!*)

Je résume ma pensée en disant que, par rapport à la loi
de 1881, le projet que le Gouvernement vous demande
avec instance de voter répond en quelque sorte à cette
triple idée de liberté complète de la presse, de liberté
complète de réunion et de sécurité absolue de la voie publique et de la rue! (*Applaudissements prolongés au centre
et sur un certain nombre de bancs à gauche.*)

Messieurs [1],

Je vous demande la permission de répondre par quelques
observations, aussi précises que possible, à une partie du
discours de l'honorable M. Goblet et au discours de l'honorable M. Rivière. Adoptant la méthode de discussion que
la Chambre a choisie, je m'expliquerai immédiatement sur
le mérite de l'article 1er. C'est, en effet, un article dont le
contre-projet de l'honorable M. Goblet demandait la suppression, et l'objet que notre collègue poursuivait se confond absolument avec celui que s'est proposé l'honorable
M. Rivière.

J'ai donc à indiquer, en m'efforçant de ne pas retomber
dans des redites, à quelles préoccupations nous avons obéi
en proposant à la Chambre le texte de cet article 1er.

Je voudrais tout d'abord, — parce que, je ne crains pas
de l'affirmer, nous faisons une œuvre de bonne foi, — je
voudrais résumer, aussi exactement que possible, les différentes objections, les différentes appréhensions que cet
article 1er a fait naître chez les membres même de la majorité qui ont voté le passage à la discussion des articles, ce

---

1. Séance du 12 février 1884.

qui montre, entre parenthèses, combien cette Chambre est soucieuse, quoi qu'on en dise, et scrupuleuse toutes les fois que se pose devant elle une question de liberté. (*Très bien! très bien!*)

Voici les principales objections qu'il m'a été donné de saisir; je m'efforcerai de ne pas les affaiblir en les reproduisant.

Il y a une objection qu'on retrouve chez tous les orateurs qui ont combattu l'article 1er, ou qui voudraient l'amender. Elle consiste à dire : Vous n'aviez pas besoin de l'article 1er du projet actuel; vous trouviez dans la loi de 1848 toutes les armes nécessaires pour empêcher qu'il ne se forme sur la voie publique des rassemblements de nature à compromettre l'ordre. Par conséquent, vous faites, a dit l'honorable M. Goblet, une loi inutile, et il ne faut pas faire de lois inutiles.

M. CHARLES FLOQUET. — C'est une loi contraire à tous les principes!

M. LE MINISTRE. — C'est, je le répète, l'objection... (*Bruit.*)

M. LE PRÉSIDENT. — Veuillez faire silence, Messieurs.

M. LE MINISTRE. — Messieurs, personne ne pourra dire que j'aie jamais gêné un orateur parlant à cette tribune; je m'abstiens d'interruptions aussi soigneusement que possible. Je vous demande la permission de discuter librement et très sincèrement la question qui m'amène à cette tribune. (*Parlez! parlez!*)

Je disais que c'était là l'objection que l'on rencontrait chez tous les adversaires de l'article 1er ou chez tous ceux qui se proposent d'y introduire des modifications. Il est encore d'autres objections que je veux faire connaître et préciser.

On dit : Voilà une réunion qui se forme sur la voie publique, dans une de nos rues de province ou sur l'une de nos routes de village; elle anticipe quelque peu sur la voie publique. Eh bien! avec votre article 1er, n'est-il pas à craindre qu'on ne vienne dire à ceux qui composent cette réunion : Non seulement vous avez commis une contravention, mais vous avez commis un délit?

On ajoute encore : Cette même réunion dont nous venons de parler, n'allez-vous pas la traiter d'une façon plus rigoureuse que la loi de 1848 ne traitait l'attroupement lui-même, en ce sens que le rassemblement accidentel n'était pas puni par la loi de 1848, et qu'il ne devenait délictueux qu'après la mise en demeure d'avoir à se disperser, adressée suivant certaines formes aux gens qui formaient la réunion? Ne peut-on craindre qu'après qu'une réunion du genre de celle que je viens d'indiquer aurait été tenue sur la voie publique, un agent de l'autorité, qui aura passé, qui n'aura pas adressé l'injonction de se disperser, poussant la sévérité de l'application de la loi jusqu'à des limites excessives, dresse un procès-verbal, et que les gens qui auront pris part à cette réunion ne se trouvent des délinquants véritablement sans le savoir?

Ce sont là, Messieurs, des objections extrêmement sérieuses, extrêmement dignes d'attention; et il n'est pas douteux que si, en raison des préoccupations que j'ai eu l'honneur de vous faire connaître, ce texte qu'on vous demandera de voter pouvait permettre quelque chose d'aussi contraire, je l'affirme hautement, à la volonté du Gouvernement, qui a déposé le projet de loi, il faudrait rechercher une rédaction plus précise et plus claire, et empêcher qu'une prévision, qui s'impose à des législateurs sages et clairvoyants, ne pût dégénérer en une véritable vexation et en abus qui ne seraient pas exempts de gravité.

Quand je me suis présenté pour la première fois dans la Commission, j'ai tenu un langage que je voudrais rappeler à cette tribune, j'ai demandé à la Commission de me permettre de lui faire connaître très clairement, très sincèrement la pensée du Gouvernement : j'ai ajouté, et il n'est pas besoin d'être doué d'un amour-propre excessif pour parler de la sorte, que si nous pouvions nous mettre d'accord sur la chose et sur le but à poursuivre, on ne rencontrerait de notre part aucune sorte de susceptibilité, et que, si l'on trouvait une rédaction meilleure, si l'on apportait une formule claire et précise, nous serions les premiers, non pas seulement à l'accepter, mais à la revendiquer. Faisant connaître notre pensée, j'ai indiqué quelques considérations que j'ai exposées, d'ailleurs, l'autre jour, et que l'autorité qui s'attache à la parole des orateurs que je combats m'oblige de reproduire, en leur donnant un caractère plus précis.

Pourquoi, Messieurs, malgré la loi de 1848, avons-nous proposé un article premier tendant à faire que des réunions sur la voie publique ne soient pas traitées comme de simples contraventions et punies d'une peine qui puisse n'être que d'un franc d'amende, en admettant que la peine de simple police soit abaissée à son minimum? Pourquoi ne nous sommes-nous pas contentés de la loi de 1848, et comment se fait-il, — c'est là une des observations présentées par M. Goblet, — que la loi de 1848, qui avait paru suffisante à tous les gouvernements, non seulement au Gouvernement de l'Empire, mais encore jusqu'ici au Gouvernement de la République, ne nous ait pas paru, — dans l'état actuel des choses, — se prêter à des prévisions et à des répressions que la plupart des orateurs qui ont parlé de cette question reconnaissent absolument nécessaires? C'est ce que je voudrais indiquer.

Ce que nous voulons empêcher, et, sur ce point, je ne crois pas qu'il y ait un dissentiment bien vif entre la majorité de la commission et le Gouvernement, c'est que, profitant de certaines dispositions de la loi de 1881, employant une procédure plus habile, marchant, en quelque sorte, sous l'abri de certains mots, de certains textes, on puisse faire ce que nous ne voulons pas qu'on fasse, on puisse, sous couleur d'une réunion organisée sur la voie publique, provoquer à quelque chose qui serait un attroupement interdit par la loi de 1848, ou organiser cet attroupement que la loi de 1848 punit.

C'est là l'objet que nous cherchons à atteindre. Je répète que, sur ce point, nous ne sommes pas en dissentiment avec la plupart des orateurs que vous avez entendus, puisqu'ils viennent dire à cette tribune : Oui, il est certain que ce sont là des faits que nous n'eussions pas nous-mêmes tolérés. (*Bruit sur quelques bancs à l'extrême gauche.*) — Je ne prétends pas, Messieurs, que ce soit l'opinion de tout le monde. — Mais, ajoute-t-on, nous affirmons que vous trouvez dans la loi de 1848 tout ce qui est strictement nécessaire pour empêcher ces abus.

Or, Messieurs, ce langage était absolument vrai, absolument juste, jusqu'au moment où certaines dispositions de la loi de 1881 ont introduit dans les questions de cette nature un élément de controverse des plus graves et des plus importants.

Voulez-vous prendre la loi du 6 juin 1848, en l'isolant de la loi de 1881, et faire, pour un instant, cet effort d'oublier que cette loi de 1881 contient dans le même ordre de faits certaines dispositions? Alors, évidemment, il n'y a aucune espèce de difficulté, de doute, de controverse. Et pourquoi? Parce que voici ce qu'est la loi de 1848. Elle contient, en quelque sorte, deux parties. Il y a toute une partie relative au fait même de l'attroupement sur la voie publique; et en voici, pour ainsi dire, la philosophie. Un attroupement accidentel, qui aura été occasionné par la curiosité ou par un incident quelconque, se produit-il dans la rue? Il n'y a d'autre mesure à prendre que de prononcer le mot sacramentel : Circulez!

Ce n'est pas là ce que la loi de 1848 punit; c'est une mesure de simple police; il s'agit de faire que la rue ne soit pas obstruée par les curieux, par une agglomération tout à fait passagère. Il n'y a là rien de commun avec le fait que la loi de 1848 s'était proposé de prévoir ou de punir. Mais, au contraire, voici que le rassemblement prend un caractère menaçant; on considère qu'il est, en quelque sorte, la préface d'une action violente possible; c'est à ce moment que la loi de 1848 intervient et dit ceci : On fera à cette foule qui a pu se réunir sous l'impression d'un événement, avec une pensée commune, une irritation commune, des sommations; un officier de paix, un agent de la force publique somme cette foule de se disperser, et si, après avoir rempli les formalités de la procédure spéciale qui sont tracées par la loi de 1848, la foule ne se disperse pas, on passera de la sommation à l'action ; les sommations se font sous la forme d'un roulement de tambour, mais l'action, prévue par la loi de 1848, peut être terrible, peut, en tout cas, emprunter aux circonstances un caractère de sévérité excessive.

Voilà la première partie de la loi de 1848 ; je ne crois pas l'exagérer dans son sens, ni l'interpréter outre mesure.

Il y a une seconde partie qui est relative à la provocation aux attroupements. C'est ici que je répondrai, je l'espère, aux observations de l'honorable M. Rivière.

L'article 6 de la loi du 6 juin 1848 est ainsi conçu dans son dernier paragraphe, — c'est le seul qui présente quelque analogie avec la question qui nous occupe :

« Si la provocation faite par les moyens ci-dessus n'a pas été suivie d'effet, elle sera punie, s'il s'agit d'une provocation à un attroupement nocturne et armé, d'un emprisonnement de six mois à un an ; s'il s'agit d'un attroupement non armé, l'emprisonnement sera de un mois à trois mois. »

Il ne serait besoin que de se reporter aux préoccupations de l'époque et aux discussions dont cette loi a été l'objet, pour se convaincre qu'en 1848 on considérait qu'il n'était pas suffisant de donner à la force publique le droit d'intervenir lorsqu'un attroupement devenu menaçant aurait refusé de se disperser. On comprend très bien que la menace d'un rassemblement qui pouvait être dangereux pour l'ordre public, suspendue pendant un temps plus ou moins long, comportait à elle seule l'intervention de l'Etat, et on disait, ce qui peut sembler, au premier abord, superficiel et contradictoire, et cependant absolument logique : Quiconque aura provoqué à un attroupement sur la voie publique, alors même que l'attroupement ne se sera pas produit, avant même que l'heure fixée pour l'attroupement ait sonné, pourra être puni de peines moins sévères que s'il y avait eu exécution, mais qui permettront de prendre immédiatement vis-à-vis des organisateurs de cet attroupement les mesures qu'exigent le bon ordre et la sécurité publique.

Je dis, Messieurs, que cela est absolument logique.

En effet, le fait que tolère la loi de 1848, c'est l'attroupement accidentel, c'est l'attroupement fortuit; le fait que la loi de 1848 prévoit et punit, c'est l'attroupement qui n'est pas accidentel, qu'une volonté commune a formé, organisé en vue d'une action ou d'un objet qu'on a pu se proposer.

Or, il est bien manifeste que, si le hasard peut réunir, à un moment donné, 1.000, 10.000 personnes sur la voie publique, s'il est évident encore que de ce fait ne naît pas le droit d'intervention pour l'Etat, il ne peut y avoir de provocation à un attroupement accidentel, fortuit. Du moment où il y a provocation, ce caractère accidentel et fortuit disparaît, et c'est pour cela que la loi de 1848, dont personne ne demande l'abrogation, a pu, dans une logique, suivant moi, exacte, prévoir et punir la provocation à un attroupement sur la voie publique.

Telle est la loi de 1848; et, laissant de côté certaines dispositions de la loi de 1881, admettant par hypothèse que cette loi n'existe pas et n'a pas été faite, je répète que, si une réunion se produit sur la voie publique et, au lieu d'être simplement occasionnelle, paraît présenter ce caractère menaçant qu'a visé la loi de 1848, il est trop clair qu'aujourd'hui, comme il y a quelques années, comme on l'a pu depuis cette époque, après avoir sommé ceux qui font partie de ce rassemblement, de quelque nom qu'on le décore, d'avoir à se disperser, il est clair, dis-je, qu'on pourra les traiter en personnes qui ont pris part à un attroupement et leur appliquer les peines des articles 4 et 5 de la loi de 1848. C'est de toute évidence.

Il n'est pas moins évident encore que, la loi de 1881 n'existant pas, si un certain nombre de citoyens viennent, par une voie quelconque, par un mode de publication quelconque, provoquer leurs concitoyens à s'assembler sur la voie publique, on peut leur dire : Vous provoquez à un rassemblement; vous tombez sous l'application de la loi de 1848, et de même que, si l'attroupement s'était formé, j'aurais appliqué les articles 4 et 5, de même, la provocation s'étant produite, j'applique l'article 6.

C'est ce qui fait que, jusqu'au moment où des difficultés particulières, qu'il me reste à vous signaler, ont surgi, on n'a jamais eu besoin d'autre chose que de la loi de 1848.

Pourquoi, suivant nous, — et si je me trompe, nous demeurons d'accord sur l'objet, alors qu'il serait acquis qu'au point de vue des besoins de la législation je suis tombé dans une erreur singulière, — pourquoi, dis-je, en est-il autrement? La raison qui m'a frappé, raison de droit en dehors de certaines raisons de fait qui ne faisaient qu'accentuer les hésitations que le Gouvernement éprouvait au point de vue du droit, est celle-ci :

Après la loi de 1848 intervient la loi de 1881 ; cette loi énumère, dans un de ses articles, les faits, les actes qu'elle entend interdire, et, parmi ces actes, se place un fait déclaré illicite par la loi de 1881, et qui s'appelle la réunion publique sur la voie publique.

Dans le dernier article de la même loi, le législateur de 1881 qualifie, au point de vue délictueux, au point de vue contraventionnel pour mieux dire, l'acte qu'il vient ainsi d'interdire; en déclarant que la réunion sur la voie publique sera punie des peines de simple police, il est manifeste qu'il en fait une contravention, et rien de plus.

M. CHARLES FLOQUET. — Eh bien ! il n'y a qu'à supprimer cet article, voilà tout !

M. LE MINISTRE. — Mon cher collègue, laissez-moi arriver au bout de ma discussion, vous ouvrirez alors les portes toutes grandes à cette opinion qu'on peut tirer de la loi de 1881, contre la volonté même de ses auteurs, une exception contre l'application de cette loi de 1848.

Mais enfin j'ai le devoir d'expliquer à la Chambre pourquoi, ayant la loi de 1848, nous avons cru devoir proposer l'article 1er du projet en discussion.

Je suis mon raisonnement. Alors que la loi de 1848 englobait tous les rassemblements de quelque nature qu'ils pussent être et sous quelque forme qu'ils se présentassent suivant les circonstances, une autre loi, une loi particulière vient, entre tous ces modes de rassemblement, en distinguer un, spécial, et dire : Les rassemblements peuvent se produire sous toutes les formes, et elles sont bien variables; nous n'avons pas à nous occuper de celles qui ne rentrent pas dans le cadre précis de la loi; ils peuvent notamment se produire sous forme de réunions sur la voie publique; eh bien! nous déclarons que, si un rassemblement se forme à titre de réunion sur la voie publique, ceux qui y prendront part commettront une contravention et seront punis d'une peine de simple police. Que résulte-t-il de là? Je vous demande pardon de parler un langage qui s'inspire plutôt des préoccupations du jurisconsulte que de celles du législateur, mais j'ai mon excuse, c'est que, sur le but à obtenir, sur l'objet à atteindre nous sommes à peu près d'accord, et que j'ai seulement à rechercher si le texte de la loi atteint bien cet objet et réalise bien ce but.

Quelle est l'exception, pour reproduire une expression que j'ai employée tout à l'heure, qu'on pourrait, suivant moi, certainement tirer de la loi de 1881 ?

Voici des citoyens qui, au lieu d'être réunis sur la voie publique par le pur hasard, se sont donné rendez-vous. On a distribué, par exemple, un prospectus portant : tel jour, à telle heure, sur telle place publique de Paris, réunion publique. On a indiqué l'ordre du jour et un certain nombre de citoyens se réunissent à l'heure qui a été indiquée. Je veux même, supposant que les choses se passent comme en Angleterre, dont on nous cite souvent les exemples, qu'on eût improvisé une sorte de tribune. Il y a là des hommes qui sont venus en vue de former une réunion publique et il y a une sorte de simulacre matériel qui, en effet, marque cette volonté et peut donner, dans une certaine mesure et avec précision, le caractère public à ce rassemblement.

Eh bien! si vous voulez appliquer la loi de 1848 et surtout, pour mieux parler, si vous eussiez voulu l'appliquer avant que ce Parlement eût proclamé que, dans sa pensée, la loi de 1881 n'y avait pas touché, j'affirme que ceux qui se seraient entourés de pareilles précautions au moment où un des officiers de paix ou un des agents de la force publique serait venu leur dire : Dispersez-vous ou vous allez commettre le délit d'attroupement, seraient parfaitement fondés à répondre : Pardon! il y a attroupements et attroupements. (*Interruptions à l'extrême gauche.*)

M. RENÉ GOBLET. — C'est une erreur; je demande la parole.

M. LE MINISTRE. — Tant mieux, mon cher collègue, j'exprime ici un scrupule que je ne suis pas le seul à partager. Lorsqu'il s'est agi de faire l'application de la loi de 1848, nous avons rencontré chez les esprits les plus éclairés, chez les interprètes les plus autorisés de la loi, les objections et les hésitations les plus graves. (*Très bien! très bien! à gauche et au centre.*) Ils ont dit qu'il était inadmissible de prétendre qu'il y eût délit lorsqu'on se trouvait en présence d'un rassemblement formé sur une place ou dans la rue, parce que c'était un fait absolument prévu par la loi de 1881. Et les personnes ainsi réunies pourront tenir ce langage : Eh bien! si je commets un acte répréhensible, il est qualifié par une loi spéciale; cette loi a déclaré que c'est une contravention, et quand vous me dites : Cessez de commettre cet acte, ou vous ferez un attroupement, je réponds encore que, si j'ai commis une contravention par le fait de la réunion, si je demeure, je commettrai la même contravention, car le fait de demeurer ne change pas la nature du délit.

Messieurs, la situation d'un Gouvernement, quel qu'il soit, peut beaucoup varier, je vous assure; si, en présence de la loi de 1881, et n'ayant aucune espèce d'hésitation, il applique la loi de 1848, et ce n'est pas une hypothèse, il se trouvera, je le répète, non pas dans les rangs d'une opposition de parti pris, il n'y en a pas dans cette Chambre, mais dans les rangs de l'opposition des hommes qui, si nous déclarions les meetings illégaux, considéreraient cela comme un acte de tyrannie. Parmi les meilleurs, les plus sages esprits, il s'en trouvera pour dire : « Vous faites de la loi de 1848 un usage qui n'est plus permis par la loi de 1881 votée par la Chambre. » Si, au contraire, le Gouvernement prend ce parti, qui me semble éminemment constitutionnel et parlementaire, de dire : « Il y a un doute;

ce doute, je l'ai rencontré, je l'ai éprouvé; il faut le trancher par un texte », alors toutes les difficultés qu'on avait fait apparaître s'évanouissent. On lui reproche je ne sais quelle timidité; il a eu, dira-t-on, des scrupules excessifs. Je crois que ce n'est pas là une façon de discuter, ni de raisonner, et je ne comprends pas très bien l'animation qui pourrait devenir grande sur ce point alors que, aux développements que j'apporte à cette tribune, on me répond sans cesse : Mais vous avez la main pleine d'armes, vous pouvez faire tout ce que vous voulez. Si nous demandions une mesure qui fût exorbitante du droit commun, vous ne tiendriez pas un autre langage.

Nous demandons ce qui nous paraît être dans le droit commun, et alors je dis que la distance qui nous sépare devient de plus en plus insaisissable.

Nous avons recherché s'il n'y avait pas à mettre quelque lumière, quelque clarté et quelque certitude dans la question pour faire cesser les perplexités et les indécisions qu'on peut éprouver lorsqu'il faut se résoudre à prendre un parti. En tout cas, Messieurs, devant la loi de 1848, rapprochée de la loi de 1881, il y a une autre difficulté qui n'est pas sans importance. La loi de 1848 défend de provoquer à un attroupement; ne pouvait-on pas dire, n'a-t-on pas dit que, si l'on empruntait dans les convocations qui auront été données une certaine forme conforme aux usages qui se sont introduits en matière de réunions publiques, cette provocation demeurerait impunie et ne tomberait pas sous le coup de la loi ?

Eh bien ! Messieurs, je n'ai nulle espèce d'intérêt à cacher ce qui s'est passé quand nous nous sommes trouvés en présence de manifestations que le Gouvernement considère comme essentiel de réprimer. Il a fallu invoquer l'article 6 de la loi de 1848. Nous nous sommes consultés, nous nous sommes interrogés, et j'affirme que ce n'est pas sans quelque effort que nous avons pu obtenir que cette loi de 1848, que vous déclarez absolument intacte, fût considérée comme n'ayant pas été abrogée, au moins dans une grande partie, par la loi de 1881. Donc, sur ce point particulier de la provocation, il m'apparaît qu'il y a un danger possible. On a dit, à la dernière séance : Mais votre projet de loi est bien singulier! Vous, monsieur le ministre de l'Intérieur, qui demandez qu'on prenne ces précautions, vous êtes le même ministre de l'Intérieur qui avez pris des mesures contre des attroupements à propos desquels les tribunaux ont prononcé des condamnations.

Messieurs, la plupart d'entre vous ont encore présentes à leur souvenir les conditions dans lesquelles s'étaient produites les provocations à un attroupement qui ont été l'objet des décisions judiciaires que je rappelle. On avait dit par exemple, c'est dans cette dernière affaire qu'il y a eu des poursuites pour provocations : « Nous allons donner un rendez-vous à tous les gens qui souffrent, à tous les ouvriers sans travail. Nous ne nous donnerons pas un rendez-vous indifférent, nous choisirons la place de la Bourse parce que c'est là un quartier qui convient particulièrement à cette agglomération. » On avait ajouté, dans des discours ou dans des écrits d'une grande violence : « Il faut se réunir là, parce que c'est là que se trouve la caisse, le trésor de guerre de la bourgeoisie. » On a été plus loin et il y a, dans les convocations dont je parle, des excitations que tout le monde condamne et condamnait dès cette époque. Qu'en est-il résulté ? C'est qu'il ne pouvait pas y avoir de doutes. Les signataires de la proclamation dont je parle ne pouvaient évidemment pas dire qu'ils ne voulaient qu'exercer le droit accordé aux citoyens de se réunir conformément à la loi de 1881 ; il est manifeste qu'il ne s'agissait pas d'une simple réunion sur la voie publique, mais de l'organisation, au contraire, d'un attroupement ayant une action en vue, — et d'emblée, *a priori*, on tombait sous l'application de la loi de 1848.

M. Charles Floquet. — Eh bien! vous l'avez réprimé.

M. le Ministre. — En tout cas, Messieurs, grâce à nous tous, grâce à vous, je ne dis pas grâce à moi, nous avons été éclairés sur ce point. Je dis qu'à ce moment, si les entrepreneurs, si les organisateurs de ces réunions avaient été plus habiles, s'étaient montrés procéduriers plus experts et si au lieu de s'en tenir au langage violent, brutal qu'ils ont tenu, ils s'étaient transportés au nombre de deux, — c'est le minimum voulu par la loi de 1881, — pour déposer une déclaration de réunion publique avec un ordre du jour déterminé, il m'eût semblé bien difficile de soutenir que la loi de 1848 eût été applicable. (*Interruptions à l'extrême gauche.*)

M. René Goblet. — Mais vous n'auriez pas reçu la déclaration.

M. le Ministre. — L'honorable M. Goblet me répond avec infiniment de justesse : « On n'aurait pas reçu la déclaration ».

Eh bien ! devant la loi de 1881, quelle est la conséquence d'une réunion publique devant laquelle vous ne pouvez invoquer que le défaut de déclaration ? C'est de se constituer à l'état de contravention, rien de plus.

Et j'ajoute, — car dans les discussions qu'on a entendues, on a parlé de la clarté qui pourrait rejaillir sur le texte même de la loi, des déclarations fournies dans les délibérations qui ont précédé le vote de la loi de 1881, — j'ajoute que, si on se reporte à ces débats, bien loin de trouver un éclaircissement décisif, on ne trouve qu'un embarras de plus, et c'est cet incident qui me remet en souvenir ce passage de la discussion que je vais relire à la Chambre, passage qui a été cité par M. Bovier Lapierre, qui l'a emprunté à M. Naquet, rapporteur de la loi de 1881 :

« Il est bien entendu, disait M. Naquet, que nous n'avons pas l'intention de prohiber les réunions en plein air, mais nous ne voulons pas de réunions qui pourraient gêner la circulation.

« Il est non moins entendu que nous ne voulons parler que des réunions soumises à la déclaration préalable, et que les réunions accidentelles qui se produiraient sur la voie publique, en dehors de ladite formalité, demeurent soumises à la loi sur les attroupements. »

Je crois qu'il y a là, Messieurs, — et ceci a dû échapper à l'honorable rapporteur, — presque autant d'erreurs que de mots dans ce passage où l'on pensait trouver des éclaircissements. Il semble en résulter que c'est le rassemblement accidentel qui demeurerait soumis à la loi de 1848, lorsque c'est justement ce qu'elle n'a pas puni ; il semble, en outre, en résulter que cette pénalité ne serait encourue que pour les réunions tenues sur la voie publique en dehors d'une déclaration préalable. Je dis que ce n'est pas dans ce texte qu'on pouvait trouver la clarté nécessaire, et qu'en présence de toutes les difficultés, de toutes les controverses qui surgissaient, des hésitations qui s'imposaient, il y avait véritablement quelque chose à faire. Ce quelque chose, que nous vous demandons, consiste en une disposition qui, dans sa substance, dans son esprit, dans sa volonté, rencontre bien moins de contradictions que dans sa rédaction.

On tombe, en effet, d'accord — je ne parle pas de ceux qui soutiennent le droit absolu à la réunion et à l'agglomération sur la voie publique : ceux-là ne peuvent pas défendre la loi de 1881 contre celle de 1848, puisqu'ils condamnent la loi de 1881 elle-même ; — je parle de ceux qui ont apporté une argumentation juridique contre la rédaction de l'article 1er. Ils disent : Il n'était pas nécessaire que cet article fût introduit dans la loi, il suffisait de s'emparer du texte de la loi de 1848.

Eh bien ! ramené à cette proportion, quel est le véritable terrain du débat ? C'est la question de savoir si on s'en tiendra comme solution à une sorte d'éclaircissement, résultant de l'échange des explications qui se produisent à cette tribune et du rapprochement des textes, ou si, au contraire, on proclamera, sous une forme claire et précise, ce qui est attesté par les orateurs auxquels je réponds : que la loi de 1881 ne fournit pas une exception contre l'application de la loi de 1848, dans les cas où elle pourrait recevoir son application.

Voilà tout ce gros débat, et véritablement, sachant à quels adversaires je réponds et combien leur zèle pour le bien public est égal au mien, je crois que poser ainsi la question, c'est déjà beaucoup faire pour la résoudre.

Il reste une question qui n'est pas sans importance ; c'est celle de savoir si le texte qu'on a présenté offre toute la clarté désirable et si on ne peut pas y trouver, contre la volonté certaine — et qu'on ne déniera pas — de ceux qui l'ont rédigé, le moyen de faire de l'arbitraire là où ils n'ont d'autre intention que celle de s'opposer à de véritables désordres.

Et, dans cet ordre de faits, l'objection qui m'a le plus touché est celle que je rappelais à propos des difficultés auxquelles cet article se heurtait : c'est qu'il ne faut pas qu'il y ait surprise d'aucune sorte, pas plus en matière de réunions publiques qu'en matière de rassemblements ou d'attroupements.

Eh bien ! pense-t-on que le texte qui est présenté permettrait de poursuivre les gens qui prendraient part à une réunion, avant même de les avoir mis en demeure de ne pas tenir cette réunion ? Si cela est vrai, je crois que le remède est simple : qu'on trouve une formule, quelle qu'elle soit, pour indiquer avec simplicité, avec clarté, les quelques idées qui me paraissent nous mettre d'accord, et je déclare que ce n'est pas moi qui, pour une question de rédaction ou de style, ferai la moindre opposition, manifesterai la moindre répugnance à l'adopter. (*Très bien ! très bien ! au centre et à gauche. Rumeurs à l'extrême gauche.*)

Je pense, Messieurs, que si le Gouvernement tenait un autre langage et s'il venait vous dire : « Voilà ce que j'ai écrit ; il est impossible d'y modifier quoi que ce soit ; c'est le dernier mot de la précision et de la perfection » ; si, par là même, il professait que c'est absolument pour rien qu'on nomme des commissions de onze membres, qu'on se livre dans une assemblée sérieuse à des discussions réfléchies, vous auriez le droit de lui dire qu'il tient un langage absolument inadmissible.

Mais, lorsque, faisant œuvre de bonne foi, je le répète, indiquant très clairement une pensée que j'ai fait connaître dès la première heure, je viens dire : « Nous sommes ici tous pour profiter de la discussion », il me paraît bizarre que l'on trouve mauvaise une attitude qui est absolument légitime... (*Applaudissements au centre et à gauche. — Bruit à l'extrême gauche.*)

M. Charles Floquet. — Il ne faut pas être si fier de votre initiative !

M. le Ministre. — Mon Dieu ! je n'apporte ni orgueil ni amour-propre dans cette question. L'amour-propre est un défaut dont vous m'aidez chaque jour à me guérir.

Je souhaite que, dans l'étude de toutes les questions d'intérêt commun, personne n'apporte plus d'obstination ou d'entêtement que je n'en ai mis, je ne dirai pas depuis que cette discussion est ouverte, mais depuis que le projet de loi est déposé.

Le Gouvernement ne peut pas vouloir, et vous ne voulez pas plus que lui, que, par un artifice quelconque, se renouvellent ou se continuent des faits qui ont porté le plus grave préjudice aux intérêts les plus considérables.

Il ne faut pas qu'avec des artifices de langage ou de procédure on fasse, sous couleur de réunion publique, ce que vous ne voulez pas qui soit fait sous forme d'attroupement, et que, en laissant peser, pendant une semaine ou pendant un mois, sur des intérêts, la menace d'un attroupement qui ne pourrait être dispersé que si l'on en venait absolument aux mains, on puisse ainsi porter dommage à ces intérêts dont nous sommes tous, sans exception, les défenseurs.

Et puisque vous avez nommé une Commission qui s'est mise, dès à présent, à l'œuvre, et qui recherche toutes les causes de la crise qui pèse sur l'industrie, elle pourra lui demander, et demander surtout à l'industrie parisienne, ce que lui coûte ce qu'on est convenu d'appeler une journée. (*Applaudissements à gauche et au centre.*)

LA FORCE ARMÉE DANS UNE GRÈVE

Chambre des Députés. — *Séance du 8 avril 1884.* — Une grève ayant éclaté à Anzin, le Gouvernement, à la suite de troubles intervenus entre les ouvriers, envoya des troupes sur les lieux. Interpellé sur ces faits par M. Clovis Hugues, député, M. Waldeck-Rousseau fit des déclarations que la Chambre approuva par 325 voix contre 62.

Messieurs,

Lorsque l'honorable M. Clovis Hugues m'a fait connaître son intention de m'interpeller sur l'intervention de la force armée dans les troubles qui se sont produits à Denain, je m'attendais bien que, dans les motifs qui l'avaient déterminé à me poser cette question, il pouvait y avoir quelque chose d'erroné, des informations inexactes. Je ne pensais pas avoir à prendre contre lui-même la défense de ceux-là mêmes dont il prétend se faire le défenseur.

Je ne saurais cependant laisser dire, sans protestation, que les grévistes qui, sous l'impression de certaines excitations, se sont portés, le 4 avril, à des désordres, puissent être animés des sentiments qu'on leur prête.

Dans certaines réunions des paroles ont été prononcées qu'on ne saurait trop blâmer, j'oserai dire qu'on ne saurait trop flétrir. On a dit à ces hommes, qu'on abusait depuis trop longtemps par des promesses qu'on ne peut pas tenir... (*Applaudissements à gauche et au centre.*), on leur a dit qu'il valait mieux manger du beurre en Prusse que du pain en France. (*Exclamations et protestations nombreuses.*)

M. Clemenceau. — Qui est-ce qui a dit cela?

M. Roque (de Filhol). — Ce sont des agents provocateurs.

M. Tony Révillon. — On ne peut pas se servir, comme argument, d'un propos qui n'a peut-être pas été tenu.

M. le Président. — Veuillez garder le silence, Messieurs, je vous en prie.

M. Tony Révillon. — Mais qui a dit cela? Citez l'auteur, Monsieur le Ministre!

Au centre. — N'interrompez pas!

M. le Ministre. — Je crois qu'on ne traduit pas plus exactement leurs sentiments quand on vient dire ici que, si la République se croit obligée de protéger les mineurs qui veulent travailler contre ceux qui tenteraient de les en empêcher, ils n'auraient pas d'hésitation et opteraient sans hésiter pour le césarisme. (*Très bien! très bien!*)

Messieurs, ce qui s'est passé à Denain est extrêmement simple. L'honorable M. Clovis Hugues a bien voulu rappeler la circulaire que j'ai envoyée aux préfets avant qu'il fût permis de prévoir les événements qui se sont produits à Anzin.

Je vous demande la permission d'en placer sous vos yeux quelques passages, parce que je maintiens que les instructions que j'ai données ont été suivies de point en point. Je disais dans cette circulaire :

« La loi du 25 mai 1864, portant modification des articles 414, 415 et 416 du Code pénal, punit les violences, voies de fait, menaces ou manœuvres frauduleuses qui auraient pour but de porter atteinte au libre exercice du travail; mais elle reconnaît, en même temps, le droit à la coalition. L'Administration ne saurait donc voir dans les grèves que la mise en pratique d'un droit, et elle méconnaîtrait ses devoirs si elle songeait à en entraver la manifestation. »

J'ajoutais :

« ... Il est malheureusement des cas où votre intervention ne saurait plus avoir le même caractère, et où vous devez agir comme représentant de la force publique, pour vous opposer à toute atteinte portée à la liberté du travail et empêcher les désordres qui ont accompagné parfois l'exercice du droit de coalition.

« ... Il est un point sur lequel je désire plus spécialement attirer votre attention et vous faire connaître mes vues. Si des troubles viennent à se produire ou que vous ayez quelques motifs sérieux d'en redouter, je vous recommande d'avoir uniquement recours à la gendarmerie pour les prévenir ou pour les réprimer.

« ... La gendarmerie est la seule force publique dont vous ayez à user habituellement pour assurer l'ordre et protéger la tranquillité ; c'est là sa mission, c'est là son rôle normal ; la troupe en a un autre, aussi n'y devez-vous recourir qu'à la dernière extrémité et quand il vous est absolument démontré que la gendarmerie de votre département est tout à fait impuissante à accomplir son œuvre. »

Messieurs, j'ose dire que, dans l'affirmation du devoir de neutralité qui s'impose au Gouvernement dans une grève, on n'avait jamais été aussi explicite. (*Très bien ! très bien !*)

On avait admis, en effet, — c'était une pratique suivie, — que lorsqu'une grève importante éclatait, comme il n'était que trop à prévoir que certains désordres pourraient se produire, on pouvait, immédiatement, pour protéger les personnes et les choses, requérir les troupes, occuper les puits, prendre, en un mot, des mesures préventives qui se présentaient avec l'aspect d'un déploiement de forces considérables.

Contre cette méthode, on a élevé des critiques que j'ai trouvées justes ; on avait dit : vous avez sous la main des agents qui peuvent suffire à faire face aux premières exigences d'une situation même troublée ; et on a pu, dans une certaine mesure, affirmer que l'intervention des troupes, quand aucune entrave à la liberté du travail ne s'était encore produite, semblait être un appui moral et un encouragement apporté au patron et une sorte d'intimidation vis-à-vis des ouvriers.

C'est là ce qui avait été fait antérieurement. J'ai cru qu'il fallait rompre avec cette pratique, et, dans la circulaire dont je viens de donner lecture, il y a trois points qui sont hautement affirmés : le premier, c'est que l'ouvrier qui veut se mettre en grève exerce un droit ; le second, c'est que si des troubles se produisent, dont l'importance ne soit pas très grande, il faut éviter les déploiements de force inutiles et recourir à la gendarmerie ; et le troisième, c'est qu'on ne doit faire appel à l'armée, à la troupe, qu'au moment où il est prouvé par les événements que l'intervention de la gendarmerie n'est plus suffisante, et que le petit nombre des hommes qui la composent ne pourrait résister à la masse ou aux violences d'une foule, qu'à la condition d'employer des moyens dont il ne convient d'user qu'à la dernière extrémité et lorsqu'on a tenté même l'impossible. (*Très bien! à gauche et au centre.*)

Eh bien! j'affirme avec la même assurance que ces instructions ont été suivies de point en point ; que, dans le département du Nord, pour la grève d'Anzin, il n'a été fait appel au concours de la troupe qu'au moment où, après un siège qui s'était prolongé pendant plusieurs heures, la gendarmerie, qui avait multiplié les efforts pour protéger la liberté et la sécurité des mineurs qui descendaient dans les puits, s'est vue débordée et impuissante.

Cette grève, tant qu'elle n'a été qu'une grève, a été absolument pacifique. (*Très bien! à gauche.*)

Les ouvriers ont pensé que les conditions qui leur étaient offertes n'étaient pas suffisantes, et ils ont abandonné le travail. Les patrons, d'un autre côté, ont maintenu des conditions que les ouvriers refusaient. Ainsi se trouvaient en présence, comme dans toute grève, deux intérêts contraires ; il n'existait qu'un de ces conflits pacifiques qui peuvent se résoudre par le temps : d'une part, des ouvriers s'imposant des privations cruelles et, d'autre part, des patrons auxquels ils infligent, du même coup, des sacrifices et des pertes considérables. C'était la grève dans la véritable acceptation du mot, la mise en présence de forces différentes qui se pèsent en quelque sorte, dont l'une finit par l'emporter sur l'autre en raison des ressources dont elle dispose ou de la patience dont elle fait preuve.

Tant qu'il n'y a pas eu autre chose que des mineurs dans cette grève, elle a conservé ce caractère pacifique. (*Très bien! à gauche.*)

Mais il est arrivé un fait qui ne surprendra personne. Cette population, qui n'est pas assez instruite et qui est très crédule, a voulu se donner des chefs ; en tout cas, elle en a trouvé.

A partir de ce moment, dans les réunions dont les comptes rendus ont défrayé tous les journaux, vous voyez insensiblement, peu à peu, mais dans une mesure qui bientôt le fera perdre de vue, l'objet même de la grève s'effacer. On parle beaucoup moins des conditions du travail, du différend pendant entre les patrons et les ouvriers, beaucoup plus de toutes les questions irritantes, et, en parlant de questions irritantes, je ne dis pas assez, on verse à flots à cette population qui souffre, à ces ouvriers qui se sont imposé des privations énormes, les excitations de toute nature. On parle, non plus de résister aux patrons, mais d'organiser un mouvement. (*Exclamations.*)

Eh ! Messieurs, nous en avons eu la preuve. Je demande à la Chambre, sans avoir la prétention de rien exiger, la permission d'essayer de lui faire partager mes convictions sur ce point.

Il est advenu que la grève se prolongeant, des promesses qui avaient été faites ne se réalisant pas, l'état des esprits s'est sensiblement modifié : c'est l'instant qui a paru favorable pour greffer sur la grève une véritable agitation politique. A la date du 4 avril — c'est le moment où la force publique interviendra — à l'occasion de l'arrivée d'un conférencier venu de Paris et qui n'est pas un mineur, que je sache, trois mille personnes environ se réunissent, et voici ce qui se passe : en apparence, il s'agit de lui faire cortège, ce qui, en tout cas, constituerait un attroupement... (*Protestations à l'extrême gauche.*)

Oui, Messieurs, je prétends que, quand 3.000 personnes envahissent ainsi la voie publique, qu'elles s'y installent par la force du nombre, cela ne ressemble en rien à la circulation ordinaire. (*Nouvelles rumeurs à l'extrême gauche et à droite.*)

M. Clemenceau. — C'est ce qui vous arrive quand vous allez en province.

M. Paul de Cassagnac. — Vous allez ameuter plus de monde que cela à Cahors.

M. le Ministre. — Voilà, Messieurs, qui, peut-être, va nous mettre d'accord.

Tout aussitôt, cette même foule, c'est-à-dire un contingent de 3.000 personnes environ, se dirige vers une fosse voisine de Denain, la fosse Renard, elle s'y porte — ce n'était pas évidemment un hasard — juste au moment où les ouvriers mineurs qui avaient voulu continuer le travail allaient remonter du puits. A ce moment, il y avait sur le terrain, c'est-à-dire auprès de la fosse, 15 gendarmes. Ces 15 gendarmes ont tenu dans la limite du possible, en épuisant leurs efforts, depuis midi jusqu'à deux heures. Je précise les heures et les chiffres, parce que vous allez voir que cela est tout à fait décisif. A deux heures, on leur envoie un renfort de 25 gendarmes ; ils se trouvent ainsi au nombre de 40.

La foule, qui s'est massée autour de la fosse, a grossi, et elle prend un aspect tellement menaçant, — M. Clovis Hugues citait tout à l'heure le récit d'un journal qui coïncide d'une façon absolue avec mes informations, — qu'on n'a pas pu faire sortir du puits les ouvriers qui y étaient descendus. Il a fallu les y maintenir et leur y procurer des vivres, parce qu'il était de toute impossibilité de les dégager. Ces 40 gendarmes, ainsi placés en présence de 3.000 personnes, se sont trouvés dans l'impossibilité absolue d'assurer l'ordre à eux seuls. Il a donc fallu prendre d'autres mesures.

Pendant que ces faits se passaient à la fosse Renard, d'autres, absolument identiques, se produisaient au Vieux-Condé, avec peut-être plus de violence encore. Là, les gendarmes ne pouvaient résister à la foule qui se précipitait sur eux ; on leur arrachait leurs prisonniers, on déchirait leur uniforme.

Presque partout il y avait rencontre entre la gendarmerie et la foule, et partout, il faut le dire, parce qu'il y a quelque mérite à savoir conserver cette réserve et cet empire sur soi-même, partout les quelques hommes qui étaient chargés de faire respecter l'ordre sont restés absolument fidèles à la consigne qui leur était donnée et qui consistait à s'enfermer dans une modération dont aucune injure ne devait les faire sortir. (*Très bien! très bien! à gauche et au centre.*)

C'est, Messieurs, dans ces conditions que, parfaitement autorisé par moi, M. le préfet du Nord, qui n'a pas pris une mesure qu'il n'ait été autorisé à prendre, a requis la troupe et a demandé des dragons et de l'infanterie.

On a demandé surtout de la cavalerie, parce qu'en pareille occasion c'est, en effet, la troupe qu'il faut employer de préférence, parce que, étant en contact immédiat avec la foule, des accidents regrettables, des actes qu'il faut empêcher à tout prix, peuvent moins aisément se produire.

La troupe, à son entrée à Denain, a été accueillie par des cris et on a jeté des pierres aux dragons. Il a été proféré alors des injures que je ne répéterai pas ici.

En un mot, cet attroupement, qui s'était produit dès midi, et avait fourni les éléments de la tentative de coup de main qui avait été faite sur la fosse Renard, a fini, par suite de l'impulsion reçue, par dégénérer en véritable sédition.

Je ne pense pas une minute qu'on puisse faire un reproche à l'autorité, dans des circonstances de cette nature, au moment où la grève a perdu son caractère d'abstention, de résistance passive, d'avoir pris les mesures commandées par la prudence la plus élémentaire.

Quand on parle de grèves, ou, tout au moins, quand l'honorable M. Clovis Hugues en parle, il n'est question que de gens qui ne travaillent pas : il y a lieu de penser aussi à ceux qui veulent travailler. (*Très bien! très bien!*)

Il y a à tenir quelque état des ouvriers qui, ayant des appréciations différentes, — c'est le jeu régulier de la liberté, — considèrent qu'ils ont un intérêt plus considérable à travailler qu'à faire grève. Il y avait un grand nombre d'ouvriers, dont le chiffre s'est accru de jour en jour, qui s'étaient décidés pour le travail, et c'est là ce qui explique d'une façon claire les événements du 4 avril.

Si le devoir du Gouvernement est de ne contraindre personne à rentrer à l'atelier ou à l'usine, son devoir est aussi de ne permettre à personne d'empêcher un ouvrier qui veut y rentrer de le faire. (*Approbation.*)

J'ai dit tout à l'heure — et cela a paru susciter quelque émotion — qu'à côté de l'élément purement travailleur il s'en était bientôt glissé un autre, et qu'aux premières préoccupations, qui consistaient à obtenir de la compagnie des concessions, il s'était substitué d'autres préoccupations que je qualifiais en disant qu'on avait voulu greffer sur le chômage une agitation politique. En voulez-vous la preuve ?

Le 5 avril, il y eut une réunion de délégués parmi lesquels se trouvaient quelques personnes n'appartenant, ni de près ni de loin, au personnel des mineurs ; dans cette réunion, à la majorité de 21 voix contre 4, on a décidé de provoquer un mouvement dans tout le bassin, et cette décision a été affirmée par une lettre qui porte la signature du chef de la grève et qui a été envoyée à un grand nombre de personnes.

Elle est ainsi conçue :

« Denain, ce 5 avril 1884.

« Mon cher citoyen,

« Comme, d'un moment à l'autre, nous nous attendons à un coup de main, je t'avertis qu'il faut te tenir prêt, lundi 7, à deux heures, à Denain. Tu t'entendras avec Quercy, Jacquart et tous les citoyens journalistes pour cette affaire ; tâche de voir, citoyen, les principaux délégués que nous avons nommés pour le mouvement, entends-toi avec eux. Je t'attends et te serre la main. Union et force.

« BASLY. »

M. TONY RÉVILLON. — C'est pour la défense, ce n'est pas pour l'attaque ; c'était son droit d'écrire cela.

M. LE MINISTRE. — Messieurs, je le répète, à l'origine des affaires d'Anzin, il n'y avait qu'une grève ; et, tant que la grève a conservé son caractère et que ses évolutions ont été déterminées par l'attitude et par le tempérament des mineurs, on n'a eu devant soi que ce phénomène qui se reproduit trop souvent, qui ne profite jamais à personne : la coalition ; et puis il est arrivé que, de cette abstention, de cette résistance pacifique, légale, on est passé à un tout autre ordre de faits.

Je me résume en disant que le préfet, obéissant à mes instructions, n'a fait que son devoir. Et quand on cherche à faire la part des responsabilités dans ces tristes événements, il est aisé d'y trouver l'intervention de trois catégories de personnes. Il en est une qu'on ne saurait trop plaindre : c'est celle de ces malheureux qui se voient réduits, après avoir dépensé toutes leurs économies, à un état de misère, de souffrance, bien digne d'émouvoir l'intérêt et la pitié. (*Très bien!*)

La seconde, qu'on ne saurait trop louer : c'est celle de ces agents de la force publique, qui, aux provocations, aux injures, aux voies de fait, n'ont jamais répondu que par le calme et par l'observation inébranlable de la consigne qui leur avait été donnée. (*Très bien! à gauche et au centre.*)

Et ensuite, Messieurs, il y en a une pour laquelle on ne saurait être trop sévère : c'est celle de ces hommes qui voient, dans toute population ouvrière émue ou souffrante, des éléments qu'on peut agiter plus aisément, et qui n'hésitent pas à faire entrer, d'un cœur léger, dans les frais généraux de leur politique, les misères, les souffrances, la vie peut-être de ceux sur lesquels ils opèrent! (*Applaudissements répétés à gauche et au centre.*)

CHOSES DE CORSE

Chambre des Députés. — *Séance du 5 juin 1884.* — A la suite de la mort mystérieuse d'un journaliste d'Ajaccio, nommé Saint-Elme, les partis politiques de Corse se livrèrent aux polémiques les plus violentes. Les adversaires du ministère Ferry exploitèrent cet événement contre lui. MM. Camille Pelletan et Laguerre déposèrent une demande d'interpellation sur l'attitude de la magistrature corse, et M. Andrieux interpella sur la situation politique et administrative de l'île. Pendant trois séances, les interpellateurs soulevèrent les passions de la Chambre en faisant le procès de la plupart des ministres. M. Waldeck-Rousseau leur tint tête avec son courage habituel. Une demande d'enquête proposée par M. Andrieux fut repoussée, et la Chambre vota, à cent voix de majorité, l'ordre du jour pur et simple accepté par le Gouvernement.

Messieurs,

Lorsqu'à la séance d'avant-hier l'honorable M. Andrieux m'avait fait connaître son désir d'étendre l'interpellation et de la porter sur l'ensemble des actes de l'administration en Corse, il m'avait ainsi permis d'espérer qu'il apporterait à la tribune plus de faits et de preuves que d'affirmations et d'incriminations générales, et que l'occasion me serait ainsi fournie de montrer ce qu'a été notre administration en Corse, de vous soumettre tous ses actes.

J'aurais été amené, en même temps, à vous faire juger de tout ce qu'on a entassé d'erreurs, d'imputations systématiquement calomnieuses, patiemment accumulées, jetées brusquement dans l'opinion et qui l'ont gravement, légitimement préoccupée. Je pense, en effet, Messieurs, qu'on ne saisit pas un pays comme la France d'accusations semblables en publiant que des fonctionnaires sont prévaricateurs, que d'autres ont manqué à leurs devoirs les plus élémentaires, sans qu'il soit du devoir de tous, par un examen scrupuleux, par des recherches consciencieuses, de faire connaître la vérité.

Après tout ce qui avait été dit, il vous incombait d'apporter la preuve qu'un département, la Corse, a été livré à une administration sans scrupules, que tous les principes de l'équité la plus vulgaire ont été foulés aux pieds, et qu'une coterie, comme on le disait tout à l'heure, s'y est substituée à l'action administrative. Cependant, l'honorable M. Andrieux, en ce qui concerne l'administration de l'Intérieur, n'a signalé ici qu'un très petit nombre de faits; c'est un mince résidu — je ne puis pas dire le dessus du panier — de tout ce qui a traîné, de tout ce qui a été colporté dans la presse, sans contrôle, sans preuves. Il a, entre tous les innombrables faits dont nous avons été chargés, choisi quelques incidents qu'il a placés sous les yeux de la Chambre, et je crois pouvoir dire que, s'il est permis de juger de ceux sur lesquels il a fait le silence par l'exactitude de ceux dont il a parlé, j'aurai déjà fourni toute une partie de la démonstration qui m'incombe.

Il y a dans le discours de M. Andrieux un autre chef d'accusation plus général. Il accuse, en réalité, le Gouvernement, le cabinet, d'avoir restauré en Corse la politique des anciens partis vaincus.

Il y avait en Corse un parti républicain sincère et dévoué ayant fait jadis ses preuves; le Gouvernement, paraît-il, l'a méconnu, et c'est ainsi qu'il a rendu la force, le succès à l'opinion bonapartiste dans ce département.

L'honorable M. Andrieux nous a dit, en effet, — c'est bien sa pensée : — C'est vous qui êtes responsables du mouvement inattendu qui s'est produit, vous qui êtes responsables devant l'opinion républicaine de cet événement singulier, presque inouï, des élections municipales d'Ajaccio, qui sont un symptôme.

Je parlerai d'abord des faits sur lesquels M. Andrieux a porté son attention ; mais je voudrais indiquer à la Chambre quelle est la difficulté particulière que rencontre le ministre interpellé en présence d'une formule aussi vaste, aussi large que celle de l'interpellation de M. Andrieux, lorsqu'on vient apporter à la tribune un certain nombre de faits particuliers choisis à loisir par celui qui interroge et auxquels il faut répondre sur l'heure, sans délai, sans information préalable.

J'avais dû prendre le soin, depuis que le public est saisi de cette affaire, de passer en revue tous les actes de mon administration qui la caractérisent ou la dominent..

J'ai fait en Corse des nominations et des mutations : des sous-préfets ont quitté la Corse pour venir sur le continent ; des fonctionnaires ont été mis en disponibilité ; des conseillers de préfecture ont été changés. Il y a eu, en un mot, des nominations dans toutes les branches de l'administration si vaste du ministère de l'Intérieur : j'ai voulu revoir ce que j'avais fait à cette époque, rechercher les raisons qui m'avaient porté à prendre ces déterminations, et j'ai trouvé ou des raisons de service, ou des raisons tirées des aptitudes particulières des fonctionnaires, ou des griefs élevés contre ceux qui avaient été frappés.

M'étais-je trompé dans cet examen si rapide? Je suis porté à croire que non, puisque de tout cela, de tout ce qui constitue cette politique générale sur laquelle il m'interpellait, M. Andrieux n'a pas dit un mot.

J'ai été accusé longtemps, je le serai sans nul doute encore, d'avoir sacrifié le personnel administratif de la Corse à des intérêts patriculiers. Eh bien! il fallait venir dire quels étaient les fonctionnaires qui avaient bénéficié de cette politique de faveur, quelles en étaient les victimes, et j'étais prêt à m'expliquer, dans la mesure où j'aurais dû le faire sans porter préjudice à ceux qu'on aurait voulu imprudemment défendre, sur les motifs qui avaient dicté ma conduite.

De tout cela, pas un mot.

C'est sur le langage du préfet de la Corse, d'une part, sur le défaut d'élections dans certaines communes ensuite, et en troisième lieu sur l'absence de mesures prises contre des maires qui auraient refusé de proclamer le résultat des élections, que M. Andrieux a concentré son examen.

D'abord, en ce qui concerne l'honorable préfet de la Corse, ses préférences, suivant M. Andrieux, ne seraient point pour les républicains de la veille, comme l'on a dit, et il faudra s'expliquer sur ce qu'il a entendu par les républicains de la veille... (*Exclamations à l'extrême gauche.*)

M. LAISANT. — On comprend que vous l'ignoriez.

M. LE MINISTRE DE L'INTÉRIEUR. — Je vais cependant vous le dire tout de suite.

Je pense qu'il y a une distinction à faire. Si vous entendez que l'on doive accorder tout son respect et sa confiance aux républicains de la veille qui restent les républicains du jour, nous sommes d'accord. Mais je ne puis les confondre avec les républicains d'hier qui seraient devenus les bonapartistes d'aujourd'hui... (*Nouvelles exclamations sur les mêmes bancs.*)

M. ANDRIEUX. — Ou peut-être qui ne sont pas devenus opportunistes.

M. LE MINISTRE. — Je reviens aux faits qui sont reprochés à M. le préfet de la Corse. M. le préfet de la Corse, obéissant à ses sympathies, se serait rendu dans la commune de Murato, et là, chez un nommé César Murati, homme compromis au 16 Mai, et frappé après le 16 Mai pour ses agissements et ses actes d'intervention passionnée pendant cette période, aurait prononcé un discours qui fait éprouver à l'honorable M. Andrieux quelques doutes sur la politique gouvernementale et sur les doctrines que j'entends appliquer.

C'est chez un monsieur César Murati, dit l'honorable M. Andrieux, chez un réactionnaire, que M. le préfet de la Corse aurait prononcé ce discours...

M. ANDRIEUX. — Sur la place publique de Murato!

M. LE MINISTRE. — Soit!... Mais vous avez nommé M. César Murati comme étant le bénéficiaire de sa harangue!

Je comprends qu'il puisse être commis des erreurs dans l'examen des faits si multiples qui ont été jetés en pâture à la malveillance, et qu'on ait pu se tromper de Murati, car il y en a beaucoup en Corse. C'est ainsi évidemment que le violent réquisitoire que vous avez dirigé contre M. César Murati s'est trompé d'adresse. Il ne s'agissait nullement, en effet, dans l'espèce, de M. César Murati, qui demeure à Bastia et non à Murato, mais d'un M. Septime Murati, qui n'est certainement pas un bonapartiste bien farouche, car, le jour même où a parlé M. le Préfet, avant lui, il a prononcé lui-même une allocution qui se terminait par le cri de : Vive la République! (*Interruptions à l'extrême gauche et à droite.*)

M. CAMILLE PELLETAN. — C'était sans doute comme candidat officiel.

M. LAGUERRE. — Il avait l'appui de M. de Casabianca.

M. LE PRÉSIDENT. — Veuillez garder le silence, Messieurs, et permettre au ministre de répondre. Le Gouvernement a été attaqué, il me semble, avec assez de liberté pour qu'on l'écoute à son tour sans l'interrompre.

M. LE MINISTRE. — A côté de ce grief tiré de ce que le préfet serait entré en communication avec ce M. Murati, il en est un autre sur lequel je dois m'expliquer de suite. M. le préfet aurait prononcé un discours dont l'honorable M. Andrieux reconnaît qu'il n'a que l'analyse recueillie en hâte, et qui ne présente pas sans doute toute la précision d'un compte rendu sténographique...

M. ANDRIEUX. — Je n'ai pas dit cela.

M. LE MINISTRE. — ...et dans lequel se trouvent deux propositions, dont la première certainement ne mérite que des éloges, M. Andrieux voudra bien le reconnaître, surtout lorsqu'elle est émise dans un pays où, en effet, ce qu'il faut affirmer le plus hautement, c'est le sentiment et le respect de la justice. Voici le langage de M. le préfet de la Corse : « Fermement et énergiquement décidé à faire respecter en tout et partout les institutions qui nous régissent, à faire triompher les nobles idées de la majorité républicaine de la nation, ma ligne de conduite peut être tracée en deux mots : justice sûre, égale, inflexible envers et contre tous. Les faveurs administratives, — c'est la seconde proposition, — pour ceux qui depuis longtemps ont donné à l'administration des gages de sincère dévouement. » (*Vives interruptions à droite et à l'extrême gauche.*)

M. ANDRIEUX. — Est-ce là ce qui lui a mérité la première classe personnelle?

M. LE COMTE DE LANJUINAIS. — La faveur, c'est toujours la négation de la justice.

M. LE MINISTRE. — L'honorable M. Andrieux m'a demandé comment il fallait entendre ce langage, ce qu'il en fallait déduire et si nous admettons que, sous une administration républicaine, le droit des administrés puisse être sacrifié à la faveur. Je pense du moins que c'est bien là le sens de son interrogation.

Sur ce point, souvent déjà j'ai eu l'occasion de m'expliquer avec plus d'un de nos collègues appartenant à toutes les fractions de cette Chambre; je considère que l'administration est due à tout le monde; j'entends par là que l'administration, pour tout ce qui constitue le droit à cette justice distributive qui est son essence même, n'a pas le droit de connaître les opinions de ceux qui viennent s'adresser à elle. (*Applaudissements à gauche et au centre.*)

J'ai dit et j'ai prouvé par des faits, en frappant des fonctionnaires qui se rapprochaient plus par leur opinion de mes convictions que des vôtres, que, lorsqu'il s'agissait de payer cette dette de l'administration, il ne pouvait y avoir ni distinctions ni nuances. J'ai dit également et je répète qu'en dehors de ce que l'administration doit à tous, de ce qui est son rôle obligé, de ce qui est sa fonction, elle a un rôle politique à jouer, et que ce rôle politique ne lui permet pas, sans une véritable forfaiture, d'accorder sa confiance à ceux qui ne seraient pas absolument dévoués aux idées qu'elle est chargée de défendre, au Gouvernement dont elle est l'expression. (*Nouveaux applaudissements au centre et à gauche.*)

M. LE COMTE DE LANJUINAIS. — Ce n'est pas du rôle politique de l'administration qu'il est question, mais de faveurs.

M. LE MINISTRE. — J'entends encore par là que, lorsqu'on

vient adresser à l'administration, non pas une réclamation fondée sur un droit, mais la demande d'une faveur au sens vrai du mot...

M. Camille Pelletan. — Il y a donc des faveurs?

M. Georges Roche. — Nous qui croyions que la République devait faire cesser le régime des faveurs et que les républicains avaient pour devise : Tout au mérite, rien à la faveur !

M. le comte de Lanjuinais. — La faveur faite aux uns, c'est l'injustice pour les autres.

M. Laisant. — Qu'est-ce que c'est qu'une faveur, dans une démocratie?

M. Andrieux. — Voilà la théorie du favoritisme !

M. Laisant. — Qu'est-ce que vous appelez faveur? Vous ne répondez pas, Monsieur le Ministre.

M. le Ministre. — Je répondrai quand vous cesserez de m'interrompre. Vous devez comprendre qu'il m'est difficile de répondre à toutes vos questions, surtout en raison du tumulte incessant au milieu duquel elles se produisent.

M. Laisant. — Il n'y en a qu'une.

M. Paul de Cassagnac. — C'est la même que nous posons tous.

M. le Président. — Raison de plus pour attendre, si vous n'en avez qu'une à formuler.

M. le Ministre. — Puisque toutes vos questions n'en font qu'une : Est-ce qu'il y a des faveurs administratives? je réponds oui, dans le sens où je l'entends; il y a évidemment des faveurs administratives, je n'en suis pas à vous l'apprendre... (*Applaudissements au centre et à gauche. — Rires ironiques à droite.*)

M. Laroche-Joubert. — C'est scandaleux !

M. le Président. — Monsieur Laroche-Joubert, je vous entends souvent interrompre : si vous persistez, je serai obligé de vous rappeler à l'ordre.

M. le Ministre. — Il m'est tout à fait impossible d'avoir la prétention d'être compris si chacune de mes phrases est coupée et arrêtée juste au moment où la promptitude de certaines intelligences leur donne l'illusion d'en avoir saisi le sens.

Je disais qu'à côté de ce qui constitue les droits acquis, que l'administration n'a pas le droit de discuter, qui ne lui permettent pas de faire un choix, il y a des choses, nul ne peut le nier, qui peuvent être accordées ou qui peuvent être refusées.

M. Paul de Cassagnac. — Suivant les opinions.

M. le Ministre. — Je pense notamment que lorsqu'on vient solliciter un emploi, une fonction, c'est bien évidemment le droit de l'administration d'examiner et de choisir. Et, je le répète, à votre grand scandale, le Gouvernement républicain, comme les autres gouvernements, s'il a le sentiment de ses devoirs, ne placera jamais une parcelle des fonctions ou des emplois dont il dispose entre des mains dont il ne sera pas sûr. (*Interruptions.*)

M. Paul de Cassagnac. — Il ne s'agit pas de cela, il s'agit des subventions que vous distribuez.

M. le baron de Mackau. — C'est votre droit absolu de nommer les fonctionnaires que vous voulez, nous le reconnaissons, mais vous déplacez la question.

M. le Président. — Messieurs, voulez-vous permettre au Gouvernement de s'expliquer, et à M. le ministre de l'Intérieur de se faire entendre ?

M. le Ministre. — A côté de cette accusation de favoritisme, quels actes a-t-on relevés, et quels sont les faits qui ont été mis à la charge du ministère de l'Intérieur ? M. Andrieux, se référant à des faits qu'il a rapidement indiqués, et bénéficiant d'une démonstration future qu'il a largement escomptée, a dit, à propos des indemnités accordées pour pertes de bestiaux, que nous avions commis de véritables prodigalités, que M. de Trémontels avait dilapidé les deniers de l'Etat par l'abondance des fonds qu'il a distribués en secours, et cela, naturellement, au profit exclusif de ceux qui avaient su lui plaire.

J'ai ici l'état de ce qui a été distribué en secours dans toute la Corse, sous l'administration du préfet que je défends à cette tribune, et voici les chiffres :

Dans l'année 1882, il y avait e… 14.000 francs de secours; en 1883, c'est-à-dire lorsque le … éfet actuel est arrivé en Corse, le chiffre est descendu à …).836 francs; et, pour ce qui est de l'année 1884, il n'a en… ore été distribué aucune espèce de secours de cette natu… aucune indemnité à raison d'épizootie ou de pertes de … stiaux.

Dans la même note à laquelle … emprunte ces chiffres, le préfet me dit :

« Dans l'année 1883, j'ai reçu … 89 demandes de secours, j'en ai éliminé 408, j'en ai accu… li 181.

« Depuis le 1er janvier 1884, … i reçu 182 demandes de secours, je n'ai encore répondu à … ucune. »

Voilà les abus, les dilapidati…ns, voilà l'énormité des distributions qui ont été faites s… s l'administration que je connais, la seule apparemment … ne j'aie mission de défendre. Laissons donc cet inciden… qui retrouvera sa place, paraît-il, dans une discussion ultérieure.

On a parlé, Messieurs, de l'attitude de l'administration vis-à-vis des maires. Il avait été dit, et l'honorable M. Andrieux, en choisissant quelques exemples et en apportant d'ailleurs une affirmative tout à fait générale, a prétendu montrer qu'en Corse, quand un maire déplaisait, le Gouvernement le révoquait; mais si, au contraire, le maire lui était sympathique, il ne prenait contre lui aucune mesure disciplinaire et le faisait bénéficier d'une immunité véritablement révoltante.

Je me suis fait remettre et je vais placer sous les yeux de la Chambre la liste des mesures disciplinaires prises contre les fonctionnaires municipaux en Corse.

Il y a eu, depuis le 14 mars 1882 jusqu'au 8 mai 1884, c'est-à-dire pendant la période dont j'ai la responsabilité, il y a eu huit mesures disciplinaires prises contre des maires en Corse, et voici quelques exemples qui vous prouveront que la politique, pour em ployer une locution devenue banale, était bien étrang e à l'événement : plusieurs de ces maires ont été sus…ndus et révoqués après avoir été poursuivis et condamn s pour meurtre. (*Exclamations et rires sur divers bancs.*

M. Paul de Cassagnac. — C'est un détail que nous ne connaissions pas!

M. le Ministre. — Messieurs, si vos interruptions signifient que les maires qui ont été ainsi condamnés honoraient bien peu l'administration qui les avait choisis, je vous ferai remarquer que ce n'est pas l'administration qui les avait nommés, mais qu'ils avaient été élus par les Conseils municipaux.

En dehors des faits qui commandaient impérieusement nos résolutions, je ne relève dans l'état que j'ai entre les mains que des révocations justifiées par des enquêtes minutieuses, le plus souvent même par l'aveu du maire refusant de se soumettre aux prescriptions les plus étroites de la loi, parfois encore par des lettres injurieuses adressées soit au préfet, soit aux sous-préfets.

D'ailleurs, on est si bien informé de tout ce qui se passe en Corse, le plus petit abus est signalé avec tant d'âpreté que, si, dans ces révocations qui s'espacent dans une période de quinze à seize mois, il s'était produit un de ces abus marquant la volonté de l'administration d'opprimer les fonctionnaires qui n'auraient pas été pieds et poings liés à sa disposition, je suis autorisé à penser qu'on n'eût pas manqué de les apporter à cette tribune et d'en faire une des pièces de ce procès qu'on a plaidé devant vous avec tant de véhémence.

Mais il est d'autres circonstances, dit-on, où le Gouvernement n'a pas fait son devoir. On a cité deux maires qui, chargés de proclamer le résultat des élections au Conseil général, auraient refusé d'accomplir cette opération dans des conditions d'injustice telles que le Conseil d'État, saisi de l'affaire, aurait reconnu la parfaite régularité de l'élection qui avait eu lieu et aurait, par conséquent, montré que la résistance du maire était déplacée et injuste.

D'abord, Messieurs, il est bien entendu que c'est le bureau central, composé, dans chaque canton, du maire et de quatre assesseurs, qui proclame les résultats. Ceci dit, je reconnais que, dans deux cantons désignés par l'honorable M. Andrieux...

M. ANDRIEUX. — Et dans d'autres encore !

M. LE MINISTRE. — Je parle, mon cher collègue, des faits que vous avez précisés, et que j'ai pu faire vérifier de suite. Il m'a fallu trouver à l'instant la réponse aux allégations que vous avez produites. Je puis bien les vérifier quand elles sont précises ; quand je ne rencontre que des imputations générales, il est impossible de répondre autrement que par des dénégations.

M. ANDRIEUX. — Mais vous avez heureusement votre préfet qui depuis quatre mois est à Paris. (*On rit.*)

M. LE MINISTRE. — Monsieur Andrieux, permettez-moi de vous dire que ce reproche est un peu bien naïf.

M. ANDRIEUX. — Comment dites-vous, monsieur le Ministre ?

M. LE MINISTRE. — Je dis que le reproche qui consiste à trouver mauvais que le préfet de la Corse soit ici pendant que l'on discute ses actes, alors que j'ai sans cesse à lui demander des explications...

A droite. — Quatre mois entiers !

M. ANDRIEUX. — Je ne vous fais pas de reproche, monsieur le Ministre, je constate un fait.

M. LE MINISTRE. — Vous constatez un fait aussi inexact que beaucoup d'autres ; vous mettez tout au moins dans la constatation de ce fait l'exagération qui a fait, à mon avis du moins, le charme d'une partie de votre discussion. (*Rires au centre.*)

Vraiment, on m'amène à parler, Messieurs, de faits qui ne devraient pas occuper les instants de la Chambre. En ce qui concerne M. André de Trémontels, il est si peu depuis quatre mois en France que j'ai dû le faire venir, il y a quatre jours, pour me donner des renseignements. (*Bruit.*)

Il me semble que si un préfet reste en France pendant un temps déterminé, c'est parce qu'il a des raisons d'y rester, et, si vous voulez savoir lesquelles, je vous dirai que, si M. André de Trémontels a eu un congé, — c'est encore un des actes de la politique pernicieuse qu'on nous reproche, — c'est pour des raisons de santé justifiées par deux certificats de médecins. (*Exclamations et rires sur divers bancs à gauche et à droite.*)

Plusieurs membres. — D'Ajaccio?

M. Paul de Cassagnac. — Le préfet est en congé et Saint-Elme est mort; il n'y a plus personne au café, alors!

M. le Ministre. — Je reviens aux deux faits qui ont été signalés, en répétant que ce sont les seuls que je puisse discuter, puisque je n'en connais pas d'autres.

Eh bien! pour un des deux cantons, celui de Salice, il est vrai que le bureau central n'a pas voulu proclamer le résultat de l'élection, parce qu'il a déclaré que tout était irrégulier.

L'affaire a été soumise au Conseil d'Etat; le Conseil d'Etat a partagé l'avis du bureau central, donnant ainsi raison aux scrupules du bureau que je viens de faire connaître à la Chambre.

Pour l'autre fait, qui s'est passé dans le canton de Vico, il est vrai que nous n'avons pas révoqué le maire coupable. Dans le canton de Vico, une élection a lieu, les procès-verbaux sont transmis, et le maire, qui, entre parenthèses, n'est pas de ceux à qui une administration favorisant principalement ses amis donnerait ses préférences, le maire refuse de proclamer l'élection. La question est portée devant le Conseil d'Etat, qui déclare l'élection régulière.

Mais, dit-on, vous n'avez pas révoqué le maire! Je le crois bien, il était mort depuis quelque trois semaines! (*Bruyante hilarité et applaudissements au centre.*)

M. Andrieux. — Permettez! Au moment où il refusait de proclamer l'élection, il n'était pas mort, et c'est à ce moment qu'il fallait le révoquer.

M. le Ministre. — J'arrive à un autre ordre de faits. Ici nous sommes en présence de griefs que l'on dirige contre l'administration pour son mépris des municipalités qui ne partagent pas ses opinions.

Un membre à gauche. — Qui ne font pas d'élections!

M. le Ministre. — Il s'agit, je le pense, de la commune de Campitello, nommée par M. Andrieux. A Campitello, dit-on, l'administration est cause qu'il n'y a pas eu de municipalité régulière ; pendant fort longtemps, elle n'aurait rien fait pour permettre la constitution d'un Conseil municipal et d'une administration représentant ce Conseil municipal.

M. CAMILLE PELLETAN. — M. Andrieux n'en a pas parlé.

M. LE MINISTRE. — Pardon, j'ai très exactement noté le nom de la commune de Campitello quand il l'a prononcé. (On rit.)

J'ajoute que, s'il n'en avait pas parlé aujourd'hui, on en avait beaucoup parlé : l'affaire de Campitello avait été la plus vivement exploitée avant l'interpellation.

J'ai ici, dans mon dossier, la preuve que l'administration a, huit fois de suite, été obligée de prendre des arrêtés pour contraindre la commune de Campitello à se donner un Conseil municipal et une administration, et que sept fois les élections ont été entachées des mêmes vices; qu'invariablement ces élections ont été annulées par le Conseil de préfecture ou par le Conseil d'Etat.

On aurait donc mauvaise grâce à nous dire : Vous avez laissé la commune désemparée et sans organisation, puisqu'il n'y a pas eu moins de onze arrêtés consécutifs...

M. ANDRIEUX. — J'ai nommé la commune de Campitello, mais je ne suis entré dans aucun détail, parce que je ne connaissais pas les faits qui la concernent.

M. LE MINISTRE. — Son nom ayant été cité, j'étais bien aise de faire connaître la vérité sur un point qui avait été présenté comme très grave.

M. ANDRIEUX. — Sur lequel je n'ai pas insisté.

M. LE MINISTRE. — Dans le même ordre d'idées, M. Andrieux a parlé de ce qui s'est passé aux dernières élections municipales dans un grand nombre de communes de la Corse. Le 4 mai il n'y aurait pas eu d'élections dans certaines communes; lors du second tour de scrutin, les maires de ces communes n'auraient pas fait procéder régulièrement au vote, et aucune mesure n'aurait été prise par l'administration pour réprimer des abus aussi énormes et que rien, suivant M. Andrieux, ne pouvait justifier.

Je dois présenter une observation de fait qui, je crois, ne soulèvera de contradiction de la part de personne : c'est qu'à toutes les époques, pour toutes les élections, il est arrivé que, dans ce pays un peu surchauffé et qui l'était plus que d'habitude aux dernières élections municipales, il est arrivé que les maires les plus honorables, les plus exacts, et cela sous tous les régimes, ont déclaré qu'ils ne pouvaient pas prendre la responsabilité d'ouvrir le scrutin parce qu'ils ne pouvaient pas répondre de l'ordre. (*Exclamations sur divers bancs.*)

M. ANDRIEUX. — Dans quel état avez-vous donc mis la Corse?

M. LE MINISTRE. — Mais ce ne sont pas des événements nouveaux, ce sont des événements dont on pourrait retrouver la trace en remontant aux époques les plus éloignées, et cela, je le répète, Messieurs, est attesté par toutes les élections précédentes, sans qu'on ait songé, quel que fût le Gouvernement responsable, à en tirer cette conclusion que, si aucune mesure n'avait été prise contre tous ces maires, c'est parce qu'ils étaient favorables au Gouvernement.

J'ajoute, Messieurs, que dans un arrondissement où le plus grand nombre de communes n'ont pu élire leur Conseil municipal, que dans la section de Pie-di-Croce, où le plus grand nombre de ces faits se sont produits, il était de toute impossibilité d'assurer l'ordre, alors qu'il n'y a dans toute la section que quarante gendarmes pour cinquante-six communes. Toujours est-il qu'après les élections M. le préfet me faisait connaître les résultats qui lui étaient déjà parvenus, transmis qu'ils lui avaient été par les sous-préfets, notamment pour l'arrondissement de Corte.

M. le préfet me signalait, dans un rapport, un certain nombre de communes qui étaient les suivantes...

Voici, du reste, le texte du rapport; c'est plus simple et plus court :

« Ajaccio, le 31 mai 1884.

« Monsieur le Ministre,

« Les élections municipales n'ont pas eu lieu, les 4 et

11 mai courant, dans quinze communes de l'arrondissement de Corte.

« Ces communes sont les suivantes : Carticasi, Pianello, Morosaglia, Saliceto, Saint-Laurent, Erone, Aiti, Favalello, Mazzola, Parata, Verdese, Soveria, Castiglione, Focicchia et Rospigliani.

« Par deux rapports spéciaux, en date de ce jour, je vous demande l'autorisation de suspendre de leurs fonctions le maire de Carticasi et l'adjoint de Pianello, qui ont ajourné sans motifs sérieux les opérations électorales.

« Les maires des treize autres communes expliquent uniformément le renvoi des élections à une date ultérieure... » (*Interruptions.*) Vous ne voulez donc pas permettre que je réponde ?...

M. JOLIBOIS. — On a suspendu deux bonapartistes et on a félicité les autres !

M. LE MINISTRE. — Vous vous trompez, monsieur Jolibois, vous allez trop vite et vous allez voir qu'il vaut mieux attendre les explications de ses adversaires que de les devancer :

« ... par l'état d'agitation et de surexcitation où se trouvaient les électeurs, et la crainte de désordres que le défaut et l'insuffisance de force armée ne permettraient pas de conjurer ou de réprimer.

« Plus particulièrement les maires de Saint-Laurent et de Morosaglia invoquent : le premier, des faits d'une gravité réelle ; le second, un commencement de troubles sérieux.

« A Saint-Laurent, l'arrivée dans la commune, pour prendre part au vote, d'électeurs étrangers inscrits sur les listes en vertu de décisions judiciaires actuellement déférées à la Cour de cassation, a amené une collision regrettable. Des coups de feu ont été échangés ; un membre du bureau a été blessé et le désordre qui s'en est suivi n'a pas permis de continuer le scrutin. »

Je pense que l'honorable M. Jolibois eût fait comme a fait le maire.

M. JOLIBOIS. — C'est le seul exemple sur soixante. Le

désordre, c'est quand le maire, reconnaissant que l'on n'est pas pour lui et qu'il va être chassé du Conseil municipal, ajourne le vote.

M. LE MINISTRE. — Laissez-moi continuer ma démonstration.

Je prends précisément une commune dont on a parlé ; je montre que, pendant le scrutin, les électeurs font irruption dans la salle, que des coups de feu sont tirés, qu'un membre du bureau est blessé, et je vous pose cette première question : Est-ce pour cette commune que vous direz que l'administration a été trop indulgente en ne frappant pas le maire qui avait été aux prises avec des difficultés de cette nature?

Il y a une seconde commune, la commune de Morosaglia. Voici les explications qui ont été fournies par le maire et transmises par le préfet :

« A Morosaglia, dès l'ouverture du bureau, la salle de vote a été envahie par une foule d'électeurs menaçant, en termes violents, de s'opposer aux mesures de police et aux dispositions, pour la tenue des opérations, prises par le président du bureau, qui, de crainte d'un conflit, s'est décidé à faire évacuer la salle et à suspendre les opérations. » Vous avez parfaitement mis en relief la valeur de l'accusation, en disant : le bonapartiste a été révoqué et le républicain a été maintenu.

J'ai fait connaître que le préfet avait demandé l'autorisation de suspendre, pour les révoquer ensuite, ces deux maires. Or l'un est républicain et l'autre bonapartiste. Vous voyez que chaque parti a eu sa victime.

La Chambre comprend que je ne puis nommer toutes les communes une à une, mais je vais lui indiquer les mesures générales qui ont été prises. (*Bruit.*)

M. LE PRINCE DE LÉON. — Parlez, nous avons le temps de vous écouter.

M. ANDRIEUX. — Vous m'avez répondu sur un fait dont je n'ai pas parlé, et vous ne répondez pas sur celui que j'ai indiqué.

M. LE MINISTRE. — J'ai été accusé, ou plutôt le préfet a

été accusé de n'avoir pas révoqué des maires qui n'avaient pas procédé aux élections.

Je viens de faire connaître ceux pour lesquels il a été demandé des mesures de sévérité immédiates et ceux pour lesquels on a proposé d'user d'indulgence.

Quant aux autres, ne jugeant pas qu'il y eût des éléments d'instruction suffisants, il a paru nécessaire de se renseigner plus exactement sur la réalité de l'excuse invoquée par les maires. Il s'agit de savoir s'ils ont cédé à un cas de force majeure ou à de mauvais entraînements. Que peut-on faire de plus? Mais, répondant à une préoccupation qui vous domine, je recherche ce que sont ces treizes communes, ces treize maires vis-à-vis desquels nous serions coupables d'une indulgence excessive, d'une complaisance criminelle, s'ils sont des amis du Gouvernement, des maires dévoués à notre politique? Sur treize, six sont républicains et sept sont bonapartistes.

M. CAMILLE PELLETAN. — Alors la majorité est pour vous. (*On rit.*)

M. LE MINISTRE. — Voilà, en résumé, ce que nous avons cru devoir faire à raison des négligences qui ont été commises par les municipalités, et quand elles ont été établies; partout où il était certain que les maires n'avaient pas d'excuses, ils ont été frappés sans distinction d'opinions; là où, au contraire, il a été établi qu'il y avait des motifs sérieux, ils n'ont pas été frappés, et cela encore sans distinction d'opinions. Quant aux communes pour lesquelles la lumière ne me paraît pas faite, — car enfin, vraiment, je suis un peu surpris qu'on m'accuse de ne pas frapper à l'aveugle et au premier mot qui me parvient des maires qui ont été élus par leurs communes... (*Très bien! très bien! et applaudissements au centre et sur d'autres bancs.*)

S'il est démontré qu'ils ont eu tort, qu'ils ont cédé à des préoccupations blâmables, ils seront frappés comme ont été frappés beaucoup d'autres maires.

Dans l'arrondissement de Sartène, sur les maires qui ont été suspendus, il y avait également deux républicains et deux bonapartistes. Donc, Messieurs, ce n'est pas sur le vu de pièces de cette nature, à raison de faits de cette importance, qu'on peut dire d'une administration qu'elle est une administration sans scrupule, ne s'inspirant que du favoritisme, frappant les uns et épargnant les autres, ayant soin de distinguer ceux dont elle peut attendre des services politiques, et ceux dont elle aurait à craindre l'influence.

Notre attitude vis-à-vis des uns et des autres sera bien simple : lorsque la lumière sera faite sur leurs actes, il sera fait immédiatement justice.

J'arrive à un autre grief, qui a appelé l'attention de l'honorable M. Andrieux, et qui est relatif encore à la commune de Morosaglia.

A Morosaglia, il s'est produit une vacance dans l'administration; le maire ayant été frappé ou ayant disparu par décès, — je ne me rappelle pas au juste, — on nous dit : Vous aviez à choisir un délégué dans le Conseil municipal, et qui avez-vous été prendre? Vous avez pris le conseiller municipal qui était le cinquième sur la liste.

A droite. — Le huitième!

M. LE MINISTRE... et alors que ce conseiller municipal avait subi une condamnation et avait un casier judiciaire.

La vérité est que lorsqu'il s'agit du choix d'un délégué, on a le droit de prendre le cinquième et même le sixième conseiller municipal.

Quant à la condamnation dont avait été frappé M. Giudicelli, j'ai un rapport qui m'a été adressé le 4 juillet 1883, c'est-à-dire à une époque où j'étais bien loin de prévoir l'importance que pourrait prendre le choix fait par l'administration. Le rapport constate — et ce n'est pas sans doute un fait sans précédent — que la condamnation dont a été frappé M. Giudicelli remonte à cette période du 16 mai... (*Exclamations sur plusieurs bancs.*) dont vous avez fait le procès avec tant de véhémence, et a été prononcée pour outrages à un agent au cours de la lutte électorale et dans des conditions qui n'ont jamais fait perdre la considération à personne. (*Très bien! à gauche.*)

Des réclamations se sont produites vers le mois de

décembre dernier; on a demandé que l'on complétât le Conseil municipal.

M. Gavini. — Je vous demande pardon, monsieur le Ministre; au mois de juin, je suis venu vous en parler dans votre cabinet deux fois, et je vous ai remis des notes.

M. le Ministre. — Je me souviens très bien de cette demande, mais sa date n'était pas restée dans mon souvenir. Je parle de l'époque à laquelle l'affaire a été traitée entre le préfet de la Corse et le ministre de l'Intérieur.

Eh bien! étant donné qu'à cette époque déjà on affirmait que les choses se passeraient, pour l'élection que l'on ferait en décembre, exactement comme l'expérience a montré qu'elles devaient se passer au mois de mai, nous répondîmes qu'il semblait préférable d'attendre le renouvellement intégral que tout le monde croyait devoir se produire dans le mois de janvier.

Tout aussitôt qu'il a été décidé par les Chambres que les élections auraient lieu en mai, les électeurs de Morosaglia ont été convoqués pour le 7 février. D'autres difficultés encore ont, si mes souvenirs sont exacts, fait retarder cette élection; mais elle a eu lieu.

M. Gavini. — Il y avait deux conseillers à nommer, et vous n'en avez nommé qu'un.

M. Laisant. — Afin de n'avoir pas à nommer le maire.

M. le Ministre. — Sur ce point je ne peux pas vous opposer des dénégations qui reposeraient sur une certitude... (Réclamations sur quelques bancs.)

Il me semble, Messieurs, que j'ai donné assez de preuves de bonne foi dans cette discussion.

On me dit : on n'a convoqué les électeurs que pour nommer un conseiller, et il fallait en nommer deux.

M. le préfet croit pouvoir affirmer que cela est inexact. Je ne puis avoir ici tous les dossiers de la Corse, et je me borne à dire que très certainement si on avait agi ainsi, je n'hésiterais pas à reconnaître que le fait constituerait une irrégularité grave.

M. Gavini. — J'ai encore eu l'honneur de vous écrire à ce sujet.

M. Andrieux. — Ces faits ont été portés à la connaissance de l'administration par la presse et par les réclamations des députés.

M. Jolibois. — On n'a pas pu nommer le maire parce que le Conseil municipal n'avait pas été complété.

M. Andrieux. — Si le fait n'était pas exact, il n'y aurait pas eu de raison pour ne pas procéder à la nomination du maire.

M. le Ministre. — Telle est, Messieurs, la mesure dans laquelle il m'est possible de répondre sur l'heure aux questions qui ont été apportées à la tribune au cours de la séance, et ce que l'administration avait à dire à l'égard des différents griefs qui ont été formulés devant la Chambre.

Je répète que, ne pouvant entreprendre de passer en revue toutes les accusations qui ont été laissées de côté à la tribune, j'ai tenu seulement à démontrer à la Chambre le peu de valeur de ceux de ces faits qui, ayant surnagé, avaient attiré l'attention de M. Andrieux.

Voilà, Messieurs, pour ce qui est des détails de l'administration, des incidents particuliers sur lesquels a porté l'interpellation.

Il y a dans le discours de M. Andrieux un point beaucoup plus grave que je dois traiter : il s'agit de savoir quelles sont les vues politiques du Gouvernement; si réellement il a trahi en Corse le parti républicain, qu'il doit servir en Corse comme en France; si l'on peut le rendre responsable de faits qui sont encore une énigme pour tant de gens et s'il faut se tourner de son côté pour l'accuser de ce que, dans certaines communes et dans le chef-lieu même, le parti républicain a succombé, ou si ce fait ne s'explique pas par une politique tout autre que la sienne, d'une manière à la fois simple, logique et naturelle.

Si l'on pouvait attribuer au Gouvernement et à l'administration les résultats d'une politique, si nous pouvions revendiquer avec les différentes majorités républicaines qui se sont succédé les résultats obtenus en Corse, voici, Messieurs, les résultats que nous pourrions faire entrer en compte et que je prie la Chambre de vouloir bien apprécier :

Le 14 août 1881, aux dernières élections législatives, les élections qui se sont faites sur le terrain de l'union républicaine, et après avoir vu disparaître plus d'une discorde et plus d'une scission, donnent au parti républicain la majorité dans la Chambre. Plus tard, lors des élections au Conseil général dont l'honorable M. Andrieux a parlé, et pour la première fois, la Corse a vu nommer un Conseil général qui a pu tenir la session extraordinaire, où le parti républicain est entré en grande majorité, animé des mêmes sentiments qui sur le continent avaient dicté le choix des électeurs républicains.

Ce n'est pas tout. Les élections municipales sont venues, et, si nous avions la majorité parlementaire, si nous avions la majorité dans le Conseil général, nous n'avions pas la majorité dans les Conseils municipaux. Nous l'avons à l'heure actuelle.

Voilà, Messieurs, s'il y a un trait quelconque, une relation à établir entre des résultats électoraux et la politique du Gouvernement, quels auraient été les fruits de notre politique. (*Applaudissements à gauche et au centre.*)

La situation, l'honorable M. Andrieux en a parlé, était, il me semble, plus simple qu'il ne veut bien le dire ; il a montré les ressentiments, les rancunes dominant toutes les pensées et toutes les préoccupations.

En Corse, à part quelques rares républicains éprouvés par les régimes antérieurs, on était, suivant lui, républicain ou bonapartiste au gré de ses convoitises ou de ses haines ; de sorte qu'à l'entendre il y aurait eu la plus grande confusion et la plus complète obscurité dans la situation politique de la Corse.

Cette situation m'apparaissait comme beaucoup plus simple. Il y avait, — et ici j'entre dans l'examen de faits qu'il faut enfin faire connaître, — il y avait un parti républicain et un parti bonapartiste. Dans le parti républicain, on pouvait compter, outre les républicains de la veille, beaucoup d'hommes qui, instruits par les événements, renonçant à des traditions antérieures, avaient accepté le Gouvernement républicain ; et puis, il y avait, de l'autre côté, des bonapartistes restés inébranlables dans leurs convictions, dans leurs espérances. Il y avait en un mot un parti républicain et un parti bonapartiste en présence.

Aujourd'hui, j'en conviens, il n'en est plus tout à fait ainsi : si vous étudiez ce qui se passe en Corse, vous n'y verrez plus cette simplicité dans les positions prises. En dehors des républicains qui avaient fait les élections de 1881, qui avaient fait les élections au Conseil général, qui ont conquis depuis la majorité dans les Conseils municipaux, il y a un autre parti nouveau, plus pur sans doute, et qui combat les républicains avec l'aide des réactionnaires... (*Très bien! très bien! et applaudissements à gauche et au centre.*)

M. LAGUERRE. — Ce sont vos amis !

M. HORACE DE CHOISEUL. — Je demande la parole.

M. LE MINISTRE. — Je n'ai fait encore qu'énoncer une proposition : j'assume l'obligation de la justifier. Je dis qu'il s'est conclu une alliance hautement, publiquement consacrée par acte authentique, et qu'après avoir été chercher l'appui des bonapartistes les plus influents par leurs alliances et par leur nom, on a même sollicité — bien que ce parti soit d'une moindre importance en Corse — l'appui des légitimistes, tant il est vrai que, pour certains hommes politiques, il n'y a pas de quantité négligeable... (*Rires et applaudissements au centre et à gauche.*)

M. PIEYRE. — Cela s'applique à votre politique.

M. LE MINISTRE. — Je prétends que ce n'est pas là une assertion téméraire et qu'il est grand temps, je ne dis pas pour les destinées du parti républicain corse, mais pour la République, de savoir ce qui constitue la politique républicaine... (*Très bien! très bien! à gauche et au centre.*)

M. LE PRINCE DE LÉON. — Dites-nous le donc un peu ; nous ne serions pas fâchés de le savoir, nous autres royalistes !

M. LE MINISTRE. — ... et si véritablement, pour avoir le droit de se montrer sévère et de juger les autres, il est nécessaire d'avoir rompu avec l'alliance républicaine pour contracter des pactes comme ceux dont j'indique la nature.

Ne s'est-il rien produit de semblable en Corse ?

M. Andrieux a parlé, à cette tribune, d'un événement dont il nous rend responsables, des élections d'Ajaccio, qui ont été un triomphe, — je ne dirai pas pour les bonapartistes, je ne dirai pas pour les légitimistes, je ne dirai pas même pour les intransigeants, — mais pour les trois à la fois ! (*Très bien ! très bien ! au centre.*)

Or voici, Messieurs, comment la liste municipale était composée : on y trouvait les personnages les plus autorisés de chacun des grands partis dont je parle.

Le premier candidat porté sur la liste était M. Pugliesi-Conti, ancien préfet de l'Empire, révoqué au 4 septembre, précepteur, je crois, du prince Victor. Je néglige un certain nombre de candidats appartenant manifestement à la même opinion. Par exemple, je trouve M. André Bacciochi, cousin, je crois, d'un de nos honorables collègues, M. Joseph Pugliesi, M. François Nicoli, avocat, conseiller général, rédacteur du *Réveil de la Corse*, toutes notabilités du parti bonapartiste, et qui, jusqu'aux dernières élections, avaient combattu pour leur drapeau sans éprouver le besoin de recruter des alliés utiles sans doute et d'ailleurs peu exigeants.

A côté de ce premier groupe nous trouvons M. le comte Pozzo di Borgo qui, lui, ne défend pas la cause impérialiste, mais qui, je puis l'affirmer, est le représentant accrédité du parti légitimiste.

En troisième lieu enfin, nous trouvons l'honorable correspondant de M. Laguerre, M. Ceccaldi... (*Ah ! Ah !*)

M. Laguerre. — ... qui a lutté toute sa vie contre l'Empire et a été préfet de M. Gambetta sous la Défense nationale !

M. le comte de Douville-Maillefeu. — C'est un honnête homme !

M. Georges Roche. — C'est l'union des opprimés !

M. le prince de Léon. — Royalistes, bonapartistes, intransigeants ont assez de votre République et s'associent pour la renverser. Plus cela ira, plus cela augmentera !

M. Paul de Cassagnac. — C'est le bal des victimes !

M. le Ministre. — Je n'ai pas l'intention d'enlever à l'honorable M. Ceccaldi, dont M. Laguerre disait à l'instant qu'il avait toujours été républicain, ce mérite. Son interruption m'oblige cependant à dire qu'il y a un M. Ceccaldi — est-ce le même ? j'ai vu comment on peut se tromper par l'exemple même de M. Andrieux, — qui, en 1867, votait une souscription de 500 francs pour l'érection d'un monument au général Arrighi, duc de Padoue...

M. Paul de Cassagnac. — Il n'y a pas de politique là-dedans !

M. le Ministre. — En voici, mon cher collègue :... et qui donnait des fêtes à Ajaccio lors de la nomination de M. Pietri à la préfecture de police.

M. Laguerre. — Ce ne peut pas être le même !

M. Peraldi. — C'est le même ! j'affirme que c'est le même ! (*Rires et applaudissements à gauche et au centre.*)

M. Laguerre. — Il a été préfet sous la Défense nationale.

M. le Ministre. — Et révoqué par le gouvernement de la Défense nationale !

Comment ce résultat a-t-il été obtenu ? Comment cette association de trois idées, de trois principes, jusqu'alors plus habitués à se rencontrer pour se combattre que pour sympathiser, a-t-elle pu se produire ? (*Interruptions à droite.*)

M. le comte de Lanjuinais. — C'est la révolte de gens qui ne veulent pas être esclaves !

M. le Ministre. — Messieurs, je prétends que ce résultat a été obtenu par une alliance sans précédent, par une coalition de forces qui ne s'étaient jamais réunies jusque-là, et j'ai à me demander — car on parle ici de responsabilités, et il faut que chacun reprenne la sienne... (*Très bien ! très bien !*) — j'ai à me demander comment un tel événement a pu se produire.

Je pense, pour ma part, — c'est peut-être une erreur, mais je n'oblige personne à partager mes convictions, — que la confection de cette liste municipale d'Ajaccio, qui marque tout au moins une évolution, sinon une révolution dans la tactique républicaine, a été le couronnement d'une œuvre patiemment poursuivie, savamment organisée, et qui m'oblige, dans cette interpellation dont il a été la première occasion et le premier sujet, à dire moi-même un mot de M. Saint-Elme.

Son journal avait, en effet, annoncé, discrètement d'abord, d'une façon plus éclatante ensuite, la politique que l'on comptait suivre. Dans le premier numéro, je trouve quelques lignes que je vous demande la permission de vous lire, parce qu'elles montrent de quelles influences le journaliste se recommande et sous quelle égide il se place :

« Le discours de M. Jules Ferry, y est-il dit, la nomination de M. Casimir-Perier, voilà les deux termes qui marquent l'évolution que le ministère actuel s'est décidé à accomplir après avoir hésité si longtemps à s'y résoudre, Nous courons à un coup d'État parlementaire ou militaire, aumalien ou philippiste, peu importe. »

Eh bien ! il manque quelque chose à cette énumération de coups d'État. Ceux dont nous sommes le plus coutumiers ont été généralement accomplis par un parti dont M. Saint-Elme ne dit pas un mot. Il redoute beaucoup un coup d'État philippiste ou un coup d'Etat aumalien ; quant à appréhender un coup d'Etat bonapartiste, cette idée ne lui est même pas venue. (*Applaudissements et rires au centre et à gauche.*)

M. LE COMTE DE DOUVILLE-MAILLEFEU. — Ce n'est pas dans le premier numéro.

M. LE MINISTRE. — C'est dans le numéro du 17 octobre 1883. D'ailleurs, Messieurs, l'intervention de M. Saint-Elme dans cette politique n'est pas un incident isolé. Saint-Elme n'est pas un enfant perdu qui s'est jeté en Corse à la suite d'une vie plus ou moins tourmentée ; il est manifeste qu'il est allé en Corse pour y accomplir une œuvre arrêtée, et, cette œuvre, je ferai connaître très brièvement comment il s'en est acquitté.

Quand je dis que ce n'est pas un enfant perdu, j'en ai la preuve dans les numéros mêmes de son journal. Il reçoit du continent des marques précieuses de sympathie et de collaboration. Dans le numéro du 5 décembre, je trouve un article d'un journaliste bien connu de Paris, M. Lucipia, et, au bas d'un article du 12 décembre, je vois la signature de notre honorable collègue M. Laisant... (*Exclamations à l'extrême gauche.*)

M. Laisant. — Monsieur le Ministre, je ne vous permets pas de dire sous cette forme que ma signature se trouve dans le *Sampiero*. Tout le monde sait que les journalistes de province prennent chaque jour parmi les articles de leurs confrères de Paris de quoi remplir leurs colonnes. C'était le droit de M. Saint-Elme. Je proteste contre cette insinuation : je n'ai eu aucune espèce de rapport avec M. Saint-Elme. (*Mouvements divers.*)

M. le Ministre. — Il n'y a là qu'un incident sans importance ; mais je tiens à dire que mon allégation est d'une exactitude rigoureuse et n'est pas d'ailleurs en contradiction avec les explications que l'honorable M. Laisant vient de donner. J'ai dans mon dossier — M. Laisant connaît la valeur de l'emplacement d'un article — un numéro du *Sampiero*... (*Bruit.*)

M. Tony Révillon. — Jamais une reproduction n'a été une collaboration.

M. le Ministre. — Messieurs, j'énonce le fait le plus simple du monde ; j'ai sous les yeux un numéro du *Sampiero* paru à la date qu'il porte, et, à la première colonne, se trouve un article intitulé : « Les nouveaux Seize-Mayeux », qui porte la signature de M. Laisant.

Voix à l'extrême gauche. — Pas d'insinuations ! Lisez !

M. le Ministre. — Je ne demande absolument qu'à croire que le *Sampiero* a pris, malgré eux, sous sa protection, un certain nombre d'hommes politiques dont les noms se sont très souvent retrouvés dans ses colonnes ; c'est ainsi que je n'entends nullement inférer de l'annonce, faite longtemps à l'avance par le *Sampiero*, du voyage que se proposaient de faire quelques-uns de nos collègues, que ce sont eux qui avaient dépêché Saint-Elme pour marquer en quelque sorte les logements. Non ; mais je prétends que l'ouvrage accompli par Saint-Elme antérieurement à cette date a singulièrement favorisé la coalition de la dernière heure, qui a été la cause déterminante de la défaite qu'on nous reproche, de ces élections d'Ajaccio qu'on veut mettre à notre compte.

En effet, ce voyage dont je parle était annoncé et réannoncé dans les termes les plus flatteurs pour ceux qui devaient l'entreprendre ; MM. Laisant, Granet et Laguerre étaient présentés comme venant redresser tous les torts de l'opportunisme, et planter en Corse le drapeau des vrais principes jusque-là méconnus.

Eh bien ! quel avait été le premier acte de M. Saint-Elme, qui, vous allez le voir, a réuni autour de lui bien de bonnes volontés de bien des sortes, qui a très certainement contribué, dans la plus large mesure, à cette coalition des élections municipales, dans lesquelles nous voyons côte à côte le comte Pozzo di Borgo, M. Ceccaldi, M. Pugliesi-Conti ?

MM. Camille Pelletan et Laguerre. — C'était une coalition contre l'assassinat !

M. le Ministre. — M. Saint-Elme s'était hâté de se mettre en relations avec des bonapartistes de la veille et du jour et très vraisemblablement du lendemain.

M. Paul de Cassagnac. — Ceux du lendemain sont ici ! (*Rires à droite.*)

M. le Ministre. — M. Saint-Elme avait en quelque sorte formulé le programme dès le 31 octobre, le programme de l'alliance du 4 mai. Il disait :

« En présence des coalitions malsaines fomentées par les saltimbanques qui nous gouvernent, salissant la gloire de notre pays et faisant litière de la virilité, de la dignité et de l'honorabilité de la France, il n'y a plus qu'une solution : l'alliance, l'alliance des honnêtes gens. » (*Très bien ! très bien ! à droite.*)

Voix à l'extrême gauche. — L'alliance contre les assassins et les voleurs !

M. le Ministre. — Cette alliance, Messieurs, il la prépare. A votre dernière séance, notre collègue M. Laguerre vous racontait les innombrables actes d'injustice qui auraient frappé Saint-Elme. Voici dans quels termes — je tiens à citer textuellement ses paroles — il a raconté un de ces épisodes. C'est une rectification qui n'est pas sans intérêt :

« Un sous-officier, secrétaire du bureau de recrutement, qui s'appelle Sinibaldi, — je puis le nommer sans danger, — avec lequel Saint-Elme s'était lié, apprend que l'on prépare, sur la route de Sartène où Saint-Elme doit se rendre, une agression, un guet-apens dans lequel il laissera peut-être sa vie. Sinibaldi reçoit cette information quand Saint-Elme est déjà parti pour Sartène; n'écoutant que son cœur, il envoie à des amis de Sartène une dépêche leur disant : « Allez au devant de notre ami; je sais qu'on l'attend sur la route, peut-être pour lui faire un mauvais parti. »

Messieurs, cette affaire Sinibaldi a fait quelque bruit, parce qu'il n'est pas encore entré dans la pratique de l'administration corse, si peu scrupuleuse, cependant, à votre dire, d'admettre qu'un sergent de recrutement embauche ouvertement des partisans pour une action bonapartiste. (*Interruptions à l'extrême gauche.*)

M. Laisant. — Non! mais pour empêcher un homme d'être assassiné !

M. le Ministre. — Permettez! vous ne savez pas encore la moindre partie de ce qu'a fait Sinibaldi, vous ne connaissez que ce que M. Laguerre a raconté, et je prétends qu'il n'y a pas un point d'exact dans son récit. (*Ah! ah! à gauche et au centre.*)

On vous a montré Saint-Elme obligé d'aller à Sartène, menacé d'être attaqué sur la route, et Sinibaldi, jouant un rôle absolument naturel, disant : « Mais on veut l'attaquer sur la route, il faut le protéger. » Rien de plus légitime.

Eh bien! voici la dépêche qui a été envoyée par Sinibaldi : « Saint-Elme vient à Sartène demain par bateau... » Voilà que déjà votre grande route disparaît!... (*Rires et applaudissements à gauche et au centre. — Interruptions ironiques à l'extrême gauche.*)

M. Laguerre. — Pardon, Monsieur le ministre, mais Sartène n'est pas un port de mer ! C'est Propriano qui est le port de Sartène ! (*Rires à l'extrême gauche et à droite.*)

M. LAISANT. — Il y a 12 kilomètres de Propriano à Sartène !

M. LE MINISTRE. — Etait-ce un sentiment de protection, d'humanité qui avait dicté la dépêche ? Vous pensez bien que je ne lirais pas cette dépêche pour le simple plaisir de dire que sur des moyens de transport d'Ajaccio à Sartène M. Laguerre et moi nous sommes en dissentiment. Je lis cette dépêche, parce que vous avez prétendu qu'on avait conçu la crainte de voir M. Saint-Elme attaqué en route.

« Saint-Elme vient à Sartène, demain, bateau ; il est souverainement... » (*Interruptions à droite.*)

A gauche. — Mais n'interrompez donc pas ! C'est intolérable !

M. LE MINISTRE. — « ... il est souverainement important qu'il soit reçu par les bonapartistes, selon son désir du reste. Descendez à Propriano. » (*Rires et exclamations à gauche et au centre. — Bruit à droite.*)

M. PAUL DE CASSAGNAC, — Il n'aurait pas été assassiné par les bonapartistes !

M. LE MINISTRE, — Cette préoccupation d'être reçu par les bonapartistes éclate bientôt, non plus dans le document d'un tiers, mais encore dans le récit que M. Saint-Elme fait lui-même de son voyage dans l'île et qui se trouve à la date du 6 janvier 1884 dans le *Sampiero*.

Je n'en lis que quelques lignes :

« A Bocognano, où j'arrivai le soir, vers les huit heures, je fus reçu à bras ouverts par une masse de républicains, — des vrais, — et, oserai-je l'ajouter, de bonapartistes.

. . . .

« Puis, un cheval m'enlève. J'arrive à Tattona ; quelques poignées de mains, quelques protestations de dévouement, et puis, en vingt minutes de galop, nous atteignons Vivario.

« Là, sur le perron du cercle, précisément en face de la station de la berline, Jean Costa, conseiller d'arrondissement, est debout. Ce vétéran de la démocratie, entouré de ses fidèles, dégringole les marches de l'escalier et je suis dans ses bras. Le cercle me reçoit... et nous sommes tous là, radicaux, bonapartistes, nous serrant la main... » (*Exclamations et applaudissements ironiques à gauche et au centre. — Interruptions à l'extrême gauche.*)

M. ANDRIEUX. — Ce sont les abus de votre administration qui ont noué cette coalition!

M. LE MINISTRE. — Messieurs, je ne prétends pas le moins du monde contester que cette alliance, que cet emprunt faits à des partis que nous avions toujours combattus, puissent constituer une politique, qu'ils puissent même porter des fruits; mais, quand on vient vous dire que certains résultats doivent peser sur nous comme une condamnation, je suis strictement dans mon droit en recherchant comment on a pu les préparer et les obtenir. (*Interruptions à droite.*)

M. JULES DELAFOSSE. — Ce sont les résultats de votre oppression!

M. LE MINISTRE. — La même politique s'est affirmée avec un éclat incomparable dans une autre circonstance.

J'indiquais tout à l'heure qu'on avait pu trouver, à une certaine date, un terrain déjà préparé où les partis bonapartiste, légitimiste et républicain étaient prêts à s'entendre. Est-ce que cette fusion n'a pas éclaté avec la dernière évidence dans une circonstance que je n'aurais même pas rappelée sans une parole que M. Laguerre a apportée hier à cette tribune? M. Laguerre, parlant du meurtre de Saint-Elme, vous disait hier que nous essayons de faire contre lui ce que l'Empire avait tenté de faire contre Victor Noir. J'ai gardé cette parole sur le cœur (*Très bien! très bien! à gauche et au centre.*), et c'est pour cela qu'il me faut rappeler des faits qui, joints à tant d'autres, donneront peut-être plus d'importance à ma démonstration, et que je n'eusse cependant pas mis au débat si je ne m'y trouvais contraint.

Le *Sampiero* rend compte de ces embrassades qui ont cimenté la coalition. Il nous montrait tout à l'heure bonapartistes et radicaux, tous unis dans une cordiale étreinte, se serrant la main. Cela, Messieurs, s'est vu dans d'autres

voyages que dans le voyage de M. Saint-Elme... (*Très bien !
très bien ! à gauche et au centre.*)

M. Laguerre. — Oh ! vous le dites, et vous savez que c'est
une calomnie ! (*Très bien ! à l'extrême gauche. — Bruyantes
réclamations à gauche et au centre. — A l'ordre ! à l'ordre.*)

Voix à gauche. — A l'ordre ! à l'ordre !

M. le Président. — Monsieur Laguerre, en disant au ministre : « Vous savez que c'est une calomnie », vous avez
prononcé une parole qu'il n'est pas permis d'employer, je
vous rappelle à l'ordre. (*Vives rumeurs à l'extrême gauche.*)

M. le Ministre. — Si le fait que j'allègue est inexact, je
demande à M. Laguerre s'il est vrai que, dans le comité
qui lui a offert un banquet à Ajaccio, le président n'était
pas M. Cuneo d'Ornano, ancien procureur impérial à Lons-
le-Saulnier, révoqué après le 4 septembre ? (*Exclamations
à gauche et au centre. — Interruptions.*)

M. Laguerre. — Voulez-vous me permettre de répondre
un mot ?

M. le Président. — Vous répondrez plus tard aux questions qui vous seront posées.

M. le Ministre. — Je demande si M. Cuneo d'Ornano
était président de ce comité, s'il était assis à votre table et
à votre droite ? Je demande si, en face de vous, vous n'aviez
pas deux convives dont les noms auraient dû vous interdire
de parler de Victor Noir ? (*Interruptions à l'extrême gauche.*)

M. Camille Pelletan. — Cela ne vous regarde pas. (*Exclamations bruyantes au centre et à gauche.*)

M. le Ministre. — Mais si, cela me regarde.

M. le comte de Douville-Maillefeu, de son banc. — Non,
cela ne vous regarde pas ! nous avons le droit de faire ce
qui nous plaît et de vous interpeller, mais vous n'avez pas
le droit d'interpeller vos collègues sans violer le règlement.

Je demande la parole pour un rappel au règlement. (*Interruptions et bruit au centre.*)

M. le Président. — Vous l'aurez.

M. Paul de Cassagnac. — Monsieur le président, vous
permettez aujourd'hui ce que vous avez interdit avant-hier :
les interpellations de collègue à collègue.

M. le Président. — Monsieur Paul de Cassagnac, je vous rappelle à l'ordre.

M. Paul de Cassagnac. — Et moi je voudrais vous rappeler à la justice et à l'impartialité. (*Nouvelles exclamations au centre et à gauche.*)

Voix nombreuses au centre. — La censure ! la censure !

M. le Président. — Je vous rappelle à l'ordre avec inscription au procès-verbal. (*Applaudissements au centre.*) Il n'y a pas d'autre juge de ma justice et de mon impartialité que la Chambre elle-même. (*Nouveaux applaudissements au centre et à gauche. — Interruptions à droite.*)

M. le Ministre. — Messieurs, je discute un fait politique, un acte politique émané d'un homme politique, et, ayant à répondre aux accusations dirigées contre moi, à expliquer des faits dont on me rend responsable, j'ai le droit de ne pas passer sous silence un événement qui, dans la suite, a pesé d'un poids considérable dans les élections ; et, quand je montre certaines personnes contractant des alliances que je trouve mauvaises et que je vous laisse le droit de trouver excellentes (*Très bien ! très bien ! à gauche et au centre. — Réclamations et interruptions à l'extrême gauche.*), quand j'arrive, répondant à l'accusation d'inexactitude, — je ne reproduis pas le mot dont s'est servi M. Laguerre, — quand j'arrive à préciser les faits, j'exerce un droit incontestable. (*Très bien ! très bien à gauche et au centre.*)

Eh bien ! je prétends qu'à côté de M. Cuneo d'Ornano, votre président, dans ce comité et dans la même salle, vous aviez M. Coggia, ancien rédacteur de l'*Avenir de la Corse*, dont la polémique avec la *Revanche* s'est terminée par le meurtre de Victor Noir. Devant vous encore, vous aviez M. Chiappe, qui, dans le procès de Tours, a été un des témoins du prince Pierre Bonaparte. (*Rires ironiques et interruptions à droite. — Exclamations au centre et à gauche. — Bruit.*)

M. Andrieux. — Son nom figurait sur la liste de M. Peraldi.

M. le Ministre. — Messieurs, je n'ai plus qu'un mot à dire, et puisque l'honorable M. Andrieux attribuait le succès, je pourrais dire le triomphe de la liste dont je vous faisais connaître tout à l'heure la composition, à notre mauvaise politique, j'ai le droit peut-être de dire qu'on n'a pas celui de se montrer surpris de voir arriver aux affaires un Conseil municipal composé, pour la plus grande part, des organisateurs du banquet qui avaient si bien accueilli l'honorable M. Laguerre.

Je pense, par conséquent, que s'il fallait, dans une interpellation de cette nature, montrer que l'on n'est pour rien, absolument pour rien, dans un résultat électoral, j'aurais fait cette démonstration. (*Très bien! très bien! à gauche et au centre.*)

Maintenant, l'honorable M. Andrieux nous a demandé quelle politique nous entendons suivre en Corse. Je lui réponds que, dans la mesure de mes forces, de ma volonté et de mon intelligence, je prétends ne pas suivre en Corse une politique différente de celle que nous avons suivie sur le continent...

M. PIEYRE. — Elle est jolie!

M. LE MINISTRE. — ... c'est-à-dire que nous entendons exiger le respect de la loi. (*Rires ironiques à droite.*)

Nous entendons encore qu'au point de vue des devoirs de stricte justice qui incombent à l'administration, il ne soit jamais fait de distinction entre les partis... (*Oh! oh! à droite.*) Mais nous entendons également, au point de vue politique, chercher notre appui dans l'union des républicains dont je rappelais tout à l'heure les œuvres, dans ce parti qui, depuis 1881, a fait triompher en Corse le drapeau de la République.

C'est là que nous cherchons notre force, et je me hâte de le dire avec la même netteté, nous ne la demanderons pas à un autre parti qui se dit républicain, avec une entière bonne foi, sans doute, mais qui a pu entendre dans les rues d'Ajaccio, sans une indignation suffisante, les couplets de l'*Ajaccienne* mêlés au chant de la *Marseillaise*! (*Très bien! très bien! et applaudissements répétés au centre et à gauche. — L'orateur, en retournant à son banc, est félicité par un grand nombre de ses collègues.*)

DEVOIRS
DU GOUVERNEMENT ET DES MUNICIPALITÉS
EN CAS D'ÉPIDÉMIE CHOLÉRIQUE

Chambre des députés. — *Séance du 2 août 1884.* — Une épidémie cholérique des plus graves éclata à Toulon et Marseille en juin 1884. M. Waldeck-Rousseau se rendit aussitôt sur les lieux avec deux de ses collègues du ministère. Il y prit toutes les mesures de salubrité possibles, et il engagea les municipalités à exécuter rapidement des travaux indispensables pour combattre le fléau dans l'avenir. Interpellé par M. Clemenceau sur cette épidémie, il fit connaître quels étaient dans ces circonstances les devoirs des villes et ceux du Gouvernement.

M. Waldeck-Rousseau, *ministre de l'Intérieur.* — Je voudrais, Messieurs, répondre à quelques-unes des observations qui ont été présentées par M. Clemenceau.

Je laisse tout naturellement de côté ce qu'il y a eu d'un peu personnel dans son discours. En parlant des causes auxquelles on peut attribuer le fléau qui sévit d'une façon si terrible sur le Midi, il a indiqué l'affolement des populations, et il a regretté en même temps que le voyage des ministres n'ait pas produit des résultats plus complets et plus heureux. Il a bien voulu dire en quoi les investigations auxquelles nous nous sommes livrés ont pu laisser à désirer, et il a semblé exprimer cette pensée que nous avons sensiblement réduit l'éclat d'une action qu'en ce qui me concerne je tenais pour essentiellement simple.

Je ne croyais vraiment pas que, de la part de membres du Gouvernement, le fait de se rendre dans une ville qui est éprouvée pour une raison ou une autre fût un acte de courage, encore moins d'héroïsme (*Très bien! très bien! à gauche et au centre.*), et je pense, en tout cas, que, s'il en était différemment, ce ne serait pas à ceux qui ont fait le voyage qu'il appartiendrait de le dire. (*Nouvelles marques d'approbation et applaudissements à gauche et au centre.*)

M. Clemenceau a parlé, Messieurs, de certains faits matériels sur lesquels je vous demande la permission de rappeler votre attention, parce qu'il me semble qu'ici on passe singulièrement à côté de la question véritable, et parce qu'il est essentiel, sans prétendre faire le procès de personne, de restituer à chacun sa responsabilité.

M. Clemenceau, dans un tableau fort détaillé, a signalé, parmi les causes qui ont pu exercer une grande influence sur le développement du fléau, un certain nombre de faits que j'ai notés et dont l'exactitude est certaine.

Il a dit : Dans certaines villes du Midi, il n'y a pas d'arrêtés assez prévoyants pour réglementer l'enlèvement des ordures ménagères; il a ajouté qu'en ce qui concerne les vidanges, les lacunes étaient, dans les législations locales, plus considérables encore. Il a parlé en troisième lieu de ce que les égouts des villes de Marseille et de Toulon présentaient de tout à fait défectueux. En quatrième lieu, il a exposé les mesures qui devraient être prises en ce qui concerne les logements insalubres.

Ce sont, en effet, ces quatre faits qui, pour un observateur attentif, dominent la situation matérielle des deux villes dont il faut nécessairement s'occuper dans un pareil débat.

Pour qui donc a-t-on revendiqué avec une ardeur extrême le soin de s'occuper de tout ce qui concerne la voie publique, sa propreté, sa salubrité? (*Très bien! très bien! à gauche et au centre.*)

Est-il vrai que le domaine de la salubrité soit un terrain vague sur lequel on peut se rencontrer au hasard, au gré des circonstances? Oh! Messieurs, il pourrait être singulièrement périlleux de remettre, comme on l'a demandé, à je ne sais quels fonctionnaires dont on ferait comme des proconsuls de l'hygiène, le soin de se rendre dans les départements pour imposer aux municipalités des mesures déterminées. (*Nouvelles marques d'approbations sur les mêmes bancs.*)

Je suis obligé de faire un retour sur une loi qui a longuement occupé les deux Chambres, la loi municipale, et de rappeler les termes précis de certains de ses articles, parce qu'ils sont tellement clairs, tellement positifs que, si on les avait présents à la mémoire, on ne risquerait pas de se tromper lorsqu'il s'agirait de faire le partage toujours lourd des responsabilités.

Il y a dans la loi municipale un article 97 que je vous demande la permission de vous lire par extraits.

Cet article 97 définit la police municipale :

« La police municipale a pour objet d'assurer le bon ordre, la sûreté et la salubrité. Elle comprend notamment :

1° Tout ce qui intéresse la sûreté et la commodité du passage dans les rues, quais, places et voies publiques, ce qui comprend le nettoiement... l'interdiction de rien exposer qui puisse causer des exhalaisons nuisibles...

. . . .

4° Le mode de transport des personnes décédées, les inhumations et les exhumations;

5° L'inspection sur la fidélité du débit des denrées qui se vendent au poids ou à la mesure, et sur la salubrité des comestibles exposés en vente;

6° Le soin de prévenir, par des précautions convenables, et celui de faire cesser, par la distribution des secours nécessaires, les accidents et les fléaux calamiteux, tels que les incendies, les inondations, les maladies épidémiques ou contagieuses. » (*Très bien! très bien! à gauche et au centre.*)

Il y a, en un mot, dans cet article 97 toutes les prescriptions fondamentales qui se trouvaient dans les lois de 1789, de 1790 et de 1791, et que vous avez, avec le Sénat, décidé de maintenir dans les attributions les plus essentielles des maires : c'est cette partie de la police qui s'appelle la police de salubrité.

M. Clemenceau. — On a bien fait.

M. le Ministre. — C'est un fait que je rappelle et que je précise : vous verrez quelles sont les conclusions que j'en déduirai tout à l'heure.

En ce qui concerne les causes principales, je ne dis pas des épidémies, mais de l'insalubrité qui en permet le développement : absence de précautions sur la voie publique, absence d'enlèvement des ordures, absence d'égouts, absence en un mot de mesures de salubrité, nous pouvons constater que ce sont là autant d'actes qui dépendent au premier chef des attributions des municipalités et du pouvoir exécutif des municipalités.

Il y a plus, Messieurs. Les termes dont se servait la loi de 1791, comme les termes de l'article 27 de la loi de 1884, sont tellement larges, tellement compréhensifs, que je ne connais pas, pour ma part, une seule attribution donnée à un fonctionnaire dans des termes aussi vastes et aussi étendus, et c'est en ce moment qu'on peut dire que le pouvoir des maires en matière de salubrité est en quelque sorte illimité.

Qu'arrive-t-il? car je suis monté à cette tribune beaucoup moins pour juger des torts particuliers que pour tirer de ces faits fâcheux, pénibles, des conclusions beaucoup plus générales.

Il arrive que ce pouvoir si complet, les maires, très malheureusement, en temps ordinaire, l'exercent plus ou moins ; en temps extraordinaire, c'est-à-dire en temps d'épidémie, ils l'exercent avec un certain excès, certains abus, tout au moins, pourrai-je dire, avec certaines exagérations.

Plusieurs membres. — C'est cela!

M. le Ministre. — Pourquoi, Messieurs? Parce que, lorsqu'on parle de salubrité, on touche immédiatement à un chapitre de la vie pratique et de la vie réelle, dont on n'écrira pas une seule ligne sans blesser infiniment les intérêts particuliers; parce que, lorsque les maires — et ce n'est pas, malheureusement, le fait de beaucoup de maires des villes atteintes aujourd'hui — ont cette initiative robuste qui les porte à entreprendre des travaux d'assainissement général, ils se heurtent ou à des préjugés ou à des intérêts particuliers qui souvent sont très difficiles à surmonter. (*Marques d'assentiment sur divers bancs.*)

Quand on parle pour Toulon et pour Marseille de l'absence d'égouts, de l'absence d'enlèvement des ordures, en un mot de l'absence d'un système sanitaire, quand on parle de l'insalubrité de certains logements et de certains quartiers, est-ce que ce sont là des faits qu'il ait été nécessaire d'aller découvrir par des investigations récentes ? Mais ce sont là des faits qui en France — je ne parle pas seulement pour les hommes politiques, mais pour tout le monde — sont de notoriété absolue. Et si nous sortons de cette idée générale qu'on se fait d'un pays ou d'une ville par le récit des voyageurs, pour rentrer dans le domaine plus précis de l'administration, j'affirme qu'il y a des années et des années que, de tout son pouvoir, l'administration préfectorale pèse sur les administrations municipales pour qu'elles veuillent bien commencer ces travaux d'un intérêt si considérable. (*Bruit à l'extrême gauche.*)

M. Clemenceau. — Je demande la parole.

M. le Ministre. — Non seulement on ne les a pas commencés, mais — et c'est là un détail que vous me forcez d'indiquer à la Chambre — lorsqu'il y a des travaux élémentaires de salubrité à faire, lorsqu'on peut ainsi employer des bras qui sont inoccupés par suite de la fermeture de certains chantiers, ces travaux ne sont pas entrepris davantage. (*Réclamations sur les mêmes bancs.*)

Je me souviens que, lorsque nous avons discuté ces droits des municipalités, une partie des hommes politiques appelés à trancher cette question n'entendaient pas sans quelque émoi revendiquer pour les préfets, non pas le droit de supprimer l'initiative des maires, mais un certain droit de contrôle, un certain droit de revision ; et l'on affirmait que demander pour le préfet ce droit que nous réclamions pour eux, c'était vouloir consacrer la violation des principes les plus élémentaires, les plus primitifs de l'organisation municipale.

Eh bien! Messieurs, depuis que cette question est portée à la tribune, je n'entends du côté des mêmes hommes politiques qu'une série d'invitations, je dirais volontiers de provocations parlementaires, à l'adresse du Gouvernement pour qu'il se substitue à cette initiative communale ou directement par lui-même ou par les fonctionnaires qu'il aurait choisis. (*Applaudissements à gauche et au centre. — Rumeurs à l'extrême gauche et à droite.*)

M. CLEMENCEAU. — Vous demandez la liberté du choléra! Nous avions demandé, nous, la nomination d'une Commission parlementaire qui aurait fait une enquête. (*Très bien! très bien! à l'extrême gauche. — Interruptions à gauche et au centre.*)

M. LÉON RENAULT. — Cette mesure a été réclamée par vous et par vos amis, et c'était une mesure détestable!

M. LE MINISTRE. — A ce point de vue, je voudrais soumettre une réflexion à la Chambre. Si je n'ai pas cru à cette époque qu'il fût possible, pour employer une expression dont on fait souvent usage dans ces derniers temps, de laisser toujours et quand même le dernier mot aux municipalités, jamais je n'ai vu avec plus de certitude le danger considérable qu'il y aurait à substituer, avec cette plénitude de juridiction dont on parlait, l'administration, le pouvoir central, aux pouvoirs locaux.

Pourquoi? Deux sortes de critiques sont venues se rencontrer à cette tribune, je dirais volontiers sont venues s'y heurter; d'une part, on a dit : Les maires ne faisant rien, ne prenant pas les mesures nécessaires, les préfets auraient dû s'emparer du pouvoir municipal!...

M. CLEMENCEAU. — Je n'ai pas dit cela.

M. LE MINISTRE DE L'INTÉRIEUR. — Si vous n'avez pas parlé des préfets, vous nous proposez du moins d'envoyer en temps d'épidémie des fonctionnaires qui se substitueront à ceux qui, aujourd'hui, de par la loi municipale, sont naturellement chargés de prendre les mesures nécessaires contre cette épidémie.

En même temps que vous invitez le Gouvernement à prendre ces mesures exceptionnelles, vous montrez à merveille les grands dangers qu'elles feraient naître si elles étaient prises au moins dans la forme où vous les présentez.

J'ai dit tout à l'heure que dans cette séance même j'ai entendu deux sortes de critiques absolument différentes et contraires. On nous a dit : On ne prend pas assez de mesures de salubrité contre le choléra, on ne fait rien pour lui barrer la route ; et comme le développement de ce fléau est rempli d'inconnues qui ne sont pas encore dégagées, comme les mesures à prendre sont variables et par conséquent incertaines, il est arrivé que les préfets de certains départements ont pris des mesures qu'on peut considérer, avec des autorités sérieuses, comme des mesures sérieuses, vraiment prophylactiques : ils ont interdit l'entrée de certaines denrées provenant des pays contaminés, et tandis que, d'une part, on reproche à l'administration de n'avoir rien fait, de l'autre tous les représentants des intérêts commerciaux engagés dans la question sont venus protester, réclamer et dire qu'il n'y avait qu'une chose à faire : c'était de lever ces arrêtés pris par l'administration. (*Marques d'assentiment.*)

Eh bien! Messieurs, la philosophie qui se dégage de ces quelques observations est celle-ci :

Je ne crois pas que l'état de choses actuel — je ne parle pas des rouages, mais de ce que j'appellerais volontiers leur assemblage — soit le dernier mot d'une très bonne législation en matière d'hygiène. Je suis en présence d'un fait matériel ; ce fait, c'est une épidémie qui a éclaté, et dont vous avez tenté de pénétrer les causes. Ces causes, ni vous ni personne, je crois, ne les a découvertes avec certitude. (*Assentiment.*) Mais ce que vous avez vu, comme nous et comme tous ceux qui sont allés dans ces pays atteints, ce sont les causes qui ont grandement contribué à faire que le fléau s'est étendu, aggravé, et qu'au lieu de se traduire par quelques cas particuliers, il s'est traduit par des séries de décès. Elles tiennent à une voirie absolument défectueuse. J'avais donc un premier devoir, après avoir rendu — et c'était presque inutile, puisque M. Clemenceau a bien voulu le faire — un hommage complet au dévouement de tous les fonctionnaires placés dans mes services, c'était de constater que les pouvoirs de police, en matière de salubrité, sont essentiellement municipaux, et que c'est vers les municipalités qu'il faut se retourner lorsqu'on fait le procès de l'insalubrité d'une ville. (*Très bien! — C'est cela! à gauche et au centre.*)

Une seconde réflexion m'a été suggérée par ce débat, et je vous demanderai la permission de vous la soumettre. Je suis convaincu que si, l'épidémie ayant éclaté sur un point, il y a des mesures de désinfection à prendre, — mesures qui sont prises un peu au hasard, un peu dans les ténèbres, mais enfin dont la généralité peut produire quelques effets, — c'est surtout avant l'épidémie, c'est en temps de paix, de santé, c'est quand on est dans toute la liberté de son jugement qu'il conviendrait de porter son attention et son effort sur des questions qui vous sollicitent depuis des années.

M. PEYTRAL. — C'est ce que ne fait pas le Gouvernement. (*Exclamations au centre.*)

M. MARTIN-NADAUD. — C'est ce que ne fait pas le public. (*Interruptions.*)

M. LE MINISTRE. — On me dit que c'est ce que ne fait pas le Gouvernement, et je viens de démontrer à satiété, — et je pense que sur ce point il y a, en quelque sorte, chose jugée, — je viens de démontrer, dis-je, qu'on a demandé, et c'était légitime, que les mesures de salubrité, que la construction des égouts, que tous les travaux qui constituent la salubrité d'une commune fussent dans les attributions de l'autorité municipale. Si je dis cela, c'est parce que je voudrais émettre un vœu qui, après la terrible leçon qui vient de frapper certaines contrées du Midi, sera peut-être écouté, c'est que, à mon avis, ces travaux d'assainissement sont si importants, si nombreux, si amples qu'il serait à souhaiter que l'on voulût bien, dans certaines villes, y consacrer une attention nécessaire et qu'on s'en occupât spécialement et de préférence à toute autre matière d'un intérêt municipal beaucoup moins évident. (*Très bien! très bien! à gauche et au centre.*)

Je pourrais citer, par exemple, une commune d'un département qu'il est inutile de nommer, où l'épidémie a fait son apparition, où la salubrité peut laisser encore à désirer, où il y a beaucoup de travaux d'assainissement à exécuter et où les élections municipales ne se sont pas faites sur la question de salubrité comme on pourrait le croire, mais, ceci paraît étrange, mais est absolument exact — sur la question de la mairie centrale de Paris. (*Rires ironiques au centre et à gauche.*)

Dans des villes plus importantes, ces mêmes questions sont depuis longtemps posées; pour Marseille, par exemple, dès le 14 août de l'année dernière, la municipalité a été invitée à mettre en adjudication les travaux des égouts dans un des quartiers de la ville. Ce vœu est resté à l'état de vœu, il n'a reçu aucune espèce d'exécution.

M. Peytral. — Auriez-vous la bonté, Monsieur le Ministre, de donner quelques détails plus circonstanciés sur cette affaire? Il m'est impossible de répondre sur des indications aussi vagues. (*Interruptions au centre.*)

M. le Ministre. — Je ne peux pas discuter l'opportunité de ce travail en lui-même (*Marques d'assentiment.*) : je mentionne un fait constant, c'est qu'il n'existe pas à Marseille un réseau d'égouts convenable et suffisant; sur ce point, nous serons tous d'accord. C'est tellement vrai que l'un des ouvrages futurs qui préoccupent le plus l'opinion publique à Marseille, c'est la substitution d'un réseau d'égouts possédant des aboutissants meilleurs. Est-ce d'aujourd'hui ou d'hier que cette question existe? Est-ce d'aujourd'hui ou d'hier que dans Toulon les mêmes problèmes se posent? Non. Et cependant ils n'ont pas été résolus.

Je répète, pour la troisième ou la quatrième fois, que ce sont là des questions municipales au premier chef, qu'elles seraient aisément résolues si, profitant de l'enseignement de ce qui s'est passé, on voulait bien, dans ces grands centres, mettre au-dessus de toutes les divergences, de toutes les controverses, de toutes les chimères, dirais-je volontiers, qui, à certaines heures semblent saisir l'opinion publique, des questions d'un intérêt primordial, d'un intérêt vital, et qui, dans tous les cas, ont le mérite d'être d'un intérêt communal. (*Très bien! très bien! au centre et à gauche.*)

Voilà quel est le rôle des municipalités. Quel peut être le rôle du Gouvernement?

Le rôle du Gouvernement, c'est d'agir autant qu'il le peut par l'intermédiaire de ses représentants sur les municipalités, pour obtenir d'elles qu'elles n'exagèrent pas certaines mesures, ou qu'elles prennent au contraire celles qui sont jugées le plus indispensables.

Dès l'apparition du fléau, certaines mesures m'ont paru pouvoir être conseillées. Elles consistaient à organiser dans toutes les villes menacées, je ne dis point encore atteintes, des espèces de postes d'avertisseurs; à instituer, non seulement dans les quartiers si la ville est grande, mais même dans les îlots, des citoyens de bonne volonté, des fonctionnaires ou des employés, avertissant dans tous les cas de choléra qui viennent à se produire; à surveiller à domicile les voyageurs provenant de villes atteintes par le choléra.

Il y avait encore une troisième mesure à prendre, toujours par l'autorité municipale, mais sur la suggestion très licite de l'administration centrale : c'était de se pourvoir de moyens de transport; car si une chose s'est dégagée pour moi de la triste expérience des faits que j'ai pu voir, c'est que, si on a des chances de sauver un cholérique, c'est à condition de lui donner de très prompts secours. Par conséquent, il m'a semblé qu'il fallait prendre des mesures pour aviser très promptement, dès que les cas de choléra se produisent, pour transporter les malades dans des véhicules à ce destinés, bien entendu, et les placer dans un local réservé aux malades atteints de la même affection.

C'étaient là des mesures élémentaires qu'il nous appartenait de recommander. Je l'ai fait, les préfets ont fait connaître ces mesures, en les appuyant : dans un très grand nombre de villes, elles ont été adoptées et elles ont fonctionné dès les premiers jours où il a été nécessaire de les appliquer.

Cela prouve bien, Messieurs, qu'on pouvait communiquer, qu'on a communiqué une certaine impulsion ; mais cela ne répond évidemment pas à l'idée qu'on peut se faire du rôle qui conviendrait à l'administration dans une crise exceptionnelle, et lorsqu'on est en présence d'un ennemi de la nature de celui que nous avons à combattre.

C'est ici, Messieurs, que l'honorable M. Paul Bert, dans une première proposition, plus tard dans un discours que nous avons entendu, a recommandé la création de fonctionnaires spéciaux. Que seraient ces fonctionnaires spéciaux ? Quelle autorité leur serait donnée ? Comment concilierait-on l'exercice de leurs pouvoirs avec les dispositions de la loi municipale, avec les droits qui sont déjà attachés à la personne des maires ? Autant de questions, Messieurs, fort graves, fort difficiles ; car, si l'on admet que le préfet ne fait pas ce qu'il conviendrait de faire, je me demande en vertu de quelle présomption on peut dire qu'un autre fonctionnaire, également choisi par le Gouvernement, aurait sur l'opinion, sur l'initiative des mairies, aurait sur le public tout entier une action qui n'appartiendrait, à l'heure actuelle, ni au chef du pouvoir exécutif municipal, ni à l'administration du département. (*Très bien ! très bien ! à gauche et au centre.*)

Ce qui me frappe, Messieurs, — vous allez voir que je ne monte pas à la tribune pour dire qu'il n'y a rien absolument à faire ; je crois si peu qu'il n'y a rien à faire que j'ai demandé à la Commission qui s'occupe actuellement de la question de bien vouloir m'entendre, et elle m'a promis de m'appeler ; ce que je crois, c'est qu'il y a de l'ordre à mettre dans les attributions des divers fonctionnaires ; je crois que, s'agissant d'actes qui relèvent de la police municipale, ce n'était pas tout à fait assez de dire dans l'article 97 de la loi municipale : « Le maire est chargé de la police de la salubrité. » Je crois qu'il fallait donner de cette formule un commentaire un peu plus étendu. Je crois surtout que, si l'on ne peut dire aujourd'hui, avec certitude, qu'en prenant telles ou telles mesures on empêchera le choléra de naître et de se développer, on peut indiquer avec plus de précision comment se concilieront les différents pouvoirs de police, régler, en temps ordinaire et en temps d'épidémie, les attributions spéciales à tous les nombreux fonctionnaires qui existent aujourd'hui dans les départements : ce ne sont pas, en effet, les Commissions d'hygiène, ni les comités, ni les inspecteurs qui manquent, et si un débat de cette nature comportait une énumération, vous verriez qu'il y a beaucoup de représentants et de délégués ; seulement il est arrivé que, chacun d'eux détenant une portion de ce pouvoir de salubrité dont j'ai parlé, il n'y a pas d'unité dans le service. Voilà ce qu'il convient de signaler, et comme je le disais, je serai très heureux de fournir à la Commission qui est saisie de cet ordre de questions les observations qui ont pu m'être suggérées par l'étude et par la connaissance des faits matériels qui ont caractérisé l'épidémie actuelle.

On a parlé d'un fait dont je veux dire un mot ; on s'est demandé ce qu'avait pu devenir le crédit de 2 millions...

M. CLEMENCEAU. — Oh ! non.

M. LE MINISTRE. — Vous entendez très bien, Monsieur Clemenceau, dans quel sens je reproduis votre pensée. Il n'a jamais été dans votre idée d'attribuer au Gouvernement le dessein de donner au crédit un autre emploi que celui qu'il devait recevoir. On s'est demandé comment il avait pu se faire que les villes intéressées n'avaient pas reçu, sur le crédit de 2 millions, l'allocation qui leur était nécessaire.

Ce crédit a été voté par la Chambre et ensuite par le Sénat vers le milieu de juillet ; il a été promulgué d'urgence le 16 juillet 1884. J'ai appris à Marseille le résultat de la délibération du Sénat. La loi une fois votée, je me suis entendu avec les différentes autorités de la ville de Marseille, et particulièrement avec le maire, et je lui ai demandé quels pouvaient être ses besoins. On nous a demandé 100.000 francs de subvention pour les hôpitaux civils de Marseille ; en second lieu, une subvention de 300.000 francs qui serait donnée aux bureaux de bienfaisance de Marseille et appliquée pour la totalité ou pour la presque totalité à ces fourneaux alimentaires gratuits qui ont été créés par l'initiative extrêmement heureuse d'un de nos collègues. Cela faisait 400,000 francs. On demandait en outre une subvention qui serait donnée à la commune de Marseille pour l'aider à faire des travaux de salubrité, et il ne s'agissait pas, bien entendu, de faire les travaux de redressement des égouts; il ne s'agissait pas de remuer de la terre, comme le disait M. Clemenceau, chose à laquelle aucun administrateur, aucun hygiéniste prudent ne se livrerait en temps d'épidémie.

Mais il y avait des travaux provisoires qui pouvaient être faits, et j'avais exprimé cette idée devant le conseil municipal de Marseille qu'en attribuant à ces travaux une somme quelconque, sur le crédit de 2 millions qui avait été alloué, je croyais me conformer à la pensée du Parlement à condition que les crédits votés serviraient à exécuter des travaux ayant pour objet de circonscrire, dans la mesure du possible, la marche de l'épidémie, et à occuper un certain nombre de bras, un certain nombre d'ouvriers. Il me semble qu'il n'était pas bien difficile d'ouvrir des chantiers de charité, dans le sens noble du mot, et qui auraient été en même temps des chantiers de salubrité.

Entre tous ces travaux il en était un, notamment, qui eût consisté à couvrir l'égout à ciel ouvert de Capelette (*Très bien! très bien!*), qui passe dans un quartier où un grand nombre de décès se sont produits, et j'ai interrompu tout à l'heure l'honorable M. Clemenceau pour lui dire que le chiffre de décès qu'il citait était inférieur à la réalité, et que 40 personnes étaient mortes le long de cet égout. Il y avait là un aliment pour l'activité des ouvriers marseillais et pour l'emploi des fonds que vous avez votés. Rien absolument n'a été entrepris et, à l'heure actuelle, il n'existe pas encore de ces chantiers où l'on ait occupé les ouvriers en vue d'obtenir des résultats immédiats contre l'épidémie.

Est-ce à dire pour cela qu'on a été retenu par l'absence des ressources? Il y a une partie vraie et une partie d'erreur dans ce qu'a dit sur ce point M. Clemenceau : je suis rentré à Paris pour donner la signature à tous les arrêtés que j'avais fait préparer par dépêches. J'avais voulu les trouver prêts à être signés en arrivant à Paris, et j'ai donné la signature aux arrêtés dont je viens de parler à la date du 19 juillet. Ils ont été envoyés à l'ordonnancement, transmis ensuite aux trésoriers-payeurs généraux, et, ce qui est vrai, c'est qu'il a fallu un délai de neuf jours pour que l'arrêté arrivât, depuis le moment où il avait été revêtu de ma signature, entre les mains du trésorier-payeur général. Mais, Messieurs, vous savez bien que lorsqu'il s'agit d'opérations de trésorerie, on peut faire des avances... (*Marques d'adhésion sur presque tous les bancs. — Quelques protestations à l'extrême gauche.*)

Je dis, Messieurs, que l'arrêté ayant été signé par moi, le préfet et les maires des deux villes, de Marseille et de Toulon, ayant été avisés, il est certain qu'il n'était pas nécessaire que les fonds fussent matériellement arrivés pour qu'on pût commencer les travaux.

Plusieurs Membres. — Mais non! C'est évident!

M. LE MINISTRE. — Mais, Messieurs, si cela était contestable en règle générale, cela ne saurait être contesté notamment pour la ville de Toulon, où, en dehors des fonds mis à la disposition du département, le département déjà avait fait une avance de cent mille francs.

M. CLEMENCEAU. — Il les a repris.

M. LE MINISTRE. — Pardon! il en a été disposé jusqu'à concurrence de 70.000 francs; par conséquent, avant que le Gouvernement eût promis de donner 100.000 francs, avant surtout que ces 100.000 francs fussent arrivés à Toulon, il restait à recevoir une somme disponible de 30.000 francs qui permettait largement d'entreprendre les travaux.

Je ne suis entré dans ces détails que pour montrer qu'il ne faut pas faire peser sur le Gouvernement des responsabilités dont certaines personnes pourraient prendre une large part, et qu'en particulier lorsque l'engagement est pris par le Gouvernement et par la Chambre de mettre deux millions à la disposition de deux grandes villes et de deux départements, personne ne saurait admettre qu'on ne commence pas les travaux pour lesquels cet important crédit a été voté, parce que le trésorier-payeur général n'a pas encore versé les fonds. (*Très bien! très bien! à gauche et au centre.*)

Voilà les observations que j'avais à faire au point de vue des critiques présentées par M. Clemenceau, au moins en tant que ces critiques concernaient le ministère de l'Intérieur.

M. Clemenceau a fait un tableau très vif de la panique des populations du Midi, panique telle que je ne suis pas surpris que ni notre voyage, ni le sien n'aient réussi à la faire disparaître, mais qu'il me paraît cependant avoir un peu exagérée.

En effet, dans certaines villes, il y a eu une émotion très vive, et cette émotion s'explique à merveille; elle a atteint surtout les hommes des classes qui raisonnent moins et qui, par suite, ont moins de ressort.

M. Clemenceau. — C'est une erreur !

M. le Ministre. — Se trouver dans une enceinte où il existe un foyer d'épidémie, c'est une situation en présence de laquelle on peut éprouver quelques alarmes, et ceux qui joignent à une certaine ignorance fâcheuse cette superstition dont vous avez parlé, peuvent avoir des craintes et des terreurs très excessives. Eh bien! cet affolement tout à fait exagéré, je crois, par M. Clemenceau, mais qui, à mesure que le fléau décroît, tend à diminuer, a entraîné au point de vue économique des conséquences fâcheuses d'une autre façon. J'ai encore ici sous les yeux une dépêche qui m'a été envoyée par l'honorable préfet des Bouches-du-Rhône, et qui atteste que la disparition des ouvriers, d'une part, et, d'autre part, l'assistance qui a été largement donnée, — et on ne pouvait pas faire autrement, — ont été cause que, dans certaines circonstances, il y a eu plus de travail offert que de bras pour l'entreprendre. Et c'est tellement vrai que, dans une usine de Marseille, hier encore il était question d'une grève pour obtenir une augmentation de salaire, ce qui indique que la demande faite par l'industrie est supérieure à l'offre du travail. Eh bien! je pense que cet état de choses amènera sous peu, et à mesure que le temps s'écoulera, des difficultés graves ; et c'est pour cela qu'ayant donné 700,000 francs à la ville de Marseille, 200,000 francs pour rembourser le département du Var, 52,000 francs pour diverses communes de l'arrondissement de Toulon, et 25.000 francs pour le bureau de bienfaisance, qu'ayant en un mot distribué immédiatement 1 million, je crois qu'il ne fallait pas céder trop facilement à certaines demandes en y répondant trop largement, parce que, sachez-le bien, s'il y a eu des difficultés au milieu de la période d'intensité du choléra, par suite de la misère et de l'absence de travail, il y aura encore des besoins très considérables dans un laps de temps rapproché.

Nous avons pensé que, lorsque les Chambres mettaient 2 millions de crédit à la disposition du Gouvernement, autant il importait de ne pas les laisser stériles, improductifs, autant il importait de ne pas les distribuer avec trop de prodigalité dès le début, afin de pouvoir faire face à des éventualités qui ne tarderont pas à se produire. (*Applaudissements prolongés.*)

LOI ÉLECTORALE DU SÉNAT

Sénat. — *Séances des 7, 8 et 10 novembre 1884.* — La réforme électorale du Sénat, vivement réclamée par le pays, fut discutée par la Haute-Assemblée dans les premiers jours de novembre 1884. La Commission avait adopté le projet du Gouvernement supprimant les sénateurs inamovibles par extinction, et décidant que les Conseils municipaux, au lieu d'envoyer un délégué unique aux élections sénatoriales, en nommeraient un nombre déterminé selon le chiffre de leurs membres. Mais de nombreux amendements furent déposés : M. Roger-Marvaise demandait la suppression immédiate des soixante-quinze sénateurs inamovibles; M. Naquet, l'élection du Sénat au suffrage universel; MM. Griffe et Dauphin, l'élection au suffrage à deux degrés; MM. Marcel Barthe et Bozérian, l'admission de tous les membres des Conseils municipaux dans le corps électoral. Tous ces amendements furent repoussés par le Sénat après plusieurs interventions de M. Waldeck-Rousseau, et le projet de loi, adopté, fut renvoyé devant la Chambre des députés.

Messieurs,

Parmi les observations qui ont été apportées à cette tribune par mon excellent ami M. Roger-Marvaise, il en est quelques-unes auxquelles il me suffira de répondre très brièvement. Comme préface et comme explication de l'amendement qu'il a soumis au Sénat, il a, en effet, énuméré les critiques que l'on peut diriger contre le principe de l'inamovibilité dont jouissent un certain nombre de sénateurs investis par le vote de l'Assemblée à laquelle ils appartiennent d'un mandat viager et en quelque sorte indéfini. (*Légères rumeurs à droite et au centre.*)

Il a, en outre, fait le procès à un autre système, celui de

l'élection, pour un temps limité, d'une catégorie de sénateurs, par l'Assemblée même à laquelle ils appartiennent.

Eh bien! sur ces deux points, il n'y a entre le Gouvernement et l'honorable M. Roger-Marvaise ni désaccord, ni contestation. Nous avons, en effet, pensé et dit très hautement qu'il ne nous semblait pas possible de maintenir dans la loi électorale du Sénat le principe du mandat viager, de ce que l'on pourrait appeler l'inamovibilité absolue.

D'un autre côté, Messieurs, lorsque nous nous sommes demandé s'il ne convenait pas d'introduire, dans une Assemblée comme le Sénat, un certain élément représentatif nommé par un collège différent des autres collèges, nous n'avons pas cru non plus qu'il fût possible de recourir au système de la cooptation, c'est-à-dire au système qui a triomphé par un vote de cette Assemblée sur la proposition qui lui en a été faite par l'honorable M. Lenoël.

Par conséquent, Messieurs, lorsqu'on critique le principe de l'inamovibilité et qu'on attaque la méthode de la cooptation, on demeure en accord avec les idées que le Gouvernement a professées et qu'il avait déposées dans le projet de loi qu'il vous a soumis.

La seule question qui nous divise, est une question toute différente. La Constitution de 1875 a fonctionné; elle a entraîné le choix d'un certain nombre d'inamovibles; à l'heure où la revision s'est faite, comme à celle où nous la demandions, un certain nombre de sénateurs avaient été investis du mandat viager. Eh bien! convenait-il non seulement de donner au Sénat, pour l'avenir, une législation électorale différente, mais encore de reviser ses décisions et ses œuvres dans le passé?

C'est là, Messieurs, la question que nous avons eu à examiner et sur laquelle le Gouvernement s'est prononcé, dès la première heure, avec la plus entière franchise et la plus grande netteté.

Ce qui nous a amené à penser qu'il n'y avait pas lieu de vous proposer de telles résolutions, ce n'est pas que, s'agissant de lois constitutionnelles, de lois électorales, nous ayons cru que l'on fût enchaîné, comme le sont les jurisconsultes, par le principe de la non-rétroactivité des lois ; mais c'est parce que nous avons considéré que l'on ne pouvait pas, sans un intérêt politique puissant et démontré, revenir ainsi sur un passé qui n'a pas été sans mérite et sans fruit pour la République, et demander à une Assemblée qui compte dans son sein, et parmi les inamovibles, plus d'amis et de défenseurs que d'adversaires de la République, — qu'on ne l'oublie pas ! — (*Légères rumeurs à droite.*) de déclarer que tout ce qui avait été fait avait été mal fait, et que ces soixante-quinze sénateurs, investis antérieurement à la revision d'un mandat viager, cesseraient de faire partie du Sénat à des échéances plus ou moins rapprochées.

Cette opinion, nous l'avions professée dès le premier jour ; et lorsque le Gouvernement a saisi pour la première fois la Chambre des députés du texte du projet de résolution qui devait nous conduire au Congrès, dans l'exposé qu'il consacrait à la réforme électorale du Sénat il indiquait très nettement qu'il demanderait de distraire la loi électorale sénatoriale de la loi constitutionnelle, afin d'en poursuivre la modification d'après un plan et sur des bases nettement définis, indiqués avec détail.

Le Gouvernement ajoutait que si, dans l'avenir, il ne devait plus y avoir d'inamovibles, cette décision ne devait pas faire que les sénateurs antérieurement élus dussent être privés de leur mandat.

Ceci m'amène, Messieurs, à soumettre au Sénat des réflexions qui portent un peu sur tous les amendements dont il est saisi.

Je suis, pour ma part, extrêmement frappé de ce que le projet actuel a d'essentiellement différent des autres projets de lois qui sont d'habitude soumis à vos délibérations. S'il ne s'agissait que d'un projet ordinaire, on pourrait admettre qu'il pût indifféremment revêtir bien des formes ; il pourrait être plus absolu ; il pourrait, au contraire, comporter plus de concessions. C'est alors la physionomie du projet de loi qui serait en jeu, son caractère. Mais, selon moi, à l'heure actuelle, il y a en jeu quelque chose de plus, et, suivant que le Sénat entrera dans la voie de certaines modifications qui tantôt le ramènent en arrière, tantôt le poussent en avant, ce n'est pas le caractère seulement de la réforme électorale sénatoriale qui est en jeu, c'est cette réforme elle-même. Et il me semble très aisé de le démontrer au Sénat.

Nous avions, d'accord avec la Commission, soumis au Sénat un projet qui réalisait, à notre sens, le programme des réformes que l'on pouvait introduire dans la législation électorale qui concerne cette Assemblée, programme qui n'avait pas été élaboré sans réflexions, ni, dirais-je volontiers, sans peine. C'est ce programme, sauf des modifications que nous avions acceptées, parce qu'elles n'étaient pas essentielles, c'est ce programme, dis-je, que la Commission vous avait soumis. Par un premier vote, par l'adoption d'un premier amendement, il est incontestable que le Sénat s'est placé en deçà de ce programme, qu'il a été moins loin que la Commission ne le lui demandait. Aujourd'hui, l'honorable M. Roger-Marvaise lui demande d'aller au delà, de faire davantage et d'élargir les dispositions contenues dans le projet primitif.

Or, je voudrais, Messieurs, vous rappeler dans quelles conditions ce projet a été élaboré : de quelles longues délibérations, de quelles consultations patientes il a été le fruit et le résultat. Je voudrais surtout rappeler l'attention du Sénat sur ce point : que, si je ne me trompe pas et s'il est vrai que ce soit le vote de la réforme électorale du Sénat qui est en jeu, je ne crois pas qu'une assemblée politique ait jamais été en présence d'une éventualité plus grave, parce que jamais assemblée politique n'aurait répondu au vœu certain du pays par une plus immense et par une plus désolante déception.

C'est en effet, il faut bien le dire, en vue surtout de cette réforme électorale du Sénat que s'est faite cette agitation dont parlait l'honorable M. Roger-Marvaise, et j'entends parler, moi aussi, d'une agitation pacifique et sincère, que je ne confonds pas avec une agitation artificielle qui n'était pas l'œuvre du pays. C'est parce que le pays désirait une certaine somme de réformes, et c'est assez dire qu'il désirait surtout les réformes possibles, c'est en vue de cette réforme électorale du Sénat que se sont engagées ces discussions si longues, si laborieuses dans les deux Chambres. C'est en vue de cette réforme électorale du Sénat que vous êtes allés au Congrès. Et, lorsque le Congrès a eu décidé que la loi électorale du Sénat serait extraite des lois constitutionnelles, il s'est produit un phénomène qu'on ne peut nier : il y a eu un immense apaisement. (*Rires à droite.*) Pourquoi? parce que le pays a regardé la réforme non seulement comme admise en principe, mais comme acquise.

Ceci tient à une considération toute particulière, et que je vous demande la permission de vous signaler.

On n'avait pas dit, en effet : On fera une réforme électorale quelconque; décidons de modifier, sans convenir d'ailleurs des modifications à faire; non, la réforme électorale, ce n'était pas l'inconnu, ce n'était pas le vague.

Dès le premier jour, ainsi que je l'ai rappelé, on avait déclaré en quoi consisterait cette réforme, on l'avait formellement précisé dans l'exposé des motifs du projet de revision déposé par le Gouvernement. Bientôt les explications et les éclaircissements étaient venus. Chacune des Chambres s'était interrogée, et l'on peut même dire que chacune des Chambres avait interrogé l'autre. Aussi, Messieurs, lorsque la décision du Congrès est intervenue, et lorsqu'il a été acquis que l'on reviserait la loi électorale du Sénat, chacun a pu mesurer alors et d'avance la somme d'améliorations qui en résulterait, la somme de réformes qu'elle comporterait.

C'est pour cela, Messieurs, que, au lieu de projets pleins d'incertitude quant à leur exécution, le pays a cru se trouver en face de réalités assurées. C'est le sentiment qui a inspiré le Gouvernement et la Commission dans la rédaction des projets qui vous ont été soumis. Nous nous sommes appliqués à y mettre tout ce qu'il nous paraissait certain de faire sanctionner par l'une et par l'autre Assemblée, toutes les réformes qui nous paraissaient devoir réunir ces deux adhésions indispensables : c'est pour cela, Messieurs, que chaque fois que le Sénat y retranchera ou y ajoutera quelque chose, à mon sens il y introduira un élément d'incertitude dangereux et une cause possible d'avortement.

M. FRESNEAU. — Pourquoi ne l'avoir pas fait tout de suite, alors ?

M. BUFFET. — Alors il n'y a pas besoin de discussion.

M. LE BARON DE LAREINTY. — Il faut accepter tout sans discuter !

M. MAYRAN. — C'est cela ! Votons en bloc !

M. LE MINISTRE. — Je ne me rends pas un compte très exact des interruptions qui me sont adressées. J'explique comment avait été délimité le programme de réforme électorale du Sénat ; j'explique ce à quoi la Commission s'était appliquée, ce à quoi le Gouvernement s'était astreint : c'était à ne soumettre aux deux Chambres qu'un projet que les deux Chambres pussent accepter.

Je crois, Messieurs, que c'était, en effet, un intérêt majeur, un intérêt primordial, et qu'il n'y a pas aujourd'hui, pour l'opposition qui voit dans cette réforme quelque chose qui la menace, d'intérêt supérieur à celui-ci : empêcher à tout prix le projet d'aboutir. (*Très bien !* à *gauche.*)

Or, on peut arriver à ce résultat par bien des voies, par bien des chemins.

Je ne me dissimule pas qu'il peut y avoir quelque chose de surprenant, à première vue, dans l'effort que je fais pour combattre un amendement qui demande au Sénat de décider que soixante-quinze de ses membres seront privés de leur mandat.

On peut dire, en effet, que si le Sénat acceptait cette réforme, il est assez peu probable que ce soit sur ce point que naîtrait un conflit avec l'autre Chambre. (*Très bien !* et *rires à gauche.* — *Rumeurs à droite.*)

Mais j'ai expérimenté, ici même, que toutes les voix qui sont données à certains amendements et à certains articles ne se retrouvent pas invariablement quand il s'agit de voter l'ensemble d'un projet. Je craindrais que si une disposition de cette nature était adoptée par le Sénat, elle ne pût l'être qu'à une condition, c'est que les vides qui se seraient faits dans la majorité fussent comblés, pour un instant, par des auxiliaires singulièrement inattendus et dont le concours ne serait certainement pas durable.

De sorte que, placé non pas seulement en présence de la question particulière qui s'agite à ce moment même, mais de cette question plus grave, plus haute : « N'est-il pas évident qu'il faut que cette réforme aboutisse ? » je me demande si tout ce qui en altère le caractère convenu et pour ainsi dire consenti n'est pas un danger, et j'éprouve à cet égard des préoccupations que je ne crains pas de livrer au Sénat.

Comme je le disais tout à l'heure, il ne s'agit pas là d'une proposition d'une heure, d'une de ces lois que fait éclore un caprice ou un ressentiment ; avant d'arriver à en proposer la formule, il y a eu des éclaircissements, des consultations sans nombre ; les préparations les plus laborieuses ont précédé le projet et son dépôt, et ceux qui savent quel est le désir du Gouvernement de faire réussir cette réforme et avec quelle sincérité la Commission s'est associée à cette volonté, ne peuvent pas douter qu'ils aient eu un motif sérieux et puissant de le présenter au Sénat tel qu'il se présente à lui. Eh bien ! j'estime — et je parle avec une très grande franchise que le Sénat me permettra — j'estime que le Sénat, en adoptant le premier amendement de l'honorable M. Lenoël, a commis une erreur. (*Rumeurs diverses.*)

Je le dis parce que je le pense. Cette opinion, d'ailleurs, n'est pas isolée ; j'ose même aller plus loin, et affirmer que le vote auquel je fais allusion n'a pas laissé que de surprendre plus d'un parmi les membres de cette Assemblée. Je considère, en effet, qu'en s'écartant de ce qui était proposé par la Commission, pour adopter ainsi le système de la cooptation, on a introduit déjà dans la loi quelque chose qui n'est pas de nature à faciliter le consentement mutuel.

Pour ma part, je suis persuadé que cette erreur n'est pas irréparable. C'est pour cela qu'elle ne m'émeut pas outre mesure.

Mais je considère que ceux qui pensent faire acte de bonne logique en disant : « Puisque l'on a porté un premier coup au projet de la Commission, eh bien! il faut lui en porter un second », tombent dans une seconde erreur plus grave que la première. Je considère que si le premier vote constituait une imprudence, une erreur, le second vote que l'on vous demande à l'heure actuelle serait une véritable faute.

Après être revenus, comme je le disais au début de mes observations, tout à fait en deçà du programme qui vous a été soumis, il serait difficile de comprendre que vous allassiez aujourd'hui beaucoup au delà de ce même programme. C'est avec une grande insistance que je demande au Sénat de ne pas accepter l'amendement de l'honorable M. Roger-Marvaise et de se rallier au deuxième paragraphe de l'article 1er proposé par la Commission. (*Approbation sur divers bancs.*)

Messieurs [1],

Je m'étais proposé de soumettre au Sénat les objections fondamentales que le Gouvernement élève contre la conception du suffrage à deux degrés qui sert de base à un très grand nombre des amendements qui vous ont été soumis.

Vous avez pu, en effet, remarquer par leur lecture, que plusieurs honorables sénateurs, avec des formes diverses, avec des modalités différentes, demandent au Sénat d'adopter pour les élections sénatoriales le système de l'élection à deux degrés.

Ils condamnent la méthode qui consiste à puiser les origines du Sénat dans l'ensemble des communes de France, et ils proposent d'y substituer un autre mécanisme qui est celui-ci : le collège électoral tout entier s'assemble, il choisit un petit nombre de représentants qui forment les

1. Séance du 8 novembre 1884.

électeurs du second degré; ces électeurs ainsi choisis nomment, à leur tour, les sénateurs.

C'est là, Messieurs, une conception qui mérite l'attention et qui appelle la discussion. Il me paraissait possible de m'expliquer d'un seul coup et en une fois sur ces différents systèmes qui, pour n'être peut-être pas de la même famille, sont au moins du même genre; et cependant j'éprouve, je dois le dire, quelque embarras à le faire à l'heure actuelle en répondant à l'honorable M. Tolain.

En effet, M. Tolain venait défendre à la tribune — nous pouvions au moins le penser — l'amendement de l'honorable M. Griffe; il m'a paru cependant — je ne sais, Messieurs, si c'est une erreur de mon esprit — qu'au lieu de défendre, comme nous le pensions, le système de l'élection à deux degrés, il avait développé deux thèses toutes différentes et également soutenables, mais déjà condamnées par le Sénat. Je ne crains pas, en effet, de me tromper en disant que la première conclusion logique des observations de M. Tolain serait celle-ci : l'unité de Chambre et la suppression du Sénat. (*Très bien! très bien! à gauche et à droite.*)

En effet, l'honorable M. Tolain a préconisé surtout, comme étant son idée personnelle, l'élection du Sénat par le suffrage universel. Je ne m'en suis pas expliqué tout à l'heure, alors que l'honorable M. Naquet avait présenté son amendement; mais je crois ne rencontrer de contradiction nulle part, quand je dirai qu'autant de personnes soutiendront l'élection du Sénat par le suffrage universel dans un gouvernement qui est une république et non pas une monarchie, autant de personnes arriveront à conclure logiquement et inéluctablement à l'existence d'une seule Chambre. Et cela parce qu'on ne comprendra jamais, et parce que le pays comprendra moins peut-être encore que les hommes politiques, qu'en assignant à deux assemblées une même origine, des pouvoirs identiques, une compétence égale, on puisse croire organiser ainsi un système complet de contrôle mutuel, tandis qu'on aurait préparé des conflits véritablement sans issue.

« Par conséquent, toute la partie des observations de l'honorable M. Tolain qui consistait à dire : Le Sénat n'est pas assez fort ; le Sénat n'a pas assez d'autorité ; il faudrait qu'il fût élu par le suffrage universel : toutes ces observations se rattachent visiblement au système qui avait été défendu par l'honorable M. Naquet et sur lequel le Sénat s'est prononcé dans le vote qu'il vient d'émettre.

J'ajoute maintenant que la seconde partie des observations de l'honorable M. Tolain ne me paraît pas avoir de relations plus directes avec la catégorie d'amendements que je me propose de combattre.

L'honorable M. Tolain, en effet, a critiqué très vivement et par des raisons très justes le principe que nous avons demandé (nous-mêmes au Sénat de faire disparaitre de la loi électorale, j'entends parler du principe de l'inamovibilité permanente. Il a, en effet, montré que, pour que l'Assemblée qu'il a appelée « de contrôle », tout en lui déniant la faculté de ce contrôle, il a montré que, pour que cette Assemblée eût vis-à-vis du pays l'autorité qu'elle doit avoir, il n'était pas possible d'admettre qu'elle renfermât dans son sein des sénateurs inamovibles, investis d'un mandat viager, et il a, une fois de plus, renouvelé à la tribune les controverses qui y avaient déjà été apportées.

Je ne veux pas revenir sur cette controverse. Nous avons condamné ce qu'il condamne. Mais je me demande comment, après avoir établi que, suivant lui, le Sénat doit avoir la même origine que la Chambre pour être investi d'une autorité égale, il a pu conclure à l'élection à deux degrés. Après avoir tenté la démonstration qu'il avait entreprise, venir proposer de choisir entre toutes les méthodes électorales celle qui donnerait au Sénat le moins d'autorité, celle qui, à mon sens, s'écarte le plus d'une solution démocratique, c'est assurément tomber dans une véritable erreur de logique

Voilà ce que j'avais à dire en réponse à la partie doctrinale des observations de l'honorable M. Tolain.

Quant aux faits qu'il a cités, je serai extrêmement sobre, n'ayant peut-être pas l'autorité nécessaire pour m'ériger en juge entre le Sénat et ceux qui l'accusent. Mais enfin, lorsque j'entendais l'honorable M. Tolain dire que le Sénat n'a pas assez contrôlé, que le Sénat s'est associé à la politique des dégrèvements, au programme des grands travaux, que le Sénat a voté la caisse des écoles, je me demandais si on pouvait lui en faire un reproche, à moins d'avoir fait décider à l'avance, au préalable, que ces réformes n'étaient pas voulues par le pays.

Pour ma part, je crois qu'il n'y a pas eu de réformes plus instamment désirées par le pays, et j'en conclus que pour toutes ces mesures ardemment désirées le pays a toujours trouvé dans le Sénat un auxiliaire dévoué.

Je puis donc affirmer que l'on est illogique, lorsqu'on vient lui adresser ce reproche : Vos origines sont telles que vous êtes fatalement en contradiction avec les volontés du pays.

Pour ce qui est de la politique intérieure, je n'insisterai pas davantage, parce que l'honorable M. Tolain, qui connaît — il l'a, d'ailleurs, indiqué lui-même avec une très grande franchise — toutes les méthodes et les ressources de la logique, reconnaîtra qu'il a singulièrement rétréci le champ de son examen en recherchant ce qu'avait été la politique intérieure du Sénat.

Il a pris le Sénat, je pourrais dire à sa première heure, dans sa période de formation. Au lieu d'être frappé, comme nous avons été frappés nous-mêmes, — j'apporte ici les souvenirs d'un homme qui n'était pas alors dans la politique, — du mouvement qui s'y est fait, de la progression qu'il a suivie, des étapes démocratiques qu'il a franchies, l'honorable M. Tolain vient dire : Voilà ce que le Sénat a fait au lendemain du jour où l'Assemblée de 1875 l'avait créé. Eh bien ! ce n'est pas une méthode équitable et je crois que l'honorable M. Tolain, en parlant ainsi, a été moins juste et moins libéral pour le Sénat que ne l'est à l'heure où je parle le pays lui-même.

Ceci dit sur les observations peut-être un peu en dehors du sujet que M. Tolain a apportées à cette tribune, je demande au Sénat la permission de m'expliquer sur cette méthode électorale qu'on appelle le suffrage ou l'élection à deux degrés, méthode qui rallie des adhésions évidemment importantes et qui, avec des variantes que vous avez pu saisir, se présente dans un certain nombre d'amendements qui vous sont soumis.

Je suis persuadé que ceux qui vous ont soumis ces amendements considèrent l'élection à deux degrés comme un immense progrès sur cette autre méthode électorale qui demande aux communes elles-mêmes d'être les grands électeurs du Sénat. C'est manifestement dans un but libéral, et pour entrer plus avant dans les voies de la démocratie, qu'ils vous demandent de rejeter le projet que le Gouvernement vous a soumis et que la Commission vous soumet elle-même, pour y substituer des dispositions sur le détail desquelles ils varient d'ailleurs, mais dont vous savez l'économie.

Eh bien ! si le Gouvernement vous demande avec insistance de rejeter l'ensemble de ces amendements et de vous rallier au système de l'élection du Sénat par la commune, ce n'est pas seulement parce que, sur ce point comme sur d'autres, il reste fidèle à sa parole. Je ne parle pas ici de contrat, je n'invoque pas d'engagements réciproques, je me souviens seulement que le Gouvernement a demandé aux deux Assemblées d'aller au Congrès sous la foi de promesses, et que, parmi ces promesses, il y avait celle-ci, qu'il défendrait la nomination du Sénat par les délégués des communes comme étant, à son sens, le mode électoral préférable et supérieur à tout autre.

Et, cet engagement, je le tiens d'autant plus volontiers que ce n'est pas seulement par des raisons de fidélité à sa parole que le Gouvernement se maintient sur ce terrain, c'est parce qu'il estime que, s'il y a une différence entre l'élection à deux degrés et celle qui vous est proposée par la Commission et par lui, cette différence est toute à l'avantage de la seconde méthode, parce qu'elle est plus populaire, plus démocratique, et parce que la première, bien que ce soit à coup sûr très contraire aux intentions des auteurs des amendements, lui paraît moins démocratique et, pour employer presque un gros mot, plus réactionnaire. (*Rires à droite.*)

C'est là ce que je voudrais démontrer au Sénat ; je voudrais lui faire voir les inconvénients qui marquent l'un des systèmes et les avantages qui, à mon sens, caractérisent l'autre, ainsi que la très grande différence qui les sépare.

L'amendement de M. Dauphin, celui de M. de Lareinty et celui de M. Griffe supposent tous le suffrage universel réuni, et réuni dans quel but? Non pas pour choisir des députés ou des sénateurs, mais pour être immédiatement arrêté dans cette entreprise et pour nommer simplement des électeurs. C'est le caractère commun à tous les amendements auxquels je fais allusion, c'est le suffrage universel constituant de ses mains un suffrage restreint. C'est, par conséquent, avec des variantes, un système qui a fonctionné en France, qui a eu son histoire, et une histoire qui n'est pas restée populaire dans notre pays.

Et pourtant il fonctionnait alors dans des circonstances qui pouvaient rendre sa méthode plus favorable et plus sympathique. Il n'y avait qu'une Chambre élective au lieu de deux Chambres élues. L'autre Chambre était une Chambre de pairs. Si on avait eu le suffrage universel pendant une courte période, on pouvait cependant dire que ce suffrage restreint, étant donné le régime monarchique, était encore une concession et comme une libéralité.

Eh bien! vous savez quelles ardentes réclamations ont marqué la période à laquelle je fais allusion. On voyait — les écrivains de l'époque en rendent témoignage, et les discours prononcés dans nos assemblées en ont conservé l'écho — on voyait dans cette division des électeurs en deux classes une nouvelle forme de classes sociales, une sorte d'aristocratie électorale ; et lorsqu'on aura réuni un certain nombre de citoyens dans une enceinte quelconque et qu'on leur dira : Vous êtes les maîtres du pays, vous êtes le suffrage d'où doivent sortir les asssemblées délibérantes, pour arriver à conclure : Mais vous aurez tout juste le droit de choisir des gens plus intelligents que vous qui feront votre besogne, on aura fait violence à ce qui, dans ce pays de

France, est peut-être le sentiment le plus fort : le sentiment et comme l'instinct de l'égalité.

Messieurs, si, à l'époque que je viens de rappeler, cette institution n'a pas joui de la popularité à laquelle elle pouvait aspirer... (*Vives interruptions à droite.*)

M. LE DUC DE BROGLIE et d'autres sénateurs à droite. — A quelle époque?

M. LE MINISTRE. —... Il me paraît qu'aujourd'hui, dans des conditions toutes différentes, je ne dirai pas que ce système se heurterait à des critiques plus vives ; je me demande...

M. LE DUC DE BROGLIE. — A quelle époque?

M. LE PRÉSIDENT. — N'interrompez pas, Messieurs.

M. LE BARON DE RAVIGNAN. — Nous voudrions savoir à quelle époque M. le Ministre fait allusion. C'est pour la clarté de la discussion.

M. LE DUC DE BROGLIE. — De quelle époque parlez-vous?

M. LE PRÉSIDENT. — Vous ne pouvez pas diriger la discussion. Vous pouvez demander la parole et poser la question à la tribune, mais vous ne pouvez pas interrompre l'orateur. Il a le droit de ne pas être interrompu, comme vous avez le droit de ne pas l'être, lorsque vous occupez la tribune. Vous avez posé la question, c'est à M. le Ministre de suivre sa discussion et de choisir son moment pour vous répondre.

M. LE MINISTRE. — Messieurs, j'ai fait allusion à une époque qui ne me semble pas tellement reculée que la plupart d'entre nous n'en puissent pas être mémoratifs, à une époque où le suffrage était le monopole de quelques-uns...

M. LE DUC DE BROGLIE. — A quelle époque?

M. LE MINISTRE. —... et j'arriverai à démontrer aisément qu'à ce monopole, à cet apanage, on vous propose de substituer quelque chose qui n'est pas moins antidémocratique...

M. LE DUC DE BROGLIE. — Il y avait le cens, il n'y avait pas le suffrage à deux degrés. (*Rumeurs à gauche.*)

M. LE PRÉSIDENT. — N'interrompez pas, Monsieur de

Broglie, ou je serai obligé de vous rappeler à l'ordre. C'est la cinquième fois que vous interrompez l'orateur !

M. LE DUC DE BROGLIE. — C'était le cens, alors !

M. LE PRÉSIDENT. — Monsieur le duc de Broglie, je vous rappelle à l'ordre !

M. LE MINISTRE. — J'affirme que ce sentiment d'égalité qui, à mon sens, est un des plus ancrés dans ce pays, souffrirait aujourd'hui plus que jamais du système qui vous est proposé, et que, s'agissant dans un pays qui nomme aujourd'hui des députés au suffrage universel de créer une seconde assemblée, de tous les systèmes que l'on pourra imaginer il n'y en a pas un qui heurtera le sentiment populaire au même degré que celui de cette élection compliquée dans lequel vous ne réunissez le suffrage universel que pour lui demander immédiatement de donner sa démission. (*Très bien! très bien! à gauche.*)

M. EDOUARD MILLAUD. — C'est la vérité !

M. LE MINISTRE. — Voilà le sentiment que je développe et qui me paraît absolument juste et absolument fondé. Et au moment où l'on m'interrompait j'allais vous dire : Demandons-nous, non pas si c'est de la philosophie sociale bien entendue, mais demandons-nous sérieusement, consciencieusement, combien de temps dans ce pays un pareil mécanisme pourrait fonctionner, ou plutôt s'il pourrait fonctionner un seul instant.

J'ai eu, ici, l'occasion de m'expliquer sur un phénomène inévitable qui accompagne l'usage du suffrage universel dans un pays qui n'est habitué au suffrage universel que depuis un certain nombre d'années et où l'éducation politique n'est pas complète, et je montrais, en parlant de la plus grande ville de France, de celle où il semble que la vie politique soit non seulement plus éveillée, mais plus ardente, je montrais que, pour les élections municipales, les abstentions allaient quelquefois jusqu'à 60 p. 100. Dans l'ensemble de la France, cette proportion n'est pas atteinte heureusement, mais la proportion reste encore très forte. Vous savez quelle elle est dans chacun de vos départements : elle est dans l'ensemble presque voisine du tiers.

Qu'est-ce que cela veut dire? Cela veut dire que, lorsque vous demandez au suffrage universel d'exercer la plénitude de ses droits, lorsque vous demandez aux candidats de briguer le mandat le plus élevé, il y a encore, chez les uns et chez les autres, une indifférence ou une répugnance qui amène une sorte d'abstention réciproque. Cela est indéniable. Eh bien! voulez-vous demander ce qui arrivera en fait d'abstentions si au lieu de dire au suffrage universel : « Tu vas te réunir dans tes comices pour choisir des conseillers municipaux, des conseillers généraux, des députés ou des sénateurs », vous lui dites : « Tu vas t'assembler! Le jour est venu! l'heure est grave, il faut exercer les droits dont tu es investi. Tu te réuniras dans de solennelles assises; et là, tu choisiras non pas un certain nombre de représentants, mais un certain nombre d'électeurs?... »
On peut affirmer, sans témérité et sans présomption, que cette invitation adressée au suffrage universel ne serait pas généralement entendue. Mais on peut être encore bien plus affirmatif sur un autre point. Ce dont nous souffrons, ce n'est pas seulement de l'abstention des électeurs : je l'ai déjà dit et je le le répète, ce dont nous souffrons, c'est d'un certain éloignement — qui se comprend parfois — de la part des hommes qu'il importerait le plus de voir briguer les fonctions publiques représentatives, qui s'écartent du champ clos trop souvent troublé, et où l'on n'achète bien des fois la victoire — chacun de nous le sait — qu'au prix de certaines amertumes.

Or, si ces abstentiens se produisent et se manifestent quand il s'agit de devenir député ou sénateur, je vous demande quels seront les hommes capables, compétents, sérieux, qui viendront affronter toutes ces luttes, avec tous les ennuis qu'elles comportent, avec toutes les épreuves quelles entraînent, pour obtenir, quoi? — le droit d'être pendant un instant de raison, des commissionnaires en élections sénatoriales; non pas le droit d'exercer une fonction permanente ou tout au moins temporaire, mais le droit de se substituer pour un instant au suffrage universel et de lui dicter en quelque sorte des choix?

Je soumets ici au Sénat une remarque qui me paraît tout à fait dans le vif de la question et qui me permettra, tout à l'heure, de montrer quelle grave différence il y a entre la commune électeur et les électeurs du second degré que l'on aurait choisis, et je suis persuadé que de cette abstention réciproque, abstention d'une part, indifférence ou éloignement de l'autre, il résulterait que les collèges électoraux définitifs, ceux qui auraient à choisir les sénateurs, seraient d'une composition incertaine, hasardeuse, féconde en surprises, tout à fait contraire au but qu'il faut poursuivre.

Nous sommes dans un pays où il se fait assez de bruit et de lumière pour qu'on puisse savoir par avance et presque exactement ce que seront les élections au suffrage universel; où l'on peut également pronostiquer avec une certaine assurance ce que seront les élections sénatoriales, si l'on conserve la commune comme électeur du Sénat; mais pour ma part, je ne me sens pas assez hardi pour former aucune conjecture sur la composition possible de ces collèges électoraux, et, s'il me fallait absolument faire une conjecture, je dirais qu'ils seront vraisemblablement, par la force des choses, principalement composés de ceux-là mêmes qu'il aurait le plus importé pour le rôle du Sénat de n'y pas voir entrer, qui pourront représenter toutes les agitations systématiques, toutes les ambitions politiques mesquines, mais qui ne représenteront pas peut-être les intérêts graves et sérieux du pays.

Messieurs, sachant ce que nous savons, pouvant mesurer les effets de ce que le Gouvernement et la Commission proposent, et me trouvant en présence, au contraire, si j'examine les amendements, d'un système qui n'est pas le suffrage universel et qui présente toutes les incertitudes de l'inconnu, je n'hésite pas à dire qu'il doit être abandonné.

Si cela est vrai, si l'on ne peut pas recourir au système de recrutement par le suffrage universel qui a été préconisé tout à l'heure par M. Naquet et repris par M. Tolain; et si, d'une autre part, il est singulièrement périlleux d'abandonner le suffrage universel pour recourir au suffrage indirect, que reste-t-il ?

Il reste, Messieurs, c'est ma conviction profonde, à perfectionner un système qui a déjà fait ses preuves ; il reste à chercher en dehors des conceptions purement artificielles, purement arbitraires, s'il n'y a pas, dans notre état social et politique, quelque chose qui permette de donner au Sénat une origine différente de celle de la Chambre des députés, mais une origine qui ne soit ni moins démocratique, ni, j'ose l'affirmer, moins populaire.

Cette origine, on ne peut pas, à mon sens, la trouver ailleurs que dans la commune ; et il faut préciser ici ce qu'on entend par la « commune ».

Quant on parle d'attribuer l'élection du Sénat à cette personne morale, à cette entité politique, comme le disait justement l'honorable M. Naquet, qui est la commune, on parle de quelque chose de plus que d'une question de forme, que d'une question de choix des délégués. Les délégués seront-ils nommés par les conseils municipaux ? Seront-ils nommés par tous les électeurs ? Ainsi paraît se poser la question. Elle est bien différente, elle est bien plus haute. Ce n'est pas ainsi que la commune a jamais été envisagée dans ses rapports avec l'élection du Sénat, et si la Commission a repoussé tous les systèmes qui lui étaient proposés et tendaient à faire nommer les délégués par un autre corps que le corps municipal, si elle a même repoussé le système qui consistait à prendre comme délégués tous les membres du conseil municipal, c'est qu'elle a considéré que le seul grand électeur possible, le seul grand électeur républicain possible du Sénat, ce n'était pas un conseil municipal, un conseiller municipal, ce n'étaient pas davantage plusieurs conseillers municipaux, ce n'étaient pas des délégués qu'on aurait pu choisir en dehors de cette assemblée municipale : c'était cette entité, cette personne politique qu'on appelle la commune. (*Très bien ! très bien ! à gauche.*)

De sorte que si l'on veut bien distinguer les deux méthodes, il faut dire qu'entre l'une et l'autre il y a cette très grande différence que vous proposez de faire choisir le Sénat par un certain nombre de citoyens, et que nous proposons de faire nommer le Sénat par cet organe de notre

démocratie qui s'appelle la commune française. (*Très bien !
très bien ! et applaudissements à gauche.*)

Il me semble, Messieurs, qu'il est peut-être difficile de
pousser cette démonstration à ses dernières limites de certitude et d'évidence, si l'on ne replace pas sous ses propres
yeux, si l'on ne rappelle pas à sa propre attention ce qui est
la raison d'être pour nous tous, — je n'entends parler, bien
entendu, que de ceux qui sont partisans de deux Chambres,
— de l'existence d'une seconde Chambre.

Une seconde Chambre répond — et c'est une circonstance assez rare — tout à la fois aux préoccupations des
partisans les plus immodérés, dirais-je, s'il y avait une
immodération politique possible en pareille matière, du
suffrage universel, et des hommes prudents les plus circonspects. Les uns s'effrayent des excès que peut commettre
une Assemblée unique, de sa toute-puissance possible, des
extrémités auxquelles elle peut se porter. C'est là la pensée,
la préoccupation des hommes modérés ; — et les autres,
ceux qui ne trouvent même pas dans le régime actuel la
réalisation de leurs doctrines, et considèrent que le régime
représentatif ne va pas sans une sorte d'entreprise contre
le suffrage universel, ceux-là disent, — je l'ai entendu à
une autre tribune que celle-ci : Dans le régime représentatif, le suffrage universel abdique, et il est absolument
inadmissible qu'après qu'il a choisi des représentants pendant une période variable de quatre ou cinq ans ou davantage, il puisse rester désarmé ; s'il n'a pas un moyen de
réagir, de surveiller jour par jour son mandataire, au
lieu d'un maître — c'est la phrase textuelle que j'ai entendue — il en a cinq cents.

De sorte que les uns et les autres sont également frappés,
on peut le dire, des inconvénients graves que présenterait
la toute-puissance d'une Chambre unique. Et si quelques-
uns aboutissent à une conception qu'ils ne formulent pas
d'ailleurs bien hardiment, et qui serait quelque chose de
semblable au *referendum* suisse, l'immense majorité des
hommes politiques conclut à une seconde Chambre, aussi
démocratique, aussi populaire, animée du même esprit

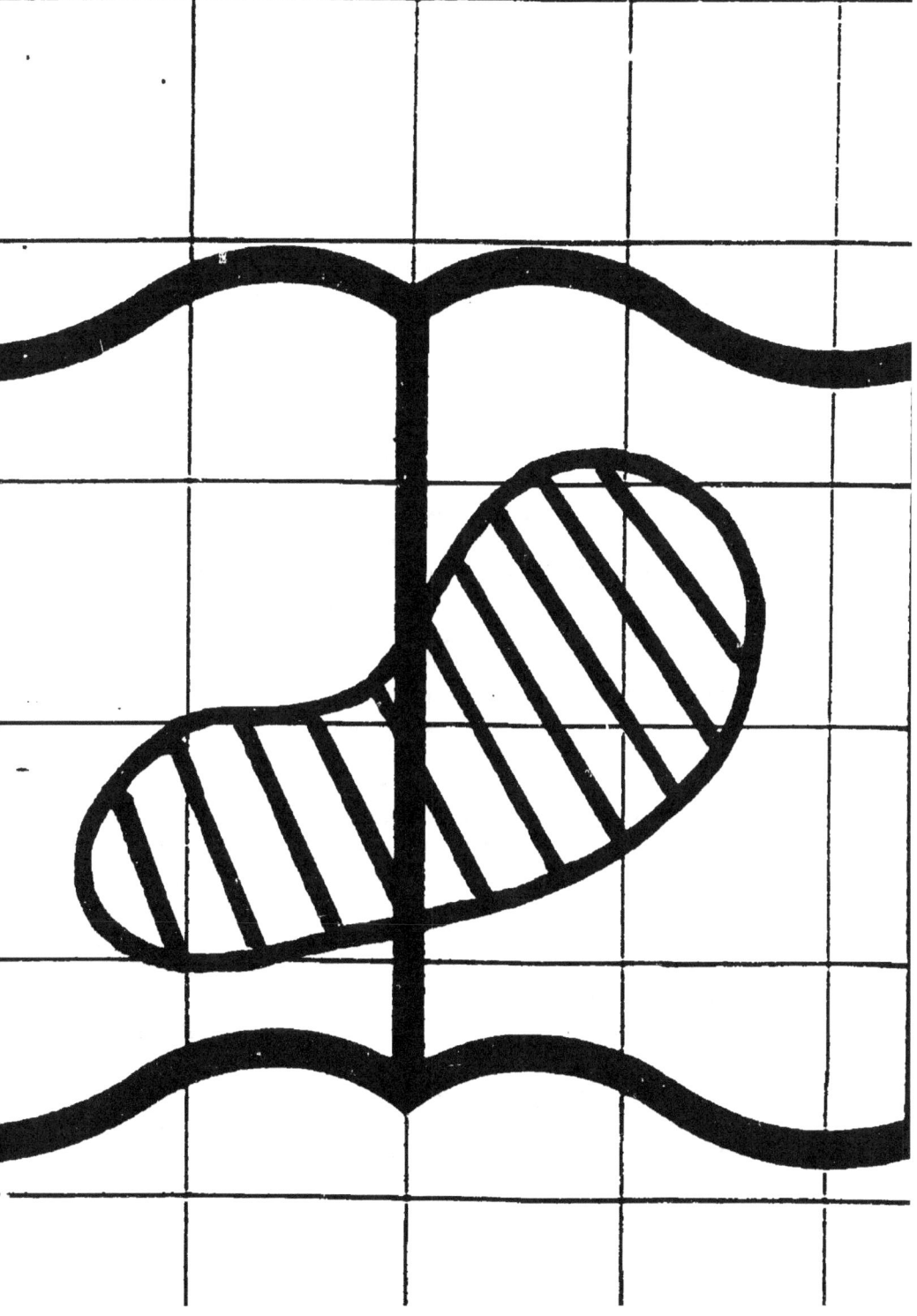

républicain, moins mobile, moins impressionnable, moins portée à s'émouvoir des fluctuations les plus passagères de l'opinion, gardienne sincère de tous les intérêts permanents de la démocratie, et je parle des intérêts politiques aussi bien que des intérêts matériels. (*Nouvelle approbation sur les mêmes bancs.*)

Dans cette conception, Messieurs, qu'arrive-t-il ? Il arrive qu'ici vous aurez plus d'initiative et là peut-être plus de prudence, et ce qui aurait été le défaut d'une Chambre unique peut devenir, dans cette Chambre même, une qualité, si l'on se rend bien compte de l'action qu'il exercera et comment l'excès d'initiative chez l'une pourra être heureusement contrebalancé par l'excès de la prudence chez l'autre. (*Très bien ! très bien ! à gauche.*)

C'est là sans doute un idéal ; comment l'atteindre ? Où trouver les qualités de prévoyance, de sang-froid, qui permettent de former le Sénat sur ce modèle ?

Ce n'est pas, à mon sens, dans ce collège improvisé, ce n'est pas dans ce collège plutôt subi que choisi par le suffrage universel et dans lequel, encore une fois, vous rencontrerez toutes les ambitions hâtives et maladives du moment, dans lequel vous ne rencontrerez pas cette préoccupation de l'avenir, de ce que j'appelais tout à l'heure les intérêts permanents de la nation.

Au contraire, j'ai la conviction profonde que ces qualités, on peut les demander à la commune. Et ici, je voudrais bien défendre un peu les communes contre l'attaque dont elles ont été l'objet. Je voudrais dire comment je conçois et comment je vois la commune française, à l'heure où nous sommes. Et vous conviendrez qu'on ne peut pas sans injustice procéder à cet examen, en se plaçant encore systématiquement à la date de 1875.

Pour être juste envers le pays, il faut regarder ce qu'il a fait depuis 1875. J'aurais compris à merveille que lorsque l'Assemblée nationale a décidé que les communes de France seraient les grands électeurs du Sénat, les républicains pussent avoir des préoccupations, et des préoccupations graves.

Il est certain, Messieurs, qu'à cette époque, et ce n'est pas sur ce point que je serai en contradiction avec l'honorable M. Tolain, la vie publique était fort peu éveillée dans la plupart de nos communes. Et lorsqu'on venait dire aux républicains : Ce sont les communes qui nommeront les sénateurs, ils pouvaient se demander : mais que produira cette consultation des communes ? Quelle est leur représentation ? Est-ce que, dans un très grand nombre d'entre elles, nous ne voyons pas les représentants d'une sorte de féodalité territoriale, et, à côté d'eux, des représentants plus humbles, sans doute, mais exclusivement choisis parce qu'on les a jugés très aptes à défendre les intérêts matériels, sans que leurs opinions politiques entrassent en compte dans le choix qu'on a fait d'eux ?

Eh bien ! toutes ces prévisions pouvaient être exactes en 1875 ; je crois même qu'elles l'ont été ; mais je persiste à penser, malgré l'avis de M. Tolain, que l'Assemblée de 1875 a rendu un immense service aux communes, a rendu un immense service au parti républicain, sans le vouloir. (*Très bien ! très bien ! et vive approbation à gauche.*)

Je pense que, sur ce point, comme sur beaucoup d'autres, la sagacité politique des hommes éminents qui en avaient la conduite a été déçue. (*Nouvelle approbation à gauche. — Rumeurs à droite.*) Je pense que de même qu'en croyant instituer, en 1871, contre les préfets de l'époque, des conseils de régence sous la forme de Commissions départementales, elle a permis aux républicains de tenir en échec les préfets du 16 Mai, et je pense aussi qu'en disant : la commune ne sera plus désormais une sorte de patrimoine matériel, dont les gérants seront choisis suivant leurs aptitudes d'intendants et de financiers, elle a rendu encore un immense service au pays et au parti républicain en lui donnant une leçon. Et cette leçon est celle-ci : on ne fonde rien de durable en politique, quand on se borne à occuper les sommets. Ce n'est pas un moyen de faire une révolution politique définitive que de se borner à saisir, par un mouvement d'opinion, la majorité dans une Chambre.

Il y avait une chose plus essentielle à faire, vous nous

l'avez dit, vous nous l'avez montrée, et nous l'avons faite. C'était d'occuper la commune. (*Très bien! très bien! et applaudissements à gauche. — Interruptions à droite.*)

J'entends un démenti. Eh bien! laissez-moi ajouter que nous n'avons pas eu à nous repentir de cette méthode. J'ai voulu me rendre compte du mouvement qu'ont suivi les communes de France. Et, en vérité, je n'apporterai aucune révélation au Sénat. Si le système de la nomination par les délégués des communes rencontre si peu de faveur auprès de quelques personnes qui lui accordaient autrefois la plus grande sympathie, ne serait-ce pas parce que nos communes se sont quelque peu modifiées? (*Marques d'approbation à gauche.*)

Sachez-le, Messieurs, et c'est un progrès que j'enregistre avec un légitime orgueil, bien que je n'y aie sans doute contribué pour quoi que ce soit, si les communes ont suivi une marche lente, cette marche est sûre : et j'ai pu constater qu'entre les deux élections municipales, celles du mois de mai dernier, et celles qui les ont précédées, le parti républicain, et j'entends par là tous ceux qui forment dans ce pays une majorité gouvernementale, a gagné sur toutes les oppositions près d'un million et demi de voix. (*Très bien! très bien! à gauche. — Bruit à droite.*)

M. LE BARON DE LAREINTY. — Mais il a perdu beaucoup de milliards en argent.

M. LE MINISTRE. — Et pour ma part, Messieurs, si je souhaite une chose, c'est que ceux qui, malgré ce mouvement en avant, peuvent avoir conservé auprès des communes la faveur dont ils ont joui, fassent l'expérience du système proposé par le Gouvernement d'accord avec la Commission. A mon sens, jamais l'opposition n'a été aussi loin ou aussi près du but qu'elle poursuit. Aussi près si la réforme ne se faisait pas, aussi loin si l'on donne à ce pays un moyen de fournir à la République une adhésion plus solennelle, plus éclatante qu'aucune de celles que nous avons jamais entendues. (*Très bien! très bien! à gauche.*)

Revenons, Messieurs, à ce que je disais tout à l'heure et, après cette digression à laquelle j'ai été amené par une interruption ou plutôt par un mouvement parti de ce côté du Sénat (*l'orateur désigne la droite*), demandons-nous si c'est une illusion du Gouvernement, si c'est une illusion de la Commission de penser que, dans ces conseils municipaux, dans cette personne politique et morale qui est la commune, on trouve toutes les sources nécessaires d'une représentation autorisée, populaire en même temps que prudente.

J'ai dit tout à l'heure que les choix des électeurs municipaux étaient devenus politiques, que l'on ne s'était plus demandé simplement si telle personne qui briguait le mandat municipal présentait des garanties d'intelligence et de capacité, qu'on avait voulu davantage et que l'on avait ainsi vu les communes devenir l'un de nos rouages politiques les plus importants. Chaque parti, avec une égale et légitime ardeur, s'est disputé les conseils municipaux. Il en est advenu que dans les communes monarchistes on nomme de préférence des monarchistes et que, dans les communes républicaines, on nomme de préférence des républicains. Mais ce n'est pas là le seul côté par lequel, à mon sens, les élections municipales s'imposent à l'attention et à l'examen.

Il n'y a peut-être pas d'élections que le peuple voie de plus près et qu'il puisse suivre avec plus de compétence.

Il n'y a peut-être pas d'épreuve dans laquelle il soit mis plus intimement en présence des doubles sollicitations de l'intérêt politique et de l'intérêt matériel; et il en résulte que, dans les communes républicaines on choisit, parmi les républicains, ceux qui présentent le plus de garanties d'une bonne gestion, de même que dans vos communes monarchistes on choisira aussi les plus autorisés, les plus recommandables, et de là vient qu'un corps électoral composé de la représentation de toutes les communes de France sera, Messieurs, un corps essentiellement politique, prévoyant, prudent, sage en ce sens que ses origines auront été marquées par un véritable débat sur les opinions, et qu'en même temps le choix des électeurs n'aura pas été déterminé par un de ces courants d'un jour ou d'une heure, et que nos paysans, nos ouvriers des villes, la population tout entière, la population municipale, se sera toujours déterminée entre ceux-là qui lui présentent la garantie la plus sérieuse d'une bonne administration du patrimoine commun. (*Vive approbation à gauche.*)

C'est pour cela que la commune vous présente des garanties toutes spéciales ; c'est pour cela que cet électeur d'un genre spécial ne peut pas être remplacé, ne peut pas être suppléé ; c'est pour cela, à mon sens, que, nulle part, vous ne trouverez les mêmes garanties de sincérité et je dirais volontiers de gravité politique.

Je voudrais encore dire, Messieurs, — et c'est la seule considération que je soumettrai au Sénat sur ce point, — qu'à mon avis une Assemblée ainsi recrutée ne sera ni moins respectée, ni moins autorisée dans le pays.

En vérité, est-il besoin d'autres preuves que celles qu'on peut tirer des faits que chacun de nous a observés ? Je sais que l'opinion contraire prête à des développements oratoires faciles et brillants ; on aime à dire : Nous avons été envoyés ici par 20.000 électeurs. Où sont les vôtres ?

Je n'ai jamais remarqué dans les départements cette différence dans l'estime et dans la confiance, cette élévation des députés, cette suprématie du député sur le sénateur proclamée. Je n'ai rien observé de pareil. Et cela ne tient pas seulement à des circonstances contingentes, mais au mode même électoral du Sénat.

Oui, sans doute, si dans nos départements les sénateurs républicains ont gardé, dans l'opinion, toute l'autorité, toute la considération qui les entoure, cela tient à ce qu'ils ont été, presque tous, nos devanciers et, en quelque sorte, nos ancêtres politiques. Ils ont tenu avant nous le drapeau républicain dans les jours de combat, et assurément il y a dans le sentiment public le souvenir des batailles et des victoires passées. (*Très bien ! très bien à gauche.*)

Mais cela tient aussi à ce que l'opinion, qui avait choisi ces mêmes hommes au suffrage universel, n'a pas cru qu'il fussent diminués par le suffrage de toutes les communes. En France, on met en circulation bien des axiomes ; dans les idées reçues, il en est de bien contestables, mais il en est aussi dont chaque jour atteste plus éloquemment la justesse.

Eh bien ! Messieurs, je maintiens que s'il y a une institution populaire en France, qui soit entrée dans nos habitudes, dans nos mœurs et qui fasse partie intégrante de la vie sociale, c'est ce que j'appelais tout à l'heure la commune, et que j'appelle maintenant la famille politique. (*Très bien! très bien! à gauche.*) Et jamais il n'entrera dans ma pensée que, si on arrive à donner aux communes une représentation équitable, les hommes qui auront été choisis par ce grand collège, par les communes qui sont comme la synthèse, le résumé de toutes les aspirations de la nation puissent manquer, auprès du pays, de l'autorité et du prestige qui leur sont nécessaires. (*Applaudissements prolongés à gauche. — L'orateur, en revenant à son banc, est vivement félicité par ses collègues et un grand nombre de sénateurs.*)

Messieurs [1],

C'est par de très courtes observations que je voudrais m'efforcer de répondre à l'honorable M. Bardoux et, en même temps, à l'honorable M. Marcel Barthe.

Il est un point sur lequel nous sommes d'accord en apparence. L'honorable M. Marcel Barthe et l'honorable M. Bardoux considèrent, en effet, comme nous-même, que l'électeur sénatorial, ce doit être la commune, et tout en paraissant trouver ce mot « d'entité » bien vague, ils n'en reconnaissent pas moins que c'est la commune, considérée comme une des parties les plus intéressantes et les plus essentielles de notre organisme politique, qui doit former le corps électoral du Sénat.

Ils repoussent l'élection à deux degrés, ils ne sont pas de ceux qui pensent qu'on puisse pour la nomination des

1. Séance du 10 novembre 1884.

deux Chambres recourir aux mêmes moyens, au suffrage universel; seulement, de ce que j'ai moi-même affirmé que l'électeur nécessaire du Sénat, c'est la commune, ils concluent : Mais vous n'avez pas été assez loin; vous n'avez pas été assez généreux avec cet électeur. Vous avez été trop modeste, tout au moins dans l'application que vous avez faite de votre idée. Recherchons s'il n'y a pas mieux et si, en conservant la commune comme électeur du Sénat, il ne convient pas de la faire représenter d'une façon différente de celle que vous avez conçue.

C'est bien, je le crois, l'esprit général des observations que nous avons entendues. Et, par conséquent, Messieurs, la question qui nous divise est celle-ci : Etant admis que c'est la commune qui doit être l'électeur du Sénat, comment serait-il plus rationnel, plus logique, plus prévoyant d'organiser la représentation de la commune dans le collège sénatorial?

Nous avons proposé d'organiser cette représentation de la commune par la nomination de délégués choisis par l'ensemble du Conseil municipal, arrivant au congrès départemental porteurs des pouvoirs de cette personnalité politique, de cette entité politique de la commune.

L'honorable M. Bardoux, d'accord avec l'honorable M. Marcel Barthe, propose une autre méthode. Ce seront tous les conseillers municipaux individuellement qui seront les représentants de la commune dans ce grand collège.

Les conseillers municipaux ne s'assembleront pas pour rechercher quel est celui d'entre leurs membres qui représente le mieux, le plus exactement, la volonté dominante, les intérêts supérieurs de la commune; ils demeureront parfaitement étrangers à cette opération. Elle aura déjà été faite d'avance. Et chaque conseiller, quelles que soient ses opinions, quelque discordance qu'ils puissent représenter avec les opinions et les intérêts généraux de la commune, chaque conseiller apportera dans le congrès départemental... (*Interruptions à droite.*)

M. LE PRÉSIDENT. — N'interrompez pas, Messieurs. Observez votre loi. (*Murmures à droite.*)

M. Buffet. — Ce n'est pas pour un seul mot...

M. le Président. — Monsieur Buffet, si vous voulez prendre la parole, je vous inscrirai. (*Nouvelles interruptions à droite.*)

M. Buffet. — Je ne demande pas du tout la parole.

M. le Ministre. — Je voudrais bien, s'il arrivait à quelqu'un de nous de ne pas écouter vos orateurs, qu'on m'accordât la réciprocité des procédés dont j'use toujours. Je n'ai pas l'habitude d'interrompre les orateurs, quels qu'ils soient, et je serais très heureux d'être écouté par tous les partis de l'Assemblée, mais avec une attention qui me permette de suivre ma pensée. Je disais, au moment où j'ai été interrompu, que dans le système des deux honorables orateurs que nous avons entendus, ce n'est pas la commune qui, réunie au lieu ordinaire de ses délibérations, choisit un représentant de son opinion générale, mais que ce sont, au contraire, tous les conseillers municipaux qui se rendent au congrès départemental et y apportent chacun son opinion individuelle, l'opinion de la fraction qui a pu les choisir dans la commune ; et il va sans dire que ces opinions très multiples peuvent se traduire par d'énormes divergences.

Voici donc les deux systèmes qui sont en présence, entre lesquels vous aurez à vous prononcer.

Il est admis que personne ne conteste plus, dans le débat actuel, la nomination du Sénat par la commune et vous choisirez suivant que vous trouverez que la personnalité de cette commune est plus ou moins exactement, plus ou moins fidèlement représentée dans l'une ou l'autre des deux méthodes qui vous sont soumises.

Eh bien ! en réponse au système de M. Bardoux et de M. Marcel Barthe, j'ai un certain nombre de réponses à faire.

Je réponds d'abord que, sous prétexte de donner à la commune, telle que nous l'entendons et dans le sens où nous l'avons prise l'un et l'autre, une représentation plus large, vous la faites disparaître.(*Mouvements en sens divers.*) Ce n'est encore qu'une affirmation. J'énonce ce que je me propose de démontrer, et je ne désespère pas d'y parvenir.

J'ajoute, en second lieu, que vous altérez profondément le caractère de ces élections communales que je me suis efforcé de décrire dans votre dernière séance en restant fidèle à l'exacte vérité. Et j'ajoute, en troisième lieu, que vous prenez dans cette réforme de la loi électorale exactement le contre-pied de l'opinion publique. (*Très bien ! très bien ! à gauche.* — *Réclamations à droite.*)

Plusieurs sénateurs. — Absolument.

M. LE MINISTRE. — C'est par ce dernier ordre d'idées que je voudrais, Messieurs, commencer. Je sais très bien que, lorsque l'on parle de l'opinion publique, chacun s'investit d'un sacerdoce improvisé. Chacun l'entend à sa manière. Je sais également que l'on n'a pas encore trouvé d'instrument assez exact pour mesurer l'élévation de ce que j'appellerai la température de l'opinion publique, et que, par conséquent, lorsqu'on vient dire : Il faut se conformer à l'opinion publique, on est un peu suspect d'user d'un lieu commun oratoire et de ne pas apporter à l'appui de cette opinion des arguments bien sérieux.

Mais enfin, Messieurs, si la science politique n'est pas une science exacte à ce point, il me semble qu'elle est, tout au moins, une science expérimentale assez simple, et que lorsqu'on est tout près des événements dont on parle, il est permis de leur faire appel, d'en invoquer le souvenir, de rechercher s'il s'est produit quelque mouvement dans l'opinion, quelle en a été la portée, en quoi ce mouvement a été profond, en quoi, au contraire, il n'aurait été qu'artificiel.

Lorsqu'on a parlé de la revision, je tomberai volontiers d'accord qu'il pouvait y avoir un certain nombre des questions agitées par les politiciens de profession qui ne rencontreraient pas, dans le pays, un écho bien profond, bien vivant; mais je ne crois pas me tromper en disant que l'une des choses qui ont le plus lourdement pesé sur la loi de 1875, qui lui ont le plus nui dans l'opinion du pays, ce n'est pas l'absence de la proportionnalité, — personne n'en a parlé à ma connaissance, — mais ç'a été l'absence de traitement équitable pour les différentes communes de France, suivant leur importance, leur population, leur composition. (*C'est cela!* à gauche.)

Or, je dis, et je crois être dans le vrai, — je ne parle pas, bien entendu, de ceux qui repoussaient toute idée de revision, je parle de ceux dont les idées ont été représentées par la majorité parlementaire, — je dis que, parmi les idées agitées devant eux ou qui se sont éveillées spontanément en eux, il n'en a pas été de plus forte que celle-ci. La loi de 1875 contenait un vice et un vice radical. Ce vice était le traitement identique assigné à toutes les communes de la France. C'était là une idée simple, vraie suivant moi, une idée juste, et il ne faut pas être surpris qu'elle ait fait son chemin avec autant de rapidité que certaines autres idées plus aventureuses, moins vérifiées par l'expérience ont mis de lenteur au contraire à se frayer une route.

Eh bien! qu'est-ce qu'on vous demande de faire? Je ne parle encore que des résultats, je parle de la façon dont vous répondriez à ces vues que j'invoque.

On vous demande, en instituant une représentation de chacune des communes de France qui comprendrait la totalité de ses conseillers municipaux, de faire, en matière de délégation sénatoriale, ce que j'appelle, chiffres en mains, une réforme à rebours. (*C'est évident!* à gauche.)

Il est bien entendu que je n'entends jamais parler ici que de ceux qui partagent mon opinion ; tombons-en donc d'accord une fois pour toutes. Je reconnais très sincèrement que beaucoup de personnes ne voulaient pas la revision et que ce n'était pas l'unanimité du pays qui l'exigeait. Mais, quand je parle du pays, je n'excède certainement pas l'expression de sa volonté en disant que c'était cette inégalité absolue qui lui paraissait injuste et que ce fut une des raisons d'être de ce mouvement revisionniste qui nous a conduits au congrès.

Je disais que ce qui avait frappé cette opinion, c'était l'identité de ce traitement, c'était que toute commune, quelle que fût son importance, fût représentée par une unité, et que, par conséquent, — veuillez bien saisir ma pensée, — quand il s'agissait de régler l'exercice de ses droits politiques, on lui donnât une représentation qui n'était même pas en corrélation avec celle que toutes les lois municipales lui donnent pour l'exercice de ses droits administratifs, pour la défense de ses intérêts matériels.

Mais enfin, Messieurs, lorsqu'il n'y a que des unités en ligne, l'écart qui peut séparer les combattants n'est jamais bien énorme, et l'on peut considérer que la controverse, la vigueur des démonstrations faites, l'action de l'opinion sur les individus peuvent, à une certaine heure, combler ces différences et faire passer la victoire du côté où semblait devoir rester la défaite.

Prenons maintenant, Messieurs, le système préconisé par vos deux honorables collègues, et demandons-nous à quelles conséquences matérielles il aboutit.

Ce n'est point un secret pour vous, qui connaissez à fond notre géographie administrative, que les petites communes, dans tous les départements, sont de beaucoup les plus nombreuses ; que si vous prenez le total des communes d'un département, vous en trouverez une très grande quantité restant en deçà du chiffre de 1.500 habitants, par exemple, et un petit nombre allant au delà. C'est une vérité dont on peut se convaincre par l'examen des chiffres empruntés au dernier recensement. Vous y verrez, par exemple, que dans le département de l'Ain, je suis l'ordre alphabétique, le total des communes est de 453 et le total des communes au-dessous de 1.500 habitants, de 408 ; dans l'Aisne, le total des communes est de 840, celui des communes au-dessous de 1.500 habitants est de 790 ; dans les Basses-Alpes, le total des communes est de 251, celui des communes au-dessous de 1.500 habitants est de 240. (*Marques d'approbation à gauche.*)

Je pourrais continuer cette énumération ; il y a quelques différences légères, suivant que la population des départements est plus dense, ou au contraire plus dispersée, mais c'est, on peut le dire, une proportion qui ne varie pas et qu'on peut tenir pour constante.

Eh bien ! si, pour aller dans le congrès départemental, vous commencez par multiplier par 10 et par 12 le nombre de toutes les communes qui sont au-dessous de 1.500 habitants, vous aurez beau multiplier par 5, 6 et 7 le très petit nombre, 20, 25, 30 au plus, des grandes communes du même département, vous n'en arriverez pas moins à creuser un gouffre entre la représentation des communes au-dessous de 1.500 habitants et celle des communes qui dépassent ce chiffre.

Je voudrais, Messieurs, demander au Sénat la permission de prouver l'exactitude de ce pronostic, de cette affirmation par des chiffres que j'ai fait relever en prenant certains départements où la population est répartie d'une façon sensiblement égale à celle dont elle est répartie dans l'ensemble des départements de France.

Je prends, par exemple, le département du Calvados. Dans le Calvados, le système de l'amendement que je combats donnerait aux communes au-dessous de 1.500 habitants 7.788 suffrages, et, aux communes qui sont au-dessus, 492. (*Sourires à gauche.*) 492 suffrages, voilà ce que représentera le collège sénatorial des communes au-dessus de 1.500 habitants ; 7.788 suffrages, voilà le collège des communes au-dessous de 1.500 habitants. Dans la Charente-Inférieure, qui est encore un département moyen, ne présentant dans la distribution de sa population rien d'anormal, rien d'extraordinaire, le nombre des électeurs sénatoriaux, de ceux que j'appellerai la première catégorie, c'est-à-dire au-dessous de 1.500 âmes, serait de 4.774, tandis que le nombre des électeurs sénatoriaux de la seconde catégorie serait de 695. (*Interruptions à droite.*)

Je m'expliquerai dans un instant, Messieurs, sur le reproche tiré de l'absence de proportionnalité ; ce que je me borne à montrer au Sénat en ce moment, c'est qu'après avoir accepté, non sans de très légitimes préoccupations, de vous rendre au congrès, de faire la revision, après avoir passé par toutes ces épreuves, donner comme couronnement à tout ce qui a été entrepris, à tout ce qui a été tenté, à tout ce qui a été fait, une réforme électorale sénatoriale qui se traduirait par l'écrasement absolu, par la disparition morale, on peut le dire, d'une certaine catégorie de communes de France au profit d'une certaine autre catégorie, ce serait véritablement l'acte le moins politique qu'une Assemblée considérable, qu'une Assemblée sérieuse pût commettre. (*Très bien! très bien! à gauche.*)

M. Buffet. — Il faudrait tenir compte de la population.

M. le Ministre. — Il est vrai que l'honorable M. Dauphin d'abord, quelques autres orateurs ensuite, ont dit :
« Mais, si vous arriviez à la proportionnalité, si, du moins, vous donniez à chaque commune de France un nombre de représentants qui correspondît à l'importance proportionnelle de sa population, nous pourrions peut-être passer condamnation, mais votre système n'a pas cet avantage, et vous devez reconnaître vous-même qu'il n'introduit pas la proportionnalité dans la loi. »

Il faudrait s'entendre, Messieurs, sur la valeur des mots. A mon sens, aucune loi organisant la représentation, soit du pays, soit du département, soit d'une cellule quelconque du pays, si je puis ainsi m'exprimer, n'a établi une proportionnalité rigoureuse, parce que cela est de toute impossibilité. Pour ne pas multiplier les exemples, j'en emprunte un à une législation qui n'a jamais, sur ce point, été l'objet d'une critique : j'entends parler de la législation municipale.

Là aussi, on doit tenir compte de l'importance des communes, pour savoir comment ces communes seront représentées. Est-ce que, cependant, la proportionnalité existe ? Une commune de 500 habitants a 10 conseillers municipaux, et les plus grandes communes au-dessus de 100.000 habitants en ont 36 ; de sorte, — et c'est là une considération dont vous allez voir tout à l'heure la conséquence, — de sorte que, si l'on avait prétendu établir pour la représentation communale une proportionnalité rigoureuse, vous arriveriez à ce résultat que, si une commune de 500 âmes a 10 conseillers municipaux, Paris, qui est une ville de 2.239.000 habitants, devrait en avoir plusieurs milliers ;

jamais on n'a été jusque-là. Qu'est-ce qu'on a fait ? On s'est dit que, sans arriver à une proportionnalité mathématique, on pouvait tout au moins réaliser une progression rationnelle, qu'on pouvait tenir compte dans une large mesure de l'importance d'une population pour déterminer sa représentation ; et c'est ainsi que vous voyez les conseils municipaux commencer à 10 membres pour finir à 36.

Est-ce la proportionnalité ? Non, mais c'est la progression ; c'est une différence rationnelle et juste introduite dans la représentation des communes qui sont différentes.

Eh bien ! Messieurs, ce que la Commission vous demande, après le Gouvernement, de faire, c'est précisément, quand il s'agit de dire comment la commune sera organisée et représentée en vue des élections sénatoriales, de tenir un compte aussi exact qu'on l'a fait dans la loi municipale de l'importance relative des populations. C'est pour cela que, de même que le conseil municipal d'une petite commune étant de 10 membres, le conseil municipal d'une grande est de 36, la représentation sénatoriale d'une petite commune sera d'un délégué, et la représentation d'une plus grande commune pourra être de 7, 9 et même jusqu'à 17 délégués.

C'est donc, Messieurs, la même idée de progression, sans que jamais personne ait prétendu, du moins ce n'a jamais été ma pensée, arriver à une proportionnalité rigoureuse, une proportionnalité exacte, qu'il était impossible d'atteindre. Voilà l'économie du projet.

Je vous montrais tout à l'heure, Messieurs, que l'amendement constituerait un pas et même plusieurs pas en arrière par rapport à la loi de 1875 ; qu'il serait considéré comme mille fois plus impopulaire, mille fois plus injuste par tous ceux qui n'ont pas accepté la loi de 1875, par cette raison que la loi de 1875 avait imposé ce traitement identique, n'avait voulu faire aucune différence entre les communes, quelle que fût leur importance, et les avait mises exactement toutes sur le même pied.

L'amendement de MM. Marcel Barthe et Bardoux, qui critique le défaut de proportionnalité dans notre système, présente-t-il au moins l'avantage de se rapprocher davantage de la proportionnalité? C'est exactement le contraire qui est vrai. Vous établissez un système de représentation où la proportionnalité disparaît beaucoup plus que dans le système de la Commission. Cela, Messieurs, tombe sous le sens, sans qu'il soit besoin d'être un grand mathématicien.

Dans votre système, une petite commune aura 10 représentants, et la plus grande en aura 36 ; c'est-à-dire que le plus grand écart est de 1 à 4, tandis que, dans le système de la Commission, la petite commune a 1 délégué et la plus grande peut arriver à en avoir 17.

Il est donc certain que vous vous écartez beaucoup plus encore que nous de la proportionnalité, et que ce n'est pas vous qui pouvez faire au projet de loi le reproche de ne pas donner à cette idée de proportionnalité une satisfaction suffisante. (*Très bien! à gauche.*)

Si votre système ne se recommande pas parce qu'il serait désiré par le pays ; si, au contraire, il est repoussé par ceux-là mêmes qui poursuivent la réforme de la loi de 1875 ; si, d'un autre côté, il ne se recommande pas par la proportionnalité, se recommande-t-il au moins en ce sens qu'il maintiendrait intacte dans nos lois constitutionnelles, dans nos lois électorales, cette idée, cette création de la commune électeur ?

Est-il bien vrai, comme vous le dites, qu'elle sera plus exactement et plus fidèlement représentée dans le collège électoral par la totalité de ses conseillers municipaux ? Messieurs, j'ai dit au Sénat que je pensais le contraire. Il me suffit, en vérité, d'un mot pour le démontrer.

Je disais à une précédente séance qu'à mon sens le suffrage universel avait parfaitement accepté l'idée d'une élection du Sénat par les communes ; qu'il avait parfaitement accepté que ce fût une des fonctions de la commune que de procéder à la nomination de la seconde Chambre.

Eh bien! est-ce que ces mêmes propositions demeureront exactes si, au lieu de faire nommer le Sénat par un délégué qui apporterait au collège sénatorial la volonté, l'idée de la commune elle-même, vous faites recruter le Sénat par tous et par chacun des conseillers municipaux? Il est échappé à l'honorable M. Bardoux — et c'est là un aveu dont je m'empare — que son système constituerait un système d'élection à deux degrés plus parfait, suivant lui, que le système qui avait été précédemment proposé par un certain nombre de ses collègues.

Voilà, Messieurs, un point sur lequel nous sommes encore d'accord : c'est qu'en effet votre système n'est pas autre chose qu'un mode d'élection à deux degrés ; mais où nous allons immédiatement différer — car nous ne pouvons pas rester longtemps d'accord — (Sourires), c'est sur le point de savoir si ce système d'élection à deux degrés est meilleur que l'autre. J'ose dire qu'il est infiniment plus mauvais ; et pourquoi est-il infiniment plus mauvais? Parce que — je crois aisé de le démontrer — le jour où vous aurez fait décider, fait juger, fait mettre dans une loi que chaque conseiller municipal est du même coup un électeur sénatorial, vous appelez la population municipale, vous appelez les électeurs municipaux à procéder le même jour en même temps à une opération double.

Il est très clair, en effet, qu'au moyen d'un seul scrutin on choisira un certain nombre de personnes qui seront appelées à une double fonction : fonction de conseiller municipal d'une part, et fonction de délégué sénatorial de l'autre. (Nouvelles marques d'approbation à gauche. — Interruptions à droite.)

M. Ninard. — Est-ce qu'il n'en est pas de même pour les conseillers généraux et les conseillers d'arrondissement ?

M. le Ministre. — Il ne me semble pas, Messieurs, que je commette d'erreur. Vous dites à une commune que les élections municipales vont avoir lieu; vous provoquez un collège électoral municipal à y procéder; vous avez mis dans la loi que chacun des conseillers municipaux sera électeur du Sénat.

Il est bien clair que, du moment où il est nommé, il est immédiatement électeur ; c'est même pour cette raison que l'honorable M. Marcel Barthe disait qu'il aurait une sorte de mandat permanent, que l'ensemble des conseillers formerait un collège permanent, de beaucoup supérieur à tout autre.

Eh bien! Messieurs, vous imaginez-vous que ce qui s'est passé jusqu'à présent pour le choix des conseillers municipaux continuera de se passer le jour où vous aurez dit à l'électeur municipal qu'il n'envoie pas au conseil municipal une liste de personnes formant, à elles toutes et dans leur ensemble, quelque chose qui représente ses opinions et ses intérêts, mais une liste d'individus qui garderont des droits distincts, et qui porteront dans le collège sénatorial, chacun, la pensée personnelle qui peut les animer?

J'ai dit qu'on faisait de la politique en nommant les conseillers municipaux; mais j'ai ajouté dans quelle mesure on en faisait, et comment ces entraînements passagers qui sont si dangereux, comment l'exclusivisme surtout avaient été heureusement bannis de ces élections dans la plupart des circonstances, par cette considération que ce qu'on nommait c'était un conseil d'hommes dont aucun, pris séparément, n'avait de fonctions propres, et que si on ne veut pas élire des adversaires politiques, du moins on n'apporte pas, dans cette arène électorale, l'ardeur et la passion qui caractérisent la lutte dans les élections dont le caractère est purement politique.

Messieurs, il n'est jamais très aisé de parler avec assurance de l'avenir; mais, si l'on voulait prévoir ce qui arrivera, on pourrait trouver dans le passé des exemples de ce que j'affirme : à savoir que, dans toutes les communes, lorsqu'on se trouve en présence d'une liste de candidats qui seront appelés, non pas à déléguer, à un moment donné, un ou plusieurs d'entre eux pour représenter la majorité du Conseil municipal, mais à exercer directement le mandat d'électeurs sénatoriaux, on verra renaître, pour l'élection de ces candidats, exactement les mêmes préoccupations, les mêmes dissensions qui marquent les élections purement politiques.

Par conséquent, ma conviction profonde, c'est que, dans

une large mesure, on aurait altéré ce qui est la sauvegarde, à mon sens, de l'élection d'une assemblée comme le Sénat, ce double caractère que je montrais, l'autre jour, comme présidant au recrutement des conseils municipaux.

Enfin, Messieurs, et dans le même ordre d'idées, j'ai entendu dire par l'honorable M. Bardoux ou par l'honorable M. Barthe : « Pourquoi ne pas accepter tous les conseillers municipaux comme électeurs? C'est leur dire que vous vous défiez de leurs lumières; qu'ils n'ont pas assez d'intelligence pour choisir directement leurs sénateurs. » (*Mouvements divers.*) Tel n'est pas, assurément, le sens de la méthode que je préconise. Nous disons qu'il ne faut pas choisir chaque conseiller municipal comme électeur sénatorial, parce que l'opinion qu'il apporterait dans le Congrès départemental, au lieu d'être l'opinion de la commune, serait son opinion propre et personnelle, et ne serait que cela. (*Très bien! à gauche.*) C'est de toute évidence, Messieurs. Qu'est-ce qui fait que l'élection, telle que nous la demandons pour le Sénat, et telle, je crois, que tout le monde la désire pour cette Assemblée, ne doit être marquée ni du même aléa, ni des mêmes inquiétudes, ni des mêmes imprévoyances ?

C'est qu'avant que le collège électoral sénatorial se forme, une première opération a été accomplie par le pays lui-même, dans ce premier creuset, si je puis m'exprimer ainsi, qui est la commune. Ce n'est pas monsieur un tel ou tel autre, ce n'est pas une série d'individus ayant leurs passions, leurs rancunes, leurs ambitions personnelles, qui vont venir chacun dans un collège électoral apporter leur vote ou leur pensée; ceux qui seront choisis, ce sont les hommes que l'ensemble de la représentation communale aura considérés comme personnifiant sa pensée, ses idées, sa volonté. (*Approbation sur les mêmes bancs.*) De sorte — et c'est par là que je conclus — qu'après avoir comparé les deux systèmes, on est en droit de dire : dans le premier cas, l'élection du Sénat sera faite par les communes; dans le second, elle sera faite par des individus (*Très bien! très bien! à gauche.*), car si la qualité du conseiller municipal confère d'ores et déjà celle d'électeur sénatorial, il est bien clair que le fait d'avoir obtenu ce double mandat ne changera rien à la personne de l'élu ; il demeurera ce qu'il était et ne pourra apporter dans ce grand collège électoral que ce qui est son opinion, sa politique personnelle. (*Très bien ! très bien ! à gauche. — Rumeurs sur divers bancs à droite et au centre.*)

En résumé, Messieurs, je crois, sans parler de considérations plus accessoires et qui cependant ne seraient pas sans intérêt, que de toutes les méthodes qui ont été proposées au Sénat, la plus mauvaise, la plus dangereuse (*Oui ! oui ! à gauche.*), la méthode qui ne serait ratifiée par aucune fraction de cette opinion qui a voulu une réforme de la loi électorale du Sénat, c'est celle que vous ont recommandée MM. Bardoux et Marcel Barthe ; et je demande au Sénat, au nom du Gouvernement et avec une très grande insistance, de ne pas s'y rallier. (*Très bien ! et applaudissements à gauche et au centre. — Bruit à droite.*)

CHAMBRE DES DÉPUTÉS. — *Séances des 1er et 2 décembre 1884.* — La loi, venue devant la Chambre, y fut l'objet de critiques très vives. M. Waldeck-Rousseau, malgré tous ses efforts, ne put en triompher complètement. Si, dans la séance du 1er décembre, il réussit à faire repousser un amendement de M. Achard tendant à supprimer les sénateurs inamovibles sans délai, il vit, le lendemain, adopter malgré son avis un amendement de M. Floquet tendant à ce que les sénateurs fussent élus au suffrage universel direct. La proposition de M. Floquet n'avait été votée, il est vrai, que par 267 voix contre 250, et, huit jours après, à la demande du Gouvernement, la Chambre la rejeta définitivement[1].

---

1. A la suite du vote de l'amendement Floquet, M. Waldeck-Rousseau donna sa démission de ministre. Il dut la reprendre sur les instances de Jules Ferry et de ses collègues, ainsi que sur celles du Président de la République.

MESSIEURS,

C'est à l'amendement de l'honorable M. Achard que je viens répondre, au nom du Gouvernement, en demandant à la Chambre de le rejeter. Toutefois, les observations que j'ai à présenter sont d'une portée plus générale. Il me semble, en effet, que toutes les difficultés de ce débat sont dominées par une même question de politique, de conduite générale.

Je crois, en effet, Messieurs, que, quels que soient les amendements qui vous seront présentés, il est impossible, pour une Assemblée comme celle-ci, de faire abstraction de certaines considérations qui s'imposent, et qu'il y aura pour chacun de nous, pour la majorité de cette Assemblée, dans plus d'une circonstance, à opter entre deux systèmes très différents, aboutissant à des résultats tout contraires.

Convient-il de ne demander à la loi sénatoriale que la somme des progrès immédiatement et certainement réalisables, assurés de rencontrer l'assentiment unanime du Parlement? Ou bien serait-il préférable de conserver pour un temps qu'il serait bien téméraire de fixer cette législation de 1875 contre laquelle on n'a pas assez d'anathèmes, plutôt que de ne pas introduire, tout d'un coup et par un seul vote, dans cette loi, toutes les réformes, toutes les solutions, toutes les aspirations qui peuvent animer les uns et les autres des membres de cette Assemblée? (*Très bien! très bien! au centre et à gauche.*)

Cette préoccupation, vous la rencontrerez à chaque pas, parce qu'il n'y a pas en politique — il faut peut-être le rappeler — de fait isolé, parce que la politique ne peut pas faire abstraction des circonstances matérielles dans lesquelles elle se meut, des milieux sur lesquels elle est obligée de compter, et parce que c'est une question, sur laquelle il me semble que le pays a pris depuis longtemps parti, que de savoir s'il n'est pas plus utile, plus profitable, plus patriotique, s'il n'est pas dans l'intérêt bien entendu du parti républicain, qui lutte encore, de demander à chaque jour ce qu'il peut lui donner de réformes, plutôt,

Messieurs, que d'incliner du côté des théories les plus absolues, qui, au risque de périr dans une immobilité funeste, se drapent dans la rigidité et l'inflexibilité de leurs principes. (*Très bien! au centre et à gauche. — Bruit à l'extrême gauche.*)

M. Emile Brousse. — Ce ne sont pas des théories absolues!

M. Brialou. — Il faut respecter les programmes : on ne les respecte pas.

M. le Président. — Messieurs, veuillez laisser parler l'orateur.

M. le Ministre. — Il faudrait bien qu'il y ait entre nous cet accord, je n'ose pas dire ce contrat, qui consisterait à permettre à chaque orateur, quel qu'il soit, de développer l'opinion qu'il apporte à la tribune sans que l'empressement de certaines interruptions, à chacune de ses phrases, lui rende presque impossible de suivre sa propre pensée. (*Réclamations à l'extrême gauche.*)

M. Clemenceau. — Vous devriez bien dire cela à M. le président du Conseil.

M. le Ministre. — Je crois que je suis un de ceux qui ont le plus de droits à n'être pas interrompu, ayant l'habitude de n'interrompre personne.

M. Clemenceau. — Je vous répète que vous devriez bien dire cela à M. le président du Conseil. (*Exclamations diverses.*)

M. le président du Conseil. — Mais alors gardez votre conseil pour moi.

M. le Président. — Messieurs, tâchez de ne pas vous retourner ce reproche les uns aux autres, et que ce soit celui-là seul qui est sans péché qui lance la première pierre. (*Rires.*)

La parole est à M. le ministre de l'Intérieur : veuillez l'écouter.

M. le Ministre. — Je voudrais, Messieurs, préciser avec autant de clarté que possible la question qui est posée par l'amendement de l'honorable M. Achard et que vous avez à résoudre.

Le Gouvernement, appelé à vous soumettre les bases d'une réforme électorale pour le Sénat, vous a fait connaître, dans des circonstances que je rappellerai sans doute tout à l'heure, comment il entendait cette réforme, ce qu'il vous proposerait, quels étaient les éléments qu'il croyait pouvoir y introduire, et notamment, puisque c'est surtout la question d'inamovibilité qui est en jeu à l'heure où je parle, il a déclaré très nettement que, dans la loi qu'il demanderait aux deux Chambres de voter, il désirerait que le principe de l'inamovibilité, que cette création de 1875 disparût de la façon la plus absolue et la plus complète. Nous avons cru répondre ainsi au vœu le plus immédiat et le plus certain des électeurs.

Et, Messieurs, il faudra bien que vous reconnaissiez aux ministres qu'ils ne procèdent pas d'un autre suffrage que le vôtre, qu'ils ne peuvent pas avoir d'autres intérêts que les vôtres et que ce qui doit les animer, ne fût-ce que par simple intérêt personnel, c'est la recherche de ce qui peut être le plus utile au pays.

Nous avons demandé que dans la loi électorale du Sénat que vous allez voter, il n'y ait pas de place pour l'élection de sénateurs inamovibles, que le Sénat ne pût conférer de mandat viager, et ces propositions faites par le Gouvernement ont rencontré l'assentiment de la Commission sénatoriale qui avait été nommée pour étudier le projet. D'après le rapport de l'honorable M. Demôle, que vous connaissez tous, il n'y aura plus dans l'avenir pour tous les membres du Sénat qu'un même mode commun d'élection et ils auront la même origine; il n'y aura plus de sénateurs inamovibles. Encore moins admettions-nous l'idée de sénateurs choisis par leurs collègues pour une durée de temps déterminée.

Telles sont les bases sur lesquelles s'était fait entre le Gouvernement et la Commission l'accord le plus complet, et que nous avons le droit de considérer comme durable. Il est arrivé qu'au cours de la discussion au Sénat un amendement a été proposé, et le Sénat a décidé qu'aux inamovibles, c'est-à-dire aux sénateurs nommés à vie, en substituerait ce qu'on a appelé le mandat novennaire, c'est-à-dire que 75 des membres de cette Assemblée seraient nommés par leurs collègues pour une durée de neuf ans.

Cet amendement, Messieurs, déposé pendant la durée même des travaux de la Commission, avait été repoussé par le Gouvernement avec la plus grande énergie ; il avait été également rejeté par la majorité de la Commission, et lorsque le Sénat, par son vote, a introduit dans sa législation électorale cette innovation, je lui ai dit en toute sincérité qu'à mon sens il commettait une faute. (*Mouvements divers.*)

Un membre à l'extrême gauche. — Après ?

M. LE MINISTRE. — Vous savez à merveille comment j'ai été amené à tenir ce langage à l'heure où je l'ai tenu ; je n'ai pas varié d'opinion sur cette question, je m'en suis expliqué de la façon la plus formelle, et lorsqu'à ma grande surprise, je le déclare, le Sénat eut accepté cette disposition, je n'ai pas craint de lui dire que c'était là un solécisme constitutionnel qui ne pourrait pas subsister.

A la Chambre, lorsque dans le bureau dont je faisais partie j'ai été interrogé par l'honorable collègue qui vient de m'interrompre sur l'opinion du Gouvernement, je n'ai pas hésité une minute à dire que le Gouvernement n'acceptait pas cette résolution, qu'il trouvait le mandat novennaire plus critiquable et moins justifiable que le mandat viager dont il avait demandé la suppression. J'ai ajouté que, lorsque la loi reviendrait au Sénat, le Gouvernement demanderait à cette Assemblée de juger de nouveau une question dont l'importance est considérable, de ne pas inscrire dans sa législation quelque chose qui constitue un vice véritable, qui serait dans l'avenir l'objet de critiques plus vives encore que les critiques qui ont été faites dans le passé, et d'accepter la proposition qui lui avait été soumise par l'accord commun du Gouvernement et de la Commission. Par conséquent, le terrain sur lequel nous nous sommes placés est clairement déterminé.

Appelés à faire une loi nouvelle, nous n'admettons pas que dans cette loi on inscrive un principe qui, de près ou de loin, consacrerait l'irresponsabilité, sachant aussi bien que qui que ce soit que la responsabilité est la garantie de toutes les fonctions publiques.

Les nouveaux élus, les sénateurs novennaires, se trouveraient placés dans une situation plus fâcheuse encore que les inamovibles auxquels ils succéderaient, parce que, — en politique, il ne suffit pas d'être indépendant, il faut encore le paraître (*Mouvements divers*), — on pourrait très justement dire que les sénateurs qui ne sont élus que pour neuf ans par leurs collègues n'ont pas vis-à-vis d'eux l'indépendance qu'ils doivent avoir.

Voilà, Messieurs, sur ce point, notre programme, notre opinion, nos principes, et quand vous aurez statué sur cette loi sénatoriale, si les décisions prises par vous donnent raison au Gouvernement sur les points sur lesquels il vous consulte, il lui restera, pour obtenir cette réforme, à tenter auprès du Sénat encore un effort. Il lui restera à demander à cette Assemblée de se rallier à l'opinion que j'exposais tout à l'heure, et pour obtenir ce résultat, il est bien évident — je n'apprends en cela rien à personne — que la première condition, la plus essentielle, c'est qu'il ait près d'elle quelque autorité ; et lorsque j'entendais tout à l'heure l'honorable M. Achard convier le Gouvernement, et le ministre de l'Intérieur en particulier, à demander au Sénat exactement le contraire de ce que le Gouvernement a déclaré lorsqu'il a soumis aux Chambres son projet de revision, je ne pouvais m'empêcher de réfléchir sur ce point et de me demander si véritablement l'honorable M. Achard avait bien calculé la portée de ses paroles, et si c'était sérieusement qu'il demandait au Gouvernement de se discréditer, de s'abaisser dans cette mesure où l'on se discrédite, lorsqu'on manque à ses propres engagements...

M. Achard. — Oui, ma demande est sérieuse ! Je n'ai pas pour habitude de ne pas parler sérieusement, Monsieur le Ministre.

M. le Ministre. — Je ne parle pas de contrat ; je n'en ai pas parlé au Sénat, je n'en parlerai pas davantage à la

Chambre. Les engagements pris par chacun de nous ne regardent que ceux qui les ont pris... (*Très bien!*)

M. Clemenceau. — Ce serait trop fort s'ils regardaient les autres !

M. le Ministre. — Mais de ceux-là il n'est pas possible de faire si bon marché; quand le Gouvernement a pris un engagement, quand il a demandé au Sénat de se rendre au Congrès sur une parole qu'il lui a donnée, il n'y a personne ici qui puisse demander au Gouvernement de manquer à cette parole.

M. Georges Perin. — Il y a manqué. N'a-t-il pas rapporté à la Chambre, malgré ses déclarations contraires, le cadavre décapité de la revision?

M. le Ministre. — Je vous ai dit quelle était l'économie des dispositions législatives auxquelles le Gouvernement s'attache, et qu'il vous demande de sanctionner, en ce qui concerne le recrutement des sénateurs; c'est l'unité d'origine, une même sorte d'élection. Nous demandons que, dans la loi que vous êtes appelés à voter, l'inamovibilité disparaisse définitivement.

Mais cela ne suffit pas à tous nos collègues. M. Achard vous invite à faire un pas de plus, et l'amendement qu'il vous propose consiste à vous demander, non pas seulement de voter dans la loi nouvelle qu'il n'y aura plus de mandat viager, mais de décider qu'il n'aurait jamais dû y en avoir.

Il vous demande — je m'efforce de résumer sa pensée aussi clairement et aussi impartialement que possible — de dire qu'il ne suffit pas de s'en prendre à l'inamovibilité, mais encore aux inamovibles; qu'il ne suffit pas de reviser la loi électorale du Sénat, qu'il faut encore procéder à la revision des personnes.... (*Murmures sur divers bancs*), et que, réagissant sur le passé, il convient, non pas seulement de faire une loi avec les effets ordinaires attachés à la loi, mais de donner à cette loi particulière ce qui s'appelle dans le langage des jurisconsultes, comme dans le langage des législateurs, un effet rétroactif. (*Exclamations sur divers bancs.*)

A *l'extrême gauche*. — Non! non!

M. Jolibois. — On l'a fait dans la loi sur la magistrature malgré les observations présentées dans le même sens. (*Mouvements divers.*)

M. le comte de Bélizal. — Ce sont là des principes variables.

M. le marquis de la Rochejaquelein. — Des principes successifs!

M. le Ministre. — Messieurs, la grande difficulté pour l'orateur consiste à aller aussi vite dans sa parole que l'esprit des auditeurs peut aller en l'écoutant. Je n'ai pas dit un mot qui autorise cette Assemblée à considérer que je conteste le droit rigoureux du législateur, en pareille matière, de donner cet effet sur le passé à une loi qu'il fait.

Un membre à droite. — Eh bien! alors?

M. le Ministre. — Mais il n'est pas possible de nier que, lorsqu'on vient vous dire : « Depuis que la Constitution fonctionne, depuis la loi de 1875, des sénateurs ont été élus, ils ont été régulièrement nommés, vous allez briser le mandat tel qu'ils l'ont puisé dans la législation régulière qui les a fait entrer dans cette Chambre », il n'est pas possible de contester qu'ainsi vous réagissez sur le passé, que vous revenez sur la législation antérieure et que vous ajoutez à la loi un effet rétroactif.

Voilà, Messieurs, la proposition qui vous a été faite, et il semblait, à entendre l'honorable orateur auquel je réponds, que cette proposition, pour devenir une loi définitive, pour entrer dans le domaine des faits, ne rencontrerait d'autre résistance que celle du Gouvernement. Si le Gouvernement voulait y donner la main, — l'honorable M. Achard veut bien accorder au Gouvernement un genre de confiance qui consiste à dire qu'elle ne lui manquerait pas devant l'autre Assemblée pour obtenir sa sanction, — quoi de plus simple? Vous allez décider dans la loi qu'il n'y aura plus d'inamovibles, et vous considérerez que ceux qui ont été nommés dans le passé doivent disparaître! Y a-t-il rien de plus facile que de résoudre les questions, en faisant abstraction de tous les éléments avec lesquels il faut compter?...

Oh! certes, il est beaucoup plus facile de diriger contre une Assemblée de véhéments réquisitoires que de faire le compte des services qu'elle a pu rendre; il est plus facile et plus aisé de profiter des généreux entraînements de ce pays que de faire appel à son esprit de raison et de calcul. Il serait assurément ici, dans cette Chambre, plus aisé et plus facile pour le Gouvernement de donner raison à tant d'aspirations qui se font jour, à tant d'impatiences qui se manifestent! Et alors pourquoi résister? Pourquoi s'exposer à tant d'amères et de véhémentes critiques?

C'est pour le dire que je suis à cette tribune, et je demande à la Chambre la permission de le faire avec toute la sincérité qu'on doit mettre dans une question quand sa gravité est aussi haute, quand les intérêts engagés sont aussi considérables.

Nous ne pouvons pas accepter l'amendement de M. Achard; nous n'avions, dans le projet que nous avions déposé il y a plusieurs mois, rien proposé de semblable, parce que, à notre sens, et tout ce que j'ai à dire tient dans cette phrase, il n'y a pas, pour ce pays, entendez-le bien, un intérêt supérieur à celui-ci : soustraire les élections sénatoriales prochaines à cette loi de 1875, former dans le Sénat une majorité en communauté d'idées et d'opinions avec la majorité qui est dans cette Chambre (*Très bien! et applaudissements à gauche et au centre. — Mouvements divers à l'extrême gauche et à droite*), parce que le projet du Gouvernement, accepté par votre Commission, assure ce résultat pratique et immédiat; et, si nous repoussons l'amendement de M. Achard, ce n'est pas seulement pour ces considérations que j'aurai l'occasion de développer, c'est parce qu'il me semble que pour tout homme qui voudra bien ne pas se faire volontairement illusion, il est certain que cette réforme impatiemment attendue, l'amendement en question la rejette dans le domaine des futurs contingents et dans l'inconnu d'un avenir dont personne ici ne saurait fixer la durée.

L'attitude que nous prenons n'est pas nouvelle. C'est au mois de mai 1884 que le Gouvernement a déposé à cette tribune le projet de revision dans lequel il exposait ses vues sur les réformes à introduire, particulièrement dans la législation électorale du Sénat. Et voici, Messieurs, dans quels termes il formulait les idées qu'il vous demandait de sanctionner.

En ce qui concernait la loi électorale du Sénat, la situation des inamovibles, « nous rechercherons, quant à nous, disait l'exposé des motifs du projet du Gouvernement, cette solution si désirable dans la présentation d'un projet de loi ayant pour base la réduction à la durée ordinaire du mandat électif sénatorial, c'est-à-dire à neuf années, du mandat qui est actuellement viager, sans donner cependant à loi nouvelle un effet rétroactif ».

Et le projet que nous avons déposé à cette époque ne se différenciait en rien d'un projet déposé par nos prédécesseurs, de celui qui avait été apporté à la Chambre au mois de janvier 1882. Dans le projet de revision déposé à cette époque, au lendemain des manifestations électorales du 21 août 1881, le Gouvernement annonçait avec la même précision, avec la même force, qu'il demanderait la suppression du principe de l'inamovibilité sans donner à la loi nouvelle un effet rétroactif. Lorsque nous avons déposé ce projet, qui n'est, comme je viens de le rappeler, qu'une sorte de réédition d'un projet antérieur, nous ne nous sommes pas fait illusion sur les critiques qu'il pourrait soulever. Nous avons très bien compris qu'il ne donnerait pas satisfaction à tous les désirs, à toutes les pensées, à toutes les opinions. Il en était, en effet, Messieurs, de ce projet comme de tout autre. Le Gouvernement doit surtout procurer au pays — je le pense du moins — des solutions.

Il doit se préoccuper, Messieurs, avec un soin de tous les instants, avec un profond scrupule, de savoir quelle est la somme de réformes qui peut être sûrement sanctionnée par le Parlement d'un pays où la Constitution, telle qu'elle existe, telle que vous l'avez maintenue, comporte nécessairement l'adhésion et l'accord des deux Chambres.

Eh bien ! nous avons agi comme nous l'avons fait parce que nous avons été dominés par une double conviction.

En premier lieu, nous avons pensé que le projet, tel que nous le soumettions aux Chambres, donnait satisfaction à ce qui est, suivant nous, le vœu certain et actuel du pays; nous avons été convaincus qu'avec la méthode électorale que nous proposions, avec l'élargissement du collège électoral sénatorial, il n'était pas douteux que ce pays, qui a fait tant de progrès depuis quelques années, qui, dans une proportion et avec une majorité énormes, est venu à la République... (*Interruptions et rires à droite.*)

Mais assurément, Messieurs, et vous en verrez quelque chose...

A droite. — Comme dans l'Yonne, bien!

M. LE MINISTRE... que ce pays, qui a donné à la République une adhésion chaque jour croissante, aurait le moyen sûr de faire prévaloir dans le Sénat ses volontés et ses tendances, de même que, par des élections répétées, il a formé sur ces bancs une majorité républicaine à son image.

C'est là une considération toute pratique. Est-ce que nous avons le droit d'en faire abstraction? est-ce qu'elle n'est pas une des premières qui se présenteront aux yeux de tout gouvernement prévoyant et sage? Eh bien! je le répète, il nous est apparu — et j'en dirai quelques mots tout à l'heure, puisque je rencontre des dénégations, — qu'avec le projet de loi qui vous est proposé les élections de 1885 marqueront, dans la longue évolution par laquelle ce pays a passé, une des victoires républicaines les plus importantes et les plus décisives.

Une seconde préoccupation nous a animés; nous avons considéré que si nous voulions faire quelque chose de plus, sans même discuter la rigueur ou la justesse de certaines idées, nous étions assurés, au contraire, de ne pas donner au pays cette satisfaction immédiate, et de retarder, je ne dis pas indéfiniment, mais pour un temps assurément très long, cette réforme que le pays souhaite et veut, parce qu'il a l'intuition juste que le commencement de toutes les réformes décisives, c'est la formation d'un Parlement ayant des volontés homogènes, la constitution de deux majorités en communion d'idées. (*Interruptions.*)

Je dis que si ce projet de loi rencontre tant d'opposition — et des oppositions de tant de sortes différentes — c'est que les résultats dont je parle, à l'heure actuelle vous les connaissez, vous les avez mesurés comme moi, vous en avez la même certitude; et je ne pense pas que si la loi que nous vous soumettons devait donner aux monarchistes, quel que soit le parti dont ils se réclament, une majorité pour les élections de 1885, nous eussions assisté au spectacle contradictoire que nous avons eu dans les deux assemblées et à des votes si parfaitement opposés, alors que les opinions sont parfaitement fermes, parfaitement assises et parfaitement identiques. (*Très bien! très bien! au centre et à gauche.*)

Messieurs, lorsque, tout à l'heure, j'indiquais comment le Gouvernement a cru devoir ne point revenir sur le passé, comment il ne lui a semblé ni prudent, ni nécessaire de demander l'exclusion de 75 sénateurs inamovibles, à voir l'indignation de ce côté de la Chambre (la droite), il semblait que la loi de 1875 ne pût être flétrie avec assez de vigueur, que l'inamovibilité ne pût jamais être condamnée avec assez de véhémence; et, dans ce débat, une fois de plus, nous assistons à ce spectacle singulier d'une opposition qui considère la loi de 1875 comme bonne, car elle a été sa loi... (*Interruptions à droite.*)

M. LE BARON DUFOUR. — Ce n'est pas la nôtre. Nous ne connaissons que le suffrage universel!... (*Rires ironiques à gauche.*) Mais certainement? Vous en riez, vous!

M. LE PRÉSIDENT. — Monsieur le baron Dufour, veuillez garder le silence!

M. LE BARON DUFOUR. — Nous ne voulons pas du suffrage restreint!

M. LE PRÉSIDENT. — Veuillez ne pas interrompre davantage!

M. LE MINISTRE. — Messieurs, je parlais de l'indignation qu'éveille sur ces bancs (la droite) la défense même rétrospective de l'inamovibilité...

M. LE MARQUIS DE LA ROCHEJAQUELEIN. — Non! De la Constitution tout entière!

M. LE MINISTRE. — ... et j'indiquais que, si la loi que nous proposons ne devait pas donner les résultats que nous en attendons, il y aurait, en vérité, dans les deux oppositions des deux Chambres des contrastes, des contradictions bien singuliers.

Que s'est-il passé au Sénat, lorsque l'amendement Lenoël a été proposé? L'amendement Lenoël est une aggravation de l'ancienne loi de 1875 en ce qui touche l'inamovibilité. Eh bien! tous vos amis du Sénat, sans exception, l'ont voté. (*Interruptions à droite.*)

M. JULES DELAFOSSE. — Ce sont des sénateurs!

M. LE MINISTRE. — Je me trompe : il y a eu trois exceptions. Vous avez voté au Sénat l'amendement Lenoël, pourquoi? parce qu'il était certain que la Chambre ne le voterait pas. (*Mouvements divers.*)

M. PEYTRAL. — Vous déclariez qu'il valait mieux que l'amendement Roger-Marvaise.

M. LE MINISTRE. — Et aujourd'hui qu'il s'agit, devant la Chambre, de savoir si on effacera d'un seul trait de plume ce qui a été fait depuis 1875 jusqu'à 1884, la droite de cette assemblée, par 78 ou 80 voix, vote la flétrissure de la loi de 1875, vote la suppression des inamovibles qui ont été nommés... pourquoi?... parce que, ainsi faite, la loi sera rejetée par le Sénat. (*Applaudissements au centre. — Réclamations à droite.*)

M. BLIN DE BOURDON. — Nous avons voté contre la loi de 1875 quand vos amis votaient pour !

M. LE MINISTRE. — Je ne voudrais pas qu'on se méprît sur la portée de mes paroles, qu'on y vît la moindre critique, soit de l'attitude de l'opposition au Sénat, soit de l'attitude de l'opposition à la Chambre. Le rôle des oppositions est de faire échouer les lois qu'elles redoutent, et, pour cela, elles sont dans cette situation particulière que toute tactique leur semble bonne, et que la meilleure de toutes, à leurs yeux, est celle qui réussit. (*Rires approbatifs au centre. — Interruptions à l'extrême gauche.*)

M. CANTAGREL. — C'est là une sorte de morale que nous n'admettons pas !

M. le Ministre. — Je n'entendais tirer de cette revue à la fois rétrospective et actuelle que cet enseignement : vous ne voulez pas de la réforme sénatoriale telle que nous la proposons. Sur ce point, il vous est bien impossible de me contredire, et j'ai quelque peine à admettre que la raison de vos résistances soit que cette loi n'est pas suffisamment radicale; j'incline plutôt à penser que vous ne voulez pas de la loi nouvelle, parce que chacun de vous, fort bien instruit, comme c'est son droit et son devoir, des intérêts de son parti dans son département, sait, comme le Gouvernement peut le savoir lui-même, et comme le sait chacun des membres de cette Assemblée, quelles seront les conclusions pratiques, les résultats effectifs de la réforme que nous demandons en ce moment! (*Très bien! très bien! au centre.*)

Depuis que nous avons eu cette opinion, cette pensée, s'est-il produit quelque chose qui pût l'affaiblir. Est-il plus douteux aujourd'hui qu'il ne l'était pour nous, lorsque nous avons déposé le projet de revision, que l'élargissement, le développement que nous proposons du collège électoral sénatorial, est pour la France démocratique une garantie de succès, le gage certain d'une réforme décisive ?

Eh bien! Messieurs, je l'ai dit hautement au Sénat, et je n'éprouve aucun embarras à le répéter. Je ne veux pas donner des chiffres ; je ne veux pas entrer dans des détails qu'il serait vraiment peu convenable d'apporter ici, mais je ne crains pas de le dire, avec le sentiment de la responsabilité qu'on encourt lorsque, prétendant être bien instruit de l'avenir, on en parle avec cette assurance, de toutes les manifestations d'adhésion que ce pays a données à la République il n'y en aura jamais eu de plus solennelle, de plus complète, de plus décisive.

M. Charles Floquet. — Nous aimons mieux celles du suffrage universel !

M. le Ministre. — D'un autre côté, si, au moment où nous avons déposé le projet dont je parle, nous considérions qu'il produirait des résultats excellents pour le triomphe de la démocratie dans ce pays, nous pensions également qu'il contenait tout ce qu'il était possible d'obtenir de réformes à l'heure actuelle, et qu'en allant plus loin on s'exposait à un échec.

Cette opinion a-t-elle dû se modifier à l'occasion de quelque événement survenu, de quelque enseignement imprévu? Est-il possible de dire qu'on ferait accepter par le Parlement tout entier, non pas seulement une loi de principe supprimant pour l'avenir l'inamovibilité, mais une loi ayant un caractère tout différent, qui prononcerait encore la déchéance de leur mandat contre 75 sénateurs inamovibles? Je vous demande la permission de m'expliquer sur ce point avec une très grande liberté.

Lorsque l'on parle du Sénat, on semble toujours tenté, en frappant à une autre effigie une parole célèbre, de considérer que le Sénat est resté l'ennemi. On s'obstine à le juger sous le jour, sous l'aspect où il nous est apparu en 1875, lorsqu'après l'élection des 75 inamovibles et celle des 225 sénateurs nommés par les départements, il a semblé à tout ce pays que le Sénat ne serait jamais une Assemblée démocratique, et qu'en lui s'était réfugiée la dernière pensée de l'Assemblée nationale.

Certes, Messieurs, à cette époque, le sentiment dont je parle pouvait se comprendre. Qu'étaient ces communes de France auxquelles on allait demander de former une Assemblée aussi importante? Comment leurs Conseils municipaux avaient-ils été nommés? Est-ce qu'à cette date nous avions aucun de ces instruments qui font triompher nos volontés? Est-ce qu'il y avait la liberté de la presse? Est-ce qu'il y avait la liberté de réunion? Non! rien qu'une sorte particulière de silence succédant à des catastrophes sans nom, de résistance instinctive à des combinaisons obscures! L'opinion ne se connaissait qu'imparfaitement elle-même; sur certaines régions, sur certaines communes, il pesait encore un trouble tel que le résultat des élections politiques, quel qu'en fût le mode, apparaissait comme absolument incertain. Voilà ce que nous avons vu en 1875.

Mais le temps n'a-t-il pas marché depuis? Est-ce que

les calculs, les combinaisons de l'Assemblée dont je parlais n'ont pas reçu, sur ce point comme sur beaucoup d'autres, de singuliers démentis?

Il est arrivé que le pays s'est réveillé, s'est repris, que les départements ont envoyé des républicains au Sénat, et que les républicains du Sénat, il ne faut pas le perdre de vue, ont en quelque sorte appelé à l'aide, par le mode de votation qui était mis à leur disposition, d'autres républicains. Peu à peu ce Sénat sur lequel vous aviez compté vous a échappé, et quand on parcourt l'ensemble des lois qui seront l'honneur des deux dernières législatures... (*Interruptions à droite.*)

Un membre. — Y compris l'article 7?

M. LE MINISTRE. — ... la loi sur la liberté de l'instruction, la loi sur la liberté de réunion, sur la liberté de la presse, les lois qui ont restitué à la puissance civile ce qu'on lui avait soustrait...

M. LE MARQUIS DE LA ROCHEJAQUELEIN. — Ajoutez la loi sur la magistrature! Nommez donc les bonnes!

M. LE MINISTRE. — ... on trouve, au bas de toutes ces lois, la signature d'un très grand nombre de ceux qui ont été nommés en vertu de la loi de 1875.

Lorsqu'on parle, aujourd'hui, de revenir sur les choix qui ont été faits, lorsqu'on invite le Gouvernement à se rendre au Sénat, et, s'adressant à ces 75, à leur dire : Sortez d'ici, vous n'êtes pas à votre place! on perd de vue toute l'histoire de ces dernières années, on perd de vue qu'en politique surtout, à moins d'une nécessité évidente, à moins d'un péril certain, il n'y a rien de plus mauvais que les rigueurs inutiles.

Et quand j'entends l'honorable M. Achard dire : « Allez au Sénat ; les portes vous en sont ouvertes ; vous n'avez qu'un mot à dire, et immédiatement le Sénat prononcera la déchéance des 75 sénateurs nommés en vertu de la loi de 1875 », eh bien! je me permettrai de dire qu'on parle avec beaucoup de légèreté de certaines difficultés dont nous sommes peut-être à même de mieux mesurer l'importance.

Que le Gouvernement dise au Sénat : il faut supprimer de votre loi le mandat viager, c'est ce que le Gouvernement a fait, c'est ce qu'il fera encore ; mais ce que vous lui demandez est bien différent : vous lui demandez d'aller au Sénat réclamer de lui une mesure aux termes de laquelle il reviendra sur son propre passé, une mesure par laquelle il condamnera, non pas seulement l'inamovibilité dans la loi et pour l'avenir, mais les inamovibles qui sont au milieu de lui.

Messieurs, je ne sais pas si quelqu'un peut se flatter d'accomplir cette tâche, de la mener à bonne fin ; mais, dans ma pensée, quiconque le croirait serait sous l'empire de là plus étrange des illusions. (*Murmures sur quelques bancs à l'extrême gauche.*)

Alors, si je ne me trompe pas, si vraiment la mission à laquelle on nous invite n'est pas aussi facile que l'honorable M. Achard le pensait, si après y avoir réfléchi, si après s'être consulté, on arrive à cette conviction que subordonner le vote de la loi à cette condition, c'est condamner fatalement cette loi à ne pas voir le jour, alors la question se précise, elle se resserre : elle est de savoir si, pour le plaisir de condamner sur le papier 75 sénateurs inamovibles, il vaut mieux conserver la loi de 1875, ou si, plutôt que de ne pas obtenir contre l'inamovibilité dans le passé ce verdict de blâme, de condamnation, il vaut mieux maintenir l'inamovibilité, non pas seulement dans le présent, mais dans un avenir lointain encore. (*Très bien ! très bien ! sur divers bancs à gauche et au centre.*)

Il reste à savoir, étant donné que ces faits sont exacts et que je ne me les exagère pas, — et je cherche encore l'intérêt que j'aurais à me les exagérer, — ce que ferait à notre place ce pays dont on parle beaucoup, dont on a raison de beaucoup parler, au nom duquel nous avons tous un droit égal de parler.

Je considère, pour ma part, qu'il veut bien des réformes, mais je suis absolument persuadé qu'il n'en est pas une qu'il veuille au même degré que celle-ci : faire que l'année prochaine, au commencement de 1885, au renouvellement du troisième tiers du Sénat, on lui donne une loi électorale nouvelle, qui lui permette de faire entendre sa volonté. (*Nouvelle approbation sur les mêmes bancs.*)

La question pour moi se renferme dans les termes étroits que voici : ou la réforme qu'on vous propose — pour laquelle nous avons obtenu l'assentiment de la Commission du Sénat, pour laquelle nous avons obtenu l'assentiment de la Commission de la Chambre — ou bien le maintien de cette loi de 1875 que vous êtes unanimes à condamner.

Je voudrais dire encore un mot, Messieurs, des conséquences que pourrait avoir le rejet de la proposition qui vous est soumise, et répondre à quelques-unes des critiques que cette solution rencontre.

Je sais bien ce qu'on en dit : on fait valoir que la loi électorale du Sénat, telle que vous l'aurez votée, ne renfermera pas toutes les réformes qui ont été indiquées dans tous les collèges électoraux ; on dit qu'elle ne répond pas à toutes les aspirations qui se sont manifestées ; qu'elle procède d'une politique étroite et médiocre, qui consiste à prendre chaque jour ce que chaque jour apporte de progrès, qui considère qu'il serait fou, qu'il serait coupable, plutôt que de ne pas obtenir tout ce qu'on veut, de ne pas commencer par prendre ce qu'on peut obtenir. (*Très bien ! très bien ! sur divers bancs à gauche.*) On dira, on a dit que dans cette loi que le Gouvernement propose, vous n'aurez pas fait triompher toutes les revendications de ceux qui se complaisent dans l'absolu.

Eh bien ! ce que je voudrais faire observer à cette Chambre, c'est que ces critiques ne sont pas plus neuves que la politique à laquelle elles s'adressent ; que cette politique de patience, de concessions à de certaines heures, de prudence et d'attente, c'est la politique que vous suivez depuis de longues années, c'est celle que ce pays a maintes fois ratifiée. Ce n'est pas la première fois que, dans une loi politique, vous êtes appelés à tenir compte des limites du possible. Oui, dans plus d'une circonstance, on a demandé à cette majorité de faire des sacrifices, non pas de sacrifier un article de son programme, mais d'en espacer la réalisation sur un laps de temps plus considérable que celui d'une ou deux législatures. (*Très bien! très bien! sur divers bancs à gauche.* — *Rumeurs à l'extrême gauche.*)

Et pourquoi vous l'a-t-on demandé? Pourquoi avez-vous fait, à de certaines heures, ces concessions? C'est parce que nous avons considéré les uns et les autres qu'avant d'entrer plus librement dans le domaine si vaste de tant de réformes à l'étude, il y a pour ce pays, depuis de longues années, une première tâche à remplir.

En 1875, je le rappelais tout à l'heure, il a trouvé une Assemblée sénatoriale composée comme vous savez, et il lui a fallu patiemment, jour par jour, on peut le dire, conquérir cette Assemblée, la majorité républicaine qui y siège.

Il a vécu dans cette préoccupation constante de profiter de chacun des renouvellements du Sénat pour le modifier, pour y faire pénétrer le même esprit qui anime la vôtre. Et c'est ainsi, je ne serai, certes, contredit par personne, qu'il y a longtemps que tous les hommes politiques ont l'œil fixé sur cette date de 1885, sur ce renouvellement du troisième tiers du Sénat qui n'est pas seulement l'objectif de toute cette politique, qui en sera la justification.

Cette heure, si longtemps attendue, est proche; ce résultat patiemment poursuivi, nous y touchons; il est, en quelque sorte, dans la main du pays, il va le recueillir. Et c'est à cette heure qu'on vient dire qu'il faut inaugurer une tactique nouvelle, rompre avec votre méthode, condamner votre passé!

Messieurs, ce que l'on vous demande de faire, c'est d'abandonner la politique que vous avez suivie, au moment où elle doit produire tous ses résultats. (*Réclamations à l'extrême gauche.*) Politique médiocre, dit-on; soit!...

M. LEYDET. — Médiocre dans ses résultats!

M. LE MINISTRE. — ... mais c'est la politique qui a pris ce pays, il y a dix années, dans les mains de la monarchie et de la réaction, qui l'a trouvé incertain, troublé, anxieux, et qui, pas à pas, conquête par conquête, l'a conduit à l'heure où nous sommes, où il suffit d'un dernier acte de sagesse politique et de raison pour que vous voyiez s'ouvrir devant vous toutes les voies de l'avenir et le champ libre des réformes. (*Vifs applaudissements à gauche et au centre.*)

Messieurs [1],

L'honorable M. Floquet, dans le discours éloquent que vous avez entendu, a touché un très grand nombre de considérations. Il en est sur lesquelles il me paraît que je ne saurais revenir longtemps, sans tomber dans des répétitions et des redites.

C'est ainsi qu'une partie de ses observations a été consacrée à démontrer que, au moment où il s'est agi d'aller au Congrès, le Gouvernement avait déclaré hautement, dans les termes les plus clairs, que, lorsque la question de savoir quel serait le mode électoral du Sénat viendrait à cette tribune, elle pourrait être librement envisagée et librement discutée.

Le discours que vous venez d'entendre, Messieurs, est la meilleure démonstration que le Gouvernement n'a jamais entendu, à aucun moment, manquer à l'engagement qui avait été ainsi pris. (*Protestations à l'extrême gauche.*)

M. Roque (de Filhol). — On ne veut pas nous empêcher de discuter, c'est bien heureux !

M. Laguerre. — Vous ne posez pas la question préalable ?

M. le Ministre. — La question a été étudiée aujourd'hui par l'honorable M. Floquet, développée avec tout le soin qu'elle comporte ; il a apporté à l'appui de sa démonstration tous les arguments qui lui ont semblé les plus forts ; il ne peut se plaindre d'être, à l'heure actuelle, gêné dans sa discussion par un obstacle ou par une exception préalable quelconque.

Je traiterai le même sujet, Messieurs, avec la même li-

1. Séance du 2 décembre 1884.

berté, avec la même franchise; je suivrai M. Floquet sur le terrain des principes; j'examinerai avec lui, — car c'est bien la question qui se pose, — si l'existence, ou pour mieux dire la coexistence d'une Assemblée élue par le suffrage universel et d'une Assemblée élue par les délégués des communes de France, doit être considérée comme attentatoire au principe de la souveraineté nationale. C'est, en effet, sa thèse... (*Oui! oui! très bien! au centre*); je l'aborderai en le suivant, autant que je le pourrai, dans tous ses développements, après avoir écarté tout ce qui, dans ce grave sujet, n'est que secondaire.

Je disais tout à l'heure que dans ce discours, que j'ai écouté avec une profonde attention, il se trouvait un certain nombre de considérations qui me ramèneraient aisément sur un débat dans lequel j'ai dit à la Chambre toute ma pensée. Je ne m'y arrêterai pas longuement.

Quant à ce que l'honorable M. Floquet a dit de l'efficacité de la réforme que nous proposons, j'ai indiqué à la Chambre que, si nous avons cru pouvoir la lui présenter, c'est parce que nous avions dans ses résultats une confiance absolue.

Je ne veux pas revenir sur ce que j'ai déjà dit à ce sujet; l'honorable M. Floquet ne partage pas la confiance du Gouvernement, c'est son droit : nos affirmations restent devant les siennes.

Un autre point sur lequel je passerai rapidement est relatif à l'amendement Lenoël; M. Floquet nous a dit : « Vous demandez aujourd'hui à la Chambre de ne pas aller jusqu'au point où les tendances de plusieurs de ses membres les conduiraient peut-être, en lui disant qu'il importe surtout et avant tout de ne pas procéder aux élections sénatoriales prochaines avec la loi de 1875; mais enfin il n'y a pas que la Chambre qui se montre rebelle à votre voix : le Sénat lui-même a adopté une disposition qui vous condamnait; pouvez-vous vous porter fort devant cette Assemblée que le Sénat reviendra sur sa détermination ? »

L'honorable M. Floquet a parlé avec une bienveillance à laquelle il m'a accoutumé, car c'est la seconde fois qu'il me tient ce langage, de l'influence que je pourrais exercer devant l'autre Chambre ; il a ajouté qu'il n'était pas douteux que je pourrais obtenir du Sénat qu'il se ralliât au principe du suffrage universel et que, si considérable qu'apparût cet effort au premier regard, il n'était pas de ceux qui devaient me décourager.

Je ne partage pas sa confiance, trop flatteuse à mon sens, et je relève une contradiction qui n'a pas été sans frapper les membres de cette Assemblée.

Je disais l'autre jour que l'intention et la volonté ferme de ce Gouvernement, c'est de demander une seconde fois au Sénat de ne pas laisser dans sa constitution électorale un amendement, une disposition de la nature de celle que l'amendement de M. Lenoël a fait consacrer. Quel sera le résultat de nos efforts? C'est là un point sur lequel l'honorable M. Floquet lui-même ne me permettrait pas de me porter fort pour une autre Assemblée.

Je ne puis dire qu'une chose, c'est que le Gouvernement considère comme impossible, à quelque moment que ce soit de cette discussion, quelles que soient les phases qu'elle traverse, d'incorporer dans la législation sénatoriale, dans la loi électorale du Sénat, une disposition de cette nature, et, si je ne puis pas, ce qui serait téméraire, — et, je puis le dire, inconvenant, — prendre un engagement de cette nature, je puis tout au moins exprimer cette confiance que l'esprit politique, que la sagesse de l'Assemblée devant laquelle il faudra nous rendre, lui démontreront que le Gouvernement voit juste et voit bien quand il lui demande de ne pas maintenir dans la loi électorale une innovation qui constituerait pour elle un véritable vice d'origine. (*Très bien! très bien!*)

Voilà l'ordre d'idées, d'une importance secondaire, que l'honorable M. Floquet a tout d'abord traité et dont je devais dire un mot, sans qu'il me soit permis, je crois, d'insister davantage.

J'ajoute enfin que tout ce que l'honorable M. Floquet a dit, dans la fin de son discours, de l'opinion du Gouvernement sur l'alternative où vous êtes placés, le Gouvernement le maintient; son opinion demeure la même, et je n'ai pas besoin de répéter une fois de plus que, sur l'amendement de l'honorable M. Floquet, comme sur celui qui avait été présenté par l'honorable M. Achard, à notre sens, dans notre conviction profonde, c'est une seule et même question qui se pose : ou bien le *statu quo* ou bien la réforme qui vous est proposée.

Ceci dit, j'aborde ce qui constitue la partie fondamentale du discours de l'honorable M. Floquet.

J'ai indiqué tout à l'heure à grands traits comment sa thèse se formule à mes yeux ; je voudrais m'efforcer de lui donner encore plus de précision, afin de ne pas m'égarer dans les réponses que je crois devoir y faire.

Il est un principe sur lequel tous ceux qui, à des époques diverses, ont soutenu que la seconde Assemblée devait être élue par les délégués des communes, prétendent être en accord absolu avec les partisans les plus jaloux, les plus fervents de la souveraineté nationale.

En effet, Messieurs, je proclame, comme l'honorable M. Floquet le proclamait tout à l'heure, que la souveraineté universelle est la source de tous les pouvoirs et de tous les droits. (*Très bien! très bien!*)

Une autre idée qui n'est pas moins indiscutable, qui n'est pas moins certaine, c'est que nous n'imaginons pas aujourd'hui une démocratie républicaine qui n'aurait pas une Chambre élue par le suffrage universel; c'est que nous considérons qu'une démocratie qui serait dépourvue de ce premier rouage essentiel, ne serait pas une démocratie dans le sens juste du mot et on peut dire dans le sens vrai des choses. (*Très bien! sur divers bancs.*)

Messieurs, si, se ralliant à certaines opinions qui ont été défendues par des autorités fort hautes, on admettait que dans une démocratie il ne doit y avoir qu'une Chambre, aucune difficulté n'existerait; il n'est pas douteux que la souveraineté nationale, qui peut seule choisir ses mandataires, devrait les choisir par le suffrage universel.

Mais, Messieurs, notre Constitution en a décidé autrement, c'est notre loi. Si ce n'était pas notre loi, je déclarerais très hautement que je suis partisan convaincu de l'utilité, et, si je pouvais employer ce mot, de l'indispensabilité de deux Chambres. Je n'ai même pas à faire cette démonstration ; M. Floquet accepte la Constitution qui contient deux Chambres : une Chambre législative nommée directement par le suffrage de tous les citoyens, et un Sénat.

Et alors une seule question subsiste et se pose, et c'est cette question que je voudrais placer sous vos yeux, en lui donnant toute la rigoureuse précision qu'à mon sens elle comporte.

Comment cette seconde Chambre sera-t-elle élue? L'honorable M. Floquet répond par son amendement, et son amendement dit, en effet : « Le Sénat est élu par le suffrage universel direct, au scrutin de liste par département. »

Il y a, par conséquent, dans l'amendement de M. Floquet, une double disposition, une double proposition : il considère que sous une Constitution qui prévoit deux Chambres, il est possible de nommer la seconde Chambre comme la première, en faisant appel au suffrage universel direct. C'est là, en quelque sorte, la question d'application pratique ; immédiatement il va plus loin, et il dit : Non seulement il est possible d'emprunter à la procédure du suffrage universel la nomination d'une seconde Chambre, mais encore tout ce qu'on ferait de différent, toute autre combinaison, toute autre manifestation de la volonté du pays constituerait une entreprise contre le principe souverain qui veut que tous les pouvoirs résident dans la nation et qu'ils ne puissent être valablement délégués que directement par elle.

Eh bien ! permettez-moi d'examiner d'abord l'amendement dans son application politique, dans sa forme, et de rechercher avec vous — sauf à examiner tout à l'heure s'il est vrai qu'aucun principe soit violé, — comment les deux Chambres, telles que les conçoit M. Floquet, peuvent coexister, peuvent fonctionner, quels sont leurs rapports, et quelle serait l'influence exercée par l'une sur l'autre.

Je disais tout à l'heure, Messieurs, qu'on comprend à

merveille, dans une certaine thèse, dans une certaine théorie, une Assemblée unique, toute-puissante. On peut formuler contre cette doctrine les objections que vous connaissez — je ne les rappelle même pas, — on peut considérer que c'est une doctrine dangereuse; on peut même aller jusqu'à croire qu'elle a pu, à certaines époques, être funeste, mais incontestablement c'est une doctrine tout d'une pièce, qui ne prête le flanc à aucune critique de détail, ni de pratique, et si l'on admet que, sans inconvénient, le pouvoir tout entier puisse être, pour une période de temps, dévolu à une Assemblée unique, on ne se heurte pas aux difficultés qu'on rencontre dans les autres combinaisons. Ce que je comprends moins, ce sont deux Assemblées procédant d'un même mode de nomination, élues par une même méthode, investies d'une même somme de pouvoirs. (*Interruptions à l'extrême gauche.*)

M. Guillot (Isère). — Nous ne pouvons discuter les pouvoirs !

M. le Ministre. — Permettez, je discute l'amendement tel qu'il est proposé. M. Floquet ne dit pas qu'il acceptera deux Chambres élues par le suffrage universel, dont l'une aura une fonction, et l'autre une fonction différente. Je suis obligé de prendre l'amendement tel qu'il est formulé. Et veuillez croire que j'examinerai, — et ce n'est pas le côté le moins fort de ma discussion, — si cette hypothèse n'est pas tellement inadmissible qu'elle a fait reculer les esprits les plus hardis; à ce point qu'après avoir dit : « Les deux Chambres doivent être élues par le suffrage universel », chacun est conduit à chercher des combinaisons qui en permettent la coexistence, au prix d'amoindrissements, au prix d'expédients que j'indiquerai sans échapper à cette certitude que fatalement l'une de ces Assemblées devra nécessairement absorber l'autre. (*Très bien! très bien!*)

Je disais qu'en prenant l'amendement tel qu'il est, il m'est impossible de concevoir comment un pays comme le nôtre pourrait nommer par le même mode d'élection, par le suffrage universel direct, deux Assemblées distinctes et identiques qui se différencieraient seulement en ce que l'une viendrait siéger ici, et l'autre irait siéger au Luxembourg. (*Très bien! très bien!*)

Cette conception est par elle-même tellement étrange, tellement inadmissible, que c'est très certainement celle qui, à toutes les époques, a trouvé le moins d'écho dans nos collèges électoraux.

J'entendais l'honorable M. Floquet dire : « Le pays a parlé sur cette question, il nous a répondu, il nous a donné un mandat, il y a des engagements entre lui et nous ».

Ces engagements, nous en avons les chiffres, — et ces chiffres, à mon sens, ont une grande éloquence, — je les trouve dans le cahier des programmes électoraux recueillis par un de nos collègues en vertu d'une décision de la Chambre.

Dans 80 collèges, on a demandé, en effet, une Chambre unique; mais dans combien a-t-on pensé qu'admettant l'existence de deux Chambres, on pût arriver à constituer la seconde par le suffrage universel? D'après le même travail, sur 556 collèges électoraux, il y en a 30 seulement dans lesquels les électeurs ont dit à l'élu : c'est le suffrage universel qui doit constituer la seconde Assemblée.

M. Charles Floquet. — 30 et 80, cela fait 110.

M. le Ministre. — Je cite des chiffres qui parlent clairement. Je constate — c'est une chose qui m'a frappé, et qui me paraît de nature à frapper la Chambre — que, quand on a discuté ces questions devant ce public électoral qui, dans son universalité, n'a peut-être pas une éducation politique complète, qui ne l'a pas encore mais qui l'acquerra, dans un certain nombre de collèges qui ne forment, d'ailleurs, qu'une petite minorité, on a dit : il y a quelque chose de simple et de logique, il y a une solution qui n'est pas complexe, c'est de n'avoir qu'une Assemblée, et il va sans dire que cette Assemblée sera élue par le suffrage universel.

Mais là, au contraire, où l'on a admis le principe de deux Chambres, cette conception de deux Assemblées identiques, nommées dans la même forme, est si peu dans la nature des choses, que c'est dans l'infime minorité que j'indiquais tout à l'heure, qu'une pensée précise et favorable s'est manifestée sur ce point. (*Marques d'assentiment.*)

J'ajoute que pour juger cette conception, il ne suffit pas de se demander quel accueil elle a rencontré en 1881 devant le pays. Je ne prétends pas, étant sur ce point peut-être moins exigeant que certains orateurs, qu'au delà et en deçà des vœux de 1881 il ne soit pas possible d'établir une discussion à cette tribune. J'admets, en effet, qu'à ce qui a été dit à cette époque on puisse ajouter ce que l'expérience a pu enseigner, et de même j'admets qu'on puisse s'arrêter devant certaines difficultés qui alors n'avaient pas été entrevues.

Je constate un fait matériel, parce qu'une des objections qu'on rencontre dans cette discussion, c'est l'autorité, au moins apparente, l'assurance avec laquelle certains orateurs viennent dire de la meilleure foi du monde : le pays tout entier est derrière nous ; nous représentons une nation qui a voulu que le Sénat fût nommé par le suffrage universel ! Eh bien ! non ; la vérité est que, lorsque cette question a été étudiée, il n'y a que trente collèges électoraux qui se soient ralliés à cette doctrine et sur ce point il n'y a pas eu d'autres manifestations que celles que j'ai indiquées à la Chambre.

M. Maurel (Var). — Pas un seul d'entre nous n'a défendu le suffrage restreint !

M. le Ministre. — Il est, en outre, indispensable de se demander à quelle pensée correspond l'institution de deux Chambres, non pas pour en justifier l'existence, mais pour rechercher si la solution qu'on vous propose répond bien à l'idéal qu'on se serait assigné.

Cette pensée a été résumée par un orateur qui est loin de partager sur ce point toutes les idées que j'exprime, par l'honorable M. Naquet qui, examinant au Sénat, dans un discours d'un caractère extrêmement philosophique, et je dirais volontiers scientifique, ce que peut être le rôle du Sénat l'indique dans des termes qui m'ont paru pouvoir trouver plus facilement grâce dans sa bouche que dans la mienne.

« Il est bien certain, dit-il, qu'il n'y a pas en France

d'intérêts antinomiques. Et s'il en est ainsi, qu'est-ce que le Sénat? Le Sénat ne peut plus être autre chose qu'une institution créée comme un moyen plus ou moins ingénieux de se prémunir contre les mouvements irréfléchis d'une Assemblée unique ou du suffrage universel, comme un moyen de permettre à la nation, — au cas où il se produirait, par suite de circonstances exceptionnelles, une de ces élections que l'on regrette au lendemain du jour où elles ont été faites, ainsi que nous en avons vu un exemple en 1871, et récemment à l'étranger, en Belgique, à nos portes, — de permettre, dis-je, à la nation de réparer son erreur sans agitations fâcheuses pour elle. »

C'est en effet bien là, Messieurs, l'objet primordial que l'on s'est proposé : on a voulu éviter qu'à de certaines heures, dont l'histoire pourrait malheureusement fournir des exemples trop récents et trop nombreux, il pût advenir que subitement l'organisation politique d'un pays, la forme gouvernementale qu'il s'est donnée, fût compromise par une de ces émotions soudaines auxquelles aucune nation n'échappe. (*Approbation au centre.*)

En d'autres termes, on a reconnu, — et je résume ici des idées qui ont été maintes fois exposées, — que chez les Etats comme chez les individus, il y avait un double instinct, un double besoin : un besoin de liberté d'abord, qui exige qu'à de certaines époques, à des intervalles rapprochés, toutes les impressions un peu profondes du pays puissent se manifester, que toutes les théories puissent se faire jour; et puis il y a aussi un instinct de permanence, de durée, de conservation, qui ne permet pas qu'on expose aux hasards dont je parlais tout à l'heure le résultat de l'effort patient de longues années, d'épreuves traversées, de périls surmontés.

De là, l'idée d'une seconde Chambre qui, je le répète, ne peut procéder que de la souveraineté nationale; l'idée d'une seconde Chambre qui, à côté de la première, représente cet instinct de durée, de stabilité, une sorte d'assurance contre des éventualités vis-à-vis desquelles il faut toujours se garder.

Eh bien! je suppose la conception de M. Floquet passée à l'état de loi. Les deux Chambres sont élues par le suffrage universel. N'est-il pas évident qu'elles seront le produit du même mouvement d'opinion?... que toutes les deux, à de certaines heures, pourront être élues sous l'empire du même entraînement irréfléchi? N'est-il pas trop manifeste qu'à ce premier point de vue une telle création ne répond à aucune des préoccupations que j'indiquais tout à l'heure, et qui sont la raison d'être des deux Chambres? (*Très bien! très bien! au centre.*)

Mais il y a plus, et c'est l'examen des difficultés vis-à-vis desquelles je veux vous placer qui a plus tard amené les partisans du suffrage universel, pour l'élection du Sénat, à chercher des combinaisons plus ou moins logiques, plus ou moins rationnelles.

Ces deux Assemblées, est-ce que vous les ferez nommer le même jour, pour une même durée? (*Interruptions à l'extrême gauche.*) Les mêmes collèges électoraux se réuniront-ils pour procéder à l'élection d'un ensemble de représentants dont une partie formera la Chambre et l'autre partie le Sénat? Je déclare, Messieurs, bien franchement, qu'une pareille opération ne serait certainement pas comprise du pays, qu'il se demanderait en vertu de quelle logique, en vertu de quel expédient plutôt, on l'appelle à nommer 800 représentants, par exemple, dont 300 membres seraient destinés à une Chambre et 500 à l'autre.

Et, si ces deux élections, faites avec les mêmes moyens, par la même procédure, se produisent à des dates différentes, alors je me demande ce qui adviendra de la Chambre élue en 1885, par exemple, en vertu d'un état de l'opinion qu'elle traduira fidèlement, devant la Chambre qui serait élue en 1886 ou 1887 par le même pays, avec la même force, mais sous l'impression d'un sentiment qui peut être absolument différent, s'il n'est pas absolument contraire?

On a parlé de ce qui s'est produit dans le passé, à propos des deux Assemblées, et on a dit : deux Assemblées, issues de la même origine, cela s'est vu, cela a existé dans l'histoire.

M. Charles Floquet. — Cela existe encore !

M. le Ministre. — Ces deux assemblées ont existé à certaines époques. On cite ce qui s'est passé sous le Directoire.

On répond trop aisément à ceux qui citent l'exemple des conseils institués à cette époque, qu'il est arrivé, — et il était impossible qu'il en fût autrement, — qu'entre ces deux Assemblées qui auraient dû être si homogènes, suivant vous, il a éclaté des rivalités, plus que des rivalités, et que la plus grande préoccupation de l'une a été de contribuer à faire chasser l'autre.

J'indique seulement cet exemple, pour montrer qu'il est dans la nature des choses, dans la nature de l'homme, et par conséquent du législateur, que deux Assemblées élues avec les mêmes pouvoirs, ayant la même puissance, le même caractère, en arrivent à un moment à un conflit, qui sera d'autant plus grave, d'autant plus terrible, qu'il n'y aurait pas entre elles de différence de pouvoirs et d'autorité, et que dans ce conflit on pourrait se demander laquelle des deux Assemblées représente véritablement le pays.

Je tiens donc pour certain que deux Assemblées issues du suffrage universel, nommées, comme je l'indiquais tout à l'heure, à des époques différentes, conduiraient fatalement à ce résultat que le premier mouvement de la seconde serait de faire disparaître la première. (*Très bien! très bien!*)

Voilà ce que j'avais à dire sur certaines idées, un peu abstraites sans doute, mais qu'il m'a paru tout à fait indispensable d'examiner devant vous.

On se jette alors dans les combinaisons et les systèmes.

Le suffrage universel choisira les deux Chambres; soit. Mais est-ce que l'on n'introduira aucune différence dans l'organisation de ces assemblées, dans le mode d'élection qui présidera à leur formation? Est-ce qu'on pourra indifféremment choisir un sénateur là où on aurait pu choisir un député?

On ne le prétend pas. Il y aura des modalités à trouver,

des combinaisons à chercher, des différences à établir ; c'est ce que reconnaissait le plus clairement et le plus franchement du monde l'orateur dont je citais tout à l'heure quelques lignes. L'honorable M. Naquet disait en substance : Mon amendement est un amendement de principe ; je demande qu'on reconnaisse le suffrage universel, et puis nous verrons quelles différences doivent être introduites dans le fonctionnement du Sénat, dans la catégorie des éligibles où il pourra se recruter. En un mot, derrière cette affirmation du suffrage universel, il y a une autre opération à faire : c'est de trouver le mécanisme, c'est de faire que cette idée puisse être mise en œuvre de façon à subsister.

Et quelles sont les combinaisons auxquelles on a recours? Elles sont multiples. En voici d'abord une, qui fut présentée en 1875, et qui, quoique éloquemment défendue, conquit peu d'adhésions : elle tendait à faire admettre que, si le suffrage universel peut choisir les sénateurs comme les députés, il ne pourra cependant recruter les membres du Sénat que dans certaines catégories de personnes.

Une fois engagé dans cette voie, il faut ensuite chercher quels seront les corps privilégiés où les électeurs pourront trouver leurs représentants. L'un demande que ceux-ci aient appartenu à la Chambre pendant un certain nombre d'années ; l'autre, qu'ils aient exercé certaines fonctions publiques, qu'ils se soient honorés dans le monde des lettres, des sciences, des arts, qu'ils aient appartenu à un grand corps comme l'Institut...

Est-il besoin de dire que de toutes les conceptions que le pays n'accepterait pas volontiers, celle-ci est véritablement la plus aristocratique ! (*Très bien! très bien! au centre.*) En effet, sous un déguisement ingénieux, et avec l'apparat que l'on peut donner à un système de ce genre, où il n'est question que de titres conquis dans les sciences, les lettres ou les arts, elle tend à rétablir dans notre législation électorale, sous une forme indirecte, quelque chose d'assimilable non pas à l'ancien cens, — il ne s'agit pas ici d'un cens d'argent, — mais une sorte de patente intellectuelle. (*Rires approbatifs au centre.*) Eh bien! Messieurs, c'est là à coup sûr une combinaison à laquelle on ne peut pas encore se rallier.

Il y en a une autre, c'est la combinaison proposée par M. Floquet; car, si j'ai bien saisi la portée de son amendement, l'honorable M. Floquet nous dit : je demande que le Sénat soit élu, non seulement par le suffrage universel, mais encore au scrutin de liste par département. Lorsque je dis à M. Floquet : Il faut qu'il y ait quelque différence dans les deux Assemblées, sous peine de les voir ou se confondre ou se détruire, M. Floquet peut me répondre : Il y a dans mon système une différence très notable, très sensible, car j'assigne au Sénat ce mode particulier d'élection qui s'appelle le suffrage universel avec le scrutin de liste.

Messieurs, cela, c'est tout un monde nouveau. Sous l'apparence d'une modification légère, on arrive ainsi à transformer radicalement et fatalement nos institutions telles qu'elles existent aujourd'hui. Au Sénat, dit-on, le scrutin de liste; aux sénateurs l'élection par 100.000, par 110.000 ou par 120.000 électeurs, suivant l'importance du département; c'est là le cortège de voix, la somme d'autorité qui les enverra siéger au Sénat. Et aux députés, qui avaient parlé jusqu'à présent avec un certain orgueil personnel de la supériorité de leur origine, aux députés, le scrutin d'arrondissement. (*Interruptions à l'extrême gauche.*)

M. Clemenceau. — Qui est-ce qui vous a dit cela?

M. le Ministre. — Je ne crois pas, Messieurs, que les protestations que j'entends soient fondées. Je me suis placé tout à l'heure dans l'hypothèse où vous donneriez aux deux Chambres, en même temps qu'un même mandat et les mêmes pouvoirs, une même et identique origine.

C'est une partie de la discussion que j'ai déjà parcourue, qui n'a été que trop longue, et je n'entends pas y revenir. J'examine en ce moment s'il y a un moyen de concilier ces deux systèmes, si on peut trouver entre eux une différence acceptable qui puisse prendre place dans une constitution comme la nôtre, et, quand je dis que certains hommes politiques — et je crois pouvoir y ranger M. Floquet; si je me trompe, il me rectifiera — ont songé à donner au Sénat une origine puisée dans le suffrage universel, mais avec l'autorité du scrutin de liste, je ne fais que rappeler un fait universellement connu qui ne peut pas être discuté, qu'évoquer le souvenir de discussions qui ont vu le jour à la tribune. Je me souviens que, lorsque l'on discutait le scrutin de liste au Sénat, certains des adversaires du scrutin de liste pour la Chambre, disaient hautement : Si vous donnez le scrutin de liste à la Chambre, au lieu du scrutin d'arrondissement, vous allez lui constituer une force incomparablement plus grande que celle qu'elle détient, et s'il fallait que des deux assemblées l'une fût élue par le scrutin d'arrondissement et l'autre par le scrutin de liste, c'est pour le Sénat qu'il serait juste de revendiquer l'origine la plus imposante et conférant l'autorité la plus considérable. (*Très bien! très bien! au centre*).

Aujourd'hui, par un revirement singulier, c'est à la Chambre qu'on demande de faire contre elle-même cette révolution?

Eh bien! Messieurs, si l'on entrait dans cette voie, je me demande combien de temps subsisterait une Chambre qui aurait conservé la loi électorale actuelle et qui se trouverait en présence du Sénat ayant acquis cette indiscutable prépondérance. (*Très bien! très bien! sur divers bancs à gauche.*)

Je sais bien que cela n'est pas pour effrayer l'honorable M. Floquet; dans la profession de foi qu'il a faite et que j'ai relue avec attention, j'ai vu que l'honorable M. Floquet, interrogé sur la question de savoir s'il préférait deux Chambres ou si, au contraire, ce serait une Chambre unique qui correspondrait à son idéal...

M. CHARLES FLOQUET. — Je ne m'en suis jamais caché.

M. LE MINISTRE. — Les comptes rendus de journaux, que j'ai vus, sont peut-être inexacts...

M. CHARLES FLOQUET. — Du tout! Il sont exacts!

M. LE MINISTRE... mais, d'après eux, à cette question vous auriez répondu : Je suis en principe pour l'unité et l'indivisibilité du mandat législatif. (*Très bien! très bien! à l'extrême gauche.*)

M. CHARLES FLOQUET. — Parfaitement! Et j'ai ajouté que je ne ferais pas de proposition dans ce sens-là.

M. LE MINISTRE. — Eh bien! je conçois, lorsqu'on partage la doctrine de M. Floquet, lorsqu'on pense qu'il ne faut qu'une Chambre, que l'on aborde hardiment un ordre d'idée qui aboutit au triomphe de cet idéal politique; mais il faut le dire sans hésitation, c'est le renversement de tout ce qui existe aujourd'hui dans notre Constitution. (*Très bien! très bien! sur divers bancs à gauche et au centre.*)

Par conséquent, si on se borne à examiner comment le système qui vous est proposé, pourrait fonctionner, on arrive à cette conclusion que deux Chambres nommées par le suffrage universel, quelles que soient les combinaisons, quels que soient les artifices, conduisent fatalement, à une époque plus ou moins éloignée, plus ou moins rapprochée, à une Chambre unique.

Voix à gauche et au centre. — C'est cela! très bien!

M. LE MINISTRE. — Alors, Messieurs, comme ce pays, très jaloux de sa souveraineté — vous avez raison de le dire, — ne s'habituerait jamais à l'idée de remettre pour un temps de quatre années, par exemple, tous ses pouvoirs, tous ses droits toutes ses forces, entre les mains d'une Assemblée unique, vous arrivez à la transformation de notre régime la plus complète qu'on puisse imaginer, vous aboutissez à la fin du régime représentatif. Quand vous n'aurez plus qu'une Chambre, il faudra bien admettre que lorsque cette Chambre aura fait une loi, elle n'aura pas pu lui donner un caractère définitif. Tel est l'avenir rigoureux et certain, selon moi, qui est réservé à votre proposition. (*Très bien! très bien! au centre et sur divers bancs à gauche*).

Ceci dit, j'arrive au second ordre d'idées abordé par M. Floquet.

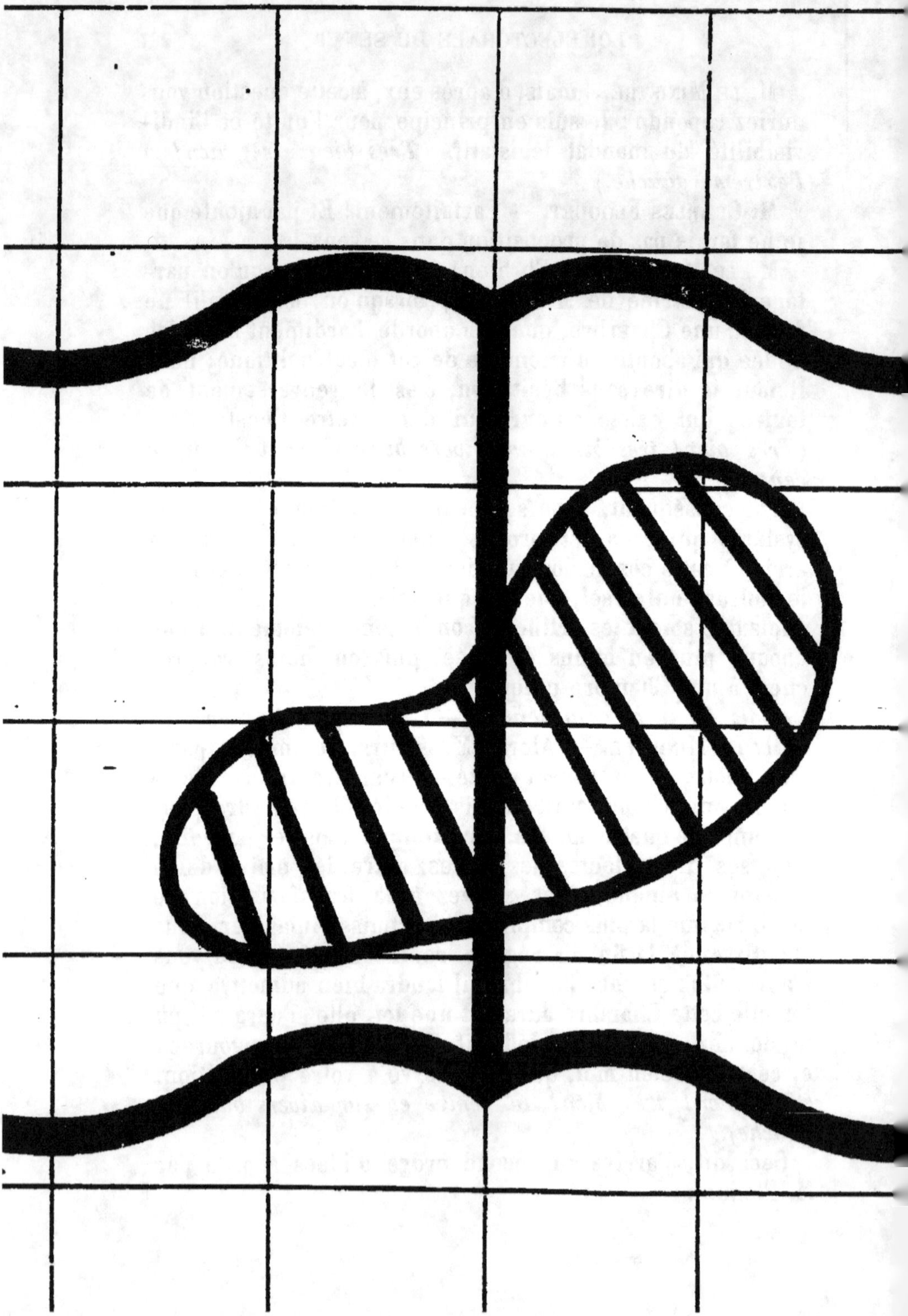

Mais, dit M. Floquet, soit! Je ne partage pas vos craintes, je ne vois pas comme vous les difficultés; en tout cas, il y a quelque chose de supérieur aux difficultés pratiques : c'est l'observation rigoureuse de certains principes qu'un républicain ne peut pas trahir, auxquels il ne peut manquer, et si vous admettez qu'une Assemblée pourra être élue autrement que par le suffrage universel direct, c'est la souveraineté nationale elle-même qui est mise en question.

J'ai dit, Messieurs, au commencement de ces observations, que je considérais, comme tous les républicains, comme tous les démocrates, qu'il n'y a point de pouvoir légitime s'il n'est confié par la nation elle-même. En dehors de la souveraineté nationale, il n'y a que conceptions chimériques, violences, arbitraires, il n'y a que des usurpations. (*Très bien! très bien!*) Ce n'est pas sur la question de savoir si aucun pouvoir peut être conféré différemment que nous serons en contradiction.

Il y a plus, je le dis très hautement, si je m'incline, comme l'honorable M. Floquet, comme vous tous, devant cette conception de la souveraineté nationale, exprimant ses volontés par le suffrage universel, je ne m'incline pas seulement devant une formule, qui s'affirme avec un éclat et une autorité absolument indiscutables aujourd'hui, je m'incline, parce que je trouve là une satisfaction pour ma raison et mon esprit, parce que je vois dans le suffrage universel, le seul jugement, le seul arbitrage possible dans l'éternel conflit entre l'individu et la collectivité, entre l'autorité et la liberté. (*Très bien! très bien!*)

Mais, quand on a montré que toute Assemblée, comme tout pouvoir, doit procéder de la souveraineté nationale, il reste encore, dans la thèse de M. Floquet, à établir qu'elle est méconnue du jour où elle ne procède pas à cette investiture par le suffrage direct. Il reste à prouver que, donnât-elle un mandat précis à des représentants librement choisis pour former une seconde Assemblée, eût-elle devant elle les représentants élus de ses intérêts les plus directs, ces mandataires ne sont que des usurpateurs, et que les choix qu'ils feront ne procéderont pas de la volonté nationale. Le contraire n'est-il pas évident?

J'ajoute, Messieurs, que cette question ne peut être envisagée, abstraction faite d'une circonstance majeure.

Si vous me demandiez s'il est possible qu'un pays comme le nôtre nomme au second degré seulement, d'une façon indirecte, les membres d'une Chambre unique, je vous répondrais qu'assurément je n'admets pas plus que vous qu'elle ne soit pas élue par le suffrage universel. Mais il en est tout autrement. La souveraineté nationale a déjà dans cette Assemblée ses représentants directs, et la question, toute la question, est de savoir si ce même pays, lorsqu'il va confier le choix des sénateurs à des mandataires librement choisis, méconnaît ses propres lois et abdique sa souveraineté, ou bien s'il l'exerce sous une autre forme. (*Très bien! très bien! sur divers bancs.*)

Eh bien! Messieurs, quand on réfléchit, quand on se reporte à l'état actuel de notre situation politique; quand on voit que les municipalités ne sont plus des assemblées imposées par un pouvoir arbitraire, par un souverain, par un caprice, qu'elles sont les assemblées les plus librement élues, les assemblées choisies avec le plus de soin parce qu'elles touchent à des intérêts immédiats, il est impossible de méconnaître que leurs délégués sont au premier chef et avec un rare degré d'évidence les agents de la souveraineté nationale, ou bien il faudrait admettre, ce qui n'est pas, qu'il y a d'un côté un suffrage universel républicain, démocratique, et de l'autre côté, des conseils municipaux, des assemblées élues qui ne sont pas l'image des représentants de ce même suffrage universel. (*Très bien! très bien! au centre.*)

M. Maurel (Var). — Ils ne doivent pas faire de politique.

M. le Ministre. — Vous le voyez, Messieurs, la question, pour lui donner une autre forme, la question qui vous est posée et que je m'efforce de résoudre, est celle-ci: Un peuple libre, qui dispose pour le choix de ses mandataires de tous les moyens de lumière qu'a le nôtre, qui a élu directement ses législateurs, ses députés, qui a choisi ses conseillers municipaux, ses conseillers généraux, ce peuple peut-il ou ne peut-il pas les charger de procéder eux-mêmes à une délégation de pouvoirs, à l'investiture d'une Assemblée? Est-il vrai que, sous peine de méconnaître toutes les lois et tous les principes dont on nous parlait, le suffrage universel doit exercer directement toutes les fonctions qui sont en lui, déléguer directement tous les pouvoirs qu'il doit déléguer?

Je n'aurais, Messieurs, pour répondre par une démonstration simple et évidente à cette question, qu'à rappeler comment le suffrage universel délègue le pouvoir exécutif. Est-ce que le pouvoir exécutif peut procéder d'autre chose que de la souveraineté nationale? Est-ce que, s'il existe un pouvoir qui doive prendre sa source dans la souveraineté nationale elle-même, ce n'est pas le pouvoir exécutif qui est investi des attributions si considérables que vous savez?

Eh bien! la souveraineté nationale ne le choisit pas directement. (*Interruptions à droite.*)

Oh! je sais, Messieurs, que la doctrine de la nomination directe par le suffrage universel a été partagée par quelques hommes politiques, mais je ne crois pas que les républicains aient eu beaucoup à s'en louer. (*Très bien! très bien! à gauche et au centre.*)

Mais, en tout cas, je ne discute pas aujourd'hui ce qui devrait être; jamais, ni dans le pays, ni dans nos discussions, je n'ai rencontré une indignation quelconque contre la méthode électorale par laquelle la nation elle-même choisit son représentant le plus élevé : c'est par vous, c'est par les deux Chambres, c'est au second degré qu'elle le choisit. (*Interruptions diverses.*)

M. LE BARON DUFOUR. — C'est parce que la République a peur du suffrage universel!

M. LE MINISTRE. — Le mode d'élection que nous proposons à la Chambre, c'est donc un mode d'élection dans lequel le suffrage universel choisit des délégués qui exerceront un mandat particulier pour la formation de la seconde Assemblée.

Ici se place encore une seconde question.

Étant admis que l'élection ne sera pas directe, quel sera le représentant, quel sera l'électeur du premier degré? Vous savez que des républicains fort autorisés ont, sur ce point, différé d'opinion; quelques-uns d'entre eux, comme l'honorable M. Bernard Lavergne, ont demandé que le suffrage universel choisisse spécialement pour cette circonstance et pour exercer ce mandat, un certain nombre d'électeurs qui formeront le collège sénatorial; sur ce point, que la souveraineté nationale peut s'exercer ainsi par une délégation, j'ai donc la bonne fortune de me trouver pleinement d'accord avec notre collègue, qui est président de la Commission.

Seulement où nous différons, c'est qu'à mon sens, du moment où le suffrage universel ne nommera pas directement la seconde Assemblée, il n'était pas de mode d'élection préférable, et je prononce le mot avec la plus ferme conviction, plus démocratique, que celui qui consiste à s'adresser à cette catégorie d'électeurs, à ces assemblées élues par le suffrage universel qui s'appellent les conseils municipaux. (*Très bien! très bien!*)

Car, en effet, il n'est pas douteux que, dans notre système, ce sont les conseils municipaux qui, avec l'addition de certains autres représentants du suffrage universel, forment la presque totalité du collège électoral sénatorial.

Eh bien! j'ai dit dans l'autre Assemblée, et je le répète ici, qu'il n'y avait pas d'électeurs plus qualifiés pour donner à cette élection au second degré un caractère plus démocratique que les représentants de la commune.

Est-ce une erreur? Est-ce une vérité?

Messieurs, les communes de France, l'honorable M. Floquet le rappelait tout à l'heure, n'ont peut-être pas toujours apporté à la garde, à la conservation de leurs intérêts politiques, toute la vigilance qu'elles auraient dû s'imposer à elles-mêmes. On a rappelé qu'un mouvement de réveil s'était produit dès la fin de l'Empire; je ne le conteste pas; mais M. Floquet sait mieux que personne que, pendant l'Empire, une préoccupation avait surtout dominé. On disait aux conseils municipaux :

Vous êtes les gardiens du patrimoine matériel de la commune; faites les affaires de la commune; gardez-vous de rechercher s'il y a un idéal politique préférable à celui qui existe; abstenez-vous de faire de la politique. Et l'on peut dire que si, pendant longtemps, le silence a régné sur le pays, c'est par l'indifférence, par l'apathie générale et parce que, à cette époque, on ne faisait pas autant de politique qu'on en aurait dû faire.

Cette situation ne s'est-elle pas modifiée? Et qu'est-ce donc que la commune, aujourd'hui, pour le suffrage universel?

L'honorable M. Floquet vous a cité un fait que je recommande à toute votre attention. Il vous dit : Comment! sur l'ensemble des communes de France, il y en a environ 30.000 qui comptent un millier d'habitants. Qu'est-ce que ces communes? Ce ne sont pas des agglomérations. Pour la presque totalité des communes rurales il n'y a pas de centre important; les habitants en sont fort dispersés; ils sont semés, par les nécessités du travail, loin les uns des autres, sur un territoire de plusieurs lieues carrées. C'est assez dire quelles difficultés on éprouve à faire descendre la vie politique dans ces milieux. (*Très bien! très bien!*)

M. GEORGES PERIN. — M. le président du Conseil a dit qu'on ne devait pas faire de politique à propos des élections municipales. (*Réclamations au centre.*)

Je lirai la phrase que vous avez prononcée, quand vous voudrez, Monsieur le président du Conseil. Vous vous êtes élevé avec énergie contre l'introduction de la politique dans les élections municipales. C'était à Périgueux, il y a six mois. (*Mouvements divers.*)

M. LE MINISTRE. — Eh bien! si cependant la vie politique s'est éveillée jusque dans ces milieux, c'est sans doute par les élections législatives, par les élections sénatoriales, mais c'est surtout grâce à l'intérêt qu'ont pris pour ces petites communes les élections municipales.

Dans les grandes villes, où les hommes sont naturellement réunis, naturellement assemblés, c'est un continuel échange d'idées ; toutes les controverses s'agitent ; on est au courant des idées du jour presque sans qu'il soit nécessaire de le vouloir. Dans les campagnes, l'écho de nos discussions arrive certainement, mais à des intervalles souvent trop lointains. Il y a peu de réunions publiques et peu de journaux, on peut dire qu'il y a peu de lectures et peu de discussion.

Mais il y a une vie politique municipale, et c'est particulièrement depuis cette loi de 1875 que cette vie politique qui faisait défaut s'est manifestée avec un degré extraordinaire d'intensité.

Si l'on compare les préoccupations qui se sont emparées des mêmes populations, et dont on ne pouvait que constater l'absence quelques années auparavant, on voit qu'elles ont appris par la loi de 1875 elle-même, par son mécanisme nécessaire, qu'il est impossible de séparer les intérêts matériels des intérêts de Gouvernement, qu'on ne se rend pas impunément indifférent aux intérêts supérieurs de la politique... (*Très bien! très bien!*)... et que c'est une mauvaise manière de gérer, de développer et de conserver son patrimoine que de ne pas pourvoir soi-même aux conditions de sécurité dans lesquelles il se trouvera aussi. Et c'est que ces communes ont constitué l'immense majorité républicaine sans laquelle, aujourd'hui, ni la Chambre républicaine, ni le Sénat républicain ne pourraient exister. (*Très bien! très bien! au centre.*)

Cela est arrivé naturellement par la vertu de la loi de 1875, mais encore parce que le Conseil municipal est une assemblée que l'électeur voit naître, vivre, fonctionner. Le conseiller municipal a été élu par lui, il le connaît, il a les mêmes intérêts que lui, il surveille sa gestion, et, dans l'état actuel de notre législation municipale, ce n'est pas seulement par des récits qu'il se tient au courant de ses délibérations, c'est par sa présence même à ses réunions ; et il arrive ceci, c'est qu'entre le suffrage universel et ces modestes représentants communaux, s'il y a un pacte moins solennel que celui qui vous lie vous-même à vos électeurs, le pacte est plus étroit et plus intime.

De sorte, Messieurs, — et c'est à cette conclusion que je voulais arriver, — que proclamer, à l'heure où nous sommes, dans ce pays attaché à ses assemblées municipales plus que jamais, qu'un corps politique formé par tous les représentants, élus librement dans ces conseils communaux, ne serait pas un corps politique ayant une origine démocratique; prétendre qu'il ne plongerait pas ses racines au plus profond de nos institutions démocratiques et républicaines, c'est nier la commune républicaine, c'est nier cet organisme permanent de la démocratie. (*Très bien! très bien! sur divers bancs.*)

Je ne veux pas, Messieurs, terminer cette discussion sans appeler l'attention de la Chambre sur une autre considération qui rentre dans le même ordre d'idées.

J'ai montré qu'entre les conseillers municipaux qui ont été élus et l'électeur qui les a choisis, il existe un perpétuel échange d'idées, un perpétuel contact.

C'est une des raisons pour lesquelles le suffrage universel a confiance dans les communes, dans les conseils municipaux.

Mais il est arrivé autre chose, Messieurs, et ceux d'entre nous qui ont pu assister à des élections sénatoriales pourraient en rendre témoignage, c'est que la nomination des délégués par les conseils municipaux est devenue pour ces assemblées un des objets de préoccupation les plus considérables.

Et la fonction de délégué apparaît comme si peu attentatoire au droit populaire, qu'elle est recherchée, respectée comme une distinction et comme une consécration nouvelle.

Il y a donc, dans le collège des délégués des communes, une fidélité de représentation parfaite.

Il est enfin un autre fait qui n'est pas étranger non plus à la sincérité de l'élection dont il sont chargés. Tous ces délégués se réunissent au chef-lieu du département, ils entendent ceux qui sollicitent leurs suffrages; ils échappent aux influences immédiates qui, d'un côté ou de l'autre, auraient pu peser sur eux dans le rayon étroit de la commune.

Ils s'assemblent, ils forment de véritables comices, ils constituent une véritable représentation pour laquelle je n'ai jamais remarqué que le suffrage universel du département ait manifesté le dédain qu'on affecte, aujourd'hui, d'étaler à cette tribune. (*Très bien! très bien! sur divers bancs.*)

Lorsque je parlais au Sénat, en lui demandant de repousser un amendement qui reposait sur le suffrage à deux degrés, j'ai été amené à exposer des considérations plus générales, et je disais à cette Assemblée — et j'avais en apparence bien peu de mérite à le faire, — que j'avais toujours été surpris de la persistance avec laquelle j'entendais dire qu'un sénateur, parce qu'il n'est pas élu directement par le suffrage universel, n'avait rien de commun avec lui. Dans nos départements, dans nos chefs-lieux d'arrondissements, il y a, fort heureusement, une vie politique intense; on s'y réunit, on y discute; et je le répète devant la Chambre, parce que, ici, je ne puis pas être suspecté de chercher à flatter des sentiments particuliers, qu'il ne m'a jamais été donné d'observer que des sénateurs élus par les communes aient trouvé auprès du suffrage universel moins de respect et de considération que les membres de cette Chambre; que j'ai toujours trouvé, au contraire, que le pays ne faisait entre eux aucune distinction, parce qu'il se rend compte que, s'il a élu les uns directement, il a choisi les autres par l'intermédiaire de mandataires choisis par lui, investis de toute sa confiance en vue précisément de la mission qu'ils avaient à remplir. (*Très bien! très bien!*)

Ma conviction est donc qu'on ne peut entrer dans la voie qui vous est ouverte par M. Floquet sans aboutir aux conséquences que j'indiquais tout à l'heure, sans être fatalement conduit à une Chambre unique, avec toutes les conséquences qu'elle comporte.

Ma conviction est aussi que, s'agissant de rechercher une méthode électorale autre que le suffrage universel direct, il n'est pas de solution plus démocratique que celle qui consiste à faire de la commune l'électeur du Sénat.

J'ai dit enfin qu'à mon sens, aujourd'hui, on ne pourrait

abandonner ce système sans priver les communes d'un moyen d'éducation puissant, d'une fonction à laquelle elles se sont attachées, et qu'elles n'entendraient pas sans peine qu'on vînt leur dire : Cette institution à laquelle vous tenez, cette institution qui avait donné des résultats qui, chaque jour, s'affirmaient davantage et qui allaient devenir plus décisifs demain, cette institution, on vous l'enlève.

M. Floquet, en faisant allusion à une parole célèbre, a dit qu'il fallait se défier de la valeur des mots, et rappelant que Gambetta avait dit du Sénat qu'il était le grand conseil des communes, il a prétendu que c'était là une parole de circonstance, que c'était un mot sonore.

Je suis absolument d'accord avec l'honorable M. Floquet sur un point, c'est que dans ce pays, qui est un pays de sagesse, de bon sens et de raison, les mots ne font pas leur chemin parce qu'il sont sonores, mais qu'ils font leur chemin quand ils frappent juste. (*Très bien! très bien!*)

C'est parce qu'il frappait juste que, non seulement dans les réunions électorales dont M. Floquet rappelait le souvenir, mais à cette tribune, non pas seulement au lendemain des jours dont il parlait, mais au lendemain de la formation de son cabinet, M. Gambetta, dans l'exposé des motifs de la revision, disait encore très énergiquement sa pensée sur ce point et la paraphrasait avec une force singulière.

Il disait en parlant du mode électoral qu'il proposait :

« Dans ce système, en dehors des Conseils d'arrondissement et des Conseils généraux, quelle est la véritable source de la Haute Assemblée ? C'est l'élément le plus franchement et le plus sincèrement démocratique que nous sachions, celui qui est à la fois le plus sagement conservateur et le plus résolument progressiste, c'est l'esprit communal, ce sont les 36.000 communes de France, et ces 36.000 communes sans exception, car chaque commune de France est un organisme élémentaire et irréductible de notre vie sociale et politique, un être doué d'une vie personnelle et qui doit, par conséquent, petit ou grand, avoir sa représentation assurée. » (*Très bien! très bien!*)

Messieurs, je résume d'un mot ce que je disais tout à l'heure de l'état de l'opinion sur cette question, de l'attachement des communes pour une institution qui est devenue l'un de leurs plus hauts privilèges : j'affirme que le système qui a fonctionné depuis 1875, avec des entraves d'abord, avec toute liberté ensuite, est entré dans les habitudes de la vie publique, et fait aujourd'hui véritablement partie des franchises communales de la France. (*Applaudissements au centre et à gauche.*)

Sénat. — *Séance du 8 décembre 1884.* — Modifié par la Chambre, le projet revint en discussion devant le Sénat; les adversaires de la réforme ne désespérèrent point de la faire échouer; ils parurent même décidés, la droite surtout, à voter pour l'élection au suffrage universel direct, ce qui aurait eu pour première conséquence de créer une crise ministérielle. M. Léon Say de son côté déposa un amendement modifiant sur un point important le système de la loi, mais il fut battu par M. Waldeck-Rousseau. La loi, votée par 136 voix contre 24, fut promulguée, après une rapide approbation de la Chambre, le lendemain 9 décembre 1884.

Messieurs,

Puisque les paroles de l'honorable M. de Kerdrel m'en fournissent l'occasion, je viens joindre mes instances à celles de M. le rapporteur de la Commission pour demander au Sénat de ne pas adopter l'amendement de l'honorable M. Léon Say.

Ce faisant, le Sénat me permettra de le dire, je ne crois pas causer à l'auteur de l'amendement une trop grande peine. (*Sourires approbatifs à gauche.*)

En effet, au début de ses observations, et après avoir témoigné quelque regret de ce que certains amendements dont il n'a pas pris l'initiative n'eussent pas été rapportés à la tribune, M. Léon Say a laissé très clairement entendre que son amendement est, de ceux qui pouvaient être proposés, celui qui a ses moindres préférences. (*Interruptions à droite et au centre.*)

L'amendement de l'honorable M. Léon Say consiste, Messieurs, à revenir bien en deçà des propositions que, dans sa première délibération, le Sénat a acceptées. Dans un discours qui nous a tous frappés par ce caractère précis, incisif, qui distingue l'éloquence de M. Léon Say, cet honorable sénateur est venu vous demander de décider que, pour une élection, il ne pouvait pas y avoir de base trop large. On connaît pour le suffrage universel deux manières de s'exprimer : il y a le suffrage universel parlant par la voix de l'arrondissement, il y a le suffrage universel parlant par la grande voix du département. L'honorable M. Léon Say, revendiquant pour le Sénat la grande prépondérance au point de vue de l'origine, lui dit : Le Sénat doit nécessairement sortir d'un mode de constitution du pays qui soit le plus vaste, le plus retentissant, le plus éloquent que l'on puisse désirer.

N'ayant pas obtenu satisfaction sur ce point, l'honorable M. Léon Say se rejette vers un extrême, et après avoir dit que jamais le collège sénatorial ne pourrait être trop nombreux, il est venu apporter cette doctrine qu'il ne saurait jamais être assez restreint. (*Interruptions à droite.— Très bien! à gauche.*) Discutant, en effet, le nombre des délégués, il vous a dit : Le Sénat avait accordé un certain nombre de délégués à telle ou telle commune; la Chambre a été un peu plus loin que le Sénat. La Commission sénatoriale propose aujourd'hui une sorte de transaction entre les deux chiffres qui ont été mis en avant, eh bien ! je demande au Sénat de revenir à cette échelle simple qui a été originairement proposée par le Gouvernement. C'est alors qu'intervient l'honorable M. Audren de Kerdrel en disant : Puisque M. Léon Say propose aujourd'hui au Sénat de revenir aux chiffres que vous avez vous-même donnés, dites-nous donc pourquoi et comment le Gouvernement a été amené à les abandonner? C'est à cette question, éminemment simple, que je viens répondre et je demande à le faire en quelques mots très brefs.

Quand nous avons déposé le projet qu'on connaît, nous avons dit qu'il reposait, à notre sens, sur un certain nombre de principes que nous considérions comme indispensables. Nous avons déclaré — et je n'ai pas rencontré de contradicteurs bien sérieux à ce sujet, — qu'au point de vue des modifications pratiques qui devaient être introduites dans la loi, il n'y en avait pas une qui fût réclamée plus impérieusement par le pays, et par tout le pays (*Interruptions à droite*), qu'une condamnation de ce traitement identique qui est infligé aux communes de quelque importance qu'elles soient. Pour opérer cette modification nous proposions un système : ce système était celui d'une progression par l'unité. Il consistait à donner à la première série de communes un délégué, à la seconde deux délégués et ainsi de suite jusqu'à la dernière.

Nous avions, avec la même clarté, déclaré à cette époque, et en plus d'une occasion, qu'il nous paraissait essentiel de maintenir la commune dans son état d'électeur sénatorial, et qu'il nous paraissait essentiel de poser en principe le système de la commune électeur ; mais nous avions également déclaré, en ce qui concernait l'importance qu'on donnerait à chacun de ces électeurs, qu'à notre avis la discussion devait rester ouverte et que nous n'étions pas d'un seul coup arrivés au dernier mot de la vérité ou de l'approximation en cette matière.

M. LE MARQUIS DE CARNÉ. — Pourquoi avez-vous proposé votre système, alors ?

M. LE MINISTRE. — J'explique comment, ayant proposé ce système, nous avons pensé que la discussion restait ouverte. (*Rumeurs à droite.*) Mais enfin, Messieurs, il n'y a rien de plus naturel et de plus loyal au monde que de dire à une assemblée : Voilà quelle a été notre première pensée, mais nous n'avons pas cru qu'elle dût se renfermer dans des limites tellement inflexibles qu'il nous fallût considérer toute contestation et toute proposition nouvelle comme une rupture du traité de paix qui existe entre le Gouvernement et les Chambres. Eh bien ! à cette époque, nous sommes allés devant la Commission sénatoriale que je vois sur ces bancs ; voici exactement ce qui s'est passé, et vous allez voir que ce n'est pas du tout arbitraire, comme le pensait tout à l'heure l'honorable M. Léon Say, et comme semblait l'indiquer l'honorable M. de Kerdrel. On nous a fait observer que l'échelle de répartition par délégués devait correspondre le plus exactement possible à l'échelle de répartition qui a été faite entre les différentes communes de France, et voici l'observation qui nous a immédiatement touchés. On nous a dit : Considérez les quatre premières catégories de communes.

Voilà une première progression de 500 à 1,500, une seconde de 1,501 à 2,500; une troisième, de 2,501 à 3,500. Vous voyez que chacune de ces catégories se différencie de celle qui précède, parce que sa population comprend 1,000 habitants de plus. Mais on a été amené bientôt à quitter cette échelle, et à partir de la dernière catégorie que je viens d'indiquer. Comment se fait la progression?

Elle se fait par 10,000 pour la quatrième catégorie de communes, et par 10,000 ensuite.

On nous a dit : Si vous admettez que parce qu'une commune a 1,000 habitants de plus, elle doit avoir un délégué de plus, si vous admettez cette progression simple pour la première catégorie de communes, la même logique ne permet pas de procéder de la même sorte pour des communes dont la population s'élève par bonds de plus en plus grands...

M. LE MARQUIS DE CARNÉ prononce quelques paroles qui ne parviennent pas jusqu'au bureau.

M. LE PRÉSIDENT. — N'interrompez pas, monsieur de Carné ; vous aurez la parole, si vous le désirez.

M. LE MINISTRE. — Je voudrais bien que personne ne mît dans cette affaire plus d'amour-propre que le Gouvernement lui-même. (*Très bien! à gauche.*) Le Gouvernement, appelé par la Commission à entendre ses observations, les a trouvées justes, il s'y est rendu.

M. AUDREN DE KERDREL. — Pour les besoins de sa cause.

M. LE MINISTRE. — J'en ai dit les raisons : c'est que dans trois catégories de communes, l'augmentation du nombre des délégués se produit par une augmentation de 1,000 habitants, et que chez les autres elle se produit par une augmentation de 10,000 habitants.

Il y avait à rechercher quel serait le système de représentation le plus équitable pour la commune, suivant que cette commune aurait une importance plus ou moins considérable. C'est dans cette voie que nous sommes entrés. L'honorable M. Demôle rappelait tout à l'heure quel avait été le résultat de nos délibérations, résultat qui a été sanctionné par le Sénat. La Chambre des députés est allée un peu plus loin, non pas aussi loin que vous pourriez le penser.

A droite. — La Commission de la Chambre des députés.

M. LE MINISTRE. — Je ne parle, bien entendu, que de ce qui s'est produit, et si une expression que j'emploie peut paraître inexacte, je n'entends pas changer la physionomie de la question.

La Commission de la Chambre proposait à cette Assemblée des chiffres plus élevés, et on s'est dit : Cette augmentation va bouleverser toute l'économie du système. Je réponds qu'il n'en est rien. Le nombre des délégués a été élevé par le projet de loi, tel que le Gouvernement l'avait accepté, à 65,000, en chiffres ronds, et dans ces 65,000, la proposition faite par la Commission de la Chambre des députés ne comprenait qu'une augmentation de 691 délégués.

Voilà dans quelle mesure la modification des chiffres introduite par la Chambre des députés change ce que vous avez sanctionné.

Après cette délibération de la Commission de la Chambre, le Gouvernement a été amené à s'expliquer de nouveau devant la Commission du Sénat, et voici, sans en rien retrancher et sans rien y ajouter, le langage que nous avons tenu et que je reproduis franchement.

Vous pouvez, avons-nous dit, demander au Sénat de persister dans la doctrine que vous lui avez proposée; nous considérons que, quand il n'y a pas une importance pratique tellement considérable qu'il faudrait reculer, qu'il faudrait aller au-devant d'une difficulté nouvelle, l'intérêt de la question veut qu'on cherche plutôt un arrangement qu'un conflit. C'est dans ces conditions que la Commission du Sénat a adopté un moyen terme. Qu'est-ce qu'on vous demande ? On vous demande de revenir aux chiffres que vous avez acceptés par votre vote. On vous demande de revenir malgré la Commission du Sénat et malgré le Gouvernement, à des chiffres qui ne peuvent être considérés comme plus équitables, à l'égard desquels vous avez admis des modifications. Je ne puis pas penser que, si la Chambre des députés ayant voulu plus que le Sénat, on demande au Sénat de maintenir moins qu'il n'avait accordé, ce soit un moyen d'assurer le vote de la loi. (*Très bien! très bien! à gauche.*)

Je considère que dans l'état actuel, l'intérêt politique évident du Sénat, son esprit de sagesse, lui dicteront sa conduite et que cette Assemblée tout entière ratifiera ce qui lui a été proposé par sa Commission. (*Nouvelles marques d'approbation sur les mêmes bancs.*)

LE SCRUTIN DE LISTE

CHAMBRE DES DÉPUTÉS. — *Séances des 21 et 23 mars 1885.* — Les élections générales devant avoir lieu au mois d'octobre 1885, la Chambre, au mois de mars, s'occupa de la proposition de loi déposée par M. Constans en 1884 et ayant pour but le rétablissement du scrutin de liste. M. Hémon, député du Finistère, en combattit le principe au nom de certains départements, par exemple de l'Ouest, qui passeraient entièrement à la réaction. MM. des Roys et Ribot demandèrent que le nombre des électeurs inscrits fût substitué au nombre des habitants comme base d'attribution proportionnelle des députés aux départements. M. Waldeck-Rousseau leur répondit. La loi fut votée par 402 voix contre 91 à la séance du 24 mars. Cinq jours après, le ministère Jules Ferry était renversé par surprise, à la suite de la trop fameuse et trompeuse dépêche du général Brière de l'Isle, et ce fut le cabinet Brisson qui, en mai, promulgua la loi sur le scrutin de liste [1].

MESSIEURS,

C'est dans le but de faire connaître à la Chambre les raisons pour lesquelles le Gouvernement lui demande de voter le scrutin de liste que je suis à la tribune; je dois répondre aux objections qui ont été présentées par différents orateurs, et tout particulièrement par notre honorable collègue M. Hémon.

Ce n'est pas seulement parce qu'il m'a précédé dans cette

---

1. La loi sur les récidivistes, œuvre de M. Waldeck-Rousseau, fut également promulguée en mai 1885 par son successeur, M. Allain-Targé, lequel, avant d'arriver au ministère, y était résolument opposé.

discussion que je dois m'attacher surtout à son discours, c'est parce que dans ce débat où, s'agissant du suffrage universel et de son organisation, l'esprit de parti devait si aisément disparaître; il a, en effet, parlé en homme qu'aucune ambition ne trouble, qui n'obéit à aucune arrière-pensée... (*Très bien! très bien!*) et auquel les luttes qu'il a soutenues dans ce pays, qui nous est commun, pour la défense de nos institutions républicaines, donnent à coup sûr, autant qu'à qui que ce soit, le droit de rechercher quelles seront les conséquences immédiates et directes de cette loi, et dans quelle mesure elle est de nature à hâter l'heure où nous aurons enfin assuré à ce pays son unité politique.

C'est dans le même esprit d'impartialité, dégagé de tout intérêt de parti, de toute préoccupation personnelle, que je lui répondrai.

Nous différons absolument sur les solutions, mais notre objectif est absolument le même. La raison de ce dissentiment est sans doute que nous n'avons pas du pays dans son ensemble la même idée, et que nous le jugeons bien différemment.

M. Hémon est surtout frappé de sa timidité, il le voit hésitant, incertain, dénué d'éducation politique; il appréhende que, si l'on place le suffrage universel, non plus en présence des personnes, — ce qui n'est qu'un problème de passion à résoudre; — mais en présence des idées, il ne se laisse aller à d'étranges erreurs; et partant de là, il vous montre le scrutin d'arrondissement comme un abri sûr et le scrutin de liste comme une aventure.

Il a du suffrage universel une idée singulièrement défavorable que je ne puis me résoudre à partager, et qu'il a formulée avec une hardiesse, j'oserais dire avec une crudité d'expression qui, en maints endroits peut-être, a dépassé sa pensée.

Parmi les considérations nombreuses qu'il a apportées à cette tribune, il en est un certain nombre que je vous demande la permission de retenir, non pas pour y faire une réponse immédiate, mais parce que, à mon sens, chacune d'elles est une raison contre le scrutin d'arrondissement et pour le scrutin de liste (*Très bien!*), parce que je les retrouverai au cours de l'examen auquel je dois me livrer, et que, si je ne me trompe, elles sont de nature à fortifier l'argumentation que je me propose de développer.

C'est ainsi, Messieurs, que l'honorable M. Hémon a insisté sur ce point que, grâce au scrutin uninominal, l'arrondissement devient une individualité politique réelle, vivante, dans cette personne toute fictive, à son avis, qui s'appelle le département.

Il a ajouté qu'il permettait à l'influence personnelle de lutter contre les préjugés, contre les préventions, contre les courants d'opinion.

Il a accentué cette pensée encore en disant qu'aujourd'hui les masses électorales se passionnent pour des luttes qui s'engagent entre deux hommes, entre deux candidats, mais qu'elle ne se passionnent ni ne peuvent se passionner pour les idées.

Et, poursuivant toujours ce tableau poussé au noir de l'état politique de la France, il a montré que cette division des circonscriptions, des arrondissements, que ces luttes de personnes avaient laissé chez nous des traces si profondes, et, pour ainsi dire, si incurables, que, malgré son esprit ouvert, il se posait cette interrogation : Comment se pourrait-il faire que, sur une même liste, on vienne à placer des hommes qui, dans toutes les question si graves qui ont agité cette législature, n'ont pas été de la même opinion? (*Très bien! à gauche.*)

Ainsi, dans sa conception du jeu de nos institutions, du fonctionnement du suffrage universel, sous prétexte de ne compter qu'avec les vérités pratiques, M. Hémon compte surtout avec des défauts qu'il exagère, et, au-dessus de ces manifestations libres du pays auxquelles nous croyons, il croit surtout, lui, à ses défiances, à ses répugnances, à son goût pour les luttes de personnes, à son éloignement pour les jugements à rendre sur les idées.

C'est de cette partie de son discours que j'ai le droit de dire qu'elle est le procès du scrutin d'arrondissement.

Mais il est dans le discours de M. Hémon et dans ceux qui avaient été prononcés avant qu'il montât à la tribune, d'autres objections d'ordre pratique que je veux immédiatement aborder.

Je ne suis nullement de ceux qui font fi des considérations pratiques. Je crois, Messieurs, que la politique est avant tout une science expérimentale, qu'elle doit compter avec les temps, avec les faits, avec les hommes, sans toutefois que je me résigne à penser que l'affermissement d'un gouvernement républicain, le développement normal et progressif d'une démocratie, ne se gouvernent pas par des règles un peu plus hautes, moins incertaines et moins contingentes que celles sur lesquelles on vient d'insister.

Les considérations formulées à bien des reprises dans les débats parlementaires, dans des écrits, dans des journaux, prennent place pour ainsi dire dans le cadre que voici :

On se demande d'abord quel est ce besoin d'agitation qui porte des hommes politiques à changer notre droit électoral. Avec le scrutin d'arrondissement, dit-on, on sait les résultats qui peuvent être obtenus ; c'est, tout au moins, un *statu quo* de nature à rassurer pleinement. Et, enfin, abordant un ordre d'idées tout à fait digne de vos préoccupations, on ajoute : Le scrutin de liste est de nature à sacrifier un certain nombre de départements.

Vous savez avec quelle vigueur M. Hémon a insisté sur cette proposition : « Le scrutin de liste, a-t-il dit, c'est la création d'une France monarchiste dans la France républicaine ; c'est un certain nombre de départements perdus pour la République et, — j'emploie ses expressions mêmes, — retranchés de la vie nationale. »

Messieurs, pour répondre à ces objections, je voudrais que la Chambre me permît de dire un mot des débats de 1881, des événements qui s'en sont suivis et tout particulièrement des élections auxquelles il a été procédé à cette date.

C'est qu'en effet aucune de ces objections n'est nouvelle. Elles ont toutes été formulées en 1881, lorsque la Chambre vota le scrutin de liste. Elles étaient apportées à la tribune par l'honorable M. Roger. S'emparant des élections antérieures, faisant état, par conséquent, du seul document certain sur lequel on puisse raisonner, c'est-à-dire des résultats électoraux produits par l'élection précédente, l'honorable M. Roger disait, comme M. Hémon l'a répété : Il y a un certain nombre de départements — 27 — où les républicains sont en minorité. Ces 27 départements nommeront une représentation monarchique; ce sont 27 départements que vous condamnez à sortir de la grande communauté républicaine.

La Chambre vota le scrutin de liste. Le Sénat le rejeta, et voici, Messieurs, quels furent les résultats des élections de 1881 : il me paraît très intéressant de les mettre sous les yeux de la Chambre; ils faciliteront singulièrement ma discussion.

Dans sept départements seulement, les candidats monarchistes obtinrent la majorité des suffrages. Ces sept départements comptaient 48 députés : et cependant, Messieurs, ce ne sont pas 48 députés représentant l'opposition monarchiste qui vinrent prendre place dans cette Chambre, ce furent 88 députés de l'opposition de droite; c'est-à-dire, en d'autres termes, qu'alors que 7 départements seulement avaient donné la majorité à l'opinion qui est représentée par nos honorables collègues de la droite, 32 départements où la majorité des suffrages était républicaine dans une large proportion envoyèrent ici 40 députés appartenant à l'opinion monarchiste.

En résumé, nous eûmes à la Chambre une opposition de droite formée en quelque sorte de deux parties : l'une nommée par les départements où la majorité s'était montrée monarchiste, l'autre, chose assez singulière, par des départements où la majorité avait été républicaine.

Ce n'est pas tout, Messieurs, et je voudrais que la Chambre saisît l'importance de ce fait, comme j'en ai été frappé moi-même. Parmi ces départements qui nommèrent ainsi 40 députés monarchistes, la majorité appartenant aux républicains était de plus de 10.000 voix dans 25 : de plus de 20.000 voix dans 15; de plus de 30.000 dans 8; et même dans un département — un seul, il est vrai — la majorité républicaine était de plus de 60.000 voix!

Voilà, Messieurs, quel fut le résultat de ces collèges électoraux défendus, en 1881, par M. Roger, et défendus encore, à l'heure actuelle, par l'honorable M. Hémon.

Il y a eu quelques résultats plus singuliers encore, et que je pourrais citer : un département ayant 5 députés à nommer, en a nommé 4 qui siègent à l'extrême gauche et un monarchiste. Résultat qui s'explique à merveille, par cette création de circonscriptions électorales déterminées trop souvent par un hasard géographique, qui rejette à droite une majorité républicaine absolument superflue, pour laisser à gauche une partie de la grande armée républicaine aux prises avec toutes les forces de la réaction.

Voilà ce que j'avais à dire des élections de 1881. De cet aperçu rapide, je voudrais tirer quelques conclusions.

Il faut d'abord en retenir un fait indéniable avec lequel il faut compter, supérieur, croyez-le bien, à toutes les combinaisons, à tous les expédients électoraux. C'est que dans ce pays, où tant de races diverses ont formé comme des alluvions successives, l'immense majorité de la nation est allée aux institutions de la République; une minorité, au contraire, est restée, je ne dirai pas attachée à la monarchie, mais plus éloignée de ce régime nouveau vers lequel tendent les peuples, et où la liberté ne va pas sans un surcroît d'effort, sans une dépense de forces, sans une rupture avec le passé, qui ne peuvent être que l'œuvre du temps et d'une éducation plus forte et plus libre.

Ce sont là des faits matériels, des faits historiques, et, si l'on pense que le morcellement par circonscriptions peut du jour au lendemain transformer une situation comme celle dont je viens de donner l'analyse, on attache, à mon sens, aux combinaisons des hommes une portée et des conséquences qu'elles ne peuvent pas avoir.

Un second fait se détache de cet examen : c'est que dans les circonscriptions où des députés monarchistes ont été nommés en 1881, — je parle des circonscriptions appartenant à des départements républicains, — si on les prend une à une, on est immédiatement frappé de cette double circonstance : d'abord que ces circonscriptions sont celles où il y a le plus d'indifférence politique, et ensuite que ce sont également celles où l'élu représente une influence personnelle plus considérable.

Cela peut faire que dans un département, sur un point particulier, la note donnée par le suffrage universel soit complètement différente de la note dominante et générale qui est donnée par le département tout entier.

Mais ce n'est pas tout. Et si j'insiste sur ces points, c'est qu'ils me permettront de répondre à tous les arguments tirés de l'avantage que présente le scrutin d'arrondissement en laissant aux influences personnelles une si large place. Au profit de qui a tourné cette influence personnelle ? De quoi est-elle faite ? Elle est faite de situations héréditaires, souvent d'une distribution particulière de la richesse, principalement d'une distribution spéciale de la propriété foncière, d'une habitation prolongée dans le pays, d'une sorte de clientèle entretenue d'années en années.

Voilà ce qui constitue l'influence personnelle. Eh bien ! je vous dis, en consultant les élections de 1881 : calculez ce que la prédominance de l'influence personnelle sur le courant de l'opinion a rapporté à la République, et supputez ce qu'elle a pu lui coûter ; vous verrez que l'influence personnelle, dans les sept départements où la monarchie a compté le plus grand nombre de voix, a bien pu faire élire quinze députés républicains, mais qu'elle a fait élire quarante députés monarchistes dans les départements où la grande majorité était républicaine.

C'est là le fait dominant qui est accusé par les élections de 1881, et qui, au point de vue de l'intérêt qu'il peut y avoir à laisser l'influence personnelle s'exercer dans les élections, m'a paru tout à fait intéressant à signaler à la Chambre.

Ceci dit, il m'est aisé, je crois, de répondre à certaines

questions qui ont été posées avec la plus grande insistance. Pourquoi changer ? Pourquoi céder à je ne sais quelle fantaisie d'innovation et de bouleversement ?

Eh bien! je réponds en fait : la raison en est parce qu'il est évident, par les résultats de 1881, que l'élection au scrutin d'arrondissement ne donne pas à la majorité républicaine du pays, la majorité républicaine parlementaire à laquelle elle a droit, et que le scrutin d'arrondissement fait en sorte qu'à raison d'une circonstance du hasard, d'une circonstance que j'ai appelée purement géographique, il y ait dans le département le plus républicain du monde des républicains condamnés à subir des représentants monarchistes.

Et quand on me dit : mais il est possible, avec le scrutin de liste, que certains départements se voient privés de toute représentation républicaine, je me demande, au point de vue supérieur du droit, ce que l'on peut répondre à ces 40 circonscriptions perdues dans 32 départements républicains, et qui viennent vous dire : L'opinion républicaine est maîtresse dans ces départements, et vous nous condamnez à être fatalement, nécessairement, représentés par des monarchistes.

Mais on insiste et M. Hémon nous a dit : On sait ce que donnera le scrutin d'arrondissement, et on ne sait pas du tout ce que pourra donner le scrutin de liste.

On sait ce que donnera le scrutin d'arrondissement?... Il a été dit à cette tribune qu'il était toujours périlleux de prédire l'avenir, et qu'on ne pouvait sans témérité y apporter une affirmation marquée de quelque précision sur les résultats électoraux d'un système ou d'un autre. J'en tombe d'accord. Mais par là même que vous avez montré ici quels sont les ressorts effectifs du scrutin d'arrondissement, j'ose affirmer que, sauf pour quelques départements ou quelques circonscriptions où l'opinion est absolument homogène, où les majorités sont tellement fortes qu'elles ne peuvent pas être déplacées, nul ne peut dire quel rôle jouera l'influence personnelle, comment agiront toutes ces circonstances variables, changeantes, que vous avez patiemment énumérées, dans le résultat d'une lutte électorale.

Messieurs, à qui profite donc l'influence locale? Le scrutin d'arrondissement, dites-vous, a ce très grand avantage qu'il noue entre l'élu et l'électeur des relations multiples; c'est une sorte de communauté d'existence qui s'établit; rien ne se passe dans la circonscription que le député n'en soit avisé; aucun intérêt n'est menacé, ni froissé, ni méconnu, sans qu'on porte immédiatement devant lui ses griefs. De sorte que, par cet échange constant et quotidien de communications et de services, l'élu acquiert une situation tellement forte qu'elle ne peut plus être menacée.

Messieurs, je ne sais pas si cette proposition, pour être vraie pendant une législature, pendant deux législatures peut-être, ne devient pas bien incertaine à mesure que l'on tente de conserver à un pareil prix une situation électorale.

Je me demande si, par de pareils moyens, par une pareille méthode, il est, en effet, permis de répondre de l'avenir avec l'assurance dont on fait étalage, lorsqu'on parle des résultats que donnerait le scrutin d'arrondissement.

Oh! je le sais, tous ceux qui représentent ici leurs électeurs ne négligent absolument rien pour défendre leurs intérêts et pour faire valoir leurs droits. Mais pensez-vous qu'à côté de ceux qui peuvent recevoir satisfaction, il n'y a pas beaucoup de gens qui, dépourvus de toute espèce de titres, s'imaginent qu'ils sont lésés, qu'ils sont victimes d'injustes préférences, qui prennent la justice rendue à ceux qui avaient des droits pour une faveur imméritée, et conçoivent, vis-à-vis de celui qui a été l'instrument de cette répartition, toujours trop avare, quelque amertume, sinon même quelque rancune? (*Sourires et marques d'approbation sur divers bancs.*)

Pour un ami que l'on peut se faire, combien d'adversaires, d'ennemis même!

Tous ces sentiments, l'ambition personnelle, l'envie, la jalousie, qui sont comme le mauvais alliage de la nature humaine, et qui, si on les laisse à eux-mêmes, se développent déjà trop aisément, il faut bien le reconnaître, croyez-vous que personne ne travaille à les faire éclore? Quel est celui d'entre nous qui n'a pas laissé derrière lui un rival malheureux, un candidat de l'avenir? Combien, avec le scrutin d'arrondissement, lui rendez-vous la tâche plus facile! Si vous vous occupez des communes, il démontrera facilement que vous foulez aux pieds leurs franchises; si vous les laissez de côté pour vous consacrer à la politique générale, vous négligez les intérêts de la circonscription! (*C'est cela! Très bien! sur divers bancs.*) Soutenez-vous le Gouvernement? faites-vous partie de la majorité? Vous êtes servile. Etes-vous de l'opposition? Cette opposition est marquée au coin d'une insigne mollesse. (*Rires et applaudissements sur les mêmes bancs.*)

Ainsi, Messieurs, personne n'échappe à ce travail de mine, de sape, conduit tantôt ouvertement, tantôt sourdement, qui, tôt ou tard, éclate au jour, accompagnement obligé d'un scrutin qui, comme le scrutin d'arrondissement, repose sur la reconnaissance des services rendus, qui commence aux espérances qu'on a fait concevoir, et qui finit aux ambitions déçues qui ne pardonnent pas. (*Nouvelle approbation sur les mêmes bancs.*)

Je pense donc que ce n'est pas là une garantie de solidité, de sécurité; mais, en outre, ce que je voudrais bien faire saisir à la Chambre, à tous mes collègues, c'est que plus vous morcellerez le champ de bataille électoral, plus vous verrez que l'idée républicaine se heurte, sans avantage quelquefois, à ce prestige d'un nom, de services qui ont pu être rendus, ou qu'on attend encore. Il y a bien des modes de scrutin qui fonctionnent à l'heure actuelle; il y a bien des manières d'interroger ce pays. On l'interroge tantôt, non dans son ensemble, mais dans sa collectivité la plus large, tantôt dans sa collectivité la plus restreinte, tantôt dans sa collectivité moyenne. Il y a les élections législatives, qui mettent en mouvement tout le personnel électoral de l'arrondissement; les élections au conseil d'arrondissement, qui mettent en mouvement le personnel électoral d'un canton, et les élections municipales, qui ne mettent en mouvement que le personnel électoral de la commune.

Eh bien ! voici la différence qu'on remarque dans les résultats produits par ces diverses sortes d'élections, et j'entends citer des départements qui se trouvent évidemment dans la catégorie de ceux qui préoccupent si naturellement un certain nombre de nos collègues, et, tout particulièrement, l'honorable M. Hémon.

Dans l'Aveyron, par exemple, la majorité législative, en 1881, était de 18.375 voix; la majorité, aux élections du conseil général, descend à 12.398 voix, et la majorité dans les élections aux conseils municipaux tombe à 9.025 voix.

Dans la Charente, les élections législatives, en 1881, donnent au parti républicain une majorité de 1.684 voix; les élections au conseil général lui donnent une minorité de 7.882 voix, et les élections aux conseils municipaux une minorité de 19.384 voix. Dans la Charente-Inférieure, la majorité, en 1881, aux élections législatives était de 24.330 voix ; celle des élections au conseil général de 14.206 voix; et celle des élections aux conseils municipaux n'est plus que de 7.092 voix.

Voulez-vous prendre une autre région? Dans le département du Nord, les élections législatives, en 1881, présentent une majorité républicaine de 71.025 voix; elle descend pour les élections aux conseils municipaux à 28.255 voix. Dans le Pas-de-Calais, en 1881, la majorité pour les élections législatives était de 36.357 voix ; pour les élections au conseil général, elle n'est plus que de 2.726 voix ; enfin, pour les élections aux conseils municipaux, non seulement la majorité de 36.359 voix disparaît, mais vous vous trouvez en présence d'une minorité de 32.201 suffrages. (*Mouvements divers.*)

Sans prolonger cette énumération — et les exemples pourraient être multipliés à l'infini — je veux, à l'appui de ce que j'affirmais tout à l'heure, tirer de ce rapprochement, cette conclusion que, lorsqu'il s'agit de consulter le suffrage universel, il n'est pas exact de dire : il faut se confier aux influences personnelles, il faut surtout compter sur le crédit laborieusement conquis par une famille ou un homme dans un pays. Plus vous aurez restreint l'arène électorale, plus la majorité républicaine diminuera dans l'ensemble des départements. Et cette observation est plus particulièrement juste quand il s'agit de départements qui sont présents à nos pensées à tous et dont, tout à l'heure, l'honorable M. Hémon prenait les intérêts et la défense. (*Mouvements divers.*)

Une troisième objection, et celle-là, Messieurs, beaucoup plus grave, est celle qui est tirée de ce qu'on a appelé à cette tribune les départements sacrifiés.

« Vous allez établir en France, a dit l'honorable M. Hémon, deux pays distincts : un pays républicain et un monarchiste; vous allez rejeter en dehors de l'opinion républicaine toute une région peut-être! »

Des départements sacrifiés? Qu'entend-on par là? Entend-on que dans la discussion, dans le vote des lois, dans la direction générale du Gouvernement ils cesseront de peser du poids de leur représentation républicaine? Entend-on dire que, lorsqu'il s'agira d'agiter ici, dans le Parlement, une de ces questions que vous avez été nommés pour étudier et pour résoudre, ces départements n'auront pas de représentation qui leur soit personnelle? Cela peut être vrai, mais toutefois sous cette restriction qu'un républicain ne peut pas dire — je ne crois pas qu'il le puisse sans méconnaître les principes les plus essentiels de notre Constitution — que pour la confection des lois, pour la défense des intérêts généraux, pour la sauvegarde des droits individuels, un département qui n'aurait pas de représentants républicains à lui est un département qui n'est pas représenté. Mais ce n'est pas là ce qu'on veut dire.

M. Hémon va plus loin; ce n'est pas seulement parce qu'au point de vue du travail législatif, de l'action parlementaire, ces départements ne seront pas représentés par des députés républicains qu'il s'alarme; il vous dit : Tous ces départements, vous en faites une série à part, vous en faites une

France à part, vous les retranchez de la France républicaine, et, pour employer ses propres paroles, de la vie nationale !

Ainsi, Messieurs, dans la pensée de l'honorable adversaire auquel je réponds, un département qui n'a pas de député républicain est un département qui forme, avec quelques autres, ses voisins, ou avec des départements plus éloignés, une France distincte?... Pour eux la loi générale ne sera pas la même, la politique générale sera différente?... (*Interruptions sur plusieurs bancs à gauche.*)

Voix à gauche. — M. Hémon n'a pas dit cela !

M. LE MINISTRE. — Laissez-moi continuer, Messieurs !

M. LE PROVOST DE LAUNAY. — Vous avez raison, M. Hémon a dit cela.

M. LE MINISTRE. — Les intérêts républicains, dans les communes républicaines, n'auront donc plus leurs représentants dans les conseils municipaux?... les intérêts des collectivités plus larges, comme le canton, comme l'arrondissement, n'auront plus leurs défenseurs attitrés dans les conseils généraux et dans les conseils d'arrondissement?.., et, pour ce qui est des droits individuels, ils ne seront donc pas placés sous la garantie de la nation tout entière?.... Un républicain sera plus menacé dans le Morbihan, par exemple, que dans toute autre partie de la France?... Là où il n'y a pas de député républicain, la République disparaît et c'est la monarchie qui gouverne?...

Eh bien! ce sont là des exagérations que je ne signale, que je ne souligne que parce qu'elles permettent de prendre sur le fait, il faut bien le dire, le résultat le plus direct, le plus inévitable du scrutin d'arrondissement. Oui, en effet, pour se maintenir, pour fonder un établissement politique dans certains départements, il faut un tel développement d'influences, il faut si bien ramener à soi tout ce qui intéresse les populations, il faut que le représentant absorbe et centralise si étroitement tous les intérêts que, s'il vient à disparaître, il semble naturellement, inévitablement, que tout le reste disparaîtra, et qu'en effet tel département n'ayant plus ses représentants politiques, il ne pourra plus jouir des mêmes avantages et des mêmes garanties que le reste du pays tout entier.

Ainsi pour défendre, comme l'a fait l'honorable M. Hémon, le scrutin d'arrondissement, on arrive logiquement à démontrer qu'il conduit — c'est par là qu'on le justifie — à la confusion, à l'absorption de tous les pouvoirs, à prouver jusqu'à l'évidence que le député d'arrondissement exerce un tout autre rôle que celui qui lui appartient dans la discussion et le vote des lois, et dans l'impulsion qu'il doit donner à un gouvernement parlementaire. (*Très bien! très bien!*)

Mais enfin, Messieurs, même à ce prix, même en s'inclinant devant ce fait qui est — je le répète, il n'y a aucune pensée d'accusation dans mon esprit — la conséquence fatale du régime auquel vous vous attachez, vous ne pourriez pas faire différemment, on ne vous laisserait pas faire différemment, même au prix de cette action anormale. Est-il vrai que le scrutin d'arrondissement conserve, conquière et même défende les départements où il est pratiqué? Est-il vrai que le scrutin de liste, au contraire, soit pour eux une menace? Vous avez dit tout à l'heure : On ne peut discuter le scrutin de liste, puisqu'il n'a jamais fonctionné. Eh bien! la démonstration que je veux placer sous vos yeux est celle-ci : on a interrogé les départements dont vous parlez avec le scrutin de liste, et ils ont élu des républicains. On les a consultés trois fois avec le scrutin d'arrondissement et par trois fois le nombre des voix républicaines données antérieurement par le scrutin de liste est allé en s'amoindrissant. (*Interruptions diverses. — Dénégations sur quelques bancs.*)

Voici, Messieurs, quelques chiffres, quelques résultats.

En 1873, il a été procédé dans le Finistère à une élection partielle, au scrutin de liste, et l'honorable M. Swiney, notre ancien collègue, a été élu avec 62.788 voix.

Prenez maintenant les dernières élections législatives de 1881 ; additionnez tous les suffrages républicains qui ont été émis, et non pas seulement, bien entendu, les suffrages républicains qui sont représentés à cette Chambre par les députés élus, vous trouverez que le total des voix républicaines est de 56.378, ce qui laisse, par rapport aux résultats obtenus en 1873, un écart de 6.000 voix en chiffres ronds.

M. Leydet. — Y avait-il des candidats dans toutes les circonscriptions ?

M. le Ministre. — En 1872, dans le département des Côtes-du-Nord...

M. Louis Hémon. — Voulez-vous me permettre une observation ? J'espère, et je l'ai dit hautement l'autre jour, que le département que j'ai l'honneur de représenter ici se montrera digne des votes que vous citez là et qui avaient été émis sous le régime du scrutin de liste.

Plusieurs membres à droite. — Qu'en savez-vous ? — Attendez les élections. — N'interrompez pas.

M. Louis Hémon. — M. le ministre m'a autorisé à l'interrompre. Et vous me permettrez de signaler à M. le ministre cette différence, que j'avais du reste touchée dans mes observations il y a deux jours, c'est que la situation politique était toute différente quand l'élection se présentait sous la forme plébiscitaire et que nous avions à invoquer l'imminence d'une restauration monarchique devant laquelle ont reculé et reculeront toujours les électeurs. (*Rires ironiques à droite.*)

M. Le Provost de Launay. — Vous n'avez pas fait votre enquête ! Attendez les élections !

M. le Ministre. — Messieurs, la Chambre comprend bien à quel sentiment j'obéis et pourquoi je suis obligé de mettre ces chiffres sous vos yeux.

Une des considérations qui devaient certainement le plus toucher cette Chambre, c'est celle qu'on a fait valoir avec tant d'ardeur et tant d'éloquence, et qui consiste à dire que, du moment où l'on supprimera dans un département — résultat auquel je ne crois pas qu'on arrive — le représentant ou les deux représentants républicains qu'il compte aujourd'hui, c'en est fait de ce département pour l'avenir ; qu'au contraire le scrutin d'arrondissement est assez fort, non pas seulement pour défendre ses conquêtes, mais encore pour rayonner autour de lui, pour s'étendre et transformer un département à majorité monarchique en département à majorité républicaine.

Eh bien! j'ai la preuve dans les résultats des trois dernières élections législatives que le scrutin d'arrondissement dans vos pays, — et je ne peux pas y insister autant que je le voudrais, — a été impuissant à réaliser les progrès dont vous parlez, et que si, dans le sol de ces départements, le scrutin d'arrondissement a pu faire germer une candidature républicaine, il n'est pas d'une essence assez robuste pour faire éclater les parois dans lesquelles elle se maintient au prix d'une lutte incessante sans pouvoir ni rayonner, ni s'étendre. Je crois donc que prétendre que l'on sacrifie un certain nombre de départements en leur enlevant ce prétendu moyen de propagande et de conquête, c'est se faire une dangereuse illusion sur son efficacité et sur sa force.

Messieurs, je le dis très hautement, — je crois que cette franchise n'a rien qui puisse blesser personne, — quand il s'agit, entre deux candidats de même nuance, de consolider une situation, de l'emporter dans une lutte électorale, l'action personnelle peut à coup sûr beaucoup, ainsi que la propagande locale. Mais, quand il s'agit d'obtenir d'un pays qui a des traditions, des mœurs et des habitudes d'esprit toutes particulières, quand il s'agit d'obtenir de ce pays qu'il vienne à la République, qu'il se transforme ainsi du tout au tout, ce n'est pas plus par un mode électoral que par un autre qu'on y pourra parvenir. C'est avec le temps qui modifie les hommes, et surtout avec l'éducation, avec l'instruction, avec ces lois qui ne sont tant attaquées que parce qu'elles préparent à la République des générations nouvelles. (*C'est cela! — Très bien! et applaudissements à gauche.*)

On y arrivera surtout par une politique générale véritablement nationale, juste et prévoyante. — (*Interruptions à droite. — Nouveaux applaudissements à gauche.*)

Ma conviction profonde, que je voudrais bien que la Chambre me permît d'émettre sans être sans cesse interrompu, c'est que, pour accomplir cette grande œuvre qui s'appelle l'unification politique d'un pays, il faut compter sur autre chose que sur l'œuvre d'un homme et sur une campagne de quelques jours, il faut faire à cette politique générale, au développement des institutions, aux progrès sans cesse réalisés, à la démonstration par les faits et par les résultats une large place ; ce n'est pas en Vendée que vous ferez la conquête de la Vendée, ce n'est pas dans le Morbihan que vous ferez la conquête du Morbihan, c'est ici. C'est par la façon dont une Assemblée issue du suffrage universel se servira du dépôt placé entre ses mains et fera usage du crédit qu'elle aura obtenu. (*Très bien ! très bien ! au centre et à gauche.*)

On a, Messieurs, au cours de cette discussion, — et ce sont les dernières réflexions que je viens de présenter qui m'amènent sur ce terrain, — on a fait aux considérations tirées de l'histoire de ces dernières années une très grande part. On a montré quel avait été le sort de telle ou telle Assemblée après telle ou telle modification opérée dans notre régime électoral. Je n'ai pas du tout l'intention de suivre dans cette voie, où d'ailleurs la contradiction la plus décisive a été apportée, ceux qui imputent au mode du scrutin de liste d'avoir introduit des modifications soudaines dans la politique générale et même dans la forme du Gouvernement.

Il y a quelque injustice à juger des résultats donnés par une méthode électorale, abstraction faite de toutes les circonstances qui ont entouré l'élection, de tout ce qui a pu être déterminant dans cette consultation du pays. Mais de toutes les choses qui, à mon sens, ont pu peser le plus lourdement sur les destinées du pays, y exercer l'influence la plus fâcheuse et amener les revirements les plus soudains, il n'en a jamais été de plus décisive que le spectacle d'une Assemblée divisée, sollicitée par des courants tellement contraires qu'elle arrivait à l'immobilité, condamnée à s'épuiser dans l'inaction. Le régime parlementaire n'a été mis en péril que par lui-même ; et aujourd'hui encore, où tant de partis s'agitent, où tant d'ambitions se meuvent, où une propagande si active se produit, ces partis et cette propagande ne pourraient vivre que d'une chose : ce n'est pas de l'argent dont ils peuvent disposer, argent plus souvent promis que versé (*On rit*) ; encore moins serait-ce de leurs traditions, de leur histoire, où, sans avoir à chercher longtemps, on trouverait aisément bien des défaillances, bien des catastrophes et bien des sinistres ; cette agitation, cette propagande, ne pourraient devenir dangereuses que par le spectacle d'une Assemblée parlementaire qui ne donnerait pas au pays les satisfactions qu'il en espère... (*Interruptions à l'extrême gauche. — Très bien ! très bien! à gauche et au centre*), par le spectacle d'une élection qui mettrait en relief plutôt ce qui divise le pays que ce qui l'unit, et qui deviendrait chaque jour un obstacle incessant à la marche du Gouvernement.

Je vois, Messieurs, quel sentiment peuvent éveiller mes paroles ; il est tout à fait injuste, il n'est pas à sa place. Dans les observations que je fais, dans les reproches que j'adresse au scrutin d'arrondissement, pas plus que dans les mérites que j'attribue au scrutin de liste, je n'entends prétendre que le scrutin d'arrondissement ait produit toutes les mauvaises conséquences, ou que, du jour au lendemain, en quelques heures ou en quelques mois, une réforme électorale puisse produire tous ses fruits. Ce qui a déterminé ma conviction, c'est que plus j'ai examiné la question, plus j'ai étudié ce que j'appelle les lois naturelles de ces deux modes de scrutin, plus je suis arrivé à croire que le scrutin d'arrondissement prolongé, que son usage répété, peuvent entraîner des inconvénients graves, des dangers même pour le parti républicain, et plus je suis demeuré convaincu que le scrutin de liste, sans opérer incontinent des miracles, peut mettre dans la politique républicaine plus d'union, plus de concorde et plus d'efficacité. (*Très bien ! très bien! sur un grand nombre de bancs.*)

Une de ces lois naturelles, c'est qu'à mon sens le scrutin d'arrondissement tend forcément à la division entre les personnes, à la multiplication des controverses, et, pour ainsi parler, des schismes politiques ; c'est que, par là, il peut, non seulement à la suite d'une bataille électorale laisser des traces funestes dans le pays, mais encore se montrer impuissant à donner au Gouvernement, à la direction générale des affaires, cette unité et cette régularité qui sont, à coup sûr, un des premiers besoins de la politique républicaine.

Que le scrutin d'arrondissement tende à diviser les personnes, c'est une démonstration qui n'est plus à faire. L'honorable M. Hémon l'a faite en grande partie. Lorsqu'on aura, en effet, démontré que ce pays n'est pas apte à prendre parti pour ou contre des doctrines ; que la masse électorale se passionne pour ou contre les personnes...

M. Hémon. — J'ai dit pour la personnification des idées. (*Exclamations diverses.*)

M. le Ministre. — Je reproduis votre idée telle qu'elle m'est apparue, mon cher collègue ; lorsqu'en tout cas, on aura bien dit et bien affirmé que l'influence acquise, que les relations nouées avec soin, entretenues avec peine, sont les facteurs les plus puissants du scrutin d'arrondissement, on aura du même coup fait la preuve que les rivalités de personnes y tiennent la plus large place. Et l'honorable M. Hémon me paraissait encore beaucoup trop sous l'impression du souvenir des élections de 1877, lorsqu'il disait qu'en définitive ces luttes de personnes ne s'étaient pas produites, et qu'on avait vu le parti républicain absolument uni, absolument unanime.

Il a raison, s'il parle des élections de 1877. En effet, Messieurs, j'ai voulu retrouver des traces de ce qu'était alors l'état de notre parti, du parti républicain en France, et je ne sais rien de plus décisif à cet égard que cet extrait que j'emprunte à la *Revue politique*, datée du 6 octobre 1877 :

« Le parti républicain se présente aux urnes plus uni que jamais, n'ayant pas commis une seule faute, toujours couvert par la loi, plein de calme et de confiance ; tout entier rallié autour de ce drapeau aux couleurs vives et claires que lui a laissé son illustre chef dans ce manifeste qui le fait revivre ; jamais un grand parti ne s'est rendu à la lutte électorale avec un programme plus net, plus simple, mieux fait pour assurer la victoire. Il n'y a pas une seule réunion électorale sérieuse qui ne se soit ralliée à la candidature des 363. »

Eh bien! Messieurs, l'honorable M. Hémon avait grandement raison de dire qu'à cette époque le scrutin d'arrondissement avait donné les plus admirables résultats. Il avait grandement raison encore, lorsqu'il vantait l'union, la discipline, qui, en 1877, ont assuré la victoire du parti républicain. Mais faisons un pas de plus dans notre histoire politique, et arrivons aux élections de 1881.

Est-ce qu'il n'y a pas eu alors moins de discipline, moins d'union? Est-ce qu'il y a eu beaucoup de circonscriptions où des républicains ne se soient trouvés aux prises.

Oh! je sais qu'au début de ces luttes on se promet de ne dépasser jamais les bornes de la courtoisie; on n'en viendra jamais, dit-on, aux arguments personnels; mais en dehors des candidats il y a ceux qui les soutiennent, il y a les passions qui s'émeuvent autour d'eux, et, à coup sûr, ce n'est pas faire un tableau injuste des élections de 1881 que de dire qu'elles ont été marquées par une grande irritation, par des luttes enflammées.

Or, je crois, Messieurs, que dans ce pays où la République compte déjà quinze années, et qui, comme le disait tout à l'heure M. Hémon, est arrivé à cette période de temps au bout de laquelle ont succombé beaucoup d'autres gouvernements, à cette période qui, à mon sens, marque son premier pas dans la voie de l'avenir, que je ne considère pas cependant comme une heure critique, il ne peut être indifférent de donner le spectacle d'un parti divisé contre lui-même. Et, si l'on veut considérer ce qui différencie les polémiques de 1881 de celles de 1885, on peut dire également, sans témérité et sans exagération, que nous donnerions peut-être le spectacle de divisions, de luttes personnelles aussi vives, tout au moins, et qui ne seraient pas sans péril pour ces institutions que nous voulons conserver, maintenir et consolider.

M. Louis Hémon. — Les querelles des comités seront tout aussi enflammées. (*Mouvements divers.*)

M. Paul de Cassagnac. — Il paraît que cela vous touche beaucoup, Monsieur, vous êtes bien inquiet.

M. le Président. — Ne faites pas de dialogues, Messieurs.

M. le Ministre. — Mais je veux admettre — peut-être contre la vraisemblance — que les luttes électorales changent de caractère, que les personnalités n'y trouvent plus de place, que l'on n'y agite que des idées, que les agressions personnelles n'apparaissent plus avec ce caractère mauvais et dangereux dont je parlais tout à l'heure. Eh bien! je soutiens que, par sa nature et son fonctionnement, le scrutin d'arrondissement ne tend pas seulement à diviser les personnes, mais, comme je le disais il y a une minute, à multiplier les controverses, et cela sans qu'il puisse en être autrement. Comment les choses pourraient-elles se passer d'une façon différente? Quelle conciliation est possible dans le scrutin d'arrondissement? Il est uninominal; il n'y a qu'une place. C'est un champ clos où deux adversaires ne peuvent pas se rencontrer sans que l'un des deux en doive disparaître. Et quelle est alors la méthode invariablement suivie pour faire disparaître un adversaire?... (*Rires et mouvements divers.*) Comment s'y prend-on pour occuper la place de celui qui a été antérieurement élu? Il faut bien justifier cette innovation, donner une raison d'être à sa candidature; et à quoi est-on alors poussé forcément, fatalement? A rechercher dans le domaine à peu près infini des controverses humaines sur quelles questions on pourrait espérer opérer une division dans le parti républicain, soulever un conflit. De là, Messieurs, la multiplication des promesses, de là les articles innombrables dans les professions de foi. L'honorable M. Goblet rappelait, à la séance d'avant-hier, combien dans ces programmes il y avait eu peu d'unité, peu de concordance; c'est qu'en effet, s'il s'agit de se faire une place, et de s'en faire une au détriment de celui qui la détient, la victoire ne peut être assurée qu'à cette condition : trouver quelque chose qu'il ne puisse pas promettre, trouver un article de foi qu'il ne puisse pas confesser. Et, lorsqu'on a ainsi soumis au collège électoral dix, vingt, trente promesses, quelquefois davantage, il en résulte un autre inconvénient, sur lequel je demande la permission d'appeler encore votre attention : c'est que le jugement rendu par le pays manque de clarté ; c'est que, s'il est bien visible que cette circonscription ou cet arrondissement a pris parti pour tel candidat contre tel autre, il est impossible de savoir quels sont les articles de son programme qui ont déterminé ses préférences, quelle est la solution qu'il a rendue?

Messieurs, dans ce discours auquel l'honorable M. Goblet a bien voulu faire allusion[1], j'ai dit, en effet, que le scrutin d'arrondissement avait le tort de donner plutôt la mesure de la popularité des personnes que la mesure exacte de l'opinion de la circonscription, de l'opinion des électeurs. J'exprimais une autre pensée, arrêtée chez moi depuis longtemps, et qui me semble n'avoir rencontré d'opposition dans aucune des fractions du parti républicain : c'est qu'on n'obtiendra la clarté dans le Gouvernement qu'à la condition d'associer de plus en plus les collèges électoraux à la solution des problèmes qui s'agitent devant eux, à la condition d'obtenir d'eux une solution claire et précise.

J'ai même dit qu'à mon sens, plus l'éducation politique d'un pays se perfectionnera, plus on verra la somme des questions qui seront soumises à son verdict diminuer. On les verra se réduire jusqu'à ce point que les élections se feront sur une de ces grandes questions qui divisent l'opinion et qu'elle résoudra par une formule simple comme la question elle-même, et par la préférence donnée au candidat qui l'aura le mieux comprise.

Eh bien! c'est à quoi tend, à mon sens, le scrutin de liste.

D'abord, s'il s'agit non plus de se présenter candidat contre candidat, mais de prendre place sur une liste, non plus de se créer une faction, mais de se faire accepter de

---

[1]. Discours prononcé à Rennes le 16 juillet 1883. Voir plus haut.

tout un parti, n'est-il pas évident que la loi naturelle à laquelle obéit le candidat, c'est de rechercher ce qui peut rassembler, réunir autour de son nom le plus grand nombre d'électeurs, et non ce qui peut le faire accepter par une fraction et non par une autre, de discerner quelle est la moyenne de l'opinion à laquelle la majorité des électeurs se rattache? Et comme alors l'entente est nécessaire et que l'entente est plus facile sur un certain nombre de points que sur un très grand nombre de questions, je suis persuadé que, si le scrutin d'arrondissement tend à la multiplication des controverses et des questions posées, le scrutin de liste tend à l'union entre les candidats, à la simplification des problèmes posés devant le collège électoral, à des programmes plus simples, à un verdict plus clair. (*Très bien !*)

Enfin, une dernière considération m'a toujours frappé, et je demande la permission de vous la soumettre aussi.

Je crois fermement, je l'ai dit, qu'une loi électorale produit des conséquences nécessaires, que telle législation, tel procédé de consultation ne peut pas conduire aux mêmes résultats que tel autre.

Eh bien ! une autre loi naturelle à laquelle obéissent suivant moi ces deux scrutins, c'est que le scrutin d'arrondissement tend fatalement à la représentation des opinions parlementaires extrêmes par ce qu'elles ont de plus accusé, et par les différences les plus profondes qui peuvent séparer une fraction du parti républicain de l'autre.

Comment procède-t-il ? Il procède par circonscriptions, pas même par arrondissements, mais par circonscriptions de nature essentiellement différentes.

Il y a une première catégorie de circonscriptions toute naturelle : ce sont les grandes villes; puis une autre catégorie de circonscriptions à côté, ce sont les centres de moindre importance, les populations rurales.

Ici, la grande ville avec toutes ses ardeurs, où très certainement la vie politique est plus surexcitée par la lecture des journaux, par les réunions, où les conditions mêmes dans lesquelles le travail est exercé, les agglomérations, les réunions, se traduisent par des revendications plus vives.

M. Roque (de Filhol). — Elles sont ainsi plus éclairées.

M. LE MINISTRE. — Le scrutin d'arrondissement la prend et l'isole. Là, les campagnes, où la vie est plus apaisée, où l'on est peut-être plus inquiet de conserver ce que l'on a que d'acquérir davantage, où l'on est plus sensible aux incertitudes qui entraînent le changement qu'aux avantages qu'ils procurent. Le scrutin d'arrondissement les met à part.

Alors, Messieurs, il arrive naturellement dans ce qu'on est convenu d'appeler les circonscriptions avancées, — c'est un mot bien barbare emprunté à notre langue politique, — que c'est le candidat le plus avancé qui aura le plus de chances de réussir ; et dans les circonscriptions dites modérées, c'est le candidat le plus modéré qui a chance d'être préféré. De sorte que très souvent, et j'en ai cité tout à l'heure un exemple, côte à côte, dans le même département, deux circonscriptions choisiront précisément les deux hommes dont les idées sont le plus dissemblables et le plus inconciliables. Ne serait-il pas aisé de démontrer que c'est la négation même de la loi des majorités ?

Eh bien! cette contradiction, née dans le berceau électoral, pensez-vous qu'elle disparaisse par le fonctionnement législatif, par les controverses qui s'agitent au milieu de nous? Prenez deux députés nommés par des centres ou par des populations aussi différentes : au moment où ils vont retourner devant leurs électeurs, vous verrez que les différences, au lieu de se niveler, se sont accusées peut-être davantage et cela par une raison tout aussi naturelle et logique.

Le suffrage universel n'opère pas seulement par les choix qu'il fait parmi les candidats, mais aussi par les jugements qu'il rend. Il faut bien qu'il y ait un arbitrage. Voilà deux opinions en conflit : où est la vérité ? C'est au pays à le dire.

Eh bien! ces deux députés, nommés par des circonscriptions différentes et contraires, retournant chacun devant un tribunal différent, chacun d'eux se retrouve devant les électeurs qui l'ont choisi, vis-à-vis de gens qui professent toutes les divergences d'opinion, qui lui ont dicté sa conduite devant la Chambre. Comment ne pas voir qu'on annule ainsi l'une des attributions les plus considérables du suffrage universel, qui consiste à prononcer sur les conflits parlementaires, à dire où est la vérité, et quel est le mandataire qui s'est le plus exactement conformé à l'esprit même de la nation.

C'est de cet antagonisme que, suivant moi, peuvent résulter ces dangers parlementaires, ces embarras dans la marche des affaires, ces incertitudes dans l'orientation de la politique du pays. Et quel est alors le remède ? Il consiste à renverser ces barrières fragiles, à mettre les partis en présence dans le pays lui-même, à constituer un collège électoral assez vaste pour que toutes les opinions différentes puissent s'y déverser, y prendre leur niveau commun et à permettre que toutes les grandes controverses qui s'agitent et qui sont à résoudre, puissent enfin être l'objet d'un jugement commun qui dise le dernier mot !

C'est là la plus haute raison d'être du scrutin de liste ; par cela même qu'il forme un collège électoral où se développe un mouvement d'opinion considérable, par cela même qu'on est amené de plus en plus à lui soumettre des questions précises, par cela même que le collège électoral exerce une plus grande part de la souveraineté, il procure au Gouvernement une direction plus nette, plus ferme et plus claire. Les Assemblées ne sont plus alors, comme je l'ai dit dans le discours auquel on a fait allusion, seulement des chambres de hautes études, envoyées par la confiance du pays pour rechercher quels problèmes elles mettront à l'ordre du jour et quelles solutions elles donneront à ces problèmes : c'est la volonté du pays qui se projette dans le Parlement. Le rôle des Chambres est plus régulier et plus sûr : il consiste à mettre en pratique, en action, les volontés clairement manifestées par le suffrage universel. (*Très bien! très bien! au centre et à gauche.*)

Messieurs, je pourrais peut-être prolonger l'examen de

ce que j'ai appelé les lois naturelles du scrutin de liste et du scrutin d'arrondissement; mais, en vérité, dans cette discussion, on ne fait guère qu'apporter et résumer des considérations qui ont été, maintes fois, mises en lumière.

S'il en est une toutefois sur laquelle je veuille revenir, c'est qu'au moment où nous sommes, dans la période que nous traversons, il n'y a pas de loi plus impérieuse pour le parti républicain que l'union de toutes ses forces. (*Mouvements divers.*)

M. CLEMENCEAU. — Et le discours du Havre!

M. PREVERAUD. — C'est pour cela que le péril est à gauche!

M. LE MINISTRE. — Je sais, Messieurs, quelles sont les objections qu'a soulevées cette pensée.

M. CHARLES FLOQUET. — Cette pensée est excellente.

M. LE MINISTRE. — On nous dit : Songez-vous sérieusement que des hommes qui, pendant cette législature, n'ont pas été en complète communauté d'opinions, puissent prendre place sur la même liste?

Je crois, Messieurs, que nous souffrons d'une habitude, d'une tendance à créer des catégories, malgré ceux-là mêmes qu'on y enferme. On aime à se distinguer par des qualifications, et, si on ne se hâte pas de se donner le baptême à soi-même, il advient, tant cela est entré dans nos mœurs, que ce sont les autres qui s'en chargent et quelquefois on en souffre quelque peu.

Pour moi, je ne crois pas aux répartitions invariables et absolues; je pense qu'il est très peu d'hommes, en effet, qui puissent être d'accord sur tous les points, sur tous les problèmes; je suis d'avis, au contraire, qu'il en est très peu qui ne soient pas d'accord sur un certain nombre de points, de questions, de problèmes et de controverses. C'est ce qui fait, Messieurs, entre parenthèses, que si on appelle le suffrage universel à se prononcer sur un ensemble de problèmes, de programmes, il lui est extrêmement difficile, par la formule simple et sommaire dont il dispose, de faire connaître exactement sa volonté. Mais, s'il est exact qu'il est des questions sur lesquelles telles personnes, qui différeront demain ou après-demain, sont dans un accord complet, n'est-ce pas là une manière simple, et sûre et droite d'arriver à l'union dont nous parlons?

Mais je pense aussi que cet accord ne peut intervenir que devant le pays même, pris comme témoin, en le conviant à rechercher lui-même quelles sont les questions auxquelles il attache le plus d'intérêt. Il faut, en un mot, lorsqu'il s'agit d'une entente, procéder, non pas en commençant par choisir les personnes, mais bien en commençant par poser les questions. (*Très bien! très bien!*) Alors, Messieurs, si l'accord se fait, s'il se trouve qu'ayant appartenu à tel ou tel groupe, cinq ou dix députés sont absolument unanimes pour faire prévaloir une solution ou défendre une réforme, j'avoue qu'il m'échappe absolument que cette union soit condamnable et qu'on puisse la traiter de compromission, quand elle n'est, au contraire, qu'un hommage rendu à la sagesse politique, au bon sens, aux intérêts souverains du pays.

Messieurs, l'honorable M. Hémon disait à la précédente séance qu'on avait reproché au scrutin d'arrondissement, avec une grande injustice, bien des imperfections qui sont les imperfections du temps, bien des incertitudes qui sont des incertitudes du moment, et il a protesté avec une très grande énergie contre les accusations systématiques qui ont pu être dirigées non pas seulement contre la Chambre de 1881, mais aussi contre la Chambre de 1877.

Ce n'est pas moi qui contesterai quoi que ce soit de ce qu'il a dit à leur honneur et de la justice qu'il leur a rendue; certes, les deux Assemblées dont il a parlé ont accompli une œuvre considérable, utile, féconde; je me demande seulement — et cette question ne peut éveiller, il me semble, aucune susceptibilité, blesser aucun amour-propre, — si toutes les réformes qui ont été patiemment accomplies, notamment par la Chambre de 1881, l'ont été aussi promptement, aussi facilement qu'on pouvait le souhaiter; je me demande si cette majorité, que l'on a justement défendue, s'est formée aussi promptement, aussi facilement qu'elle aurait pu le faire, si les élections de 1881, au lieu de mettre en relief tant de divergences d'opinions, avaient fourni une manifestation de volonté plus certaine et plus claire.

. Aussi, est-ce par la préoccupation de l'avenir et d'un avenir prochain que je suis surtout dominé. Je crois que personne ne peut être moins soupçonné que moi d'avoir pris tout d'abord un parti systématique; si je me suis rallié, dès 1881, à la réforme électorale, si je la défends aujourd'hui avec cette insistance, c'est qu'après l'avoir étudiée, comme simple député, en concluant des faits particuliers aux faits généraux, puis comme ministre, avec les sources d'information dont je pouvais disposer, j'ai senti grandir cette conviction qu'elle est une question vitale pour le gouvernement républicain, qu'elle est le véritable moyen de conquête.

L'honorable M. Hémon a protesté contre cette formule qui, je crois, n'avait été apportée ici par personne, et qui consisterait à dire : « Périssent les départements plutôt que les principes ! »

Il pose, à mon sens, mal la question. Si, comme c'est mon opinion, il y va de l'avenir d'un Gouvernement régulier, puissant et fécond, d'élargir le collège électoral, de donner au pays une part plus directe et plus immédiate dans la direction de ses affaires, ce ne peut pas être une façon de perdre des départements que de fonder ce gouvernement durable.

Il ne faut pas dire : « Périssent les principes ! » il ne faut pas dire non plus : « Périssent les départements ! » ce qu'il faut dire, Messieurs, — et il me semble que c'est là une pensée de concorde et d'union qui se dégage de cette discussion, — c'est : « Périssent nos ambitions d'un jour, nos ambitions passagères ! périssent nos rivalités et nos discordes d'un moment ! »

Et si nous donnons au pays un Gouvernement vraiment démocratique, au suffrage universel l'instrument d'expansion et de conquête qu'il réclame, l'union deviendra d'autant plus facile qu'elle se fera dans l'obéissance au seul souverain auquel on puisse obéir sans se diminuer, dans l'obéissance à la volonté nationale, hautement et fermement affirmée. (*Applaudissements répétés au centre et à gauche.*)

Messieurs[1],

L'honorable M. Ribot, dans les explications qu'il a fournies à la Chambre à sa dernière séance, a indiqué très brièvement l'attitude qui avait été prise par le Gouvernement lorsqu'il a été entendu par la Commission. A ce moment, la Commission nous faisait connaître qu'elle avait à opter entre deux systèmes, entre deux méthodes : une de ces méthodes consistait à maintenir la population comme base de l'élection, et l'autre, au contraire, à prendre, pour arriver à la même détermination, le nombre des électeurs inscrits.

Il a été déclaré par le Gouvernement, à cette époque, qu'il ne considérait point qu'un de ces deux systèmes intéressât à ce point les droits de la souveraineté nationale, qu'il dût intervenir pour défendre l'un et condamner l'autre.

A ce moment nous étions préoccupés, comme nous le sommes toujours, de ne point nous mettre sur des points, qui ne seraient pas d'une haute gravité, en dissentiment avec la Commission chargée de l'examen de la proposition de loi.

De même que sur certaines questions le Gouvernement a considéré qu'il devait rester très fermement attaché à l'opinion qu'il avait manifestée, parce que ces questions étaient d'une gravité primordiale, en ce qui touchait ce conflit élevé entre deux doctrines, le Gouvernement a répondu qu'il ne croyait pas devoir montrer une préférence, mais qu'il reconnaissait que des raisons parfaitement sérieuses pouvaient être mises en ligne pour défendre la proposition dont l'honorable M. Ribot était alors l'interprète.

1. Séances du 23 mars 1885.

Depuis, la question a grandi, il faut bien le reconnaître ; on l'a placée sur un terrain tel que le Gouvernement a le devoir de s'expliquer. (*Très bien! très bien!*) Pour ma part, je tiens à dire quelles sont, non seulement les considérations politiques, mais encore les considérations tirées de l'examen de l'ensemble de notre organisation administrative qui me paraissent devoir faire pencher la balance du côté du système de la Commission.

Tout d'abord, je le répète, je n'admets pas qu'aucun de nos collègues, qui ont déposé ou défendu l'amendement, ait rien voulu entreprendre contre la volonté nationale ; nous en sommes tous ici les serviteurs convaincus et de bonne foi. Ce n'est donc pas sur le terrain des principes absolus que j'entends me placer.

Mais je commencerai par faire observer que, si vous enlevez ce critérium de la population dans la loi électorale de la Chambre des députés, vous portez la main sur un système qui est d'une application bien plus générale. (*Très bien! à gauche.*)

En effet, quand il s'agit de déterminer le nombre des conseillers municipaux d'une commune, quand il s'agit, dans certains cas, de répartir entre les cantons d'un arrondissement les membres d'un Conseil d'arrondissement, la population est précisément ce qui est pris en considération.

Et si l'on vient proclamer qu'il faut tenir compte exclusivement des électeurs inscrits, je maintiens qu'on peut formuler contre le système actuellement en vigueur, pour notre organisation départementale et communale, les mêmes objections qui sont faites contre le projet de la Commission.

Mais il y a une circonstance qui me touche peut-être davantage, c'est que la population est prise encore en considération à un autre point de vue : j'entends parler de certaines charges, de certaines contributions. Il y a des charges qui varient d'un centre de population à l'autre, des impôts tels que celui des portes et fenêtres, des patentes, certaines taxes assimilées aux contributions directes, et d'autres taxes d'une application beaucoup plus difficile, certains droits d'entrée pour les boissons, qui varient en raison de la population, ou même qui se perçoivent ou non suivant que la population est faible ou forte.

Et alors voici le raisonnement très fort qui peut être fait au point de vue de la Commission et contre la proposition de M. de Roys.

Comment, vous dira-t-on, si la population entre en ligne de compte pour la détermination des charges, l'empêchez-vous d'entrer en ligne de compte pour la détermination des droits et des avantages, alors précisément qu'il s'agit d'être représenté dans l'Assemblée qui établit ces charges? (*Très bien! très bien!*)

Enfin, Messieurs, il est une autre raison qui n'a pas échappé à vos esprits, mais qu'il est bon de replacer sous vos yeux : si vous déterminez la représentation d'un département, en tenant compte uniquement des électeurs inscrits et non de la population, vous pourrez arriver à faire une part extrêmement large, dans le jeu du suffrage universel, à un élément en quelque sort réel, à celui qui est représenté en dehors de toute résidence, par l'inscription au rôle de la contribution foncière.

Il en pourrait résulter que le chiffre de la représentation d'un département dépendît d'un élément tout à fait distinct de sa population, l'élément qui ne l'habite pas, mais qui y possède des propriétés sans y avoir sa résidence habituelle.

Vous voyez, Messieurs, que les considérations que je tenais à vous présenter sont des considérations de simple pratique; je ne me place pas du tout au point de vue du principe absolu. Mais puisqu'on a ouvert le débat aussi largement sur une question de cette nature, je ne pouvais manquer de signaler à la Chambre que, si elle adoptait l'amendement de M. de Roys, qui consiste à prendre les électeurs inscrits et non la population, cette modification serait de nature à entraîner dans l'ensemble de notre système administratif des modifications générales.

Je rappelle seulement que l'une de ces modifications consisterait à laisser les listes électorales ouvertes à perpétuité, d'une façon permanente.

J'avoue que je verrais beaucoup plus de difficultés que d'avantages à l'adoption d'une pareille mesure ; et, puisque vous devez prendre un parti entre les deux systèmes, je considère que la Chambre ferait acte de sagesse en se ralliant à la proposition de la Commission, en acceptant que ce soit la population effective du département qui continuât de déterminer le nombre des députés. (*Applaudissements sur divers bancs.*)

FIN DE LA SECONDE SÉRIE

ANNEXES

I

Le Dîner celtique.
Renan et Waldeck-Rousseau.

Le 9 mars 1888, M. Waldeck-Rousseau assistait à Paris au Dîner celtique présidé par Ernest Renan. Il y prit la parole, après le grand écrivain, sur l'invitation de M. Quellien, l'organisateur de cette fête toute bretonne.

MESSIEURS,

J'étais venu à ce dîner attiré comme vous tous par l'appât d'une allocution de notre cher président, et me voici pris au piège. On me met en demeure de lui exprimer tous nos remerciements : comment pourrais-je me soustraire à ce devoir ? Nous lui devons tant de plaisirs délicats et de reconnaissance ! Mais parler après Renan, causer surtout après lui, y songez-vous ? Vous ne savez donc pas, monsieur le Secrétaire, vous qui venez de me donner la parole, que, depuis bien des années, je lui demande, en lisant, en relisant toutes ses œuvres, dont chacune est un éclatant hommage rendu à la clarté, à la loyauté de la langue française, le secret difficile de l'art de parler ?

De cette belle et admirable langue, il avait certes plus que tout autre le droit de faire l'éloge en même temps que, il y a quelques semaines, il en retraçait l'histoire, lui qui, sans diminuer en rien ses grâces nobles et simples, a su la débarrasser de tout ce que certains de nos voisins lui avaient inoculé de pompeux et d'apprêté, certains autres de solennité ou de pédantisme. Qui l'a jamais parlée avec plus de franchise et de droiture !...

Vous voyez bien que le bon parti serait de se taire.

Mais comment faire comprendre ce désir alors qu'avocat ou homme politique on a dû semer un peu partout, et souvent en vain, sa parole ? Un parleur doit parler. C'est sa raison d'être ! Je sais l'idée qu'on s'en fait parfois. Volontiers on lui attribuerait comme arme une raquette. On lui jette une idée, il la saisit au vol, la fait rebondir jusqu'à ce qu'elle tombe pour ne plus se relever parfois. Mais ainsi compromise, la parole, laissez-moi vous le dire, serait assurément le plus vain et le plus inutile des bruits. Pour parler d'un sujet quelconque, il faut surtout le bien connaître, en avoir fait vingt fois le tour, avoir vécu avec lui dans une longue familiarité, en savoir beaucoup plus qu'on n'en peut dire. A cette condition, il vous vient en aide, vous soutient, vous assiste et parfois vous inspire.

Cette déclaration de principes me met peu à l'aise, vous en conviendrez. Nous ne pouvons aujourd'hui parler que de Brizeux et de la Bretagne, l'un que j'ai lu souvent, l'autre dont je puis dire : je l'ai parcourue, je l'ai traversée vingt fois, et je ne la connais pas encore. De cette lecture ou de ces voyages, j'ai rapporté des curiosités plutôt que des conclusions... C'est la Bretagne surtout qui me laisse perplexe ; je me demande qui nous sommes ? Sans doute, je la vois autrement que ceux qui vivent sur la foi de certains récits ou de certaines légendes, car s'il y a des légendes en Bretagne, il y a encore plus de légendes sur la Bretagne. Elle ne m'apparaît pas triste, elle me semble plutôt grave, tranquille surtout, et fort mystérieuse aussi. Mais que d'inconnu encore ! A quelle source lointaine a-t-elle puisé sa vertu à la fois confiante et résignée ? Quel sentiment inaperçu d'elle-même l'entretient ? Est-ce à la croix ou au menhir, qu'il salue tour à tour, que le Breton doit ce calme où l'on croit démêler parfois comme une lueur de cette sérénité païenne dont nous aimons à parer la figure des hommes de bien d'autrefois ?

Il me semble qu'il pratique surtout, naturellement, sans parti pris, la religion de ses ancêtres : il sent qu'ils furent très bons, très grands ; il suit leurs traditions et leurs exemples, il fait comme eux, cela lui suffit, il échappe ainsi aux anxiétés qui nous tourmentent.

C'est à vous, mon cher maître, qu'il appartiendrait d'évoquer les souvenirs féconds en enseignements des temps disparus à travers lesquels s'est formée notre race. Vous nous entraîniez, voici quelque temps, à votre suite, jusque dans le désert, suivant pas à pas les longues transformations du peuple d'Israël, retrouvant ses traces sur le sable de la Palestine.

Je voudrais, mon cher monsieur Renan, qu'après tant d'évocations admirables vous remontiez maintenant à nos origines et que vous nous disiez quel est l'Eloïm du peuple breton.

Ce serait à la fois le couronnement de cette grande œuvre que vous avez merveilleusement accomplie, et ce serait en même temps nous donner une grande satisfaction et nous rendre un grand service. Je ne crois pas que le peuple breton nous ait encore dévoilé toutes ses ressources. Ce peuple nous apparaît comme n'ayant pas dit son dernier mot et comme n'ayant peut-être pas à l'heure actuelle, sauf quelques rares exceptions, apporté le contingent d'efforts, de volonté merveilleuse, de science — j'allais presque dire de prédestination, — qu'il doit à la civilisation moderne.

Révélez les Bretons à eux-mêmes. Rappelez-leur ce qui flotte encore de confus dans leur souvenir, montrez-leur où ils doivent aller, indiquez à la Bretagne sa voie en même temps que vous lui rendrez son berceau.

Je vous disais tout à l'heure, Messieurs, que j'avais bien des raisons pour ne pas parler et que l'une d'elles était de n'avoir qu'un aperçu un peu sommaire de mon sujet ; maintenant que je vous ai fait connaître les raisons pour lesquelles j'aurais dû me taire, je me tais en vous proposant de boire au prochain ouvrage de M. Renan, à un ouvrage bien breton qui nous dira sur nous-mêmes bien des choses que nous soupçonnons peut-être fausses, que nous percevrons alors plus clairement.

Messieurs, je bois à la mémoire de notre grand poète, à Brizeux, au poète à l'âme tendre et forte. Beaucoup d'entre nous ont passé l'âge où l'on peut rêver d'aller, comme lui, « s'asseoir au pont Kerlô ; » mais qui de nous ne ressent encore, en évoquant le souvenir de tant d'œuvres charmantes, comme une sensation de jeunesse et de fraîcheur ? Il n'était pas seulement le poète tendre, mais aussi le penseur à l'âme forte. Il était ainsi deux fois Breton.

Nous sommes d'un caractère et d'un âge où il nous est permis d'aspirer aux grandes destinées. J'associe donc dans mon toast ces trois noms, et je bois à la France, à Brizeux, à Renan !

II

Le début de M. Waldeck-Rousseau au Sénat.

C'est en qualité de ministre de l'Intérieur du cabinet Gambetta que M. Waldeck-Rousseau fit ses débuts au Sénat le 15 décembre 1881. M. le comte d'Haussonville lui avait demandé quelques explications au sujet d'un crédit spécial destiné à l'Administration de l'Algérie. Le jeune ministre, à qui l'on faisait une réputation d'homme inabordable, cassant, charma et conquit toute la Haute Assemblée par sa bonne grâce et sa parole aussi déférente qu'élégante. Ce fut un événement parlementaire, et le *Temps*[1], en constatant avec surprise que la droite elle-même avait été séduite par le ministre, ajoutait : « Le début de M. Waldeck-Rousseau au Sénat vaut celui qu'il fit à la Chambre. »

M. WALDECK-ROUSSEAU, *ministre de l'Intérieur*. — Je croirais manquer de courtoisie si je ne répondais d'un mot

1. *Temps* du 16 décembre 1881.

à l'honorable comte d'Haussonville, qui a bien voulu, dans une forme si bienveillante, m'adresser quelques interrogations. Il s'est peu étendu sur le fond même de la question, c'est-à-dire sur la nécessité et sur la légitimité du crédit qui est demandé ; mais avec une sollicitude égale à sa compétence, il s'est préoccupé de savoir si le régime sous lequel se trouve aujourd'hui placée l'Algérie donne aux intérêts français, qui se confondent absolument avec les intérêts algériens, les garanties qu'on est en droit d'exiger ; il a paru surtout inquiet de voir que toutes les responsabilités qui peuvent exister à l'occasion du gouvernement de l'Algérie, étaient aujourd'hui divisées et morcelées ; il semble regretter le système de concentration qui en faisait autrefois peser la charge presque exclusivement sur une seule tête.

Or, Messieurs, si l'on se reporte aux antécédents de cette question, on voit que la division des responsabilités entre tous les ministères a été commandée par une double préoccupation. La première préoccupation, d'un ordre très élevé, qui me touche singulièrement, c'était d'assimiler de plus en plus, au point de vue des garanties administratives, ceux de nos concitoyens qui représentent en Algérie nos intérêts et notre nationalité, à ceux qui sont restés sur le territoire français. En outre, on faisait valoir que lorsque toutes ces responsabilités étaient groupées sur une seule tête, peut-être elles en étaient affaiblies, et l'on demandait alors que l'on fît pour l'Algérie exactement ce qu'on fait pour la France et qu'à chaque département du territoire algérien correspondît une responsabilité distincte. C'est ce qui existe depuis les décrets de rattachement dont on vient de parler.

Il n'y a pas, que je sache, un acte administratif accompli en Algérie qui ne puisse être placé dans une catégorie de responsabilités, il n'est pas un fonctionnaire qui, dépendant d'un ministère, n'engage ce ministère. Par conséquent, si des intérêts sont compromis dans une branche ou dans une autre de l'administration de l'Algérie, il n'existe pas aujourd'hui un ministre qui ne soit pas responsable de ses fonctionnaires ou, si ces fonctionnaires agissent mal, qui ne puisse prendre l'initiative nécessaire pour redresser leurs errements. Donc, la division actuelle ne justifie aucune inquiétude. Cette division permet de mettre dans l'administration algérienne le même ordre que dans l'administration française et je ne crois pas qu'à ce point de vue l'honorable comte d'Haussonville ait des raisons sérieuses d'être inquiet. (*Très bien! très bien! à gauche.*)

L'honorable sénateur a été plus loin. Ce n'est pas seulement du passé et du présent qu'il a parlé. Il a émis cette proposition que je considère pour ma part comme de bon augure au point de vue de la discussion qui suivra celle-ci, c'est que, non seulement il n'existe pas trop de ministères à l'heure actuelle, mais que peut-être il n'en existe pas assez (*Très bien et rires approbatifs sur divers bancs*), et il a parlé d'un ministère de l'Algérie.

Eh bien! c'est un esprit trop supérieur et trop réfléchi pour ne pas comprendre que j'ai le devoir d'être circonspect en une matière aussi grave et de méditer à mon tour une question aussi délicate.

Il comprendra qu'à l'heure actuelle, il y aurait pour un ministre nouveau, — il le disait, et je le remercie de m'avoir tenu compte de la situation, — une certaine témérité à trancher ainsi un problème si important; ce que je puis lui affirmer, c'est que toutes les fois qu'un intérêt algérien, toutes les fois que l'intérêt de ces colons alsaciens et lorrains, dont il s'est fait tout à l'heure le patron, pourra nécessiter des mesures quelconques, toutes les fois qu'une idée de nature à produire de bons résultats viendra à se manifester, il trouvera dans le ministre de l'Intérieur un collaborateur empressé de s'assimiler ce que pourraient avoir de bon et d'utile les propositions qui lui seraient soumises, et particulièrement heureux de s'associer dans cette œuvre aux efforts d'un collègue aussi éclairé et aussi bienveillant. (*Très bien! très bien! et applaudissements sur un grand nombre de bancs. — L'orateur, en retournant à son banc, est vivement félicité.*)

III

Discours aux Chambres syndicales patronales de la Seine.

M. Waldeck-Rousseau, étant ministre de l'Intérieur, présida le dimanche 21 décembre 1884, à Paris, au siège des Chambres syndicales patronales de la Seine, la première distribution des récompenses aux ouvriers et contremaîtres du bâtiment qui se sont distingués par leurs longs services dans un même établissement, par leur travail et par leur dévouement.

Après une allocution de M. Bertrand, président des Chambres syndicales, le ministre prononça le discours suivant :

MESSIEURS,

Votre honorable président ne me devait aucun remerciement pour m'être rendu à cette réunion.

Rien ne pouvait m'être plus agréable que d'être admis par vous à cette solennité d'un caractère si intime, qui réunit les représentants, ouvriers et patrons, de cette grande industrie du bâtiment.

Il arrive, en effet, bien souvent, lorsqu'on s'assemble pour s'entretenir des intérêts du travail, de ses besoins, de ses aspirations, des réformes qu'il recherche, qu'on est réduit à parler surtout de l'avenir, à échanger des vues d'une réalisation lointaine, à se demander ce qu'on doit rechercher, ce qu'on peut entreprendre. Chez vous, au contraire, Messieurs, on peut déjà parler au passé ; on peut parler du présent ; on est en face de résultats acquis ; il y a beaucoup à constater, beaucoup à apprendre. On s'y trouve bientôt sous l'impression de cette pensée consolante : que nulle part on ne rencontre plus puissants et plus vivaces que parmi les travailleurs de tout rang les sentiments de dévouement et de solidarité réciproques qui sont le lien véritable d'une société libre.

Dans votre institution, Messieurs, — je parle de l'Union des chambres syndicales qui nous réunit aujourd'hui, — un fait m'a particulièrement frappé, et votre honorable président le rappelait tout à l'heure avec une autorité particulière, c'est que parmi vous il en est beaucoup — c'est le plus grand nombre — qui sont des ouvriers d'hier, qui doivent à leur énergie, à leur travail persévérant, la situation qu'ils occupent. Ils représentent ainsi, au milieu de vous, cette évolution si intéressante du travail s'ouvrant, par des efforts successifs, patiemment, mais irrésistiblement, une place chaque jour plus large dans notre société ; ils fournissent la preuve vivante que le labeur assidu, l'esprit d'économie, d'ordre, de prévoyance et d'entreprise, ne sont pas des vertus stériles, mais, au contraire, les agents les plus sûrs, les plus efficaces et les plus décisifs de toute espèce de progrès. On est trop porté à croire que les problèmes sociaux, si multiples et si complexes, peuvent se résoudre scientifiquement par de savantes formules, et que la société, d'autre part, dans une action collective, est à elle seule assez puissante pour les dénouer... Eh bien ! je ne méconnais nullement le secours que nous apporte, dans de pareils sujets, la science sociale, c'est-à-dire l'étude attentive des faits, la connaissance approfondie des besoins, le calcul exact des forces de leurs relations.

Je crois aussi que la société, que l'État, a des devoirs envers l'individu, des devoirs d'assistance, d'éducation, d'initiation, d'impulsion ; mais je suis absolument convaincu — et je parle devant des hommes qui en ont fait l'expérience — que tous les calculs de la science sociale, que tous les efforts de l'Etat, ne serviraient de rien pour résoudre ces problèmes sans l'effort individuel, sans l'initiative personnelle dans la pratique d'une règle morale, sans le sentiment du devoir, en un mot. Devoir réciproque, d'ailleurs : devoir du patron, que vous avez si bien compris, d'aider dans la plus large mesure ceux qui sont ses collaborateurs de chaque jour ; devoir de celui qu'il emploie de lui fournir un concours sincère, loyal, effectif.

C'est parce que je vois dans votre association un effort

considérable pour développer cette notion du devoir mutuel
que je me félicite de pouvoir constater avec vous un exemple
si fécond en promesses.

Il y a quelque chose de mieux encore que de s'être élevé
successivement par le travail : c'est d'avoir fait son profit
des épreuves qu'on a traversées, c'est de mettre la force et
l'expérience acquises au service de ceux qui se trouvent
dans la condition où nous étions hier. Vous l'avez compris;
vous vous êtes souvenus des mauvais jours; vous n'avez
point oublié que d'autres ont pris la place où vous avez
lutté, souffert. Vous avez voulu leur aplanir la route, la leur
rendre moins raboteuse, plus large, plus facile.

Vous avez pu mesurer de quel secours est l'instruction :
vous avez ouvert des cours professionnels; vous avez expérimenté qu'il n'y a pas de petites économies; vous avez
facilité l'épargne, perfectionné les assurances mutuelles,
fondé des Caisses de secours en cas d'accident.

Ce sont là des actes qui valent mieux que des paroles et
que toutes les déclarations. C'est par ces mesures pratiques,
par ces améliorations successives, qu'on atteste véritablement son zèle désintéressé, son intérêt sincère pour les
classes laborieuses; c'est ainsi qu'on travaille utilement au
développement de la prospérité nationale. Aussi, Messieurs, suis-je heureux de me trouver au milieu de vous
pour payer aux fondateurs, aux membres de vos Chambres
syndicales, un juste tribut de félicitations et de remerciements.

Ce que vous avez déjà fait m'encourage à penser que
vous ferez davantage encore dans l'avenir. Ces assurances
mutuelles, ces institutions de prévoyance, ces cours professionnels, constituent de premiers et de grands progrès.
Vous irez plus avant dans la voie dans laquelle vous vous
êtes engagés.

Je suis certain de répondre à votre sentiment en vous
ouvrant d'autres perspectives, que vous envisagerez avec la
maturité que donne l'expérience.

Vous connaissez les ouvriers mieux que personne; vous
avez partagé leur condition; vous êtes restés mêlés à leur

existence; vous savez leurs besoins; vous entendez leurs réclamations. Je les entends aussi, de plus loin et plus rarement, sans doute, n'ayant pas les mêmes occasions d'être en rapport avec eux, sans en avoir cependant négligé aucune.

Eh bien! dans l'ensemble de leurs revendications, il y a quelque chose qui me frappe beaucoup : c'est la contradiction, c'est l'antinomie que l'on constate entre le but que poursuivent les classes laborieuses et les moyens qu'elles emploient pour l'atteindre. Leur but, leur aspiration, absolument légitime, c'est de prendre chaque jour, dans les profits de la vie sociale, une part plus large, ce qui se traduit nécessairement par une consommation plus grande, pour parler le langage des économistes, et ce qui implique non moins nécessairement le bon marché, le meilleur marché possible, des objets de consommation.

Voilà le but. Quant au moyen, il consiste presque exclusivement dans l'augmentation des salaires, qui se traduit par l'élévation des prix de revient. Ainsi posé, le problème apparaît comme insoluble.

Ne tombe-t-il pas sous le sens, en effet, que, chaque fois qu'un corps d'état élève le prix de revient de ce qu'il produit par une augmentation de ses salaires, il élève en même temps le prix d'achat des objets que le corps d'état voisin consomme?

Et ce n'est pas tout encore, car à ces deux premières difficultés vient s'en ajouter une troisième : l'élévation des prix de notre production se heurte immédiatement à la concurrence étrangère. Aussi, Messieurs, quand on réfléchit, on arrive à cette conviction — ce n'est pas seulement le résultat d'une opération intellectuelle, c'est la constatation des faits, — que chercher à faciliter l'évolution des classes laborieuses vers une condition meilleure par l'augmentation des salaires, c'est les engager dans une voie au bout de laquelle il y a l'une de ces deux choses : ou un mouvement de recul effroyable dans les prix de la main-d'œuvre, ou la ruine progressive de nos industries! Est-ce à dire qu'il n'y a rien à faire? Je ne le crois pas. Des expériences malheureusement trop rares ont démontré quelle heureuse influence peuvent exercer sur la situation des travailleurs des institutions qui ne nécessitent aucun bouleversement, qui demandent surtout de la bonne volonté, de l'entente. C'est ainsi qu'en plus d'un endroit les sociétés de production et de consommation ont permis d'améliorer sensiblement la vie matérielle de celui qui travaille. Il va de soi, en effet, que si l'on achète 1 franc de moins les objets que l'on consomme, c'est comme si l'on gagnait 1 franc de plus. Il y a dans ce sens une première initiative à prendre.

D'un autre côté, je suis le partisan résolu — je l'ai dit ailleurs et je le répète ici — de cette autre combinaison qui, en associant chaque jour davantage l'ouvrier au profit de son industrie, rend son travail plus productif pour lui-même, plus utile pour celui qui l'emploie, attache le travailleur à l'atelier, établit entre tous une collaboration de plus en plus intime.

Là encore il y a un essor à donner.

Sans doute, toutes les expériences tentées dans ce double ordre de faits n'ont pas donné des résultats également avantageux. Mais pourquoi ? Parce que tout le monde n'a pas fait ce que vous avez fait vous-mêmes, pour vos institutions de prévoyance, par exemple. Vous n'avez pas cru qu'il fût suffisant de laisser vos ouvriers en même temps à leur liberté et à leur inexpérience ; vous avez été vers eux, vous leur avez apporté l'appui de vos ressources. Vous avez fait de la solidarité pratique. Il faut en faire encore, et je crois qu'une association comme celle devant laquelle j'ai l'honneur de parler peut beaucoup pour développer, pour vulgariser les deux réformes que je viens à peine d'esquisser.

Messieurs, devant la Commission d'enquête parlementaire, le président de votre Union syndicale a prononcé une parole qui m'a vivement impressionné :

« Nous considérons, disait-il, que le patron n'est pas le maître de l'ouvrier ; il en est le chef ». Et, en ouvrier qui a gagné ses épaulettes dans les rudes travaux du chantier, il ajoutait : « Dans l'atelier comme au régiment, il faut qu'il y ait un colonel. »

Eh bien ! Messieurs, ne perdez jamais de vue cette définition si haute du caractère du patron ; elle lui dicte ses multiples devoirs : devoir d'humanité, devoir de prévoyance.

Méritez chaque jour davantage par la pratique de ces vertus sociales le grade que vous avez conquis ; et j'ai la confiance que vous aurez rendu le plus immense service à la paix sociale, au travail, à notre cher pays.

Voilà, Messieurs, les sentiments que m'a inspirés cette réunion toute intime, toute familière. Je remercie ceux qui m'ont appelé à y prendre part ; et, lorsqu'on fera la distribution des récompenses, je vous demande, au nom du Gouvernement, la permission d'ajouter à celles que votre bureau va décerner un faible, mais bien sincère témoignage d'estime pour les services que vous avez tenus à reconnaître.

IV

Individualisme et protectionnisme.

Invité à la séance que tenait à Paris, le 3 juillet 1896, la Société d'économie industrielle et commerciale, M. Waldeck-Rousseau y prononça l'allocution suivante :

Messieurs,

Je me reprocherais de ne point vous exprimer combien je suis sensible à la cordialité de votre accueil, et la meilleure façon de vous le témoigner, est à coup sûr de me conformer à vos traditions. Vous avez coutume de vous entretenir familièrement, simplement : pour rien au monde je ne voudrais encourir le reproche d'avoir introduit chez vous cette forme de monologue qui s'impose dans certaines réunions, qui serait déplacée ici, et qui s'appelle le discours.

Vous êtes de ceux d'ailleurs dont un homme politique peut beaucoup apprendre, auxquels il n'a rien à apprendre.

Votre Société est composée d'hommes qui ont tout à la fois la science doctrinale et la science expérimentale, qui ont beaucoup réfléchi sur toutes les questions de sociologie, qui ont pu soumettre les doctrines au contrôle de l'expérience pratique. Je ne puis que vous apporter le très modeste tribut des réflexions que l'orientation, dans ces dernières années, de notre politique économique excite dans mon esprit.

Son caractère, c'est l'exagération chaque jour plus marquée du rôle de l'État, son intervention chaque jour plus accentuée dans la solution des difficultés de toute sorte que soulève le conflit apparent des intérêts. C'est un amoindrissement continu de l'individualisme, une tendance à la protection universelle et systématique qui menace de ne plus connaître de limite.

Nous aimons à nous dire les fils de la Révolution, et, sans nous en apercevoir sans doute, nous tendons à lui tourner le dos. Sa pensée maîtresse, toute philosophique, étroitement liée au développement d'une civilisation digne de ce nom, était de garantir à l'activité de l'homme la plus grande somme de force et la plénitude de ses résultats, de ne réserver à l'État que les fonctions qui peuvent seulement être exercées par cette raison sociale de la collectivité des membres d'une même nation.

Je ne crois pas me tromper en disant que, depuis quelques années, nous travaillons patiemment, dangereusement, à renverser les termes de cette doctrine, et, en transférant à l'État toutes les fonctions individuelles, à le rendre parfaitement impuissant à remplir son devoir collectif.

On a pris l'habitude de se tourner sans cesse vers lui, d'en appeler toujours constamment à lui, et il n'est peut-être pas un des mille problèmes que soulève le combat pour la vie qu'on ne rêve maintenant de résoudre par voie de formule législative. C'est dans l'ordre économique surtout que cette tendance est plus accentuée.

On est parti d'une donnée qui trouvait sa raison d'être dans la nature même des rivalités internationales. Chaque peuple est sollicité en sens contraire par deux préoccupations bien différentes. La première est une préoccupation d'autonomie : elle tend à soustraire son industrie à la dépression des causes extérieures; la seconde, née de la constatation expérimentale de l'impossibilité pour cette même industrie de se contenter de son marché intérieur, conduit à chercher les relations au delà, à créer des échanges internationaux et à les soustraire au caprice, aux variations qui sont le résultat de la grande loi de l'offre et de la demande. Alors on a songé à établir un tarif des douanes en vue d'aboutir à des traités, à formuler une règle qui permet de négocier des exceptions. Ce n'était peut-être pas la réalisation de l'idéal définitif, mais c'était du moins un régime assez souple pour concilier tous les intérêts.

Nous sommes déjà très loin de cette donnée. Les tarifs ne sont plus des instruments de négociation. On leur assigne pour but d'agir sur l'établissement et le fonctionnement du marché lui-même. Leur action tend de plus en plus à établir des cours. Ils deviennent les serviteurs de l'intérêt privé, et on confesse hautement qu'ils doivent établir un autre régulateur que celui de l'offre et de la demande.

Ce n'est pas assez. Le commerce est fait de prévoyance et de prévision. Le commerçant avisé achète à l'avance, en vue de profiter d'un événement futur et incertain. L'abus de la réglementation devait fatalement devenir un élément de la spéculation. On le supprime, et on invente des droits rétrospectifs.

Ces exagérations ne seraient pas trop effrayantes, tant elles impliquent une réaction inévitable, si, une telle doctrine étant une fois admise, il ne fallait s'attendre à la voir produire des conséquences qui, chose bizarre, étonnent ceux-là même qui l'ont préconisée.

La main-d'œuvre s'est à son tour émue, elle s'est tournée vers l'Etat et elle lui a tenu ce langage. L'industrie n'a à demander à ceux qui travaillent qu'un certain nombre d'heures, et le travail, dont la demande aussi afflue sur le marché, lui offre un certain nombre de bras. Pour que tous soient occupés, il faut que chacun d'eux soit occupé moins longtemps. Sans doute l'individu peut refuser son travail au delà d'un certain nombre d'heures, mais son intérêt est d'être occupé le plus longtemps possible. Sans doute le travail jouit de la liberté d'association et, par là, peut exercer sur son propre marché une influence considérable. Mais quel usage l'association fera-t-elle de sa propre liberté ?... L'Etat est là, il faut qu'il intervienne, qu'il impose à l'individu une règle plus intelligente que celle qu'il se donnerait lui-même. Cette vue, cette compréhension du pouvoir législatif intervenant dans la rédaction du contrat de louage émane du même système, et elle est presque acceptée.

Si elle vient à l'être tout à fait, il faudra faire un pas de plus. Du moment où l'on convient que le droit de douane tient à assurer au capital industriel un prix de vente rénumérateur, je ne vois pas ce qu'on peut répondre à la main-d'œuvre quand elle vient demander qu'on lui assure un gain en harmonie avec ses besoins. Alors voilà l'Etat penché sur tous les ateliers, appelé à déterminer la plus-value qu'il doit consentir, et ceux-là sont logiques qui, désespérant de créer un Etat muni d'organes assez nombreux pour établir partout son contrôle, concluent à la socialisation du commerce et de l'industrie. De sorte que l'on pourrait montrer sans grands efforts que le collectivisme contemporain n'est pas autre chose que la protection poussée à ses extrêmes limites.

Ce qui se dégage de ces constatations, c'est la nécessité de revenir et de rappeler notre pays au sentiment des réalités, de lui faire comprendre que, seule, l'initiative individuelle peut pourvoir à la conservation de ses propres intérêts, qu'en demandant à l'Etat de les protéger l'un après l'autre on le conduit à les compromettre tous.

Nous ne vivons assurément pas à une heure qui permette, dans l'état actuel de l'Europe, d'abaisser toutes les barrières ou d'effacer toutes les frontières. Mais on peut, du moins, ne pas les rendre de plus en plus infranchissables. En dehors d'une liberté absolue, on peut, on doit s'orienter vers une liberté relative. A côté du désintéressement complet en fait d'échange, il y a l'entente. A côté de ce monologue, le tarif des douanes, il y a la conversation, c'est-à-dire les traités.

Gambetta pensait, et il le disait dans sa déclaration ministérielle du 14 novembre 1881, que c'est par des traités qu'il convenait présentement de fixer les relations internationales de notre commerce et de notre industrie. Je demeure fidèle à cette pensée. Je crois qu'elle se rapproche de la vôtre, et que, par la force des choses, par l'expérience même des faits, elle deviendra celle du pays.

Si le commerce et l'industrie étaient comme ils devraient l'être représentés dans les Chambres, je suis persuadé qu'on reviendrait promptement à une vue plus nette et plus sûre des intérêts nationaux. Il n'en est rien. Cependant beaucoup de choses ont changé depuis dix ans. La politique purement spéculative a perdu de son importance et de son intérêt. Certaines questions autrefois irritantes ne sont plus que des plates-formes d'opposition usées comme la planche de la tribune. Les questions pratiques d'ordre positif sont au premier rang des préoccupations générales.

Et cependant la composition des Chambres, leur recrutement, n'ont pas été sensiblement modifiés. Je ne veux pas médire des professions libérales, mais si quelques avocats ou quelques médecins, ou quelques journalistes, étaient remplacés par des industriels et des commerçants, tout en irait beaucoup mieux. Seulement, il faudrait pour cela que commerçants et industriels se résignassent à faire de la politique, et je dis le mot : de la politique électorale.

Quand certaines questions s'agitent, nous recevons beaucoup de brochures. Quelques-unes les lisent, d'autres ne les lisent pas. En tout cas, il est trop tard : l'heure est passée. C'est au moment des élections, c'est en vue des élections qu'il faut agir. Il faut que le commerce et l'industrie aient ce avec quoi le candidat est habitué à compter : des comités et des journaux. Il est très ennuyeux de faire de la politique, mais c'est une fatalité à laquelle on ne peut pas se soustraire. Il vaut mieux se résoudre à faire de la politique pour soi que de la laisser faire contre soi. Bref, il faut commencer par le commencement, et, dans un régime de suffrage universel, le commencement c'est l'élection.

C'est pourquoi, Messieurs, je voudrais voir tous ceux qui m'écoutent ici faire à la politique sa place dans leurs préoccupations. « La République, a dit un homme d'Etat, appartient aux plus sages. » Le mot est vrai, mais à la condition que les plus sages soient en même temps les plus actifs. Soyez persuadés que, le jour où tout le monde fera de la politique, on verra enfin se clore l'ère des politiciens.

UN ERRATUM

DU VOLUME INTITULÉ : *Pour la république.*

Par suite d'une fâcheuse transposition, la fin d'un des discours contenus dans le volume intitulé : *Pour la République* a été placée au milieu. Il s'agit du discours sur la République et la Réaction, prononcé à Dinan le 15 novembre 1885. Page 76, le passage commençant par ces mots : « Messieurs, c'est en mon nom personnel que je parle... », et le suivant, se terminant par ceux-ci : « ...là où j'aime à servir : dans le rang », doivent être placés page 83, immédiatement avant les dernières lignes.

TABLE ANALYTIQUE GÉNÉRALE

DES DISCOURS
DE M. WALDECK-ROUSSEAU

Pour établir cette table nous avons numéroté les huit volumes de discours de M. Waldeck-Rousseau, d'après l'ordre de leur publication et de la façon suivante :

I. — QUESTIONS SOCIALES.
II. — ASSOCIATIONS ET CONGRÉGATIONS.
III. — LA DÉFENSE RÉPUBLICAINE.
IV. — ACTION RÉPUBLICAINE ET SOCIALE.
V. — POLITIQUE FRANÇAISE ET ÉTRANGÈRE.
VI. — POUR LA RÉPUBLIQUE (1883-1903).
VII. — L'ÉTAT ET LA LIBERTÉ (*Première série* : 1879-1883).
VIII. — L'ÉTAT ET LA LIBERTÉ (*Seconde série* : 1883-1885).

Les chiffres romains indiquent le volume, les chiffres arabes la page. C'est ainsi, par exemple, que I, 340 signifie *Questions sociales*, page 340; VI, 475, signifie *Pour la République*, page 475, etc.

CH. signifie Chambre des députés.
S. signifie Sénat.

Les sujets traités dans les *introductions* placées en tête de chaque volume sont suffisamment indiqués par le titre même de ces volumes; celles des volumes VI et VII contiennent en outre des renseignements presque tous inédits sur les débuts de M. Waldeck-Rousseau dans la vie politique.

A

Administration municipale et départementale.
RÉBELLION D'UNE COMMUNE A LA LOI (commune de Coudat), S. 19 *juin* 1900 : V, 153. — RÉVOCATION DU MAIRE DE BOURGES, CH. 19 *décembre* 1901 : V, 160. — IRRÉGULARITÉS FINANCIÈRES D'UN MAIRE (Sainte-Foy-la-Grande), CH. 7 *février* 1902 : V, 156. — Voir aussi **Décentralisation, Ministère de l'Intérieur, Loi municipale, Paris, Sous-Préfets**.

Algérie.
ADMINISTRATION DE L'ALGÉRIE, S. 15 *décembre* 1881 : VIII, 338. — ID. Projet de loi portant ouverture d'un crédit de 50 millions en vue de l'acquisition de terres destinées à la colonisation, et de travaux de colonisation (la colonisation officielle et la colonisation libre; l'élément indigène), CH. 23 *décembre* 1883 : V, 325. — L'OUEST ALGÉRIEN, CH. 11 *avril* 1900 : II, 35. — LE SUD ALGÉRIEN (opérations militaires de 1900 ; l'occupation progressive et pacifique des territoires du Sud), CH. 2 *juillet* 1900 : V, 410. — AMNISTIE (troubles antisémites), S. 23 *novembre* 1900 : III, 203. — CHEMINS DE FER ALGÉRIENS, S. 3 *avril* 1901 : V, 348. — SITUATION DE L'ALGÉRIE (les événements de Margueritte ; la sécurité des colons; devoirs de notre politique envers les colons et envers les indigènes ; situation économique ; plan d'ensemble de réformes ; les troubles antisémites d'Alger), Ch. 31 *mai* et 14 *juin* 1901 : V, 350.

Amnistie.
GRÉVISTES DE MONTCEAU ET RÉVOLUTIONNAIRES INTERNATIONALISTES DE LYON ET DE PARIS (amnistie inopportune; théorie de l'amnistie), CH. 19 *mars*, 9 *et* 12 *juillet* 1883 : VII, 207, 215 et 219. — ACTIONS PÉNALES CONNEXES A L'AFFAIRE DREYFUS : mesure d'apaisement, CH. 22 *mai* 1900 : III, 115; amnistie « légitime et nécessaire », S. 2 *juin* 1900 : III, 180 ; condamnés de la Haute-Cour, Assomptionnistes, antisémites d'Algérie, S. 2 *juin et* 23 *novembre* 1900 : III, 182 et 195; l'amnistie et les véritables coupables de l'affaire Dreyfus, l'intérêt bien compris du parti républicain, les condamnés de la Haute-Cour, CH. 6, 13 et 17 *décembre* 1900 : III, 204, 213 et 221; « l'arme favorite » de la réaction, S. 24 *décembre* 1900 : III, 229. — TRAITEMENTS ECCLÉSIASTIQUES (supprimés par mesures disciplinaires), CH. 16 *décembre* 1900 : IV, 361. — Voir aussi III, 104 et 115.

Antimilitarisme. — Voir **Internationalisme**.

Arbitrage entre patrons et ouvriers.

SENTENCE ARBITRALE DANS LA GRÈVE DU CREUSOT, 7 *octobre* 1899 : I, 340. — L'ARBITRAGE OBLIGATOIRE, CH. 6 et 8 *novembre* 1900 : III, 173 et IV, 282. — Voir aussi I, 117.

Armée.

LA POLITIQUE DU GOUVERNEMENT ET L'ARMÉE, CH. 12 *décembre* 1899 : V, 166 et 16 *février* 1900 : III, 61. — ATTACHÉS MILITAIRES, CH. 19 *février* 1900 : V, 170. — OUVRIERS MILITAIRES (salaires), CH. 22 *février* 1900 : V, 198. — SUPPRESSION DES VINGT-HUIT ET DES TREIZE JOURS, CH. 22 *février*, S. 1er et 29 *mars* 1900 : V, 172 et suiv. — ARMÉE COLONIALE, CH. 11 *avril* 1900 : II, 36. — SERVICE DE DEUX ANS, CH. 27 *février* 1902 : V, 184. — RÉFORME DES CODES DE JUSTICE MILITAIRE, CH. 27 *février* 1902 : V, 196. — DÉMISSION DU GÉNÉRAL JAMONT (comment le Gouvernement entend son devoir vis-à-vis de l'armée), S. 5 *juillet* 1900 : III, 129. — Voir aussi **Affaire Dreyfus** et **Politique générale** (démission du général Galliffet).

Assistance publique.

AVEUGLES : Société d'Assistance pour les aveugles, 19 *juin* 1898 et 9 *mai* 1899 : IV, 39 et 43 ; CH. 4 *décembre* 1899 : IV, 47. — PROTECTION DES ENFANTS ABANDONNÉS (la proposition de loi Roussel, « loi de bienfaisance » ; le budget de la misère publique), S. 10 *mai* 1883 : I, 44. — ID. CH. 30 *novembre* 1899 : IV, 1. — ETABLISSEMENTS DE BIENFAISANCE PRIVÉE (mesures à prendre pour assurer leur surveillance ; le Bon-Pasteur de Nancy), CH. 30 *novembre* 1899 : IV. 1. — INDIGENTS, (Moyens d'améliorer les services d'assistance aux indigents), CH. 10 *avril* 1900 : IV, 19. — RÉSERVISTES (secours aux familles nécessiteuses), S. 12 *avril* 1900 : IV, 26. — SINISTRES (secours aux victimes), CH. 20 *mars* 1900 : IV, 35. — VIEILLARDS (secours), S. 3 *avril* 1900 : IV, 16.

Associations et congrégations.

I. — *Discours antérieurs à la constitution du ministère du 22 juin 1899.*

LES CONGRÉGATIONS CONTRE LA RÉPUBLIQUE (le clergé national et l'armée internationale des congrégations), Bruz, 6 *septembre* 1880 : VII, 11 ; voir aussi VIII, 10 (note). — PROPOSITION DE LOI DUFAURE (la liberté d'association et les congrégations ; associations entre Français et étrangers), S. 6 *mars* 1883 : II, 1. — LE CATHOLICISME ET LA RÉPUBLIQUE, Vannes, 20 *mai* 1883 : VI, 18. — Voir aussi : S. 2 *février* 1884 (la liberté individuelle) : I, 299 et Saint-Mandé, 13 *juillet* 1884 (le rôle d'un Gouvernement républicain est d'inscrire dans nos lois la liberté d'association) : I, 325.

II. — *Ministère du 22 juin 1899.*

LE PROJET DE LOI SUR LES ASSOCIATIONS, CH. 16 *novembre* 1899 : III, 44. — LE PROCÈS DES ASSOMPTIONNISTES, CH. 24 *janvier* 1900 : V, 271,

et S. 23 *novembre* 1900 : III, 200. — Les évêques et les assomptionnistes, *lettres aux évêques des* 26 et 30 *janvier* 1900 : IV, 353. — Les missions a l'intérieur, *circulaire du* 2 *avril* 1900 : IV, 370. — La République et les moines (le Concordat, la tradition républicaine et les congrégations; les moines ligueurs et les moines d'affaires), CH. 11 *avril* et 22 *mai* 1900 : II, 28, III, 80 et 108. — La jeunesse française et les congrégations ; développement de la main morte congréganiste ; Toulouse, 28 *octobre* 1900 : II, 37, et III, 154 et 169.
— Exécution des lois et décrets contre les congrégations (impuissance des lois et décrets en vigueur), CH. 16 *novembre* 1900 : II, 43.
— Le Vatican et les congrégations (lettre du pape Léon XIII au cardinal archevêque de Paris), CH. 14 *janvier* 1901 : II, 49.

Discussion a la Chambre de la loi du 1er juillet 1901. — Le contrat d'association (historique du projet; la question résolue par l'application des règles du droit commun; les congrégations et l'Eglise catholique; congrégations charitables et missionnaires ; la Révolution et la contre-Révolution), 21 et 24 *janvier* 1901 (discussion générale) : II, 62 et 122. — Nécessité d'un régime spécial pour les congrégations (contre-projet Puech), 29 *janvier* : II, 122. — Définition de l'Association (art 1er), 31 *janvier* : II, 127. — Nécessité d'une déclaration préalable, 4 *février* : II, 145. — Les Associations illicites (art. 3) *id.* : II, 153. — Les associations et le droit de propriété, *id.* : II, 159. — Les associations et la personnalité civile (art. 6), 6 *février* : II, 166. — Les biens des associations dissoutes (comment la loi rend impossible en fait la constitution d'un patrimoine de main-morte extra-légal) (art. 9), 25 *février* : II, 177. — Les Associations et les étrangers (art. 12), 25, 28 *février* et 7 *mars* : II, 188, 193 et 207. — La suppression des congrégations (amendement Zévaès à l'article 13; un gouvernement prévoyant doit respecter les droits acquis), 12 *mars* : II, 217. — Les Congrégations religieuses (forme de l'autorisation ; congrégations ayant pour objet des œuvres de bienfaisance ou des missions à l'étranger ; frères de la Doctrine chrétienne ; sœurs de Saint Vincent de Paul et Petites Sœurs des pauvres; établissements non autorisés de congrégations autorisées; dissolution par décret; article 13), 14, 18 et 19 *mars* : II, 226, 229, 238, 242. — L'enseignement public et les congrégations (distinction entre les congrégations autorisées à donner l'enseignement et les congrégations non autorisées, article 14) 25 *mars* : II, 251. — Liquidation des biens des congrégations dissoutes (art. 18), 27 et 28 *mars* : II, 264 et 268.

Discussion au Sénat de la loi du 1er juillet 1901. — Le contrat d'association (la question des congrégations à travers l'histoire ; développement de leur richesse et de leur influence ; l'autorisation ne constitue pas une innovation ; la religion et les congrégations; congrégations charitables et missions), 13 *juin* 1901 (discussion générale) : II, 297. — Les étrangers dans les associations (garanties données par la loi au maintien de l'ordre public, art. 2), 15 *juin* : II, 334. — Les associations et la personnalité civile; ressources autorisées (art. 6), 17 *juin* : II, 344, 350, 354. — Les congrégations religieuses et l'autorisation (art. 13), 20 *juin*; forme de l'autorisation : II, 358; dissolution : II, 367; établissements non autorisés de congrégations autorisées : II, 370; congrégations charitables et missionnaires à l'étranger : II, 378. — Les donations et les Associations; les personnes interposées (art. 17), 22 *juin* : II, 392. — Délai accordé aux congrégations pour introduire leur demande en autorisation (art. 18), *id*. ; II, 404. — Dispositions pénales (art. 19), *id*. : II, 409.

Seconde délibération a la Chambre (28 *juin*). — Questions diverses : II, 417, 419. — Procédure des demandes d'autorisations : II, 421. — Liquidation des biens des congrégations dissoutes : II, 424.

Texte de la loi : II, 439.

Mesures d'exécution de la loi du 1er juillet 1901. — Les sécularisations (conditions que doivent présenter les sécularisations d'anciens congréganistes pour être acceptées), *circulaire du 14 novembre* 1901 : IV, 384, et CH. 17 *décembre* 1901 : III, 243. — Mesures administratives préliminaires en vue d'assurer l'exécution de la loi, CH. 19 *décembre* 1901 : IV, 387. — Etablissements non autorisés *circulaire du* 5 *décembre* 1901 : IV, 392. — Ecoles congréganistes ouvertes postérieurement à la promulgation de la loi, *circulaire du* 8 *février* 1902 : IV, 394. — Interpellation sur diverses mesures d'exécution (forme des demandes en autorisation, soumission à la juridiction de l'ordinaire, sécularisation, congrégations enseignantes), CH. 17 *février* 1902 : IV, 395.

Les congrégations de missionnaires et le protectorat français en Extrême-Orient (affaires de Chine) CH. 1er *juillet et* 19 *novembre* 1901 : V, 430 et 433.

III. — *Discours prononcés postérieurement à la démission du ministère du* 22 *juin* 1899.

Commentaire de la loi de 1901 (examen des demandes en autorisation formées par les congrégations), 1er bureau du Sénat, 29 *janvier* 1903 et Union républicaine : VI, 449, 452, 516; (loi de contrôle et non d'exclusion, le rejet en bloc, le problème religieux soulevé par la politique du cabinet Combes), S. 27 *juin* 1903 : VI, 454. — Les congrégations autorisées enseignantes; efficacité de la loi de 1901, S. 20 *novembre* 1903 : VI, 475. — Voir aussi **Enseignement et Politique religieuse.**

Associations ouvrières.

Commission extraparlementaire des Associations ouvrières. — Séance d'ouverture (l'association élément de solution de la question sociale; organisation et fonctionnement des associations ouvrières; la participation aux bénéfices; rôle de l'Etat), 16 *avril* 1883 : I. 131. — Reprise des travaux de la Commission (l'association garantie de bon ordre et de progrès; examen des questions soumises à la Commission), 16 *janvier* 1885 : I, 152. — L'ENQUÊTE DE LA COMMISSIONS EXTRAPARLEMENTAIRE ET SES RÉSULTATS; LA PARTICIPATION AUX BÉNÉFICES; Saint-Mandé, 8 *juillet* 1896 : VI, 228. — RÉSULTATS OBTENUS PAR LES ASSOCIATIONS DE PRODUCTION, Roubaix, 30 *avril* 1898 : VI, 435. — CIRCULAIRE AUX PRÉFETS (exécution des dispositions de la circulaire du 4 juin 1888), 16 *septembre* 1899 : I, 178. — TRAVAIL ET CAPITAL; LE PROGRÈS SOCIAL (le développement des associations ouvrières; l'extension de la capacité des syndicats; « il faut rendre la République féconde pour savoir la faire aimer »), Saint-Mandé, 4 *février* 1900 : I, 364. — Voir **Coopératives** et **Syndicats.**

Aumôniers. — Voir **Laïcisation**

Aveugles. — Voir **Assistance publique.**

Automobiles.

Réglementation de la vitesse et des courses, CH. 28 *juin* 1901 : IV, 235.

B

Baudin.

Cinquantenaire de la mort du représentant Baudin, Paris, 22 *décembre* 1901 : V, 495.

Bonapartistes.

Avertissement au parti bonapartiste, CH. 10 *mars* 1883 : VI, 1.

Le Boulangisme.

LE BOULANGISME ET LES REVISIONISTES, cercle républicain de Lyon, 10 *novembre* 1888 : VI, 120. — L'ESPRIT BOULANGISTE, Blanzac, 14 *novembre* et Angoulême 15 *novembre* 1897 : VI, 405 et 406.

C

Caisses d'épargne.

Commentaire de la circulaire du 4 mai 1883 prescrivant aux préfets de rassurer les déposants effrayés par une campagne de presse alarmiste, CH. 17 *mai* 1883 : VIII, 1.

Carnot. — Lyon, 4 *Novembre* 1900 : V, 490.

Chemins de fer.

RAPPORTS CONTRACTUELS DES COMPAGNIES DE CHEMINS DE FER ET DE LEURS EMPLOYÉS COMMISSIONNÉS, CH. 3 *mars* 1884 : I. 1. — RÉGLEMENTATION DU TRAVAIL ET DES CONDITIONS DE RETRAITE, Fédération professionnelle des mécaniciens et chauffeurs, 25 *juin* 1900 : IV, 99.

Chine (Expédition de).

Demande d'enquête sur le corps expéditionnaire, CH. 1er *juillet* 1901 : V, 430. — Les missions françaises en Chine (leurs droits sur l'indemnité globale versée par le gouvernement chinois ; le protectorat et l'influence française à l'étranger), CH. 19 *et* 25 *novembre* 1901 : V. 433 et 455.

Clergé. — Voir **Associations, Elections, Politique religeuse.**

Collectivisme. — Voir **Individualisme et Socialisme.**

Colonies (politique coloniale).

LA POLITIQUE COLONIALE DE JULES FERRY ET DE SON PARTI, Rive-de-Gier, 26 *octobre* 1896 : VI, 309. — RENFORCEMENT DES EFFECTIFS A MADAGASCAR, CH. 24 *février* 1900 : V, 403. — ARMÉE COLONIALE, DÉFENSE DES COLONIES, CH. 11 *avril* 1900 : II, 36. — LE DRAME DU SOUDAN (meurtre du colonel Klobb), CH. 7 *décembre* 1900 : V, 425. — LA COLONISATION FRANÇAISE ; FRANCIS GARNIER, Société de geographie de Saint-Etienne, 12 *janvier* 1902 : V, 319. — Voir aussi : Reims 24 *octobre* 1897 (administration et armée coloniale) : VI, 387 et Banquet du Commerce et de l'Industrie (la France plus grande), 27 *novembre* 1901 : III, 284.

Congrégations. — Voir **Associations.**

Coopératives.

Les sociétés coopératives ouvrières de production, 23 *juin* 1900 : IV, 334.

Corse.

CHOSES DE CORSE (situation politique et administrative, incidents électoraux ; la coalition des partis extrêmes et la politique républicaine), CH. 5 *juin* 1884 : VIII, 168. — PÉNITENCIER DE CASTELLUCCIO, CH. 20 *janvier* 1902 : V, 300. — SITUATION DE LA CORSE (économique et politique), S. 23 *janvier* 1902 : V, 305.

Coup d'État du 2 décembre 1851.

Indemnités aux victimes, CH. 31 *mars* 1881 : VII, 83.

Courses de taureaux.

Suppression, CH, 8 *juin* 1900 : IV, 232.

Cultes. — Voir **Politique religieuse.**

D

Décentralisation. — Saint-Symphorien, 23 *octobre* 1896 : VI, 257 ; CH. 1er *décembre* 1899, et S. 12 *avril* 1900 : V, 116 et 105.

Démission du cabinet Waldeck-Rousseau.

Lettre de M. Waldeck-Rousseau au Président de la République, 3 *juin* 1902 : V, 500.

Dépopulation.

Natalité et mortalité, S. 22 *novembre* 1901 : IV, 109. — Commission extraparlementaire, séance d'ouverture, 29 *janvier* 1902 : IV, 115.

Dessins licencieux. — CH. 21 *décembre* 1901 : IV, 229.

Dîner celtique. — Réponse à Renan, 9 *mars* 1888 : VIII, 335.

Dissolution.

LA SÉPARATION ANTICIPÉE DES CHAMBRES, Union républicaine, 12 *juin* 1881 : VII, 90. — EXERCICE DU DROIT DE DISSOLUTION (la faculté de dissolution, sauvegarde du suffrage universel, contre-poids aux excès du parlementarisme), Saint-Mandé, 8 *juillet* 1896 : VI, 235, et Saint-Étienne, 2 *janvier* 1897 : VII, 321.

Dreyfus (Affaire).

LES POUVOIRS DE LA COUR DE CASSATION EN MATIÈRE DE REVISION (proposition de loi tendant à préciser et à étendre ces pouvoirs), S. 1er et 5 *décembre* 1898 : V, 202 et suiv. — LA LOI DE DESSAISISSEMENT, S, 28 *février* 1899 : V, 212. — L'AFFAIRE TOMPS, S. 23 *mai* 1900 : V, 237, et CH. 26 *mai* 1900 : III, 117. — Voir aussi : Discours prononcé à la salle Vianey, 21 *avril* 1898 : VI, 418, et **Amnistie.**

E

Élections.

IMMIXTION DU CLERGÉ DANS LES LUTTES ÉLECTORALES, CH. 24 *novembre* 1881 : VII, 98 et 1er *mars* 1901 : III, 234 ; *Circulaire du* 1er *mai* 1902 : IV, 340. — RÔLE DES MAIRES DANS LES ÉLECTIONS, CH. 11 *juin* 1883 : VIII, 45. — LES CANDIDATS INÉLIGIBLES, CH. 17 *février* 1902 : V, 36. — LOIS ÉLECTORALES : Le secret du vote (cabine d'isolement), CH. 23 *décembre* 1901 : V, 41 ; modifications aux circonscriptions électorales, S. 28 *mars* 1902 : V, 48 ; le mandat législatif de six ans ; S. et CH. 28 *mars* 1902 : V, 59 et 63 ; corruption électorale, S. 23 *janvier*, et CH. 29 *mars* 1902 : V, 315 et 65. — PRESSIONS ÉLECTORALES, *circulaire du* 5 *mai* 1902 : V, 59. — Voir aussi **Scrutin de liste** et **Sénat.**

Élection de M. Waldeck-Rousseau au Sénat.

Lettres à ses électeurs. 2 *et* 12 *octobre* 1894 : VI, 142.

Emblèmes. — Voir **Manifestations.**

Enfants abandonnés. — Voir **Assistance publique.**

Enseignement.

Projet de loi sur le stage scolaire, CH. 16 *novembre* 1899, 11 *avril* 1900, et Toulouse 28 *octobre* 1900 : III, 48, 83 et 150, II, 26 et 32. — Abrogation de la loi Falloux (la liberté de l'enseignement conciliée avec les garanties indispensables pour la République), CH. 14 *février* 1902 : III, 271. — Les écoles congréganistes (sous le régime de la loi de 1901), CH. 17 *février* 1902 : IV, 390 et 395 (voir aussi la discussion de la loi de 1901). — La liberté de l'enseignement (interdiction d'enseigner aux congrégations autorisées), S. 20 *novembre* 1903 : VI, 475.

Épandage. — **Épidémie.** — Voir **Hygiène publique.**

Expulsion des membres des familles ayant régné en France. — Union républicaine 19 *janvier* 1883 : VII, 115.

F

Les Femmes françaises et les Vertus civiques : Association des Dames françaises, 18 *novembre* 1892 : VI, 136.

Fonctionnaires.

Obligations des fonctionnaires vis-a-vis du gouvernement. Rôle et devoirs administratifs et politiques des préfets. Circulaires des 24 *novembre* 1881 : V, 70; 24 *juin* 1899 : V, 75; 6 *novembre* 1900 : III, 163, et V, 76. — Devoirs des fonctionnaires de l'administration préfectorale, CH. 5 *juin* 1884 : VIII, 173. — Commentaires de la circulaire du 24 novembre 1881 : Saint-Étienne, 11 *mars* 1895, Saint-Symphorien, 23 *octobre* 1896, et Reims, 24 *octobre* 1897 : VI, 180, 258 et 372. — Attitude que le gouvernement est en droit d'exiger de ses fonctionnaires (les « fiches » du préfet de la Haute-Vienne), S. 2 *juillet et* 7 *novembre* 1901 : VIII, 80 et 89.

Fonds secrets. — CH. 4 *décembre* 1899, 22 *novembre* 1900, 27 *décembre* 1901 : V, 122 et suivantes.

G

De Galliffet (Général).

Démission, CH. 26 *et* 31 *mai* 1900 : III, 117, et V, 282.

Gambetta.

Saint-Étienne, 11 *mars* 1895 : VI, 177; Cérémonie des Jardies, 6 *janvier* 1898 : V, 474.

Grèves.

Le droit de grève; devoirs des préfets; emploi de la troupe. *Circulaire du* 27 *février* 1884 : I, 95.

Grève de Montceau, CH. 19 *mars* 1883 : VII, 207. — Emploi de la force armée (grève d'Anzin), CH. 8 *avril* 1884 : VIII. 159. — Grèves du Doubs et du Haut-Rhin, CH. 23 *novembre* 1899 : I. 100. Grève des maréchaux-ferrants (à Paris), CH. 27 *novembre* 1899 : I, 101. — Grève du Creusot, sentence arbitrale du 7 *octobre* 1899 : I, 340. — Grève des tisseurs de la Loire (neutralité des pouvoirs publics dans les grèves), CH. 11 *janvier* 1900 : IV, 240. — Grève de l'Est et de Saint-Étienne (devoirs du gouvernement dans les grèves; les grèves et les syndicats), CH. 18 *janvier* 1900 : IV. 102. — Grève de la Martinique, CH. 12, 13 *février et* 26 *mars* 1900 : V, 275. — Grève des cochers de Paris (intervention du gouvernement entre patrons et ouvriers), CH. 28 *mai* 1900 : IV, 327. — Grève de Chalon-sur-Saône (les organisations syndicales et les grèves), CH. 15 *juin* 1900 : IV, 242. — Grève de Marseille (progression du nombre des grèves; l'arbitrage), CH. 8 *novembre* 1900 : IV, 260. — Grève de Montceau-les-Mines (devoirs de neutralité du gouvernement; fixation d'un minimum de salaire; la politique du gouvernement et les grèves), CH. 8 *mars* 1901 : IV, 285; (les grévistes et les syndicats jaunes), CH. 21 *novembre* 1901 : IV, 321. — Grève générale des mineurs, voir **Mineurs**.

H

Haute Cour.

La Haute Cour et les élections sénatoriales de 1900, S. 23 *décembre* 1899 : V, 1. — Incidents de procédure; motifs qui ont déterminé le Gouvernement à engager les poursuites; l'apaisement; S. 2 *mars* 1900 : III, 68. — Voir aussi **Amnistie** et **Politique générale**.

Hôpitaux. — Voir Laïcisation.

Humbert (affaire).

Notes sur les origines de cette affaire et sur les poursuites contre la famille Humbert : VI, 493.

Hygiène publique.

Dépopulation (Voir ce mot). — Eaux servant a l'alimentation de Paris; Epandage. CH. 11 *décembre* 1899 et 10 *avril* 1900 : IV, 70 et 75. — Epidémie cholérique (devoirs du Gouvernement et des municipalités; bases d'une nouvelle législation sur la salubrité publique), CH. 2 *août* 1884 : VIII, 201. — Mortalité infantile (moyens de l'enrayer), Paris, 15 *janvier* 1902 : IV, 119. — Peste (mesures pour combattre sa propagation), CH. 26 février 1901 : IV, 82. — Prostitution (surveillance de la prostitution à Paris), CH. 20 *janvier* 1902 : IV, 102. — Santé publique (discussion du projet de loi), S. 11, 20, 24 *décembre* 1900, 21 et 23 *mai* 1901 : IV, 49 et suiv.; (voir aussi plus haut : VIII, 201). — Tuberculose : *Circulaires* : mesures à prendre pour combattre sa propagation dans le service des enfants assistés, 12 *juin* 1901 : IV, 86 ; isolement des malades tuberculeux, 15 *juin* 1901 : IV, 89; moyens pratiques de combattre la tuberculose, 15 *juin* 1901 : IV, 92; prophylaxie de la tuberculose, 23 *octobre* 1901 : IV, 97; les dispensaires antituberculeux, mairie du XVIIIe arrondissement, 19 *janvier* 1902 : IV, 99.

I

Individualisme et protectionisme.

La politique des traités ; le collectivisme n'est autre chose que la protection poussée à ses extrêmes limites : Société d'économie industrielle et commerciale, 3 *juillet* 1896 : VIII, 346.

Internationalisme.

L'internationalisme des révolutionnaires antipatriotes, CH. 19 *mars* 1883 : VII, 207. — Outrages à l'armée, CH. 12 *décembre* 1899 : V. 166. — Interdiction du congrès ouvrier international, CH. 8 *novembre* 1900 : IV, 260. — Excitation des conscrits à la désobéissance (révocation du maire de Bourges), CH. 19 *décembre* 1901 : V, 160. — L'internationalisme « juste et nécessaire des idées, de la raison et du progrès », CH. 28 *février* 1901 : II, 196.

Immunité parlementaire.

Arrestation de M. Marcel Habert, CH. 20 *décembre* 1899 : V, 30.

Impôt sur le revenu.

Présenté par les radicaux comme moyen de rétablir l'égalité entre ceux qui possèdent plus et ceux qui possèdent moins, il est une pure conception socialiste ; l'impôt sur la rente ; programme financier à opposer à celui des partisans de l'impôt global et progressif sur le revenu : Feurs et Montbrison, 24 et 25 *octobre* 1896, Saint-Etienne et Paris 2 et 27 *janvier* 1897, Reims 24 *octobre* 1897 : VI, 270, 296, 318, 328, 381.

Indigents. — Voir Assistance publique.

Interpellation.

Nécessité de modifier la procédure parlementaire en matière d'interpellation, Saint-Symphorien, 23 *octobre* 1896 : VI, 251 ; et Reims, 24 *octobre* 1897 : VI, 387.

J

Journal officiel. — CH. 1er *décembre* 1899 : V, 130.

L

La Fayette.

Inauguration de la statue élevée au Puy, 7 *septembre* 1883 : V, 470.

Laïcisation.

HOPITAUX DE PARIS : Suppression des aumôniers (la liberté de conscience sauvegardée); laïcisation du personnel des surveillantes, S. 29 *mai* et 19 *juin* 1883 : VIII, 5 et 28. — SERVICES PÉNITENTIAIRES : maintien des aumôniers des prisons, CH. 5 *décembre* 1899 et 24 *décembre* 1901 : IV, 364 et 367.

Libre échange et protectionisme.

Chambre syndicale des tissus de Saint-Etienne, 10 *mars* 1885 : VI, 165.

Légion d'honneur.

Proposition de loi tendant à réserver cette décoration à la récompense de faits de guerre, CH. 26 *mars* 1900 : V, 128.

Loi municipale.

RÉVOCATION DES GARDES-CHAMPÊTRES, CH. 27 *février* 1883 : VII, 117. — PUBLICITÉ DES SÉANCES DES CONSEILS MUNICIPAUX (moyen d'éducation politique et administrative des électeurs; le droit pour ceux-ci de choisir leurs représentants implique celui de les voir à l'œuvre), S. 3 et 28 *mars* 1884 : VII, 120 et 123. — POUVOIRS DE POLICE DES MAIRES (substitution en cette matière du préfet au maire dans certains cas déterminés; la loi en discussion est une loi de liberté), S. 6 *mars* 1884 : VII, 131. — ORGANISATION MUNICIPALE DE PARIS (raisons de ne pas appliquer le droit commun à Paris; caractère libéral de la loi), CH. 8 et 10 *novembre* 1883 : VII, 144 et 161. — SYSTÈME ÉLECTORAL MUNICIPAL DE PARIS (supériorité du scrutin de liste de section sur le scrutin uninominal de quartier), S. 3 et 7 *avril* 1884 : VII, 172 et 182.

M

Magistrature. — Voir **Réforme judiciaire.**

Manifestations séditieuses.

PROJET DE LOI (manifestations séditieuses de tous ordres sur la voie publique et appel à la force pour le renversement des institutions républicaines), CH. 11 *février* (économie générale du projet; la loi vient à son heure), et 12 *février* 1884 (manifestations sur la voie publique) : VIII, 107 et 143.

MANIFESTATIONS ; Esplanade des Invalides, CII. 10 *mars* 1883 : VI, 1. — Incidents de Toulouse (la religion et la liberté des spectacles), CH. 4 *juin* 1883 : VI, 20. — Les révolutionnaires au Père-Lachaise, CH. 8 *novembre* 1900 : IV, 263. — EMBLÈMES SÉDITIEUX : Le drapeau rouge à la fête du triomphe de la République, CH. 20 *novembre* 1899 : V. 266. — Les emblèmes aux processions (drapeau national avec emblème religieux), CH. 28 *juin* 1901 : IV, 377.

Marine.

L'AFFAIRE PHILIPP, CH. 5 *mars* 1900 : V, 279.

Mineurs.

CONDITIONS DU TRAVAIL DANS LES MINES; RETRAITES DES MINEURS; MINIMUM DE SALAIRE; LIMITES DE L'INTERVENTION GOUVERNEMENTALE; MENACES DE GRÈVE GÉNÉRALE. CH. 8 *mars* 1901 : IV, 302; lettres au secrétaire général de la Fédération générale des mineurs, 16, 22 et 25 *octobre*, 1901 : IV, 311, 314, 319.

Ministère de l'Intérieur.

TRANSFERT DES SERVICES PÉNITENTIAIRES, au ministère de la Justice, CH. 5 *décembre* 1899 : V, 112. — Réforme administrative, S. 12 *avril* 1900 : V, 105. — Administration du ministère de l'Intérieur. CH. 19 *décembre* 1901, V, 108. — Voir aussi **Décentralisation. Fonds secrets, Laïcisation, Police, Sous-Préfets.**

Mortalité infantile. — Voir **Hygiène publique**.

Mutualité. — Voir **Prévoyance**.

O

Opportunisme (L'). — Voir **Politique générale** (périodes qui se sont écoulées de 1885 à 1899), notamment : Roanne, 15 *novembre* 1895 : VI, 192, et salle Vianey, 15 *juin* 1896 : VI, 213.

P

Paris.

LA QUESTION DU LOGEMENT DU PRÉFET DE LA SEINE A L'HÔTEL DE VILLE, CH. 16 *janvier* 1888 : VI, 98. — LES DROITS DE PARIS (organisation administrative de Paris et du département de la Seine), CH. 21 *dé-*

cembre 1900 : V, 132. — Voir aussi : **Hygiène publique** (Épandage, Eaux), **Loi municipale**, **Police**.

Participation aux bénéfices. — Voir **Associations ouvrières**. — Voir aussi Saint-Mandé 13 *juillet* 1884 (la plus juste rémunération du travail) : I. 330.

Peste. — Voir **Hygiène publique**.

Police.

PRÉFECTURE DE POLICE. Rattachement au ministère de l'Intérieur, CH. 15, 17, 18, 19 *janvier* 1884 : VIII, 53 et suiv. — Histoire du corps des gardiens de la paix de Paris : IV, 204. — Association amicale et de prévoyance de la Préfecture de police (services rendus par les gardiens de la paix pendant la durée du ministère Waldeck-Rousseau), 3 *décembre* 1899, 2 *décembre* 1900, 1er *décembre* 1901 : IV, 209 et suiv.

Politique extérieure.

L'EUROPE ET LA RÉPUBLIQUE FRANÇAISE (l'alliance russe; rôle de la France en Europe à travers l'histoire; confiance que le Gouvernement de la République inspire aux gouvernements monarchiques de l'Europe), Roanne, 22 *octobre* 1896 : VI, 239. — LA FRANCE ET LES NATIONS ÉTRANGÈRES. Banquet des commissaires généraux étrangers à l'Exposition de 1900, 15 *novembre* 1900 : V. 450. — Voir **Protectorat**.

Politique générale.

I. — *Discours prononcés par M. Waldeck-Rousseau durant la période comprise entre son élection à la Chambre et son entrée dans le Cabinet Ferry* (1879 à 1882).

LE TRAVAIL, LEVIER DES DESTINÉES HUMAINES, Cesson, 29 *septembre* 1879 : VII, 1. — LES CONGRÉGATIONS CONTRE LA RÉPUBLIQUE (les élections aux Conseils généraux du 1er août 1880; la politique du parti républicain), Bruz, 6 *septembre* 1880 : VII, 11. — LA RÉVOLUTION FRANÇAISE, Rennes, 14 *juillet* 1881 : VII, 93. — UN PROGRAMME DE GOUVERNEMENT, Union républicaine, 8 *mai* 1882 : VII, 100. — DÉFENSE DU MINISTÈRE GAMBETTA (l'esprit de division et de défiance; l' « autoritarisme » du ministère Gambetta), Rennes, 14 *juillet* 1882 : VII, 104. — DE L'AUTORITÉ (l'union des républicains facile à réaliser s'ils ne cherchent qu'à s'inspirer des volontés du pays; l'autorité, « force légale mise au service des jugements d'un peuple libre »), Saint-Brice, 22 *septembre* 1882 : VII, 110.

II. — *Ministère Ferry* (21 *février* 1883-31 *mars* 1885).

LA RÉPUBLIQUE « GOUVERNEMENT » NÉCESSAIRE (les dissensions politiques et le développement économique du pays; la République ouverte), Angoulême, 13 *mai* 1883 : VI, 6. — LE CATHOLICISME ET LA RÉPUBLIQUE, L'OPPOSITION ANTICONSTITUTIONNELLE, Vannes, 20 *mai* 1883 :

VI, 15. — LA RÉPUBLIQUE GOUVERNEMENT NATIONAL (politique du Cabinet Ferry; l'union et la concorde nécessaires au parti républicain, surtout depuis que, maître du Gouvernement, il s'agit pour lui de fonder; la stabilité gouvernementale; fin des partis monarchiques; la République, Gouvernement qui ne passe pas, éternel comme le droit, comme le peuple), Rennes, 16 *juillet* 1883 : VIII, 47. — LA POLITIQUE DE LA RÉPUBLIQUE (politique rationnelle et nationale); LES PRINCES D'ORLÉANS, Le Puy, 7 *septembre* 1883 : VI, 32. — LA PRESSE D'OPPOSITION (il ne faut pas songer à restreindre la liberté d'écrire, il faut se familiariser avec l'usage de cette liberté comme avec celui de toutes les autres libertés conquises), Bouvron, *septembre* 1883 : VI, 40. — LE GOUVERNEMENT ET L'OPPOSITION INTRANSIGEANTE (la stabilité gouvernementale et la fidélité à un programme nettement défini, conditions indispensables du progrès politique et social; l'opposition n'a de raison d'être qu'autant qu'elle n'est ni intransigeante, ni stérile), Tourcoing, 4 *novembre* 1883 : VI, 47. — LE POUVOIR ET L'OPINION PUBLIQUE (le pouvoir doit s'inspirer des vœux de la majorité du pays; l'union des républicains et l'esprit de méthode; élections municipales de 1884; la revision de la Constitution), Amiens, 1er *juin* 1884 : VI, 58.

III. — *Période comprise entre la chûte du ministère Ferry et l'élection au Sénat de M. Waldeck-Rousseau* (31 *mars* 1885-7 *octobre* 1894).

LA RÉPUBLIQUE AVANT TOUT (« je n'aurai d'ennemis et je ne connaitrai d'adversaires que les adversaires et les ennemis de la République »), Rennes 14 *juillet* 1885 : VI, 68. — LA RÉPUBLIQUE ET LA RÉACTION (les élections législatives de 1885; enseignement qui s'en dégage; la politique de division et de désarmement et la politique d'union et de défense), Dinan 15 *novembre* 1885 : VI, 71 (*erratum* : VIII, 352). — LA POLITIQUE SPÉCULATIVE ET LES RÉFORMES PRATIQUES, Rennes 20 septembre 1886 : VI, 84. — L'ÉVOLUTION DES PARTIS MONARCHIQUES (la politique de ralliement et la nécessité pour les conservateurs de tenir compte de la volonté du pays; le manifeste du comte de Paris), Cesson 19 *septembre* 1887 : VI, 90. — LES LOIS NE VIEILLISSENT PAS, CH. 16 *janvier* 1888 : VI, 88. — DU RESPECT DE LA JUSTICE (affaire du maire de Carcassonne), CH. 2 *juillet* 1888 : VI, 105. — CONTRE LE BOULANGISME ET LES REVISIONISTES (« le héros sans légende »; les réformes qu'attend le pays ne dépendent pas d'une modification à la constitution : l'heure n'est pas venue de reviser la constitution, mais de la défendre contre les ennemis de la République) Cercle républicain de Lyon 18 *novembre* 1888 : VI, 120.

IV. — *Période comprise entre l'élection de M. Waldeck-Rousseau au Sénat et la constitution de son ministère* (7 *octobre* 1894-22 *juin* 1899.)

GOUVERNER C'EST VOULOIR (stérilité des oppositions radicale et socialiste; impuissance des derniers cabinets; le régime parlementaire faussé et violé; les ministères dits de concentration; un gouvernement doit être composé d'hommes qui gouvernent), Lyon, 3 *février* 1895 : VI, 145. — L'IDÉAL RÉPUBLICAIN (fin de l'opposition dynastique; l'unité politique et le ralliment; l'ordre et la liberté), Montbrison, 9 *mars* 1895 : VI, 157. — LE RÔLE DES CHAMBRES ET LE RÔLE DU GOUVERNEMENT (la politique n'est pas un but ni une carrière; la séparation des pouvoirs; la République et le principe gouvernemental; le socialisme), Cercle républicain de Saint-Etienne, 11 *mars* 1895 : VI, 175. — LES TRANSFORMATIONS SOCIALES ET LES GARANTIES DE LA SOCIÉTÉ (le capital et le travail; les réformes sociales; le parti socialiste, le parti radical et les opportunistes; l'utopie socialiste et les principes de 1789 : propriété, liberté individuelle, égalité des citoyens; l'anarchie gouvernementale, ses effets; conseils à la majorité républicaine modérée pour résister à l'oppression de la minorité), Roanne, 15 *novembre* 1895 : VI, 185. — L'ESPRIT DE GOUVERNEMENT ET LE PARTI RADICAL (la politique de surenchères des radicaux, principal obstacle à la réalisation des réformes; le programme du cabinet Bourgeois), Charlieu, 16 *novembre* 1895 : VI, 203. — LES OPPORTUNISTES ET LES RADICAUX (l'impuissance des radicaux prouvée par l'expérience du cabinet Bourgeois; la politique féconde du parti opportuniste), Salle Vianey, 15 *juin* 1896 : VI, 213. — LE SOCIALISME ET L'ETAT. L'EXERCICE DU DROIT DE DISSOLUTION (le progrès des idées socialistes tient à ce que depuis trop longtemps on a eu une fausse conception des devoirs et des pouvoirs de l'Etat, à la vanité des efforts parlementaires, à une déviation persévérante de la pensée constitutionnelle; la faculté de dissolution, sauvegarde du suffrage universel et contrepoids aux excès du parlementarisme), Saint-Mandé, 8 *juillet* 1896 : VI, 223. — L'INSTABILITÉ MINISTÉRIELLE (ses inconvénients; nécessité d'y remédier notamment en modifiant la procédure parlementaire en matière d'interpellation; la décentralisation; ce que devrait être le programme des candidats à la députation), Saint-Symphorien-de-Lay, 23 *octobre* 1896 : VI, 251. — CRITIQUE DE LA THÉORIE COLLECTIVISTE ET DE L'IMPÔT SUR LE REVENU, Feurs, 24 *octobre* 1896 : VI, 261. — LES RÉPUBLICAINS DE GOUVERNEMENT ET LE PROGRAMME RADICAL (ce programme ne se compose que d'emprunts faits aux modérés (lois ouvrières, liberté d'association, etc.), et aux socialistes (impôt sur le revenu envisagé comme moyen de rétablir l'égalité entre ceux qui possèdent plus et ceux qui possèdent moins; le radicalisme n'est donc qu'un mot), Montbrison, 25 *octobre* 1896 : VI, 282. — LA POLITIQUE SOCIALE ET COLONIALE DU PARTI RÉPUBLICAIN GOUVERNEMENTAL (conditions auxquelles sont subordonnées les réformes tendant à améliorer le sort des travailleurs; la politique coloniale de Jules Ferry et de son parti), Rive-de-Gier, 26 *octobre* 1896 : VI, 303. — CONSERVER ET PROGRESSER (services rendus à la République par le Sénat; programme de réformes); réunion des électeurs sénatoriaux de la Loire, Saint-Etienne, 2 *janvier* 1897 : VI, 316. — LE

COMMERCE, L'INDUSTRIE ET LA RÉPUBLIQUE (le socialisme déguisé l'impôt sur le revenu; plan de propagande en vue des élections législatives de 1898; les industriels et les commerçants vivent trop éloignés de la politique), Paris, 27 *février* 1897 : VI, 326. — LA POLITIQUE ET L'INDUSTRIE FRANÇAISE, Société des industriels et commerçants de France, 7 *avril* 1897 : V, 254. — L'ORGANISATION DU PARTI RÉPUBLICAIN (il faut assurer l'unité parlementaire dans l'action comme elle l'a été dans la défense; moyens d'y parvenir Banquet de la *Revue politique*, 18 *juin* 1897 : VI, 360. — LE DÉCLIN DU RADICALISME (le pays a semblé se détacher de ses élus le jour où ceux-ci ont tout subordonné à leur intérêt personnel; rappel à l'application sincère de la constitution (la circulaire de 1881); le radicalisme a perdu jusqu'à la mémoire de son programme; son absorbtion par le socialisme; toutes les réformes sont l'œuvre des modérés, leur programme : lois sociales, problème financier, procédure parlementaire, politique coloniale), Reims, 24 *octobre* 1897 : VI, 369. — LA RÉPUBLIQUE OUVERTE (le bon et le mauvais rallié suivant la formule radicale; la République ne doit pas être fermée aux hommes de bonne foi; il y a place dans la République pour un parti républicain conservateur dont la formation fait un devoir au parti progressiste d'être de plus en plus démocrate et de mettre dans sa politique non seulement de la science, mais encore de l'humanité), Bordeaux, 13 *novembre* 1897 : VI, 391. — L'UNION RÉPUBLICAINE (retenir tout ce qui nous unit en écartant tout ce qui nous divise), Angoulême, 15 *novembre* 1897, VI, 406. — LE GRAND CERCLE RÉPUBLICAIN (but des fondateurs du cercle; la politique est un devoir public, une obligation civique; nécessité d'avoir des « mœurs parlementaires »; la meilleure politique est celle qui consiste à rester inébranlablement attachée aux principes de la Révolution), 22 *mars* 1898 : VI, 411. — LES ÉLECTIONS LÉGISLATIVES DE 1898 (programme électoral et parlementaire; la question religieuse; le parti césarien), Salle Vianey, 21 *avril* 1898 : VI, 418. — LA JEUNESSE ET LA RÉPUBLIQUE, Grand cercle, 6 *juillet* 1898, VI, 443.

V. — *Période comprise entre la constitution du Cabinet présidé par M. Waldeck-Rousseau et sa démission* (22 juin 1899-3 juin 1902).

DÉCLARATION DU GOUVERNEMENT: III, 3. — RÉPONSE A LA PREMIÈRE INTERPELLATION SUR SA POLITIQUE GÉNÉRALE (Appel à l'Union de tous les républicains pour la défense du patrimoine commun; les fonctionnaires, l'armée, le respect des décisions judiciaires), CH., 26 juin 1899 : III, 14. — LA RÉPUBLIQUE VIVRA ! CH., 30 *juin* et 4 *juillet* 1899 : V, 260. — LA DÉFENSE DES INSTITUTIONS (la composition du cabinet: M. Millerand; le péril social et le péril contre-révolutionnaire; la politique et les actes du cabinet, premiers résultats obtenus), CH., 16 *novembre* 1899 : III, 25. — FÊTE « TRIOMPHE DE LA RÉPUBLIQUE », Paris, 19 *novembre* 1899 : V, 263. — LA TACTIQUE DE L'OPPOSITION (les « insolents défits du nationalisme »); CH., 22 *décembre* 1899 : III, 51. — La Politique du cabinet et les républicains de la minorité, CH., 26 *mars* 1900. V, 277. — La Tradition républicaine (la politique du cabinet conforme à celle du vieux parti républicain ; les moines ligueurs et les moines d'affaires ; l'apaisement), CH., 11 *avril* 1900 : III, 78. — L'équivoque nationaliste et le pays (l'apaisement, signification des élections municipales de mai 1900 ; l'affaire Dreyfus ; le programme et la politique du Gouvernement ; M. Ribot et Gambetta), CH., 22 *mai* 1900 : III, 88. — Dernières tentatives d'agitation des nationalistes (l'affaire Tomps ; démission du *général de Galliffet*), CH., 26 et 31 *mai* 1900 : III, 117, et V, 282. — Démission du général Jamont (le parti militariste), CH., 5 *juillet* 1900 : III, 129. — Banquet des Maires, Paris, 22 *septembre* 1900 : V, 292. — La Politique républicaine (résultats obtenus par la politique d'union et de défense républicaine du Gouvernement ; programme d'action, les réformes : associations, stage scolaire, syndicats, etc.), Toulouse, 28 *octobre* 1900 : III, 139. — Réformes politiques, fiscales et sociales nécessaires (dans quel ordre la Chambre doit en aborder l'étude). L'arbitrage obligatoire, CH., 6 *novembre* 1900 : III, 165. — Les calomnies de la presse cléricale et nationaliste, CH., 19 *novembre* 1900 : V, 285. — L'obstruction nationaliste, CH., 21 *décembre* 1900 : V, 290. — Banquet du Commerce et de l'Industrie (les intérêts industriels et commerciaux et la politique intérieure et extérieure), Paris, 21 *novembre* 1901, III, 277. — La défense républicaine, son œuvre ; La tactique des oppositions et l'Union des républicains (bilan de l'œuvre du cabinet ; programme sur lequel doit se faire l'union de tous les républicains aux élections législatives de 1902), Saint-Etienne, 12 *janvier* 1902 : III, 291. — Les Elections législatives et les nationalistes, Presse suburbaine, 21 *février* 1902 : III, 286.

Les groupes parlementaires et le Gouvernement (la pratique du régime républicain consiste pour le Parlement à juger les propositions du Gouvernement et non à délibérer dans les groupes sur ce que le Gouvernement doit faire et à lui dicter ses solutions), CH., Union républicaine (loi d'expulsion des prétendants), 19 janvier 1883 : VIII, 115, et S., Union républicaine (liberté de l'enseignement), 4 novembre 1903 : VI, 472.

Voir aussi **Associations, Bonapartistes, Boulangistes, Enseignements, Grèves, Politique étrangère, Politique religieuse, Politique sociale.**

Politique religieuse.

L'Eglise ouverte a la foi et non a la politique, Montreuil-le-Gust. 6 *octobre* 1879 : VII, 6. — Les congrégations contre la République (Le clergé national et l'armée internationale des congrégations), Bruz, 6 *septembre* 1880 : VII, 11. — Le catholicisme et la République, Vannes, 20 *mai* 1883 : VI, 18. — La religion et la

LIBERTÉ DES SPECTACLES (incidents de Toulouse), CH. 4 *juin* 1883 :
VI, 20. — LE CONCORDAT ET LA QUESTION RELIGIEUSE : Catholicisme et
cléricalisme, le clergé séculier et le clergé régulier, la liberté des
consciences, CH. 16 *novembre* 1899, 11 *avril* 1900 et 21 *janvier* 1900 :
II, 22, 30 et 95 ; réponse à l'allocution de l'archevêque de Toulouse, et discours de Toulouse, 28 *octobre* 1900 : II, 37 ; ingérence
de la Papauté dans les affaires intérieures de l'Etat ; comment doit
être appliqué le Concordat (interpellation sur la lettre de Léon XIII
à l'archevêque de Paris), CH. 14 *janvier* 1901 : II, 49. — TRAITE-
MENTS DES ARCHEVÊQUES, ÉVÊQUES, VICAIRES GÉNÉRAUX ET PAROISSIAUX,
CH. 7 *décembre* 1899 : IV, 342. — LES ÉVÊQUES ET LES ASSOMPTION-
NISTES, lettres des 26 et 30 *janvier* 1900 : IV, 353. — PROJET DE LOI
SUR LES TROUBLES APPORTÉS A L'ORDRE PUBLIC PAR LES MINISTRES DES
CULTES, 12 *février* 1900 : IV, 357. — LES MISSIONS A L'INTÉRIEUR, cir-
culaire du 2 *avril* 1900 : IV, 370. — L'EGLISE ET LES ENTERREMENTS,
CH. 2 *juillet* 1900 : IV, 372. — L'AMNISTIE ET LES CURÉS, CH. 16 *dé-
cembre* 1900 : IV, 361. — ENLÉVEMENTS DE CROIX, CH. 1er *mars* 1901 :
IV, 375. — LES EMBLÈMES AUX PROCESSIONS (drapeau national avec
emblème religieux), CH. 28 *juin* 1901 : IV, 377. — LES ÉVÊCHÉS DE
LA SAVOIE, S. 5 *novembre* 1901 : IV, 351. — SÉPARATION DES ÉGLISES
ET DE L'ÉTAT (raisons de maintenir le régime concordataire), salle
Vianey, 21 *avril* 1898 : VI, 421 ; CH. 7 *décembre* 1899 et 17 *dé-
cembre* 1901 : IV, 337 et III, 242 ; *projet de discours* : VI, 507. —
Voir **Associations**, **Protectorat** et **Laïcisation**.

Presse.

LA LIBERTÉ D'ÉCRIRE, Bouvron, *septembre* 1883 (la presse d'opposition) ; VI, 40 ; Toulouse, 28 *octobre* : III, 147 ; CH. 19 *novembre*
1900 : V, 285. — ASSOCIATIONS DE PRESSE : journalistes républicains,
4 *février* 1900 : V, 465 ; journalistes parlementaires, 11 *mars* 1900 :
V, 465 ; journalistes parisiens, 18 *mars* 1900 ; V, 467.

Prévoyance et mutualité.

PROJET DE LOI SUR LES SOCIÉTÉS DE SECOURS MUTUELS (conditions des
quelles dépend leur développement et auxquelles devrait être subor-
donnée la participation de l'Etat à leur fonctionnement ; la première
c'est qu'elles assurent à leurs membres une pension de retraite) ;
CH. 15 *mars* 1883 : I, 18. — LE PASSÉ ET LE PRÉSENT ; LE SIÈCLE DE LA
MUTUALITÉ (la préoccupation dominante du xixe siècle aura été de
rendre la situation des hommes moins précaire ; le mouvement
mutualiste est né de cette préoccupation qui répond à un devoir
social ; services d'ordre social rendu par la mutualité ; la question
des retraites) ; Saint-Etienne 16 *mai* 1897 : VI, 341. — LES « PRÉ-
VOYANTS DE L'AVENIR » (exposé de la question ; arrêté du 3 *avril*
1900, lettres au Président de la Société et à l'administrateur pro-
visoire IV, 123 et suiv. ; CH. 1er *février*, 22 *octobre* et 10 *décembre* 1901, S. 30 *janvier* 1902 (nouveau statut légal des « Pré-

voyants » et des Sociétés analogues) 151 et suiv. — Association fraternelle des employés et ouvriers des chemins de fer français (services rendus au progrès social par la mutualité), 9 *juin* 1900 et 8 *juin* 1901 : IV, 190 et 192. — Association des voyageurs de commerce, 10 *juillet* 1900 : IV, 202. — La mutualité et les retraites ouvrières; son passé et son avenir (le projet de 1882), banquet d s mutualis'es, 21 *octobre* 1901 : IV, 166. — La » Prévoyance commerciale » (le projet de 1882; l'œuvre de la mutualité; retraites et capitalisation), 23 *février* 1902 : IV, 175. — Ligue nationale de la prévoyance et de la mutualité (la mutualité et l'esprit de solidarité), 26 *février* 1902 : IV, 181. — Union du Commerce et de l'Industrie (la mutualité restera le fait social le plus considérable du xixe siècle; la mutualité et la fraternité), 20 *avril* 1902 : IV, 185.

Prisons. — Voir **Laïcisation, Ministère de l'Intérieur.**

Prostitution. — Voir **Hygiène publique.**

Protectionisme. — Voir **Individualisme, Libre échange.** — Voir aussi Montreuil-le-Gust, 6 *octobre* 1879 : VII, 8.

Protectorat. — Voir : **Associations, Chine** et notamment II, 62, 226, 297, 378, et V, 430, 433.

R

Radicaux. — Voir **Politique générale** notamment : Lyon, 10 *novembre* 1888 (le ministère Floquet et le programme radical), et les discours prononcés durant la période qui s'est écoulée du 7 *octobre* 1894 au 22 *juin* 1899.

Ralliement.

L'Unité politique. — Voir **Politique générale**, notamment Angoulême, 13 *mai* 1883 : VI, 13 ; Cesson, 19 *septembre* 1887 : VI, 90; Montbrison, 9 *mars* 1895 : VI, 160 ; salle Vianey, 15 *juin* 1896 : VI, 218 ; Saint-Etienne, 2 *janvier* 1897 : VI, 323 ; Bordeaux, 13 *novembre* 1897, VI, 391.

Récidivistes.

Projet de loi sur la relégation des récidivistes : Principe de la loi, l'opinion publique unanimement favorable à son vote. CH, 26 *avril* 1883 : VII, 225. — Les condamnations pour crimes et délits politiques, CH. 8 *mai* 1883 : VII, 243. — L'application de la peine de la relégation doit-elle être facultative ou obligatoire pour les tribunaux, CH. 25 *juin* 1883 et S. 9 *février* 1885 : VII, 248 et 334. — L'interdiction de séjour, CH. 28 *juin* 1883 : VII, 253. — La transportation des récidivistes et la colonisation, S. 23 *octobre* 1884 : VII, 256. — Conclusions à tirer des statistiques de la récidive ; effets qu'on est en droit d'attendre de la relégation ; régime des relégués, S. 5 *février* 1885 : VII, 279. — Lieux de transportation ; la relégation, moyen de moralisation ; intérêt de la métropole et des colonies ; les relégués à la Guyane ; prévisions de dépenses, S. 6 *février* 1885 : VII, 303. — Le vagabondage spécial, S. 13 *février* 1885 : VII, 347.

Réforme judiciaire.

L'INAMOVIBILITÉ DE LA MAGISTRATURE (la théorie de l'inamovibilité ; les magistrats de l'Empire et de l'Ordre moral ; suspension de l'inamovibilité), CH. 13 et 20 *novembre* 1880 : VII, 19 et 46. — L'ÉLECTION DES JUGES (la tradition révolutionnaire et républicaine), CH. 26 et 28 *janvier* 1883 : VII, 55 et 73.

Réformes sociales.

Voir la table du premier volume de discours : *Questions sociales* ; voir aussi **Arbitrage**, **Associations ouvrières**, **Coopératives**, **Grèves**, **Mineurs**, **Prévoyance**, **Retraites ouvrières**, **Syndicats** ; voir également au mot **Politique générale**, entre autres, les discours suivants : Rennes, 20 *septembre* 1886 : VI, 84 ; Roanne, 15 *novembre* 1896 : VI, 185 ; Rive-de-Giers, 26 *octobre* 1896 : VI, 303 ; Saint-Étienne, 2 *janvier* 1897 : VI, 323 ; Reims, 24 *octobre* 1897 : VI, 383.

Réservistes. — Voir **Armée** et **Assistance publique**.

Retraites ouvrières.

Le projet de loi des retraites ouvrières et la mutualité : Banquet des mutualistes, 26 *octobre* 1901, VI, 167.

Revision. — Voir **Boulangisme** et **Radicaux**.

S

Santé publique. — Voir **Hygiène publique**.

Scrutin de Liste.

DISCUSSION DU PROJET DE LOI : Les lois naturelles du scrutin d'arrondissement et du scrutin de liste, dangers et inconvénients du premier ; esquisse d'un programme d'union entre tous les républicains dont le scrutin de liste faciliterait la réalisation, CH. 21 *mars* 1885 : VIII, 303. — Bases d'attribution proportionnelle des députés aux départements (nombre des électeurs ou nombre des habitants), CH., 23 *mars* 1885 : VIII, 331. — Voir aussi Rennes, 16 juillet 1885 : VIII, 47.

Sénat.

Loi électorale : Réforme nécessaire, Rennes, 14 *juillet* 1881 : VII, 96. — Les inamovibles, S., 7 *novembre* 1884 : VIII, 217. — L'élection à deux degrés ; nécessité d'une seconde Chambre ; ce qu'elle doit être ; la commune électeur, S., 8 *novembre* 1884 : VIII, 224. — Les délégués sénatoriaux (en quoi leur institution est préférable au système qui ferait de tous les conseillers municipaux des électeurs sénatoriaux), S., 10 *novembre* 1884 ; VIII, 241. — La loi ne doit pas avoir d'effet rétroactif notamment en ce qui concerne les inamovibles ; nécessité d'aboutir, CH., 1er *décembre* 1884 : VIII, 254. — Election du Sénat au suffrage universel direct ; conception inconciliable avec le système des deux Chambres, CH. 2 *décembre* 1884 : VIII, 273. — Nombre et répartition des délégués sénatoriaux, S., 8 *décembre* 1884 : VIII, 297. — Services rendus a la République par le Sénat, Saint-Étienne, 2 *janvier* 1897 : VI, 316. — Date de l'expiration du mandat des sénateurs et des élections pour le renouvellement triennal, S., 23 *décembre* 1899 : V, 1. — Le Budget et les prérogatives du Sénat, S. 29 et 30 *décembre* 1900, 27 *mars* 1902 : V, 19 et 26.

Séparation des Églises et de l'État. — Voir **Politique religieuse**.

Sinistrés (secours aux). — Voir **Assistance publique**.

Socialisme.

Voir **Politique générale**, notamment : Saint-Étienne, 11 *mars* 1895 (les théories socialistes) : VI, 175 ; Roanne, 15 *novembre* 1895 (l'opposition socialiste, son programme) : VI, 192, 195 ; Saint-Mandé, 8 *juillet* 1896 (le socialisme et l'État) : VI, 223 ; Feurs, 24 *octobre* 1896 (critique de la théorie collectiviste) : VI, 261 ; Rive-de-Gier, 26 *octobre* 1896 (l'amélioration de la condition des ouvriers inconciliable avec les théories collectivistes) : VI, 306 ; Paris, 27 *janvier* 1897 (le socialisme financier : impôt sur le revenu) : VI, 328 ; CH., 16 *novembre* 1899 (la présence d'un socialiste parmi les membres du Gouvernement : M. Millerand) : III, 25. — Voir également CH., 4 *février* 1901 (le droit de propriété) : II, 159.

Sous-préfets.

Comment on devrait comprendre leur rôle et leurs fonctions, Saint-Symphorien, 23 *octobre* 1896 : VI, 258. — Leur utilité, raisons de conserver ces fonctionnaires, CH., 1er *décembre* 1899 : V, 116.

Spuller (Eugène).

Discours prononcé aux funérailles de Spuller, 25 *juillet* 1896 : V, 479. — Inauguration du monument, 12 *juin* 1901 : V, 483.

Stage scolaire. — Voir **Enseignement**.

Successions.

Régime fiscal, S. 17 janvier 1901 : IV, 220.

Syndicats professionnels.

Loi du 21 mars 1884.

Principe de la loi; abrogation de l'article 416 C. pén.; le droit de coalition et le droit d'association (art. 1er), S. 28 *janvier* 1884 : I, 182. Les Unions et fédérations de syndicats et l'ordre public (art. 5), S. 29 *janvier* 1884 : I, 211. Les syndicats et la politique ; les syndicats et la question économique ; la liberté dans la loi doit être la base de l'organisation légale du travail; S. 1er *février* 1884 : I, 237. Le droit à la liberté d'association pour les syndicats ouvriers ; S, 2 *février* 1884 : I, 286. — Circulaire aux préfets (commentaire de la loi), 25 *août* 1884 : I, 303. — Banquet des Chambres syndicales (bénéfices certains que les ouvriers peuvent tirer de la liberté d'associations; quel doit être le but des syndicats ouvriers ; la loi de 1884 sainement comprise doit aider les travailleurs à franchir l'étape qui sépare le prolétariat de la détention du premier capital), Saint-Mandé, 13 *juillet* 1884 : I, 319. — Banquet de la Fédération des mécaniciens et chauffeurs (la loi de 1884, chartre de liberté des associations de travailleurs), Paris, 25 *juin* 1900 : IV, 199.

Les devoirs de solidarité entre patrons et ouvriers, Chambres syndicales patronales de la Seine, 21 *décembre* 1884 : VIII, 341. — Les grèves et les syndicats, Ch. 18 *janvier* 1900 : I, 128; 15 *juin* 1900 : IV, 258; 8 *mars* 1901 : IV, 302. — Intervention du gouvernement dans les rapports entre les organisations syndicales et les patrons (à quoi elle doit se limiter), Ch. 20 *mai* 1900 : IV, 327. Les syndicats jaunes (la protection due par le gouvernement à tous les travailleurs ne lui permet pas de distinguer entre syndicats régulièrement constitués) Ch. 21 *novembre* 1901 : IV, 320. — Les groupements professionnels : IV, 330.

Extension de la capacité des syndicats : Commission extra-parlementaire des associations ouvrières (il faut étendre la capacité des syndicats, afin de leur permettre de soumissionner des travaux [1]), 16 *janvier* 1885 : I. 161. — Capacité industrielle et commerciale; rapports du capital et du travail, Reims, 24 *octobre* 1897 : VI, 369. — Conférence de Roubaix : Il faut que le capital travaille et que le travail possède (historique de la loi de 1884; il faut l'élargir afin de faciliter l'accession du travail à la propriété; les résultats donnés par la grève comparés à ceux obtenus par l'association : les associations de production), 30 *avril* 1898 : VI, 427. — Projet de loi étendant la capacité des

---

1. Voir également le discours du 13 juillet 1884 répertorié plus haut (banquet des Chambres syndicales).

SYNDICATS ET MODIFIANT OU COMPLÉTANT LES SANCTIONS DE LA LOI DE 1884 : 14 *novembre* 1899 : I, 349.

T

Travail et capital. — Voir **Politique sociale** et les renvois. — Il faut que le capital travaille et que le travail possède, Roubaix 30 *avril* 1898 : VI, 427 et Paris 4 *février* 1900 : I, 374.

Tuberculose. — Voir **Hygiène publique**.

U

Union des républicains. — Voir **Politique générale** et en particulier les discours rapportés aux pages suivantes : II¹, 14 ; V, 277 ; VI, 6, 58, 68, 71, 120, 360, 406 ; VII, 100, 104, 110 ; VIII, 47, 303.

V

Vagabondage. — Ch. 5 *décembre* 1899 : IV, 14.

Les Vertus civiques et les Femmes françaises. Association des Dames françaises, 18 *novembre* 1892 : VI, 130.

Vieillards. — Voir **Assistance**.

TABLE GÉNÉRALE

DES HUIT VOLUMES

DE DISCOURS DE M. WALDECK-ROUSSEAU

QUESTIONS SOCIALES

	Pages.
INTRODUCTION	1
LES EMPLOYÉS DES COMPAGNIES DE CHEMINS DE FER	4
Discours à la Chambre, le 3 mars 1881	4
SOCIÉTÉS DE SECOURS MUTUELS	18
Discours à la Chambre, le 15 mars 1883	18
LA PROTECTION DES ENFANTS ABANDONNÉS	44
Discours au Sénat, le 10 mai 1883	44
LE CHOMAGE. ROLE DE L'ETAT	65
Discours à la Chambre, le 20 novembre 1884	66
Discours à la Chambre, le 5 février 1885	78
LES GRÈVES	95
Circulaire aux Préfets, le 27 février 1884	95
Discours à la Chambre, le 23 novembre 1899	100
Discours à la Chambre, le 27 novembre 1899	101
Discours à la Chambre, le 18 janvier 1900	102
LES ASSOCIATIONS OUVRIÈRES	131
Discours à la Commission extra-parlementaire, le 16 avril 1883	132
Discours à la Commission extra-parlementaire, le 16 janvier 1885	152
Circulaire aux Préfets, le 16 septembre 1899	178

	Pages.
Les syndicats professionnels	181
Discours au Sénat, le 28 janvier 1884	182
Discours au Sénat, le 29 janvier 1884	211
Discours au Sénat, le 1er février 1884	237
Discours au Sénat, le 2 février 1884	286
Circulaire aux Préfets, le 25 août 1884	303
Banquet des Chambres syndicales, le 13 juillet 1884	319
Arbitrage entre patrons et ouvriers	340
Sentence arbitrale dans la grève du Creusot, le 8 octobre 1899	341
Extension de la capacité des syndicats	349
Travail et capital : le progrès social	364
Banquet des Associations ouvrières de production, le 4 février 1900	367

ASSOCIATIONS ET CONGRÉGATIONS

Introduction	i
Proposition de loi Dufaure	1
Discours au Sénat, le 6 mars 1883	1
La France et les congrégations	22
Catholicisme et cléricalisme. Discours à la Chambre des députés, le 16 novembre 1899	22
La République et les moines. Discours à la Chambre, le 11 avril 1900	28
La jeunesse française et les congrégations. Discours prononcé à Toulouse, le 28 octobre 1900	37
L'exécution des lois et décrets contre les congrégations. Discours à la Chambre, le 16 novembre 1900	43
Le Vatican et les congrégations. Discours à la Chambre, le 14 janvier 1901	48
Projet de loi Waldeck-Rousseau	62

CHAMBRE DES DÉPUTÉS

Contrat d'association. Séance du 21 janvier 1901	62
— — Séances des 24 et 29 janvier	122
Définition de l'association. Séance du 31 janvier	127
Nécessité d'une déclaration pour les associations. Séance du 4 février	145

	Pages.
Les associations illicites. Séance du 4 février.	152
Les associations et le droit de propriété. Séance du 4 février.	159
Les associations et la personnalité civile. Séance du 6 février 1901.	166
Les biens des associations dissoutes. Séance du 25 février.	177
Les associations et les étrangers. Séances des 26, 28 février et 7 mars.	188
La suppression des congrégations. Séance du 12 mars.	217
Les congrégations religieuses. Séances des 14, 18 et 19 mars.	221
L'enseignement public et les congrégations. Séance du 25 mars.	251
La liquidation des biens des congrégations dissoutes. Séances des 27 et 28 mars.	264

SÉNAT

Contrat d'association. Séance du 13 juin	297
Les étrangers dans les congrégations. Séance du 15 juin.	334
Les associations et la personnalité civile. Séance du 17 juin.	344
Les congrégations et l'autorisation. Séance du 20 juin.	358
Les donations et les associations. Séance du 22 juin	392
Le délai d'autorisation. Séance du 22 juin.	404
De la pénalité des délits. Séance du 22 juin.	409

CHAMBRE DES DÉPUTÉS

Vote définitif de la loi. Séance du 28 juin.	417

APPENDICE

Texte de la loi relative au contrat d'association.	439

LA DÉFENSE RÉPUBLICAINE

INTRODUCTION.	I
LA CONSTITUTION DU CABINET DU 22 JUIN 1899. L'UNION DE TOUS LES RÉPUBLICAINS, POUR LA DÉFENSE DU PATRIMOINE COMMUN.	1
Déclaration du Gouvernement.	3
Lecture de la déclaration du Gouvernement. Chambre des députés, séance du 26 juin 1899.	6
Réponse à l'interpellation sur la politique générale du Gouvernement. Chambre des députés, séance du 26 juin 1899.	14

Pages.

La défense des institutions. Programme d'action. Chambre des députés, séance du 16 novembre 1899. 25

La tactique de l'opposition. Chambre des députés, séance du 22 décembre 1899 51

La Haute Cour. Chambre des députés, séance du 2 mars 1900. 68

La politique du cabinet et l'armée. Chambre des députés, séance du 16 février 1900 71

La tradition républicaine. Chambre des députés, séance du 11 avril 1900 78

L'équivoque nationaliste et le pays. L'apaisement. Chambre des députés, séance du 22 mai 1900 88

Dernières tentatives d'agitation des nationalistes. Chambre des députés, séance du 26 mai 1900 117

La démission du général Jamont. Sénat, séance du 5 juillet 1900 129

La politique républicaine. Discours prononcé à Toulouse, le 28 octobre 1900. 138

Obligations des fonctionnaires envers le Gouvernement. Circulaire aux Préfets 163

Réformes politiques, fiscales et sociales, immédiates et nécessaires. L'arbitrage obligatoire. Chambre des députés, séance du 6 novembre 1900. 165

L'amnistie. Sénat, séance du 2 juin 1900. 180

— Sénat, séance du 23 novembre 1900. 195

— Chambre des députés, séances des 6, 13, 17 et 18 décembre 1900. 204

— Sénat, séance du 24 décembre 1900. 229

L'immixtion du clergé dans les luttes électorales. Chambre des députés, séance du 1er mars 1901 234

La séparation des Églises et de l'État. La sécularisation des membres des congrégations dissoutes. Chambre des députés, séance du 17 décembre 1901 242

L'abrogation de la loi Falloux. Chambre des députés, séance du 14 février 1902. 271

Banquet du commerce et de l'industrie (27 novembre 1901). . 277

Les élections législatives et les nationalistes. Discours prononcé au banquet annuel du Syndicat de la presse suburbaine, le 28 février 1902. 286

La défense républicaine, son œuvre ; la tactique des oppositions et l'union des républicains. Discours de Saint-Étienne, 12 janvier 1902. 291

ACTION RÉPUBLICAINE ET SOCIALE

Introduction i

I. — ASSISTANCE PUBLIQUE

La protection des enfants abandonnés 1
    Discours à la Chambre, 30 novembre 1899 2
Le vagabondage 14
    Chambre, 5 décembre 1899.
Secours aux vieillards 16
    Sénat, 3 avril 1900.
Secours aux indigents 19
    Chambre, 10 avril 1900.
Secours aux familles nécessiteuses des réservistes 26
    Chambre, 4 décembre 1899. Sénat, 12 avril 1900.
Secours aux victimes des sinistrés 35
    Chambre, 20 mars 1900.
Les aveugles 39
    Séances annuelles de la Société d'assistance pour les aveugles, 19 juin 1898 et 9 mai 1899 39
    Chambre, 24 décembre 1901 47

II. — HYGIÈNE PUBLIQUE

La santé publique 49
    Sénat, 11, 20 et 24 décembre 1900, 21 et 23 mai 1901.
Les eaux de Paris. L'épandage 70
    Chambre, 11 décembre 1899 et 10 avril 1900.
Mesures contre la peste 82
    Chambre, 26 février 1901.
La tuberculose 86
    Circulaire aux Préfets, 12 juin, 15 juin et 23 octobre 1901.
    Les dispensaires antituberculeux 99
La prostitution 102
    Chambre, 20 janvier 1902.
La dépopulation 169
    Sénat, 22 novembre 1901.
    Commission de la dépopulation, 29 janvier 1902.

	Pages.
La mortalité infantile	119

Ligue contre la mortalité infantile, 15 janvier 1902.

III. — PRÉVOYANCE. MUTUALITÉ.

Les « Prévoyants de l'avenir »	123
Lettres au président de la Société, année 1900. Chambre, 1ᵉʳ février et 22 octobre 1901	132
Sénat, 30 janvier 1902	153
Sociétés de prévoyance et de secours mutuels	165
Banquet des mutualistes	166
La Prévoyance commerciale	175
Ligue nationale de la Prévoyance et de la Mutualité	181
L'Union du Commerce et de l'Industrie	185
Les employés des chemins de fer	190
Fédération des mécaniciens	199
Les voyageurs de commerce	202

IV. — LA POLICE

« Histoire du corps des gardiens de la paix »	204
Association amicale et de prévoyance de la préfecture de police	209

V. — QUESTIONS DIVERSES

Le régime fiscal des successions	220
Sénat, 17 janvier 1901.	
Les dessins licencieux	229
Chambre, 24 décembre 1901.	
Sur la suppression des courses de taureaux	232
Chambre, 8 juin 1900.	
Sur la vitesse des voitures automobiles	235
Chambre, 28 juin 1901.	

VI. — GRÈVES. SYNDICATS. COOPÉRATIVES.

Neutralité des pouvoirs publics dans une grève	240
Chambre, 11 janvier 1900.	
La grève de Chalon-sur-Saone	242
Chambre, 13 juin 1900.	
Les grèves de Marseille	260
Chambre, 8 novembre 1900.	

Pages.

Les grèves de Montceau-les-Mines. 285
    Chambre, 8 mars 1901.
Les revendications des ouvriers mineurs. La grève générale. 311
    Première lettre de M. Waldeck-Rousseau à la Fédération. 312
    Chambre, 22 octobre 1901 314
    Seconde lettre de M. Waldeck-Rousseau. 319
Les grévistes de Montceau-les-Mines et les syndicats « jaunes ». 320
    Chambre, 21 novembre 1901.
De l'intervention du Gouvernement entre patrons et ouvriers. 327
    Chambre, 28 mai 1900.
Les groupements professionnels 330
    Préface d'un ouvrage sur le « Fédéralisme économique ».
Les Sociétés coopératives ouvrières de production. 334
    Inauguration de la salle des Fêtes du ministère de l'Intérieur, 23 juin 1900.

VII. — LES CULTES

La séparation des Églises et de l'État 337
    Chambre, 7 décembre 1899.
Le clergé et les élections 340
    Circulaire aux Préfets, 1er mai 1902.
Traitement des archevêques et des évêques 342
    Chambre, 7 décembre 1899.
Les évêchés de la Savoie. 351
    Sénat, 5 novembre 1901.
Les évêques et les assomptionnistes. 353
    Projet de loi sur les troubles apportés à l'ordre public par les ministres des cultes 359
L'amnistie et les curés. 361
    Chambre, 16 décembre 1900.
Les aumoniers dans les prisons 364
    Chambre, 5 décembre 1899 et 24 décembre 1901.
Les missions a l'intérieur. 371
    Circulaire aux évêques, 2 avril 1900.
L'Église et les enterrements 372
    Chambre, 2 juillet 1900.

	Pages.
Les enlèvements de croix	375
Chambre, 1er mars 1901.	
Les emblèmes aux processions	377
Chambre, 28 juin 1901.	
Les sécularisations	384
Circulaire aux préfets, 14 novembre 1901.	
L'administration et les congrégations	387
Chambre, 19 décembre 1901.	
Les écoles congréganistes	390
Circulaires aux préfets, 5 décembre 1901 et 8 février 1902.	
Chambre, 17 février 1902	395

POLITIQUE FRANÇAISE ET ÉTRANGÈRE

Introduction	I

I. — QUESTIONS CONSTITUTIONNELLES ET ÉLECTORALES

Les Élections sénatoriales et la Haute-Cour	1
Sénat, 23 décembre 1899.	
Le budget et les prérogatives du Sénat	19
Sénat, 29 et 30 décembre 1900, 27 mars 1902.	
L'immunité parlementaire	30
Chambre, 20 décembre 1899.	
Les candidats inéligibles	36
Chambre, 17 février 1902.	
Le secret du vote	41
Chambre, 23 décembre 1901.	
Les circonscriptions électorales. Le mandat de six ans	48
Sénat, 28 mars 1902, Chambre. idem.	
La corruption électorale	65
Chambre, 29 mars 1902.	
Pressions électorales	69
Circulaire aux préfets, 5 mai 1902.	

II. — ADMINISTRATION CENTRALE ET DÉPARTEMENTALE

Les fonctionnaires et la République............................ 70
   Circulaires aux préfets, 24 novembre 1881, 24 juin 1899 et 6 novembre 1900.
     Chambre, 11 mars 1901............................ 77
     Sénat, 2 juillet et 7 novembre 1901............................ 80
La réforme administrative............................ 103
   Sénat, 12 avril 1900.
L'administration du ministère de l'Intérieur............................ 108
   Chambre, 19 décembre 1901.
L'administration pénitentiaire............................ 112
   Chambre, 5 décembre 1899.
La suppression des sous-préfets............................ 116
   Chambre, 1er décembre 1899.
Les fonds secrets. La Sureté générale............................ 122
   Chambre, 4 décembre 1899, 23 novembre 1900 et 24 décembre 1901.
La Légion d'honneur............................ 128
   Chambre, 26 mars 1900.
Le « Journal officiel »............................ 130
   Chambre, 1er décembre 1899.
Les droits de Paris............................ 132
   Chambre, 21 décembre 1900.
Rébellion d'une commune a la loi............................ 153
   Sénat, 19 juin 1900.
Les irrégularités financières d'un maire............................ 156
   Chambre, 7 février 1902.
Sur la révocation du maire de Bourges............................ 160
   Chambre, 19 décembre 1901.

III. — QUESTIONS MILITAIRES

Le Gouvernement et l'armée............................ 166
   Chambre, 12 décembre 1899.
Sur la suppression des attachés militaires............................ 170
   Chambre, 19 février 1900.

                                                                    Pages.
SUR LA SUPPRESSION DES 13 ET DES 28 JOURS. 172
   Chambre, 22 février 1900. Sénat, 1er mars 1900 et 29 mars 1902.
LE SERVICE DE DEUX ANS 184
   Chambre, 24 février 1902.
SUR LA RÉFORME DES CODES DE JUSTICE MILITAIRE. 196
   Chambre, 27 février 1902.
LES OUVRIERS MILITAIRES 198
   Chambre, 22 février 1900.

IV. — L'AFFAIRE DREYFUS

LES POUVOIRS DE LA COUR DE CASSATION EN MATIÈRE DE REVISION.   202
   Sénat, 1er et 5 décembre 1898.
LA LOI DE DESSAISISSEMENT 212
   Sénat, 28 février 1899.
L'AFFAIRE TOMPS 237
   Sénat, 25 mai 1900.

V. — POLITIQUE INTÉRIEURE

LA POLITIQUE ET L'INDUSTRIE FRANÇAISE 256
   Société des industriels et des commerçants de France, le 7 avril 1897.
LA RÉPUBLIQUE VIVRA ! 260
   Chambre, 30 juin et 4 juillet 1899.
LE « TRIOMPHE DE LA RÉPUBLIQUE » 263
   Hôtel de Ville de Paris, 19 novembre 1899.
LE DRAPEAU ROUGE 266
   Chambre, 20 novembre 1899.
LE PROCÈS DES ASSOMPTIONNISTES 271
   Chambre, 24 janvier 1900.
LES GRÈVES ET LA POLITIQUE 275
   Chambre, 12 et 13 février 1900, 26 mars 1900.
L'AFFAIRE PHILIPP 279
   Chambre, 5 mars 1900.
LA DÉMISSION DU GÉNÉRAL DE GALLIFET 282
   Chambre, 31 mai 1900.

TABLE GÉNÉRALE 387

Pages.

Les calomnies de la presse cléricale et nationaliste 285
  Chambre, 19 novembre 1900.
L'obstruction nationaliste. 290
  Chambre, 21 décembre 1900.
Le banquet des maires. Les maires de la Loire. 292
  22 septembre 1900, 11 janvier 1902.

VI. — LA CORSE

Le pénitencier de Castelluccio 300
  Chambre, 20 janvier 1902.
La situation de la Corse 305
  Sénat, 23 janvier 1902.

VII. — POLITIQUE COLONIALE ET ÉTRANGÈRE

La colonisation française. Francis Garnier 319
  Banquet de Saint-Étienne, 12 janvier 1902.
  L'Algérie. 324
  Chambre, 23 décembre 1883; Sénat, 3 avril 1901.
  Chambre, 31 mai et 14 juin 1901.
Le renforcement des effectifs a Madagascar. 403
  Chambre, 24 février 1900.
Le sud-algérien. 410
  Chambre, 2 juillet 1900.
Le drame du Soudan 425
  Chambre, 7 décembre 1900.
L'expédition de Chine 430
  Chambre, 1er juillet, 19, 21 et 25 novembre 1901.
La France et les nations étrangères 459
  Banquet des Commissaires généraux de l'Exposition, 15 novembre 1900.

VIII. — LA PRESSE

Les journalistes républicains. Hommage a M. Ranc. 462
  Banquet du 4 février 1900.
Les journalistes parlementaires. 465
  Banquet du 11 mars 1900.

TABLE GÉNÉRALE

Pages.

Les journalistes parisiens.................... 467
   Banquet du 18 mars 1900.

IX. — FIGURES RÉPUBLICAINES

La Fayette.................................. 470
Gambetta................................... 474
Spuller.................................... 479
Carnot..................................... 490
Baudin..................................... 495

X. — DÉMISSION DE M. WALDECK-ROUSSEAU

Lettre a M. le Président de la République.......... 500
   3 juin 1902.

POUR LA RÉPUBLIQUE

(1883-1903)

Introduction.................................
Avertissement au parti bonapartiste.
   Chambre des députés, séance du 10 mars 1883........ 1
Nécessité pour la République d'être un Gouvernement.
   Angoulême, 13 mai 1883..................... 6
Le catholicisme et la République.
   Vannes, 20 mai 1883....................... 15
De la religion et de la liberté des spectacles.
   Chambre, séance du 4 juin 1883................ 20
Politique nationale de la République. Les princes d'Orléans.
   Le Puy, 7 septembre 1883.................... 32
La presse d'opposition.
   Bouvron, septembre 1883.................... 40
Le Gouvernement et l'opposition intransigeante.
   Tourcoing, 4 novembre 1883.................. 47
Le pouvoir et l'opinion publique.
   Amiens, 1er juin 1884..................... 58

TABLE GÉNÉRALE

Pages.

La République avant tout.
Rennes, 14 juillet 1883 68
La République et la réaction.
Dinan, 15 novembre 1885 71
La politique spéculative et les réformes pratiques.
Saint-Erblon, 20 septembre 1886 84
L'évolution des partis monarchiques.
Cesson, 19 septembre 1887 90
Les lois ne vieillissent pas.
Chambre, séance du 16 janvier 1888 98
Du respect de la justice.
Chambre, séance du 2 juillet 1888 105
Contre le boulangisme et les revisionnistes.
Lyon, 10 novembre 1888 120
Les vertus civiques et les femmes françaises.
Paris, 10 novembre 1892 136
Lettres aux électeurs sénatoriaux de la Loire.
2 et 12 octobre 1894 142
Gouverner, c'est vouloir.
Lyon, 3 février 1895 145
L'idéal républicain.
Montbrison, 9 mars 1895 157
Le libre-échange et le protectionnisme.
Saint-Étienne, 10 mars 1895 165
Le rôle des Chambres et le rôle du Gouvernement.
Saint-Étienne, 11 mars 1895 175
Les transformations sociales et les garanties de la Société.
Roanne, 15 novembre 1895 185
L'esprit de gouvernement et le parti radical.
Charlieu, 16 novembre 1895 203
Les opportunistes et les radicaux.
Paris, 15 juin 1896 213
Le socialisme et l'État.
Saint-Mandé, 8 juillet 1896 223
L'Europe et la République française.
Roanne, 22 octobre 1896 238

Pages.

L'INSTABILITÉ MINISTÉRIELLE.
Saint-Symphorien-de-Lay, 23 octobre 1896 251

CRITIQUE DE LA THÉORIE COLLECTIVISTE ET DE L'IMPOT SUR LE REVENU.
Feurs, 24 octobre 1896 261

LES RÉPUBLICAINS DE GOUVERNEMENT ET LE PROGRAMME RADICAL.
Montbrison, 25 octobre 1896 282

LA POLITIQUE SOCIALE ET COLONIALE DU PARTI RÉPUBLICAIN GOUVERNEMENTAL.
Rive-de-Gier, 26 octobre 1896 303

CONSERVER ET PROGRESSER.
Saint-Étienne, 2 janvier 1897 316

LE COMMERCE, L'INDUSTRIE ET LA RÉPUBLIQUE.
Paris, 24 février 1897 326

LE PASSÉ ET LE PRÉSENT : LE SIÈCLE DE LA MUTUALITÉ.
Saint-Étienne, 16 mai 1897 341

L'ORGANISATION DU PARTI RÉPUBLICAIN.
Paris, 18 juin 1897 360

LE DÉCLIN DU RADICALISME.
Reims, 24 octobre 1897 369

LA RÉPUBLIQUE OUVERTE.
Bordeaux, 13 novembre 1897 391

L'UNION RÉPUBLICAINE.
Angoulême, 15 novembre 1897 405

LE GRAND CERCLE RÉPUBLICAIN.
Paris, 22 mars 1898 411

LES ÉLECTIONS LÉGISLATIVES DE 1898.
Paris, 21 avril 1898 418

LES SYNDICATS PROFESSIONNELS.
Roubaix, 30 avril 1898 427

LA JEUNESSE ET LA RÉPUBLIQUE.
Paris, 6 juillet 1898 443

COMMENTAIRE DE LA LOI DE 1901 SUR LES CONGRÉGATIONS.
Sénat, séance du 27 juin 1903 449

LES GROUPES PARLEMENTAIRES ET LE GOUVERNEMENT.
Sénat, groupe de l'Union républicaine, 4 novembre 1903 . . 472

Pages.

La liberté d'enseignement.
   Sénat, séance du 20 novembre 1903. 475

ANNEXES

   I. — M. Waldeck-Rousseau et l'affaire Humbert. 493
   II. — Projet de discours contre la séparation des Églises et de l'État. 507
   III. — Déclaration devant le premier bureau du Sénat . . 516

L'ÉTAT ET LA LIBERTÉ

(Première série, 1879-1883).

Introduction 1
Le travail, levier des destinées humaines.
   Cesson, 29 septembre 1879. 1
L'Église ouverte a la foi et non a la politique
   Montreuil-le-Gust, 6 octobre 1879. 6
Les congrégations contre la République.
   Bruz, 6 septembre 1880. 11
La réforme judiciaire.
   Chambre des députés, séances des 13 et 20 novembre 1880. 19
   Chambre, séances des 26 et 28 janvier 1883. 55
Indemnités accordées aux victimes du Coup d'État du 2 décembre 1851.
   Chambre, 31 mars 1881 83
Sur la séparation anticipée des Chambres.
   Union républicaine, 12 juin 1881 90
La Révolution française.
   Rennes, 14 juillet 1881 93
Le clergé et les élections.
   Chambre, 24 novembre 1881. 98
Un programme de gouvernement.
   Union républicaine, 8 mai 1882 100
Défense de la politique du ministère Gambetta.
   Rennes, 14 juillet 1882 104

DE L'AUTORITÉ.
    Saint-Brice, 22 septembre 1882 110
LOI D'EXPULSION.
    Union républicaine, 19 janvier 1883 115
LA LOI MUNICIPALE.
    Révocation des gardes-champêtres. Chambre, 27 février 1883. 117
    Publicité des séances des conseils municipaux. Sénat, 3 et 28 mars 1884. 120
    Pouvoirs de police des maires. Sénat, 6 mars 1884. . . . 131
    Organisation municipale de Paris. Chambre, 8 et 10 novembre 1883. 144
    Sénat, 3 et 7 avril 1884. 172
PROPOSITIONS D'AMNISTIE.
    Chambre, 19 mars et 9 juillet 1883, 12 juillet 1884 207
LA LOI SUR LES RÉCIDIVISTES.
    Chambre, 26 avril, 8 mai, 25 et 28 juin 1883. 225
    Sénat, 23 octobre 1884, 5, 6, 9 et 13 février 1885 256

L'ÉTAT ET LA LIBERTÉ

(Seconde série, 1883-1885).

SUR LES CAISSES D'ÉPARGNE.
    Chambre, 17 mai 1883. 1
LA SUPPRESSION DES AUMONIERS DANS LES HOPITAUX DE PARIS.
    Sénat, 29 mai et 29 juin 1883 5
DU ROLE DES MAIRES DANS LES ÉLECTIONS.
    Chambre, 11 juin 1883 45
LA RÉPUBLIQUE, GOUVERNEMENT NATIONAL.
    Rennes, 16 juillet 1883 47
RATTACHEMENT AU BUDGET DE L'ETAT DES DÉPENSES DE LA PRÉFECTURE DE POLICE.
    Chambre, 15, 17, 18 et 19 janvier 1884. 53
LES MANIFESTATIONS SÉDITIEUSES.
    Chambre, 11 et 12 février 1884 107
LA FORCE ARMÉE DANS UNE GRÈVE.
    Chambre, 8 avril 1884. 159

TABLE GÉNÉRALE

Pages.

CHOSES DE CORSE.
  Chambre, 5 juin 1884. 168
DEVOIRS DU GOUVERNEMENT ET DES MUNICIPALITÉS EN CAS D'ÉPI-
DÉMIE CHOLÉRIQUE.
  Chambre, 2 août 1884. 201
LOI ÉLECTORALE DU SÉNAT.
  Sénat, 7, 8 et 10 novembre 1884. Chambre, 1 et 2 décembre 1884. Sénat, 8 décembre 1884 217
LE SCRUTIN DE LISTE.
  Chambre, 21 et 23 mars 1885 303

ANNEXES

I. — RENAN ET M. WALDECK-ROUSSEAU.
  Paris, 9 mars 1888. 335
II. — LE DÉBUT DE M. WALDECK-ROUSSEAU AU SÉNAT.
  Sénat, 15 décembre 1881. 338
III. — LES CHAMBRES SYNDICALES PATRONALES DE LA SEINE.
  Paris, 21 décembre 1884 341
IV. — INDIVIDUALISME ET PROTECTIONNISME.
  Paris, 3 juillet 1896 346

  Un erratum dans le livre : *Pour la République*. . . . 352

V. — Table analytique. 353

VI. — Table générale des discours de M. Waldeck-Rousseau. 377

Paris. — L. MARETHEUX, imprimeur, 1, rue Cassette.

BIBLIOTHEQUE NATIONALE
Désinfection 19 84
N° 8153

Extrait du Catalogue de la BIBLIOTHÈQUE-CHARPENTIER
à 3 fr. 50 le volume
EUGÈNE FASQUELLE, ÉDITEUR, 11, RUE DE GRENELLE

ÉCONOMIE POLITIQUE & SOCIALE

PAUL BERT
La Morale des Jésuites.................................... 1 vol.

ERNEST CHARLES
Théories sociales et Politiciens........................... 1 vol.
Praticiens politiques (1870-1899)......................... 1 vol.

GEORGES CLEMENCEAU
La Mêlée sociale... 1 vol.
Aux Embuscades de la vie................................... 1 vol.

EUGÈNE FOURNIÈRE
L'Ame de demain.. 1 vol.
L'Artifice nationaliste.................................... 1 vol.
Ouvriers et Patrons.. 1 vol.

YVES GUYOT
La Comédie socialiste...................................... 1 vol.
L'Évolution politique et sociale de l'Espagne.............. 1 vol.
Les Conflits du travail et leur solution................... 1 vol.
La Comédie protectionniste................................. 1 vol.

ED. LABOULAYE
Questions constitutionnelles............................... 1 vol.

PAUL LEROY-BEAULIEU
La Question ouvrière au XIXᵉ siècle........................ 1 vol.

HENRY LEYRET
En plein Faubourg.. 1 vol.

PAUL LOUIS
Les Étapes du Socialisme................................... 1 vol.
L'Avenir du Socialisme..................................... 1 vol.

F.-L. MALEPEYRE
La Magistrature en France.................................. 1 vol.

ALFRED NAQUET
La Loi du divorce.. 1 vol.

TOLSTOÏ
Conseils aux dirigés (Trad. Halpérine-Kaminsky)............ 1 vol.

Dr TOULOUSE
Les Conflits intersexuels et sociaux....................... 1 vol.
L'Art de vivre... 1 vol.

WALDECK-ROUSSEAU
Questions sociales... 1 vol.
Associations et Congrégations.............................. 1 vol.
La Défense républicaine.................................... 1 vol.
Action républicaine et sociale............................. 1 vol.
Politique française et étrangère........................... 1 vol.
Pour la République... 1 vol.
L'Etat et la Liberté....................................... 2 vol.

RENÉ WALLIER
Le Vingtième siècle politique (1901, 1902, 1903, 1904 et 1905).. 5 vol.

575. — L.-Imprimeries réunies, rue Saint-Benoît, 7, Paris.

www.ingramcontent.com/pod-product-compliance
Lightning Source LLC
Chambersburg PA
CBHW071948220426
43662CB00009B/1045